大协作时代

北京跨区域产业协作纪实

房晓　韩菲子◎主编

人民日报出版社

北京

图书在版编目（CIP）数据

大协作时代：北京跨区域产业协作纪实 / 房晓，韩
菲子主编. —北京：人民日报出版社，2021.5
ISBN 978-7-5115-7029-1

Ⅰ.①大… Ⅱ.①房… ②韩… Ⅲ.①区域经济合作
—研究—北京 Ⅳ.①F127.1

中国版本图书馆CIP数据核字（2021）第089958号

书　　名：**大协作时代：北京跨区域产业协作纪实**
DAXIEZUO SHIDAI : BEIJING KUAQUYU CHANYE XIEZUO JISHI

主　　编：房　晓　韩菲子

出 版 人：刘华新
责任编辑：袁兆英
封面设计：中尚图

出版发行：人民日报出版社
社　　址：北京金台西路2号
邮政编码：100733
发行热线：（010）65363528　65369512　65369509　65363531
邮购热线：（010）65369530　65363527
编辑热线：（010）65363105
网　　址：www.peopledailypress.com
经　　销：新华书店
印　　刷：河北盛世彩捷印刷有限公司
法律顾问：北京科宇律师事务所　010-83622312

开　　本：710mm × 1000mm　1/16
字　　数：358千字
印　　张：25
版次印次：2021年5月第1版　2021年5月第1次印刷

书　　号：ISBN 978-7-5115-7029-1
定　　价：68.00元

编 委 会

目 录

CONTENTS

1

中卷／北京产业魔方

下卷／北京产业协作

序　言
产业引领未来　协作改变世界

21世纪，影响世界历史进程最为深远的三件大事分别是：美国的高科技产业化，中国的高速城市化，欧洲的一体化。

当今世界，国际角逐的重点在于科技与产业，国内竞争的主体是城市和区域，而区域经济与全球经济一体化进程依靠的则是彼此之间的开放与协作。

欧美300年，中国30年。纵使有天才的头脑，也难以想象，当中国城市化的天幕轰然开启，在这数千年一遇的历史大变局中，神州大地将上演多少沧海桑田、风云际会的翻腾与震荡？有谁又能想象，当中国用几十年的时间走完西方数百年的城市化进程之时，将会有多少风险与挑战，多少世纪之谜等待着世人去破解？

中国城市化1.0时代，世界走进中国，借助全球产业转移而带来的高速工业化，改革开放40年，中国城市化率从20%跃升至60%，堪称"世界奇迹"。

中国城市化2.0时代，中国走向世界，面对全球新一轮科技产业革命的严峻挑战，建设世界级的城市群、都市圈和经济区，便成为中国城市化亟须补上的"第二课"。

7年来，北京疏解非首都功能，破解"大城市病"，引领京津冀协同发展，打造国际一流和谐宜居之都，建设世界级城市群的成功实践，已经成为"北京样本"。

北京，作为14亿人口大国的首都，面对有史以来最为迅猛的城市化浪潮，坚持"四个中心"的战略定位，践行五大新发展理念，大智大勇，

1

大开大合，大舍大得，克难攻坚，励精图治，奋勇前行。世人欣喜地看到，都与城，舍与得，疏解与提升，一核与两翼，一系列辩证关系得以厘清，一系列行动计划强力实施，一系列疏解整治卓有成效。尤其是在产业协作、经济协调、区域协同方面取得了举世瞩目的成就，初步实现了产业的转型蝶变、城市的华丽转身、区域的协同发展。

7 年间，北京成为首座成功实现由减量发展向高质量发展的城市；首座成功实现用产业疏解倒逼产业升级的城市；首座成功实现变虹吸效应为辐射效应的城市；未来还将成为通过跨区域产业协作引领国内国际"双循环"体系的全球战略枢纽城市。

北京，北方经济发展的"核心引擎"，作为"城"的功能，她要打破"一亩三分地"的怪圈，跳出自我小循环，通过交通、产业、服务配套一体化，解决"大树底下不长草"的问题，实现京津冀协同发展，从而带动辽东半岛与山东半岛的"两翼"齐飞，打造中国经济第三极。

北京，全中国的"首善之区"，作为"都"的功能，她还要践行"四个中心"的职责，把中国送出去，将世界请进来，凭借资金、技术、人才和产业的雄厚基础，依托文化与科技的绝对优势，吸引并播撒全球最先进的创新成果，通过推动首都经济与全国各地的跨区域协作，实现"一花引来万花开"的效应，引领中国区域协调发展。

中国城市化的发展经验已经表明，产业转移协作才是全国跨区域合作的最现实之选，最关键之处，最明智之举，如果不能实现产业链、经济链、生态链的互动、互联、互利，那么无论城市群与都市圈的构建，还是城市和区域协调发展战略的实现，统统都是纸上谈兵。

改革开放 40 多年来，中国已经成为国际产业转移协作的最大承接地和受益者。如今，伴随中国沿海三大世界级城市群的强势崛起，新一轮的国内产业转移协作正方兴未艾。目前，北京正在积极推进的园区开放与产业开放，正在大力实施的产业转移协作便是建立全国区域间产业合作共赢的绝佳契机。这场纵横数千里，遍布各领域的大转移、大协作、大循环，正在成为考验各地产业转型与城市更新的必答题，谁将先知先觉赚得盆满钵溢？谁将后知后觉捡些残羹冷炙？谁又将不知不觉最终颗粒无收？这将迫使每个城市必须迅速作出回应，而要求各位决策者们则必须站得更高、看得更远、想得更多。

新时代、新理念、新格局，呼唤新策略、新举措、新方法。

"十四五"开局，世界经济大转舵，中国经济大变革，首都经济大协作。面对百年未有之大变局，中央提出要加快构建以国内大循环为主体、国内国际双循环相互促进的新发展格局。这对于中国经济而言既是挑战，也是机遇。

那么后疫情时代，抢占"大循环中心节点，双循环战略枢纽"制高点，全面引领国内产业协作和区域协调发展，便成为角逐全球第六大世界级城市群的入场券。

北京的非首都功能疏解与跨区域产业协作不仅为全球超大型城市的可持续发展开辟了崭新的道路，而且为中国构建双循环体系进行了有益的尝试，积累了宝贵的经验。

世界城市的北京样本昭示，现在我们亟须对城市的本质——集聚和规模进行重新审视。面对新一轮全球产业革命与世界城市更新浪潮，缺乏连接能力和共享特性的集聚将无法真正推动并提升城市在全球网络中的地位，从而表明城市规模已不再是决定性因素。

美国经济学家泰勒（Taylor）认为："没有连接，世界城市的概念就没有意义。"中国国务院副总理刘鹤则指出，构建新发展格局，关键在于实现经济循环流转和产业关联畅通。

无疑，这种"连接、循环、关联"的实现，要靠有形之手与无形之手的完美配合，要靠政治力量与经济力量的灵活平衡，要靠产业互联与区域协作的合力推进。

此时，城市需要的正是在更大范围内基于产业合理布局的有效连接和共享发展，我们称之为"大协作"。

因此，城市作为躯体，产业作为血脉，彼此之间的大联合、大协作、大循环至关重要。

推动非首都功能疏解，促进跨区域产业协作，助力高精尖企业发展，支持双循环体系建设。这是北京引领中国开创大协作时代，构建新发展格局的强劲序曲。

中国的"双循环"体系构建之路，一定会是以点带面。首先是京沪的"双城记"，然后才是京沪深的"三国志"，最后可能是各地城市的"战国策"。这其中，北京最有可能凭借独特的政治、经济、文化、科技优势，率先将全国的城市连接起来，畅通国内大循环，然后再代表中国去连接全球的城市，打通国际大循环。北京引领京津冀协同发展，深入实施园区开发与产业开放，全力打造世界级城市群，正在走出一条具有中国特色的城市化新路。这将是一次史无前例而且影响深远的伟大实践。

躬逢其盛，何其幸也。7年前的今天，习近平总书记视察北京，以透视历史、洞悉未来的战略眼光，提出了"建设一个什么样的首都，怎样建设首都"的重大时代课题。7年来，宏图渐次展开，变革静水流深，成就举世瞩目。建设全球科技创新中心、国际交往中心，打造改革开放新高地，建设国际消费中心城市、全球数字经济标杆城市，构建以首都为核心的世界级城市群……一个个宏伟目标激动人心，催人奋进。率先探索构建新发展格局的有效路径，开展新一轮疏解整治促提升专项行动，大力实施城市更新计划，全力打造十大高精尖产业体系，构建更加紧密的区域协同发展格局……一项项重点任务迎难而上、扎实进取。

感谢这个伟大的时代，让我们有幸参与其间，成为亲历者与见证者，让我们在这个重大时代课题面前，有幸一次次扮演了拓荒牛与破冰船的角色，让我们在改造客观世界的同时，也改造了自己的主观世界，充分燃烧了自己，实现了自己的人生价值。

大协作时代，全面助推城市与产业的大联合、大协作、大循环，恰逢其时，时不我待。

京地协作，共赢发展。北京的跨区域产业协作是一项复杂的系统工程，不仅需要理论，更需要实践；不仅需要战略，更需要策略；不仅需要理念，更需要手段。

　　一个成功的实践，胜过一千打纲领。这部《大协作时代》就是我们对长达 7 年的跨区域产业协作实践经验的一次全面总结与系统梳理。靠鲜活的案例说话而不是坐而论道，靠深刻的市场体悟而不是泛泛而谈，成为该书的最大特色。这也是我们始终以引领历史潮流为己任，致力于回答好时代课题，推动大协作与大循环体系建设的不懈追求。

　　最后，这是几个人的探险，却借助了无数人的智慧。衷心感谢为本书提供素材、图片、数据的诸位师友们。诚挚欢迎广大读者的批评指正，并不吝惠赐宝贵意见。

房晓

2021 年 2 月 26 日

引　言

"十四五"跨区域协作，聚焦三大历史任务

唤起工农千百万，同心干！

"十四五"时期，中国将进入新发展阶段，新形势呼唤新举措、新担当、新作为。此间，北京市将立足首都城市战略定位，以首都发展为统领，深入实施京津冀协同发展战略，坚持新发展理念，构建新发展格局，坚定不移疏解非首都功能，有效治理"大城市病"，大力改善人居环境，全面提升城市品质，不断增强发展活力，促进人口均衡发展，加快建设国际一流的和谐宜居之都。

在危机中育新机，于变局中开新局。如今，"十四五"规划的蓝图已经绘就，新的篇章业已开启，奋斗征程已然启航。北京跨区域产业协作的历史使命与战略任务无比明确：通过努力实施跨区域产业协作，推动非首都功能疏解，助力高精尖产业发展，支持双循环体系建设。

第一，通过跨区域协作继续协助推动非首都功能疏解。

2021 年 1 月，北京市政府发布 1 号文件《关于"十四五"时期深化推进"疏解、整治、促提升"专项行动的实施意见》，专门开列十大重点任务，前三项任务成为北京市跨区域产业协作中心工作的重中之重。

一是推动一般性产业疏解提质。坚持疏存量、优增量，推动一般性产业从整区域、大范围集中疏解向精准疏解、高效升级转变，加快"腾笼换鸟"，适应社会需求升级，提升产业竞争力，促进产业更高质量发展。

①一般制造业。依据区域功能定位，有序疏解一般制造业企业，保留一定的重要应急物资和城市生活必需品生产能力，推进不符合首都功能定位的一般制造业企业动态调整退出。高效利用一般制造业腾退空间和土地

发展高精尖产业项目。

②区域性批发市场。继续深化区域性专业市场疏解，实现区域性专业市场动态清零。大力推动大红门地区、永定门外地区、雅宝路、新发地等区域转型发展，结合区域功能定位，加快腾退空间和低效空间的再利用。

③区域性物流中心。巩固区域性物流中心疏解成效，加强对现状合规存量物流仓储用地的有效利用，紧紧围绕超大型城市运行保障和居民生活需要，在对外交通便利的物流节点建设物流中心，规范城市末端配送组织，加强冷链仓储设施建设，基本形成安全稳定、便捷高效、绿色低碳的城市物流、仓储、配送体系。

④传统商业服务。加强线上线下相结合的便民服务网点建设，精准补建便民商业服务网点，实现基本便民商业服务功能在城市社区的全覆盖。推进传统商圈转型升级，提升环境品质和服务功能。推动传统商场改造，鼓励增加社区便民服务功能。促进便利店、资源回收、家政维修等生活性服务业转型提质，支持连锁化、品牌化、标准化发展。

二是促进公共服务功能疏解提升。适应城市功能调整优化需要，加快推进教育、医疗等公共服务设施向中心城区以外布局发展。

①高等教育。有序疏解中心城区部分普通高等学校，压缩高等院校中心城区在校学生规模，北京电影学院、北京信息科技大学、首都医科大学、首都体育学院等高校实现中心城区校址部分或整体腾退。统筹新老校区资源，结合区域规划和功能，有序推动已疏解高校老校区腾退空间的合理利用。

②医疗卫生。制定市属医疗卫生机构功能疏解优化布局计划，推动优质医疗资源在市域内均衡布局。鼓励通过集团化办医、托管等方式提升薄弱地区医疗服务水平。推进分级诊疗，全面推广非急诊就诊预约制，探索发展互联网医院。压缩中心城区床位规模，力争实现核心区床位规模、门急诊量明显降低。

三是协助腾退土地再利用。坚持规划引领，坚定不移治理违法建设，强化拆违、腾地、利用一体化推进。建立拆违腾退土地利用台账。对规划为绿化用地的地块及时复绿、复垦，因地制宜推进大尺度绿化、建设口袋公园和小微绿地，实现应绿尽绿，并适量配建体育健身设施，满足群众健身需求。对规划为公共服务、基础设施等其他建设用地的地块尽快实现规划用途。对短期内无明确利用计划的地块实施临时绿化。

2021 年，开局之年，关键之年，北京市"疏、整、促"专项行动，要求拆违 2500 万平米，腾退土地 3000 公顷，留白增绿 860 公顷。

第二，通过跨区域协作继续助力北京高精尖产业发展。

"十三五"期间，北京市的国家高新技术企业达到 2.9 万家，占全国总数 25%，独角兽企业 93 家，占全国数量 45%。新一代信息技术和医药健康产业双引擎作用持续发挥，高技术产业、战略性新兴产业增加值分别累计增加 56.9% 和 58.5%。

"十四五"期间，北京将加快建设国际科技创新中心，围绕十大高精尖产业 29 个细分领域，大力推动高精尖产业发展，积极培育智能制造、医疗健康、产业互联网、智能网联汽车等万亿级产业集群，带动全市整体产业基础提升和产业结构实现优化。

未来五年，北京将围绕推动企业创新发展，进一步加强创新载体建设和产业联盟建设，推进关键核心技术突破，实现关键领域国产化替代甚至领跑。2025 年，北京市高精尖产业增加值占 GDP 比重将超过 30%，达到 2 万亿元，力争再造 4 个万亿级产业集群，3 家万亿级市值企业。

近年来，由于受国际形势和新冠疫情影响，我国部分产业链"缺链""弱链"问题凸显，产业链、供应链风险突出。有鉴于此，今年北京市率先启动了"强链工程"。该工程主要围绕"十四五"时期中关村重点发展的人工智能、集成电路、创新药物、医疗器械、智能制造等高精尖产业领域，梳理出一批由领军企业提出、经行业专家论证、自主可控程度低、需进一步做强做优的薄弱环节和关键核心技术后予以发布，面向全国征集揭榜单位。目前，首批 20 多家高新企业报送了 60 余项高精尖技术需求项目，涉及新一代信息技术和生物医药两大产业国内市场需求强烈两大产业。

该工程将推动跨区域产业协作，在全国探索形成开展关键核心技术攻关、实现科技自立自强的有效路径和实施机制，引导大中小企业和各类主体深度参与创新，实现需求牵引供给、供给创造需求的更高水平创新协作局面。北京将重点支持领军企业组建30个创新协作联合体，系统解决一批产业链、供应链薄弱环节的关键核心技术问题，率先打造若干个具有核心竞争力的产业集群，基本形成具有更强创新力、更高附加值、更安全可靠的产业链与供应链。

时下，北京在"两区"建设中，正按照"首都创新、全国转化、产业协作，区域联动"的思路，努力推进园区开放、产业开放。积极鼓励头部企业在全球范围内增强壮大产业链，在全国各地延伸布局产业链。全面促进创新链、产业链、供应链的跨区域协作对接，打造京地产业协作示范区。

2014—2020年，北京市跨区域产业协作中心共为全国76座城市对接外溢企业4315家，签约落地项目1062个，与国内外138处大中院校、科研院所建立了广泛联系，先后引导1123个科技转化项目实现了全国布局。未来还将引导更多科技创新、文化创新、金融创新的成果实现全国布局，合作共赢。

"十四五"期间，北京跨区域产业协作将聚焦产业链、经济链、生态链的关键短板，携手全国重点城市实施补链、强链、延链计划，从"北京疏解－异地承接"的单向流动转向京地共同做大增量，共享高科技红利，共建高精尖产业，共筑国内大循环体系。

今年，北京市跨区域产业协作中心将全力协助951家企业走出去，跨区域布局产业链，促进京地共赢协作，助推各地产业升级，助战城市转型攻坚。

第三，通过跨区域协作全面支持国内国际双循环体系建设。

"十四五"开局，世界经济大转舵，中国经济大变革，首都经济大协作。

北京将始终坚持作为全国"四大中心"的战略定位：政治中心、文化中心、科技创新中心、国际交往中心，充分发挥"三区合一"的政策优势：国家自主创新示范区、国家服务业扩大开放综合示范区，中国自由贸易试验区，全力打造国内国际"双循环"体系的全球战略枢纽城市。

北京，北方经济发展的"核心引擎"，作为"城"的功能，必须要强化在京津冀协同发展中的核心引领作用，率先践行"减量发展"理念，深度治理"大城市病"，主动打破"一亩三分地"思维，跳出自我小循环的怪圈，通过交通、产业、服务配套一体化，解决"大树底下不长草"的问题，变虹吸效应为辐射效应，用高质量发展引领京津冀协同发展，最终带动辽东半岛与山东半岛的"两翼"齐飞，打造中国经济第三极。

另一方面，北京作为全国文化创新与科技创新的"绝对中心"，她还发挥好作为"都"的功能，担负起把中国送出去，将世界请进来的职责，凭借资金、技术、人才和产业的雄厚基础，依托园区开放与产业开放，勇敢走出去，大胆引进来，播撒全球最先进的创新成果，通过推动首都经济与全国各地的跨区域协作，实现"一花引来万花开"的效应，引领中国区域协调发展。

无数经验已经证明，产业协作才是国内国际"双循环"体系构建的最现实之选，最关键之处，最明智之举，如果不能实现产业链、经济链、生态链的互动、互联、互利，那么无论全球自贸区、合作区，还是全国城市群、都市圈的构建，统统都是纸上谈兵。

未来五年，北京市跨区域产业协作中心的任务将是通过跨区域产业协作链接全国各大城市，助力北京构筑国内大循环的核心节点，打造国内国际双循环的战略枢纽。届时将按照北京市推动跨区域产业协作的指示精神和鼓励高精尖产业发展的具体要求，进一步调整和完善工作重点，创新服务模式，提升服务能力，全面助力北京企业"在京做强首脑经济，异地做大手脚经济"，全力做好北京跨区域产业协作的桥梁与纽带，更好服务于北京外溢企业走出去，利用好北京的资金、技术与人才等资源优势，结合好、利用好、对接好全国各地特色城市的经济优势，既助力各地城市的高质量绿色发展，又带动北京高精尖产业做大做强，全面实现京地的合作共赢，率先打通国内大循环的任督二脉。

上　卷

北京『市变』

第一章 "大疏非"风云

一切过往，皆为序章。

北京，中华文明的不朽之城，3000多年的建城史，近1000年的建都史，在日月星辰的守护下，在风雨沧桑的洗礼中，在中国崛起的雄风里，不断谱写着恢宏的时代篇章。

曾几何时，北京以前所未有的速度向世界城市飞奔。没有哪座城市，像北京一样，被赋予如此多重的功能，承载如此多元的期望，汇聚如此多彩的梦想。这座千年古都、不朽之城，世界第二大经济体的首都，70多年来日新月异，一枝独秀，因为承载了新中国对现代化的无数梦想更是高歌猛进，一往无前。

北京，东方大国的首善之区。当历史车轮驶入21世纪的第二个十年，当全国的优质资源都在向这座城市聚集，当各种时代的重任都压在这座城市的肩上，当高速城市化的野蛮生长开始在这座城市显现……

此时，北京开始沉重喘息，步履蹒跚。人口膨胀、交通拥堵、资源短缺、环境恶化、公共安全事件频发，这一切预示着不可持续的发展方式正在使这座城市不堪重负，难以为继，由于过度集聚而导致的"大城市病"仿佛一夜之间，猝不及防，突然爆发。

子规夜半犹啼血，不信东风唤不回。

"表面看，北京的问题是人口过多带来的，其实深层次上是功能太多带来的。北京不宜发展的产业要明晰化，不要再继续发展了，在这方面要痛下决心、壮士断腕。采用疏的办法，做些外科手术，适度疏解北京的功能。把握好'舍'和'得'的辩证关系，紧紧抓住疏解北京非首都功能这个'牛鼻子'，进一步优化城市功能和空间结构布局。"

"建设一个什么样的首都，怎样建设首都？"——7年前，习近平总书记在视察北京重要讲话中，站在党和国家事业全局的高度，以透视历史、洞悉未来的战略眼光，提出了重大时代课题。7 年来，沿着总书记指引的方向，首都北京励精求变，京畿大地协力向前。加强"四个中心"功能建设、提高"四个服务"水平，以疏解非首都功能为"牛鼻子"推动京津冀协同发展，这是首都转型蝶变的基本方针、基本经验，也是区域高质量发展的重要遵循、重要动力。7 年间，宏图渐次铺开、变革静水流深，成就举世瞩目。

迄今为止，人类城市发展史上最为艰苦卓绝、恢宏壮阔、激动人心的时代篇章轰然开启。

第一节　病来如山倒

"世界上最远的距离，不是生与死，而是我在北京的雾霾天里牵着你的手，却看不见你。"

"早晨，你在法国，坐一小时车，到德国了，再坐一小时车，就到波兰了。同一个时间点，你在北京朝阳区，坐一小时车，你在朝阳区，再坐一小时车，你还在朝阳区。"

曾经，网上流行过不少这样的段子。生活在北京的人看后也会跟着笑，刻意掩饰扎心的感觉。

北京的"大城市病"，仿佛一夜之间，突然降临。京城居，大不易。大国首都，突飞猛进，光鲜亮丽的背后，人满为患、环境污染、交通拥堵、房价高企、能源告急等问题在积聚多年后，终于集中迸发了，打得人们措手不及。

冰冻三尺，绝非一日之寒。北京的"大城市病"，可谓沉疴痼疾。

北京 3000 多年的建城史，近千年的建都史，就是"招"和"聚"的历史——战国时期燕昭王修黄金台，招的是人才；元世祖忽必烈修积水潭，聚的是物资；明成祖朱棣从全国招来 20 万工匠、上百万民工修建北京城，奠定的是城市格局。

1950 年，毛泽东主席在天安门城楼上，用手指着广场以南一带兴奋地对站在身边的北京市市长彭真说："将来从天安门上望过去，应该处处都有烟囱。"当年，林立的烟囱曾被认为是现代化的标志。自此，北京也长期被作为新中国的经济中心和工业基地来全力打造。

新中国成立前，北京是一座消费型城市。新中国成立后，北京既是国家首都，又被定义为工业城市。70 年间，北京在制造业方面形成了"大而全"的产业体系。2014 年，制造业 39 个大类中，北京市有 35 个，其中13 个工业行业还存在比较突出的聚人多、占地多、高耗能、高耗水、高污染的问题。20 世纪 80 年代，北京城区就有大大小小 1.4 万多根工业烟囱，空气污染十分严重。

当年，一批批制造业企业、服务业企业和高等院校纷纷落户北京，人才、技术、工业等优质资源的高度集中，在助力北京发展日新月异的同时，也对周边地区的资源产生了强大的"虹吸效应"。

进入 21 世纪后，伴随北京经济的高速发展，城市规模也越来越大，人口拥挤、交通堵塞、房价高企、缺水严重、环境污染等问题接连出现。雾霾频现、河水断流、地面下沉等生态问题也开始爆发。

北京的"大城市病"来势汹汹，势不可挡，触目惊心。

首先，北京人口控制目标一再被突破，城市陷入人口爆炸危机。1949年，北京市常住人口 420 万人。北京人口总量由 500 万增长到 1000 万，历时 33 年；从 1000 万增长到 1500 万，历经 19 年；从 1500 万增长到 2000 万，仅仅用了 6 年。尤其是 2000—2010 年，平均每年全市净增 70 万人口，人口膨胀速度史无前例。城市历次总体规划中，1000 万、1250 万、1800 万的人口红线一再失守……

常住人口（万人）

数据来源：北京市统计局

对于生活在北京的人，最为直观的感受就是，当早晚高峰挤地铁、当去医院排队挂号、当打车遇到拥堵时，这些冷冰冰的数字立刻就会鲜活起来，并促使人们不住感慨"人怎么都来北京了"？

人口过快增长与淡水和土地等资源紧缺的矛盾，成为制约北京发展最重要的因素，人口膨胀也加剧了基本公共服务与社会管理的压力，有效控制人口过快增长，成为北京面临的重大考验。

其次，交通压力空前增大，北京成为全国"首堵"。交通是城市发展的命脉，对北京这座拥有 2000 多万常住人口的超大城市来说，"车多路堵、地铁拥挤"仍然是人们的普遍感受，"海量人口"出行是一道亟待破解的世界性难题。

北京的汽车保有量，1950 年，只有 1757 辆；1997 年，北京成为全国第一个突破 100 万辆的城市；而仅用了 6 年半时间，便从 100 万辆发展到 2003 年的 200 万辆，增长之快超乎想象。2007 年，超越 300 万辆；2012年，增至 500 万辆。2019 年，北京市机动车保有量为 636.5 万辆。北京机动车增长率、保有量水平明显高于东京、首尔。

1992 年，二环路建成；1994 年，三环路完工；2001 年四环路贯通；2003 年五环路通车；2009 年六环路全线贯通；2018 年 8 月，首都地区环线高速公路（七环线）实现全线通车。"摊大饼式"的发展，使城市如同一个体形越来越庞大的巨人，步履沉重，举步维艰。

目前，北京轨道交通线网已成为客运量世界第一、总里程世界第二的超大城市轨道交通线网。2017 年，北京地铁日均客运量千万人次、公共电汽车日均客运量 1045 万人次、机动车保有量 574 万辆、小汽车每车年行驶里程 15000 公里……在地上地下、行车停车各个环节，交通压力都与日俱增。

2019 年北京首都国际机场旅客吞吐量突破 1 亿人次，是中国最大、最繁忙的民用机场，客流量居世界第二，全球第二座旅客吞吐量过亿的机场，仅次于美国亚特兰大国际机场。航站楼面积 141 万平方米，机位数量 314 个，共有三条跑道。2019 年，起降架次 59.4 万架次；货邮吞吐量 195.53 万吨。

一连串"百万级""千万级"数据背后，映射出"海量人口"为北京这座超大型城市发展带来的交通负担。

第三，北京淡水资源短缺、土地资源紧张等问题十分严重，淡水资源成为城市承载力的最大短板。

水资源是保障城市健康发展的重要基础性资源，然而水资源是北京发展最大的刚性约束。习近平总书记明确对北京提出了"以水定城、以水定地、以水定人、以水定产"的量水发展要求。北京市在新版总规中反复提出"要坚持以水定人，将北京市常住人口规模 2020 年控制在 2300 万人以内"。目前，"以水定人"已成为北京市发展天花板，这也成为中央到地方普遍的共识。

北京属于资源性缺水地区，按照联合国标准，属于世界极度缺水型地区。据北京市水务局的统计数据显示，2014 年南水北调进京前，北京市人均水资源量不足 100 立方米左右，相当于全国人均年拥有水量的二十分之一，国际人均拥有水量的八十分之一，大大低于国际公认的人均 1000 立方米的缺水警戒线，成为中国最为缺水的大城市之一。更为可拍的是，彼时的北京地下水位正在以每年 1 米的速度下降。由于多年的地下水超采，华北平原已经成为世界上最大的"漏斗区"。

从历史上来看，北京曾是一座依水而建、因水而兴的文明古都，现在水却成了第一制约要素。多年来，为了解决用水危机，北京可谓使出了浑身解数。北京多次向与河北、山西借水，据河北省统计，从 2008—2014 年，北京每年需要从河北借水 3 亿方。2014 年 12 月，南水北调中线一期工程全线建成通水，来自丹江口水库的清澈江水，一路向北奔涌，全长 1276 公里，进入北京城的千家万户，保障了北京普通老百姓的饮水需求。南水北调工程线也被戏称为北京的"解渴生命线"。

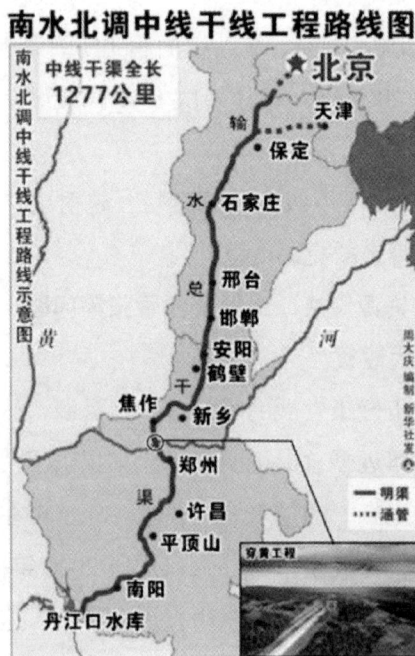

图片来源：国务院南水北调办公室

北京可利用土地资源稀缺。北京三面环山，西部是太行山余脉的西山，北部是燕山主脉的军都山，两山在南口关沟相交，形成一个向东南展开的半圆形大山湾，人们称之为北京湾，三面环山的北京就像一把太师椅。北京土地总面积为 16410 平方公里，平原面积只占 38%，约合 6338 平方公里，其中北京市区规划面积为 1041 平方公里，占北京平原面积的 16.3%。

2015 年统计数据表明，北京约 60% 的人口，70% 的 GDP 分布在占北京总面积 8% 的城六区。近年来，由于城乡建设用地规模增长过快，五环以内已经基本以存量土地为主，很难再有新增建设用地的空间。

第四，北京生态环境持续恶化。大气污染、水体污染和固废排放一直是北京市城市污染的治理难点。

2014 年，中国社会科学文献出版社发布《国际城市蓝皮书：国际城市发展报告》指出，在全球 40 个国际城市中，北京的环境指数约为平均水平的一半，仅高于莫斯科，世界排名倒数第二。

2009 年，所有人开始重视一种叫作雾霾的现象。此后多年，北京雾霾一度成为世界级热搜话题。盘旋在头上浓重的灰色雾霾让北京这座城市显得异常压抑，让生活在这座城市中的人们真切地感受到"呼吸的痛"。2015 年，北京的雾霾污染一度达到顶峰，此年冬季重度及以上污染天气级别竟然持续了 100 多个小时。

近年来，随着产业结构、能源供给的调整和城市治理的不断深入，大气污染源结构开始发生较大变化，污染主体已由大中型污染源向移动源、生活源转变，点多、量大、面广，治理难度加大。

同时，北京水资源紧缺、水环境质量较差的局面还没有根本转变，下游水体水质普遍较差；加之，京津冀区域以重化工为主的产业结构、以煤炭为主的能源结构、以公路运输为主的交通结构短期内不会根本改变，北京的环境治理依然任重道远。

2015 年，北京的生活垃圾产生量达到 790.33 万吨，在全国 246 个大、中城市中居于首位，垃圾清运量正在逐年上升，垃圾处理能力已经超越极限，对城市治理形成严峻挑战。

第五，北京的高房价拉大了贫富差距，抑制了消费升级，降低了城市的幸福感。 网上曾有一篇文章，比较了纽约和北京的房价后，得出三点结论：A、高级豪宅，纽约比北京贵；B、高端公寓和市中心普通住宅，两者差不多；C、郊区住宅，北京要远高于纽约。

郊区住宅，对于那些大多数没有足够资金，但又想挤进大城市的人而言，成为最后的选择，这个群体正是"房奴"的重要组成者。虚高的房价令绝大多数老百姓无法承受，如今买房已经成了一个老大难的问题。尽管政府不断出台调控政策来解决老百姓的住房问题，可仍然有许多人买不起房，绝大多数人被高昂的房价压得喘不过气来，高房价已经严重影响到现代人的正常生活和消费。

第六，教育、医疗、科技等优质资源的高度聚集，极大增加了北京城市人口和环境资源的承载压力。

2015 年发布的统计数据显示，北京市 88 家三级医院年诊疗人次超过 2 亿人次，儿童医院、天坛医院等全国知名医院中，来自全国的患者就诊比例超过 70%，周边省份就医患者占到 56%。据国家卫健委统计测算，2013 年北京市内三级医院外来就诊患者达 3036 万人次，外来就医、陪护等流动人口每天多达 70 万人次，北京被戏称为"全国看病中心"。大量外地人员进京看病就医，不仅使北京三级医院不堪重负，而且还加剧了城市的人口负担和交通拥堵。

这其中，就最高级别的三甲医院而言，北京有 65 家[①]，占了京津冀地区（132 家）一半以上。北京市常住人口就医需求已经比较大，再加上北京很多医院如安贞医院、天坛医院、协和医院等还承担着治疗全国疑难杂症的任务，吸引了大批外地患者来就诊，造成大量的进京就医流动人口，进一步增加了北京市的人口压力。

这些患者纷纷涌向北京，主要是因为北京的医院高度集中了全国先进的医疗手段和医生。例如北京儿童医院、肿瘤医院、301 医院等国内知名医院周边，成了交通拥堵的"重灾区"，每天都人来车往、熙熙攘攘，基本是"满场"状态，多家医院统计外来病人大约占三分之一，有的甚至更高。

目前，全国 75 所教育部直属高校中，北京市独占 24 所，双一流大学 34 所。北京市不仅集中了清华、北大等 67 所高等学府，还有中国科学院、

---

① 数据来源：疏解非首都功能研究，张可云。

中国社会科学院及各部委下属研究院的研究所，其中国家重点实验室 79 个，占全国同级实验室总数的 31%。北京市已经形成了高等教育资源与高端科研力量过度集中的局面。

当年坊间戏言，北京有三宝——"雾霾、堵车、高房价"，每当提到这三样东西，每一个生活在京城的人都能吐槽三天三夜。人口膨胀、交通拥堵、资源短缺、环境恶化、公共安全事件频发……这显然不是一个正在走向世界舞台中央的大国首都应有的样子。

第二节　沉疴用猛药

北京，作为 14 亿人口大国的首都，面对有史以来最为迅猛的城市化浪潮，过度追求"大而全"的发展模式，城市以天安门为中心、"摊大饼"式的快速扩张，迅速聚集了大量和首都功能毫无关系的资源，导致生态环境、资源容量、治理能力的"短板"日益凸显。

北京面临的突出难题是城市拥挤、资源紧缺，环境容量顶到了"天花板"，"大城市病"的各种症状集中显现。如果抱着老目标、守着老机制、继续走老路，不断扩充城市功能，头痛医头，脚痛医脚，就挡不住趋之若鹜的人口膨胀，寸步难行的交通拥堵，持续严重的缺水危机。同时，产业转型、节能减排、雾霾治理的任务也无从谈起。

北京"大城市病"的综合治理，已经到了刻不容缓的地步。这要求城市的决策者们必须站得更高、看得更远、想得更多。

"建设怎样的首都，怎样建设首都？"、如何正确处理北京"都"与"城"，"舍"与"得"的关系？"北京要不要发展，如何更好地发展？"

…………

党的十八大以来，北京的"大城市病"症状，引起党中央的高度重视，集中爆发，愈演愈烈的态势，尤其让习近平总书记揪心。

2014 年 2 月，习近平总书记来到北京市就破解特大城市发展难题进行考察调研，并主持召开座谈会发表重要讲话，亲自进行战略部署。

此次，习近平总书记针对北京城市的未来发展提出 5 点要求：一是要明确城市战略定位，坚持和强化首都全国政治中心、文化中心、国际交往中心、科技创新中心的核心功能，深入实施人文北京、科技北京、绿色北京战略，努力把北京建设成为国际一流的和谐宜居之都。二是要调整疏解非首都核心功能，优化三次产业结构，优化产业特别是工业项目选择，突出高端化、服务化、集聚化、融合化、低碳化，有效控制人口规模，增强区域人口均衡分布，促进区域均衡发展。三是要提升城市建设特别是基础设施建设质量，形成适度超前、相互衔接、满足未来需求的功能体系，遏制城市"摊大饼"式发展，以创造历史、追求艺术的高度负责精神，打造首都建设的精品力作。四是要健全城市管理体制，提高城市管理水平，尤其要加强市政设施运行管理、交通管理、环境管理、应急管理，推进城市管理目标、方法、模式现代化。五是要加强大气污染治理力度，应对雾霾污染、改善空气质量的首要任务是控制 PM2.5，要从压减燃煤、严格控车、调整产业、强化管理、联防联控、依法治理等方面采取重大举措，聚焦重点领域，严格指标考核，加强环境执法监管，认真进行责任追究。

久病的城市，遇到了良医，一出手就摸准了病根儿，开出"疏解突围"的药方，标本兼治"大城市病"。

北京一处待疏解的批发市场

2017年2月，习近平总书记再次来到北京市考察城市规划建设工作，并主持召开座谈会，再作重要指示。

习近平总书记指出，北京城市规划要深入思考"建设一个什么样的首都，怎样建设首都"这个问题，把握好战略定位、空间格局、要素配置，坚持城乡统筹，落实"多规合一"，形成一本规划、一张蓝图，着力提升首都核心功能，做到服务保障能力同城市战略定位相适应，人口资源环境同城市战略定位相协调，城市布局同城市战略定位相一致，不断朝着建设国际一流的和谐宜居之都的目标前进。

习近平总书记特别强调，疏解北京非首都功能是北京城市规划建设的"牛鼻子"。在这个问题上要进一步统一思想，围绕迁得出去、落得下来，研究制定配套政策，形成有效的激励引导机制。要放眼长远、从长计议，稳扎稳打推进。要坚持人民城市为人民，以北京市民最关心的问题为导向，以解决人口过多、交通拥堵、房价高涨、大气污染等问题为突破口，提出解决问题的综合方略。

2014年、2017年两次视察，习近平总书记的重要指示，高瞻远瞩，深刻精准，一语道破天机："表面看，北京的问题是人口过多带来的，其实深层次上是功能太多带来的。""采用疏的办法，做些外科手术，适度疏解北京的功能。""北京不宜发展的产业要明晰化，不要再继续发展了，在这方面要痛下决心、壮士断腕。""把握好'舍'和'得'的辩证关系，紧紧抓住疏解北京非首都功能这个'牛鼻子'，进一步优化城市功能和空间结构布局。"

习近平总书记曾用两段生动比喻，说明疏解非首都功能是北京城市发展的"牛鼻子"这个道理："不能什么都要，贪多嚼不烂，大小通吃，最后消化不良"；"家里的东西总也得经常清理清理，想买套新沙发，得有地方摆，不能叠床架屋"。

最后，总书记还语重心长地叮嘱："必须下决心动手治理，不要把难题都留给后人！"

习近平总书记为北京开出一张治理"大城市病"的良方，对北京而言，这是对"城市核心功能"的一次重新定义，也是对城市发展思路的一次深刻思考与根本转变。

不谋万世者，不足谋一时；不谋全局者，不足谋一域。

实现北京非首都功能疏解，首先要明确什么是首都功能。全国政治中心、文化中心、国际交往中心、科技创新中心——"四个中心"明确了北京的功能定位。而从实际情况看，北京承担了太多核心功能定位之外的一般功能，已经到了非疏解不可的地步。

然而，北京地域空间有限，资源有限，力量有限，只有把解决北京的"大城市病"问题纳入到京津冀和环渤海地区的战略空间加以考量，打通发展的大动脉，实现发展的大协同，用"大空间"的协同发展来解决"小空间"的现实难题，才是根本之道。

有鉴于此，2015年4月，习近平总书记主持召开中共中央政治局会议，审议通过《京津冀协同发展规划纲要》。此次会议表明，经过14个月的时间，京津冀协同发展终于完成了顶层设计，实施这一重大国家战略的主要着力点已经清晰明确：京津冀协同发展的核心是疏解北京非首都功能。

《纲要》中明确，京津冀协同发展战略的核心是有序疏解北京非首都功能，调整经济结构和空间结构，走出一条内涵集约发展的新路子，探索出一种人口经济密集地区优化开发的模式，促进区域协调发展，形成新的增长极。

《纲要》还提出了非首都功能疏解的三大手段，要求"严控增量、疏解存量、疏堵结合"调控北京市人口规模；最重要的三大突破口是"交通一体化、生态环境保护、产业升级转移"。

坚冰已经打破，航向已经指明，道路已经开通。

北京，只有明确定位，做好"减法"，腾出空间，舍掉不符合首都功能的产业，才能"瘦身健体"，放下包袱，轻装前进，走出一条内涵集约发展的新路子，探索出一种人口经济密集地区优化开发的新模式。同时，只有融入京津冀协同发展，才能更有效地调整经济结构和空间结构，激活北京的优质资源，解决自身发展中的难题，形成新的增长极。

第三节 瘦身要健体

思路决定出路，细节决定成败。

北京非首都功能疏解的战略方针确定之后，如何制定行之有效的"路线图"和"施工图"，便成为治理"大城市病"成败的关键。

2014年2月，习总书记要求"疏解非首都核心功能，建设国际一流和谐宜居之都"的话音刚落，北京市委、市政府便以猛药去疴的决心，壮士断腕的勇气，背水一战的气概，撸起袖子加油干，接连出台了一系列务实高效的疏解政策与重大举措。

随之，一场"瘦身健体"行动全面铺开。北京市政府表示，要按照首都城市战略定位优化产业布局，处理好"舍"与"得"的关系，做到"瘦身健体"。除了自觉"瘦身"，还要在加快构建"高精尖"的经济结构上积极作为。"瘦身"是为"健体"，"健体"更需"瘦身"，二者是辩证统一的关系。"瘦身健体"以"瘦"为先，北京市瘦身"疏解"分增量控制和存量疏解两部分。

剥掉"白菜帮"，做好"白菜心"，这是北京的重大抉择。腾笼换鸟、有破有立，转型升级与城市更新相互撬动，这是北京的成功实践。

2018年，北京的城镇化率高达86.6%，由于规模膨胀过快，大城市病亟待解决。此前在城镇化过程中，人口的迁移很大程度上源于就业机会的变化，归根到底还是产业对人口的吸附作用，尤其是大量低端产业对劳动力的无序聚集。因此，一个良好的产业布局对于疏解人口，解决大城市病有着至关重要的作用。

鲧治水无功而返，失于堵；禹治水遗泽千年，成于疏。

2014年7月，北京市率先制定实施了全国首个以治理"大城市病"为目标的新增产业禁限目录，并两次修订完善，严把新增产业准入关。

《北京市新增产业的禁止和限制目录》中的管理措施分为禁止性和限

制性两类。禁止性是指不允许新增固定资产投资项目或新设立各类市场主体；限制性主要包括区域限制、规模限制和产业环节、工艺及产品限制。其中，全市禁限行业占国民经济行业分类的比重达到55%，城六区达到79%，决心巨大，力度空前。

与此同时，北京市发改委将非首都功能界定为四类：①一般性制造业；②区域性物流基地和区域性批发市场；③部分教育医疗等公共服务功能；④部分行政性、事业性服务机构。

自此为始，北京市坚持功能疏解、人口调控和产业升级统筹推进，围绕推进供给侧结构性改革持续"瘦身健体"，久久为功治理"大城市病"。

2017年1月，北京市全面启动"疏解、整治、促提升"专项行动，探索城市治理的长效机制，全面推进"大城市病"治理，着力疏解非首都功能，优化提升首都核心功能。

本次专项行动，旨在通过疏解整治的减法，实现腾笼换鸟、功能提升的加法，优化资源配置，改善人居环境。专项行动启动后，以前所未有的力度，将责任迅速落实到各部门和各区县政府，并把任务细化到项目、具体到区域。以城六区为重点、以核心区为重中之重，集中力量、攻坚克难，以重点带动一般。城六区以外各区县也同步加大工作力度，积极做好功能、产业、人口等的疏解和承接工作。

2017年9月，党中央、国务院正式批复第七版《北京城市总体规划（2016年—2035年）》，千年古都站上了全新的历史起点，正以崭新的面貌迎接未来。本版规划围绕"建设什么样的首都，怎样建设首都"这一重大历史命题，以解决"大城市病"为突破口，为北京城市发展划出了一道道红线，要求标本兼治，综合施策，坚持抓住疏解非首都功能这个"牛鼻子"，紧密对接京津冀协同发展战略，着眼于更广阔的空间来谋划首都的未来发展。

北京，中国的首都，一座特大城市，一座为"大城市病"所困扰的城市，再也不能头痛医头、脚痛医脚，仅仅进行局部治疗。如果想收到长治久安的效果，就必须认识、尊重、顺应城市发展规律，施以"全身手术"，不是治标，而是治本，而且效果要长期保持。

此前，北京城市空间的发展，更多的是"市场"在起作用，首都天然吸引了大量资源的无序聚集。此后，北京城市的转型发展，则更多要体现政府"规划"的意图，按照既定目标，依靠法律、经济、行政等手段，对城市空间布局进行重新布局，有些留下，有些疏解，有些提升，这就是所谓"全身手术"的蓝图范本。

2018年1月，北京市发改委正式宣布，非首都功能疏解将着力从以零散项目、点状疏解为主的"小疏解"向以点带面、集中连片，央地协同、形成合力，系统联动、整体推进的"大疏解"转变，推动形成一盘棋疏解格局。自此，北京非首都功能疏解从"小疏解"阶段迈入"大疏解"阶段。

所谓小疏解，又被称作"北京非首都功能疏解1.0时代"，即对一般性制造业等行业的分散性疏解；而大疏解，则被称作"北京非首都功能疏解2.0时代"，是指对高校医院、金融部门、央企总部、科研院所等中高端产业进行向外溢出。

此年，按照北京市委、市政府的工作部署，针对新形势、新要求、新任务，北京市发展改革委会同北京市经济信息化委、北京市商务委、北京市工商局等22个市级相关部门，在2015年第一次修订的基础上，又对《北京市新增产业的禁止和限制目录》进行了第二次修订。本次，新版

《目录》为了"瘦身健体",实现更高质量、更可持续的发展,进行了 73 处修订,力度更大,施策更准。

2018 年新版《北京市新增产业的禁止和限制目录》的出台,正式宣告北京非首都功能疏解从 1.0 时代开始迈入 2.0 时代。

北京非首都功能疏解 1.0 时代的主要任务是低端企业的转移,主要是围绕一般制造业中的"高消耗"企业进行疏解转移。严格按照新版《禁限目录》,全面配合全市各大产业园区,瞄准高消耗企业,——高耗水企业、高耗能企业、高耗人企业、高耗材企业、高耗地企业,精准施策,加快转移是重中之重。因此,第一阶段 1.0 时代也被坊间形象地戏称为"斩草除根"。

北京非首都功能疏解迈入 2.0 时代后,主要任务是中高端产业协作,积极引导北京的中高端产业,放弃"大而全"、聚焦"高精尖",甩出作为"手脚经济"的制造、服务环节,做强作为"首脑经济"的研发环节,实现产业链条的全国乃至全球的大协作。因此,第二阶段 2.0 时代也被坊间形象地戏称为"身首异处"。

此后,随着"大疏解"力度的持续加码,北京教育、医疗、科技、人才、资金等优质资源迅速向全国辐射,向各地输出技术合同成交额成倍增长。

对于北京来说,"大而全"的产业发展模式一直制约着北京向更高端方向发展,"大而全"意味着一些低端产业也必然夹杂其间,不仅占据了稀缺的空间资源,还会对环境、资源等造成污染与浪费。所以,北京要集中力量发展十大高精尖产业,就要抓紧时间疏解转移低端的产业与产业的低端环节,腾出空间全力聚焦高端的产业与产业的高端环节,才能在"瘦身"的同时,不断实现"健体"。

第二章 "减量发展"第一城

2018 年，北京首次实现城乡建设用地减量 34 平方公里，成为全国第一个减量发展的超大型城市。

北京，这座伟大城市正在经历深刻转型，从集聚资源求增长到疏解功能谋发展，一举成为全国第一个减量发展的城市。北京正在通过规模精简、功能减负和空间紧缩实施精准"减量"，加速形成"规模约束、功能优化、空间提升"三位一体的高质量发展模式。

"减量"的核心是"问题调控"，以减重减负为路径转变粗放式增长方式，遏制生态环境危机；"发展"的核心是"结构优化"，以资源要素的重构来支撑高质量发展，实现以人为本的生态文明。可见，减量发展既是问题所需，更是未来所向；既是首都追求高质量发展的鲜明特征与应有之义，更成为开启新时代首都建设的新航标。

今后一段时期，北京发展的最主要特征就是减量提质，最重要的任务就是疏解非首都功能，治理"大城市病"，提升城市管理水平，全面实现社会经济的高质量发展。

"十三五"时期[①]，北京通过"减量发展"成功实现了城市人口和建设用地规模"双下降"。全员劳动生产率从 2015 年的 21.2 万元／人提高到 2019 年的 28.2 万元／人，制造业地均产值比 2015 年提高 15% 左右，跃升全国首位。与此同时，全市能源利用效率和低碳发展水平持续提升，能耗"双控"连续超额完成国家考核任务，单位地区生产总值能耗较 2015 年下降 21% 左右。单位地区生产总值二氧化碳排放量较 2015 年下降 22% 以上；单位地区生产总值水耗较 2015 年下降 15.6% 以上；全市森林覆盖率

---

① 北京市发改委，展望"十四五"，在更高起点推动北京经济高质量发展，2021 年 1 月 12 日。

由 2015 年的 41.6%，提高到 44.4%，绿色发展整体保持全国最好水平。

这意味着，北京的"减量发展"成效明显，正以更少的能源、淡水、土地等资源消耗全面推动社会经济的高质量发展。

第一节　世界城市"减量"史

减量发展，是北京城市治理理念的重大变化，通过功能和结构调整，实现非首都功能的减量，首都核心功能的优化，旨在强化北京的"四个中心"战略定位，改善城市的服务品质，提高北京的全球竞争力。

从本质上讲，减量发展是一种可持续发展模式，理论上可追溯到 20 世纪 60 年代经济合作与发展组织（OECD）提出的"脱钩"概念。此后，减量发展成为国际上治理大城市病的通行做法。北京城市发展中所遇到的问题，英国伦敦、法国巴黎、日本东京、韩国首尔等世界首都城市都曾经历过这一历史发展阶段，即加快疏解低端产业、臃肿机构及膨胀人口，以减量发展破解特大城市病的难题，以空间重构推动首都高质量发展。

殷鉴不远。这些宝贵的经验教训对于北京城市打造空间均衡、功能优化、高质发展的新首都，破解大城市病难题，充分发挥首都辐射作用，构建国家发展的重要增长极和全面参与国际竞争的战略区域，都具有极强的借鉴意义与参考价值。

■ 第一，"摊大饼"变为"撒芝麻"，利用建设新城与外迁机构为首都减量，使整个城市呈现多中心分散布局，便于分散城市功能。

1952 年，伦敦雾霾事件后，政府开始着手大规模外迁污染企业。同时，启动第一代新城建设，计划建设 8 座宜居宜业，独立自主的新城，以对大都市区进行有计划的疏散。20 世纪 60 年代中期，第三代新城建设起步，政府又沿着三条交通干线在 80~130 公里范围内规划了 3 座具有"反磁极"模式的新城，在原有城市的基础上进行改造建设，以期吸引城市中心区的人口与产业，缓解其资源与交通压力。2016 年，伦敦制定远景规划，在首都周边布局了 13 个较大的新城，将安置 225 万人口，最终实现多中心、分散式的空间布局。伦敦经历了20多年的产业与人口疏散过程，基本达到了优化产业机构，缓解人口过度聚集，减轻城市发展压力的目标。

1965年，法国颁布《巴黎地区整治规划管理纲要》，提出为了解决市中心区人口膨胀、交通拥堵的问题，将在首都近郊设立9个城市副中心，并沿着城市发展轴和交通轴建立8座新城，规划人口分别在30万~100万之间，吸引工业、金融业迁出中心区，构建首都减量、周边均衡、多中心布局的发展模式。20世纪70年代初，马恩拉瓦勒、艾弗里、伊芙琳、图瓦兹、默伦塞纳尔5座新城陆续开工建设。直到20世纪末，新城始终是巴黎地区人口增长最快的地方，功能完善，配套齐全，现代服务业发达。

1956年，日本颁布《首都圈整备法》，迄今为止已经依法制定并实现了5次首都圈整治规划，以应对东京都中心地区人口与产业过度集中的问题。20世纪90年代末期，第5次东京区域规划通过培育和依托新城发展，大力推动东京及周边广域内交通、通信等基础设施的改造和城市空间职能的重组，东京地区逐步形成了"中心区—副都心新城—周边新城—公共大交通"的城市格局，建立了包括池袋等8个副都心城市与千叶等9个周边特色新城在内的多中心多圈层的城市体系。

20世纪70年代初，韩国制定了第一个国土综合开发计划（1972—1981），开始着手在首尔周边建设卫星城。1982年，韩国颁布《首都圈整备规划法》，对首尔都市圈进行分区管理，并对转移分散条件作出详细规定，政策对象主要针对公共机关、工厂和大学。1989年，韩国政府提出了建设首都圈新城镇的提案，并在距离首尔市中心20公里的首都圈范围内建了5座新城。进入21世纪，为了解决人口膨胀问题及大力改善居住环境，韩国在位于首尔市中心20~40公里范围内启动了第二阶段10座新城的建设，更加注重宜居、宜业、宜休闲。

■ 第二，畅通"大动脉"，疏通"毛细血管"，构建高效便捷的交通网络为首都减重，解决市区内的道路拥堵与人口疏散。

伦敦放弃以环形为主的道路网络，增加更多支次道路使其成为网状，分流主干道的压力。伦敦基于"交通枢纽带动经济发展"的目标，大力发展公共交通，融合了公共汽车、有轨电车、地铁、道克兰轻轨及泰晤士河水上交通等多种无缝对接的交通网络。其中，轨道交通网建设是重点，形成了11条地铁线、3条机场轨道快线、1条轻轨线和26条城市铁路线组成的轨道交通网，而公共汽车线路更是多达700多条。这种便利性吸引市民更多乘坐公共交通，有效减少了私家车对道路交通的巨大压力，从而更好地满足了安全、舒适、便利、环保、高效的通勤需求。

巴黎庞大的轨道交通系统已经有百余年历史，现在每天要承担1500万人的交通出行。巴黎核心区与新城之间拥有发达的公交换乘系统，形成了有环放射式交通网，包括16条地铁线、5条市区线（RER）、8条市郊铁路线、3条有轨电车、1450条公共汽车线路。巴黎市内以及巴黎与郊区之间的交通出行中，公共交通使用率分别达到61.5%和57.4%。

东京是世界上典型以轨道交通为主导的大都市，在东京首都圈内有17条国铁JR线（新干线），13条私营铁路系统，13条地铁线路，构建出快捷的环都市圈轨道网，轨道交通承载量占整个通勤的86%，为首都减量发展和人口快速分流提供了有力支撑。

目前，首尔经过半个多世纪的发展，已经在交通方面取得了举世瞩目的成就，市民交通满意度达到88%，成为全世界大城市交通发展的典范。全市共运营地铁线路9条，轻轨线路10条，公交专用道350余千米。每天出行量达3190万人次，市民利用公共交通出行占总出行量的69%。其中，市郊快线将各卫星城之间、卫星城和首尔市区紧密连接在一起，高效便捷地实现了疏散中心城区人口的目的。

■ 第三，甩出低端"手脚经济"，引入高端"首脑经济"，利用产业疏解与产业更新来为首都减负，同时全力推动产业创新与城市更新，使城市发展减量不减质。

国际上许多首都城市通过内城产业更新、减量提质，新城产业创新，增量增效，均实现高质量发展。城市转型与产业更新是一枚硬币的两面，城市功能的改变必然伴随着产业结构的调整，从而深刻影响人口的迁移。

二战以后，通过合理规划，伦敦成功经历了两次城市转型，避免了城市衰败，很好地实现了产业更新与人口疏解。20世纪70年代以前，伦敦以制造业和港口运输业闻名于世，后因传统产业的衰弱，大量工人失业，城市一片萧条。20世纪80年代后，在撒切尔夫人的主导下，通过发展第三产业，尤其是金融业与高端商务服务业，实现了经济的高速发展，一举成为金融业主导的国际化大都市，其中金丝雀码头成功转型为重要的金融商务中心区，成为世界城市转型的一个典范案例。20世纪90年代后，金融业的发展潜力变小，伦敦又开始大力发展创意产业，伴随创意产业的快速崛起，伦敦成为金融业与创意产业双轮驱动的世界城市，并为之赢得了"国际创意之都"的美誉。2004年新的伦敦规划提出，保持世界城市的领先地位，强调首都减量与旧城更新的统一，建设伦敦科技城，集聚国际创新人才，发展数字科技，创建"世界创新之都"。伦敦在人口总量控制方面，主要通过产业转移、新城建设来实现人口疏解与城市更新。

20世纪60年代后，法国政府在巴黎地区实施"工业分散"政策，积极向周边地区疏散工业和人口，同时在市中心区发展高端服务业与高科技创新产业，引导产业向高端化、创意化、轻量化环节演进，提高城市科技质量。巴黎是"世界设计之都"和"世界时尚产业之都"，每年设计生产上万种新潮服装，还作为世界化妆品生产中心，引领国际风潮。

20世纪60年代，东京市中心的工业开始撤出，第三产业开始大量填补进来。曾经的工业地带，变身为繁华商业区，东京在城市核心区布局了大量技术密集的高精尖产业，集中了商贸服务、金融服务、物流服务、出版印刷以及生活服务等功能，再加上众多大企业将总部布置在东京市中心，因此东京全面承担起了东京湾区制造业的"大脑"功能——服务于市民的生活、服务于产业的管理、服务于科技的研发，也服务于管理各流程的优化。同时，东京在周边新城配置技术加工业，以创新为驱动力提升竞争力，确保首都经济减量不减质。

自20世纪70年代起，首尔和仁川的政策导向即由引进发展变为转移分散，在城市边界建设绿化带，逐步缩小市内工业用地，严格限制首都圈内产业发展。韩国政府将分散政策的重点放在引导产业转移扩散方面，具体表现为在其他区域建设产业园并培养地方支柱产业。目前，韩国除首都圈外每个区域都拥有至少一个研发基地，政府不但为这些产业园区提供政策优惠和资金支持，还在基础设施、物流运输、信息咨询和融资融券等相关服务方面加强供给，力图提高地区自主创新能力，缩短研发成果产业化的过程，推进区域间协调发展。

他山之石，可以攻玉。牢牢抓住非首都功能疏解这一"牛鼻子"，加快落实《北京城市总体规划（2016年—2035年）》的发展目标，已经成为北京工作的当务之急。只有充分借鉴世界各国首都疏解的国际经验，结合北京实际情况量身制定差异化减量政策，努力做到产业疏解与城市更新相协调，大力推动京津冀协同发展，积极促进京地跨区域产业协作，以减量发展促进绿色发展、创新发展、高质量发展，才能更好开启首都现代化建设的新征程。

第二节　剥掉"白菜帮"，做好"白菜心"

世界经验表明，西方发达国家的首都在产业与人口疏解过程中既有成功的经验，也有失败的教训，而且还曾出现过一些严重问题。当年，英国伦敦就曾经出现过因为过度疏解而导致中心城区产业空心化，从而使内城陷入萧条的极端情况。另外，法国巴黎在产业疏解和去工业化的过程中，没有注意新产业的培育，最终导致城市国际竞争力与吸引力的下降。这些经验教训对北京非首都功能疏解工作都有极强的警示价值与借鉴意义。

有鉴于此，北京实施减量发展的方式是全力实施两手抓，两手都要硬的策略，剥掉"白菜帮"的同时，狠抓做好"白菜心"，深入贯彻落实习近平总书记考察北京重要讲话精神，以供给侧结构性改革的思路重新布局首都创新资源。

2014年2月，北京非首都功能疏解工作正式启动。七年以来，北京通过狠抓疏解、整治、促提升，剥掉"白菜帮"，做好"白菜心"，很好地实现了全市产业的腾笼换鸟、凤凰涅槃。如今的经济结构，无论是"大而强"还是"小而精"的高端产业，较之以前则更聚焦、更强大、更具备绝对优势，更领先于全国水平。

北京，成为中国首座成功实现由减量发展向高质量发展的城市，中国首座成功实现用产业疏解倒逼产业升级的城市。

从放弃"大而全"的产业体系，到建设"高精尖"的经济结构，这是北京转型发展面临的一场大考。北京，不断剥掉"白菜帮"的目的，就是要腾出空间全力做好"白菜心"。减量发展不是不发展，而是要高质量全面发展。减量的目的不是为了"瘦身"，而是为了"健体"，减量不减质、减量不减速。原来的北京就像一个大胖子，什么都吃，什么都要，各项承载功能已经俱全，所以才导致"胖"而不"壮"，发展不平衡、不合理、不完善的问题。所以，要坚持减量发展，控制增量，疏解存量，就像是减肥一样，管住嘴，迈开腿。

从根本上讲，北京以疏解非首都功能为"牛鼻子"实行减量发展，就是要努力尝试向崭新的发展方式转变。"减量发展"既是首都发展的特征，更是一种创新和勇气。北京在剥掉"白菜帮"的同时，积极做好"白菜心"，按照高端化、服务化、集聚化、融合化、低碳化的高质量发展要求，优化三次产业结构，构建"高精尖"的经济体系。

首先，北京市全力聚焦发展十大高精尖产业，将加快发展高端产业作为战略抓手，勇敢打破传统业态发展的路径依赖，不断创造新的经济动能，成功实现疏解腾退空间的升级、置换、更新利用，很好地巩固和拓展了非首都功能疏解的工作成果。

2017 年 12 月，北京市政府正式公布《加快科技创新发展新一代信息技术等十个高精尖产业的指导意见》。北京市为了做好"白菜心"，实现高质量发展，按照国家战略导向，顺应产业演进趋势，围绕全国科技创新中心建设，立足"三城一区"主平台，聚焦"绿色、集约、智能"产业发展方式和"减重、减负、减量"的发展要求，经过深入研讨论证分析，选取了新一代信息技术、集成电路、医药健康、智能装备、节能环保、新能源智能汽车、新材料、人工智能、软件和信息服务以及科技服务业等十大产业作为重点发展的高精尖产业，分别编制了指导意见。在资金投入、人才培养、知识产权保护等方面，北京市经信委、科委、财政局、人力社保局、中关村管委会等机构将进行针对性的配套支持。

2018 年[①]，新产业、新业态、新商业模式与科技创新为北京市经济增添了新活力，新经济实现增加值首破万亿元大关，达到 10057.4 亿元，占全市 GDP 比重达 33.2%。同时，北京市十大高精尖产业实现营业收入 32548 亿元，其中新一代信息技术、节能环保、智能装备、医药健康、软件和信息服务业等 5 个领域实现营业收入 17080 亿元，新动能培育取得了阶段性成效。并且，北京还建立了"科—技—产—业"接力机制，贯通创新链、产业链、资金链、政策链，实现科学发现、技术开发、产业化转化和规模化应用生产的有效衔接和接续发展，先后又制定出台了 5G、人工智能、医药健康、智能网联汽车、工业互联网等产业发展行动计划和方案，努力形成高精尖产业加快发展的新动能。

2019 年[②]，北京市新经济实现增加值 12765.8 亿元，占全市地区生产总值的比重为 36.1%。同时，全市高技术产业实现增加值 8630 亿元，比上年增长 7.9%，占地区生产总值的比重为 24.4%。伴随着产业协同创新体系的不断完善，北京市高精尖创新成果及企业不断涌现。高清液晶显示面板、自动驾驶平台、石墨烯制备与应用、北斗卫星应用等技术产品已达到国际领先水平；北京地区独角兽企业数量占全国近一半；人工智能企业数量约 400 家，专利达 8000 多件，均居全国第一；小米等企业获评全国质量标杆企业，旷视科技"洞鉴人像系统"、百度"Paddle 深度学习框架"等 7 个项目入选全国首张颠覆性创新前十榜单，寒武纪等 9 家企业成为全球新进独角兽创业公司，布局高精尖产业创新动能进一步释放。

2020 年[③]，全年实现新经济增加值 13654 亿元，比上年增长 6.3%；占

---

① 两个"全国第一"的背后，北京积极探索高质量发展之路，新华社北京，2019 年 4 月 7 日。
② 北京推动高质量发展成绩亮眼，北京日报，2020 年 3 月 2 日。
③ 数据来源：北京 2020 年国民经济和社会发展统计公报。

全市地区生产总值的比重为 37.8%，比上年提高 1.5 个百分点。每万人口发明专利拥有量为 156 件，比上年增加 24 件。全年高技术产业实现增加值 9242.3 亿元，比上年增长 6.4%；占地区生产总值的比重为 25.6%。战略性新兴产业实现增加值 8965.4 亿元，增长 6.2%；占地区生产总值的比重为 24.8%，比上年提高 1 个百分点。全年高技术制造业完成固定资产投资增长 87.7%，占制造业投资的比重为 60.8%，比上年提高 6.8 个百分点；高技术服务业完成投资增长 16.5%。全年规模以上工业企业人均创收 289.3 万元，比上年提高 16.6 万元。万元地区生产总值水耗为 12.62 立方米，下降 3.03%。

其次，北京市始终坚持"四个中心"的城市功能定位，将"三城一区"建设作为战略平台，倾力打造国际科技创新中心。

2017 年 6 月，北京市第十二次党代会报告中明确指出，将全力抓好"三城一区"的建设，聚焦中关村科学城，突破怀柔科学城，搞活未来科学城，打造以北京经济技术开发区为代表的创新驱动发展前沿阵地。

中关村创业大街

聚焦中关村科学城，发挥"领头雁"作用，率先建成具有全球影响力的科学城。着力提高对全球创新资源的开放和聚集能力，着力补齐优质创新要素，着力促进不同创新群体深度融合，通过优化空间布局、推动城区有机更新、打造创新型服务政府、强化城市创新形象，营造国际一流的创新创业生态。瞄准世界科技前沿，重点布局一批关键共性、前瞻引领、颠覆性技术项目和平台，推动产生一批全球引领性原创成果。

突破怀柔科学城，以百年科学城标准，打造新时代科学城新标杆。建立国际化、开放式管理运行新机制，深化怀柔综合性国家科学中心建设，尽快实现高能同步辐射光源、多模态跨尺度生物医学成像设施等大科学装置，以及新一批前沿交叉研究平台开工建设。引导民间资本、社会力量、国际资源广泛参与，促进科研基础设施共建共享，构建从基础设施、基础研究、应用研究、成果转化到高精尖产业的创新链。

搞活未来科学城，加速"三个转变"，全力打造全球领先的技术创新高地。立足已经形成的资源优势，加紧发力。鼓励入驻央企加大研发投入和加强前沿技术研究，引导企业建立有利于创新的公司治理结构，积极引入民营研发机构、创新企业、高校等多元主体，加快投资孵化、科技服务等创新要素聚集，推进能源、材料、智能制造等领域协同创新。

优化提升北京经济技术开发区，加强"城—区"对接，打造高精尖产业增长极。建立与三大科学城的对接转化机制，统筹大兴、通州等空间资源，与顺义、房山协同发展，搭建一批技术创新公共服务平台，聚焦新能源汽车、新一代信息技术等领域，抓好重大项目落地，提高外资引进和开放发展水平，打造创新型产业集群，建设好"中国制造2025"国家级示范区。

"三城"与"一区"之间，就是从实验室到生产线的距离。作为"三城"科技成果转化的重要承载区，开发区将更加积极主动地对接三大科学城的原始创新和科技成果，高标准完成承接转化，着力打造北京高精尖产业主阵地。

目前，"三城一区"作为北京建设全国科技创新中心的主平台，以不足全市4%的土地面积吸引了全市50%以上的研发投入和科技人才，实现了全市60%以上的发明专利；以不足20%的常住人口实现了全市30%的经济总量。"三城一区"联动发展是北京市产学研互动、南北城协调发展的重要途径，更是打造具有全球影响力的科技创新中心的核心支撑。

2019年①，中关村科学城生产总值迈上7000亿元台阶，中关村示范区高新技术企业实现总收入6.6万亿元；未来科学城面积从10平方公里扩大到170平方公里，扩容16倍，确定东区能源谷、西区生命谷的建设格局；怀柔科学城完成"抢跑"，布局在此的26个科学设施平台提前一年全部启动建设；北京经济技术开发区规模以上工业总产值完成4200亿元，同比增长10%，规模以上高新企业研发投入135亿元，同比增长8.2%。

近年来，"三城一区"正涌现出越来越多的高精尖创新成果。

怀柔科学城相继迁入中科院电子所、力学所、国家空间科学中心、计算机网络信息中心、北京综合研究中心等重点科研院所。下一步，还有12个科研院所，包括中科院大气物理所、生态环境中心、地球与地质研究所、化学所、过程研究所、青藏高原研究所、国家天文台等，以及北京应用数学研究院等科研机构也将陆续落户。

北京亦庄经开区陆续涌现出高清液晶显示面板、自动驾驶平台、石墨烯制备与应用、北斗卫星应用等一大批具备国际领先水平的高精尖企业。

中关村示范区多项颠覆性技术不断刷新世界纪录，在人工智能领域涌现出全球最大自动驾驶平台、国际领先的深度学习智能芯片；在集成电路领域涌现出国内首款通用CPU、FPD-EDA全流程解决方案；在生物医药领域，涌现出国际原创抗癌治疗系列药物、新冠肺炎灭活疫苗；在新材料领域涌现出国际领先柔性显示技术、国内第一代石墨烯生物芯片等一批重大科研成果。

未来科学城先后吸引了国家电网、中国华能、国家能源集团等14家央企相继入驻。在低碳环保、清洁能源、智能电网、核能核电、绿色冶金、大飞机、新材料等重点领域取得了一批具有自主知识产权的创新成果。其中，仅"能源谷"就聚集了198家各类能源研发机构和生态企业。2019年，

---

① 创新引领"三城一区"加速跑，北京日报，2020年1月14日。

规模以上企业实现总收入超过 1700 亿元，利润合计超过 200 亿元。

北京"三城一区"正以聚集高精尖产业，实现高质量发展为目标，引领北京全面构筑创新氛围浓厚、创新要素集聚、创新活力强劲的全球科技创新中心。

面对非首都功能疏解的世纪大考，北京的思路越来越明确，行动越来越有力，答案也越来越清晰。减量不减质，减量不减速，坚持两手抓，两手都要硬，一手抓剥掉"白菜帮"，一手抓做好"白菜心"，以供给侧结构性改革的思路重新布局首都创新资源。着力构建与首都城市战略定位相适应、支撑国际一流和谐宜居之都的现代化经济体系。

最后，北京市紧紧抓住全球经济一体化与区域经济一体化的历史机遇，坚持园区开放与产业开放，通过跨区域产业协作，借助技术、资金、人才、市场等优质资源与全国各地及全球各国广泛开展产业合作，充分利用国内与国际两种资源、两个市场，全力构建高精尖的产业链、经济链、生态链，全面做好"白菜心"。

目前，北京每日新设科技型企业数量从 2015 年的 110 家增长至 2019 年的 250 家，实现翻番；2020 年北京市新设科技型企业 7.6 万家，比上年新设数量增加近 1 万家。独角兽企业数量从 2015 年的 40 家增长至 2020 年的 93 家，企业数量和整体估值均实现翻番。2020 年，国家级高新技术企业累计达到 2.9 万家，实现了翻番，占全国比重约 15%，位居全国第一。2020 年，北京技术合同成交额达 6316.2 亿元，同比增长 10.9%，占全国总量接近 1/4，其中 60% 左右输出转移到京外省市，珠三角和长三角承接近六成。

其中，2020 年[①]，中关村示范区新设科技型企业 2.6 万家；拥有 413 家上市公司，独角兽企业 93 家，占全国一半；中关村企业总收入 7.2 万亿元人民币，对北京经济增长贡献率超过 40%。

中关村现有外籍和留学归国人才 5.3 万人，并与全球知名大学和研究机构开展了广泛的研发合作。目前中关村正在加快整合利用全球高端创新

---

① 数据来源：中关村这份"十三五"成绩单，中国高新技术产业导报。

要素，支持北京企业引进来、走出去。

在引进来方面，中关村吸引英特尔、微软、西门子等跨国企业在中关村设立分支机构300多家；吸引中意技术转移中心、葡萄牙仕博创新管理咨询公司等国际化创新服务机构以及国际半导体照明联盟（ISA）、国际垃圾处理产业发展联盟等国际型产业联盟在中关村落户。

在走出去方面，中关村已与全国26个省区72个地市建立战略合作关系，已合作共建23个科技成果产业化基地。同时中关村积极支持北京企业在海外设立研发机构。中关村上市公司在海外设立研发中心和分支机构逾千家，整合全球创新资源的能力不断提高。

"保持定力，抬高准入门槛，注重地均、人均产出，做好战略留白。"

"企业对标国际一流，提高产品竞争力，不断超越自我。"

"集约高效利用土地，进一步提质增效，完善业态。加强产业与用地结构调整，强化亩均税收导向，加紧腾笼换鸟，吸引国际资源和高端服务资源集聚。"

"腾退空间不必急于填满，要聚焦'高精尖'，腾笼换鸟，换会下金蛋的鸟。"

……

这是如今北京市委、市政府对于产业发展的态度，北京自觉把首都发展融入国家战略大局中，保持战略定力。

北京，面对习近平总书记提出的时代课题，"建设怎样的首都、怎样建设首都"，如何解决好"都"与"城"，"舍"与"得"关系，一直孜孜以求，不懈探索，勇于实践。通过剥掉"白菜帮"践行着腾笼换鸟，减量发展的新理念；通过做好"白菜心"实现着凤凰涅槃，高质量发展的新目标。七年来，北京立足首都城市战略定位，抓住非首都功能疏解"牛鼻子"，坚持减量发展、绿色发展、创新发展、以人民为中心的发展，不断形成首都高质量发展的生动实践。

第三节　北京三次产业大挪移

新中国成立以来，北京先后经历了三次产业转移的发展阶段，前两次也曾取得过一些成就，但没有哪一次像现在这样，针对非首都功能疏解，决心如此之大，力度如此之狠，动作如此之实，效果如此之好，持续时间如此之长。

■　**第一次产业大搬迁，始于 20 世纪 90 年代初。**

这个时期的主要任务是实施以解决污染扰民为目标的企业搬迁和组建郊区县工业科技园区，主要特征是政府行政主导推动，以"退二进三""重化工业转移"为主要标志。

新中国成立后，北京大兴工业，尤其在四环内，工厂如雨后春笋，遍地开花，这个情况一直持续到了 20 世纪 90 年代。进入 90 年代情况开始发生转变，北京市政府意识到城区布局大量工业，一是造成污染，二是扰民严重，将工业企业从三环内搬出迫在眉睫。

经过这段时间的搬迁整治，北京城区的工业企业数量明显下降[①]，且城市产业格局也开始逐步培养起来，工业企业开始逐步入园区。1990—1995 年北京市市区工业用地比重下降了近 4 个百分点，市区因工业搬迁而腾出用地 59.23 公顷，其中，中心城区的腾退占主要的比例（41.78 公顷，70.53%）。

1997 年 12 月北京市第八次党代会首次提出"首都经济"的发展战略，北京要加快产业结构调整，"退二进三"，实施四环区域内工业搬迁改造，要腾出空间来发展服务经济、总部经济、知识经济和绿色经济。

1999 年，北京市整体推进工业搬迁工程，要求北京市内扰民、污染的企业全部外迁，很多工厂都在其中。北京市政府下决心将当时三环内尚存的 783 户工业企业搬迁到北京远郊区，并把同类型的企业搬迁到一起，使北京北部、东北部以电子工业为主；南部以医药等工业为主；西部以化工、

---

① 北京工业演变路径研究，刘春成，白旭飞，侯汉坡，生产力研究，2009（12）.

冶金、建材等工业为主。根据此次搬迁调整,北京市借此组建郊区县工业科技园区,企业逐步入工业园发展,因此初步形成了北京现有园区的分布格局。

■ **第二次产业大调整,始于 2005 年。**

这个阶段主要任务是国家强力推行的工业区整顿行动。此外,还有一个非常重要的契机是北京奥运会申办成功,北京市政府为办好绿色奥运,全面实施产业转型。与此同时,国务院正式批复第六版《北京市城市总体规划(2004 年—2020 年)》,北京的城市定位明确为"国家首都、世界城市、文化名城、宜居城市",产业发展方向确定为"坚持首都经济发展方向,强化首都经济职能。依托科技、人才、信息优势,增强高新技术的先导作用,积极发展现代服务业、高新技术产业、现代制造业,不断提高首都经济的综合竞争力,促进首都经济持续快速健康发展"。

2005 年 8 月,国家开始对省级、市级、县级开发区实施清理整顿,并颁布清理整顿开发区的审核原则和标准。此次行动,要求对设立时间 5 年以上、入区企业数量偏少、开发面积不足 20% 的开发区予以撤销;对严重污染、破坏生态的开发区予以撤销;对地处相邻的开发区予以合并;对远郊区、县已有一定规模和产业特色的开发区,原则上只保留一个。

2005 年,北京市根据国家整顿开发区的指示精神,决定撤销 442 个各类开发区,同时向国家申请保留 28 家开发区。2007 年 1 月底,北京市基本完成对全市范围内各类开发区的清理整顿工作,最终经国务院审核通过只保留 19 个开发区,包括 3 个国家级开发区,16 个省级开发区,规划面积 34632.95 公顷。

这期间,北京借助举办绿色奥运的历史契机,全面实施产业转型计划,全力以赴筹办绿色奥运会。为了兑现"绿色奥运"的承诺,北京市重点治理和搬迁了两大工业区,即西部以首钢为首的工业区和东南郊以北京炼焦化学厂为首的化工区。根据《北京奥运行动规划》中提出的目标和任务,北京 2008 年之前将完成东南郊和四环路内 200 家左右企业的调整和搬迁。

北京历史上曾"高歌猛进"的各类重化工业,在奥运会前夕,随着停产、熄炉、迁徙、转型等方式逐步退出告别北京城。北京的工人阶级作为无产阶级先锋队，又一次为国家做出了重大牺牲。很多人随企业搬迁去外地工作，有些提前退休，有些在家待业，有些自己创业。

面对如此严峻的形势，北京东南郊化工区，有机化工厂、北京化工二厂、北京玻璃二厂、北京染料总厂和北京炼焦化学厂等企业纷纷搬离或者直接拆迁。2005 年，已有八十多年历史、对北京财政贡献率一度占到 1/4，有着 13 万职工的特大型国有企业——首钢的迁出，更是为首都清新和谐的发展带来了契机。

这个阶段的清理整顿，迫使北京各类开发区的经营理念开始从过去的"招商引资"转变成"挑商选资"，想方设法在不扩大土地面积的基础上选择一些亩产效益高又节能环保的高新企业。然而，这个阶段清理整顿行动也具有很强的时代局限性，对于企业疏解、搬迁的决心与力度还明显偏弱，不具有长期可持续性。

2008 年 9 月，国际金融危机全面爆发，中国经济增速快速回落，出口出现负增长，大批农民工返乡，经济面临硬着陆的风险。为了应对危机，扩大内需，拉动发展，中央政府开始实施 4 万亿元经济刺激计划。彼时，面对宽松的货币政策，积极的财政支持，凶猛的发展欲望，北京顺势走回粗放发展，快速扩张的老路。此后五年，由于受到城市发展模式和经济发展速度的严重影响，尤其是对城市规模和经济总量的过度追求，导致北京的"大城市病"开始爆发。

■ **第三次产业大疏解，始于 2014 年。**

这一阶段的核心任务是围绕治理北京"大城市病"，进行非首都功能疏解，强化首都核心功能，打造国际一流的和谐宜居之都，实现京津冀协同发展的战略目标。

自 1990 年以来，北京城市整治与产业疏解工作进行过数次，但没有哪一次像现在这样，决心如此之大，力度如此之狠，动作如此之实，效果如此之好，持续时间如此之长。直到今天，疏解力度依然不减，疏解行动依然不停，疏解任务依然不变。疏解，依然是当前以及今后很长一段时间内，北京城市发展任务的重中之重。

第一，层次高、决心大。此次疏解是习总书记亲自擘画提出、且多次视察指导的一项工作。2014年、2017年两次视察，总书记都对北京城市规划建设作出重要指示："采用疏的办法，做些外科手术，适度疏解北京的功能"，"疏解非首都功能是北京城市规划建设的'牛鼻子'。"他还语重心长地说："必须下决心动手治理，不要把难题都留给后人！"

这一时期，围绕京津冀一体化战略所完成的首都第七版总体规划，开始上升为国家战略，国务院常务副总理亲自兼任京津冀协同发展领导小组组长，习近平总书记亲自督导。

第二，力度大、动作实。2014年2月，为了根治"大城市病"，非首都功能疏解战略正式启动，北京重点瞄准四大类非首都功能，包括一般性制造业，区域性物流基地和批发市场，部分教育、医疗等公共服务功能，部分行政性、事业性服务机构；疏解存量，严控增量，推动北京这座伟大城市深刻转型。七年间，全市不予办理的工商登记业务累计达2.34万件；扎实开展"疏解、整治、促提升"专项行动，2014—2020年全市退出一般制造业企业2872家，治理散乱污企业1.2万家，疏解提升各类市场与物流中心981个，非首都功能疏解工作取得丰硕成果。

第三，持续性时间长，明确为城市发展划定红线。与此同时，北京市委、市政府在组织编制首都第七版大规划——《北京城市总体规划（2016年—2035年）》之时，全面总结并借鉴世界城市治理"大城市病"的经验教训，在国内首次提出"减量发展"的理念，并为首都的未来发展设定了"双控三红线"，即要严控人口规模和土地规模的"双控"；并且要求守住人口总量上限、城市开发边界、生态控制线这三条红线。

■ 设定城市总人口红线——2300万，按照以水定人的要求，根据可供水资源量和人均水资源量，确定北京市常住人口规模到2020年控制在2300万人以内，2020年以后长期稳定在这一水平；

■ 确定城市开发边界——永久性城市开发边界范围原则上不超过市域面积的20%，到2020年集中建设区（城市开发边界内）面积约占市域面积的14%；

■ 划定生态控制线——到 2020 年全市生态控制区面积约占市域面积的 73%。到 2035 年全市生态控制区比例提高到 75%，到 2050 年提高到 80% 以上。

一条条红线，划定的是北京城市未来发展的安全线和宜居线……

2021 年 2 月 5 日，北京市政府召开了"十四五"时期深化推进"疏解、整治、促提升"专项行动实施意见新闻发布会宣布，经过全市上下的共同努力，"疏解、整治、促提升"专项行动已经成为推进首都减量提质、高质量发展的有力支撑，非首都功能疏解完成了阶段性任务，产业结构日趋合理，城市治理能力全面提升，城市面貌焕然一新，百姓获得感显著增强。全市调查显示，96.8% 的受访者对"疏解、整治、促提升"工作表示满意。同时，北京市委、市政府进一步研究制定出台了《关于"十四五"时期深化推进"疏解、整治、促提升"专项行动的实施意见》，此次重点突出难题破解，全面推进分区施策，坚持疏存量、优增量，推动一般性产业从整区域、大范围集中疏解向精准疏解、高效升级转变，加快"腾笼换鸟"，适应社会需求升级，提升产业竞争力，促进产业高质量发展。

当前北京，牢牢抓住非首都功能疏解的"牛鼻子"，通过区域协作与产业转移，不断加快着产业的腾笼换鸟，凤凰涅槃，正在实现着城市的功能再造，华丽转身。

七年来，无数实践证明，只有产业协作才是推动区域协调发展的实体内容和关键支撑。只有抓住这个肯綮，鼓励北京加快功能疏解与产业转移，加强科技创新与文化创新，在京津冀和全国范围内迅速形成区域间产业合理分工，不断密切产业链、经济链与生态链的联系，才能最有效地推动京津冀协同发展，促进全国区域间协调发展。

第四节　战略"留白"，"增绿"重生

新时期，北京率先探索全球超大城市高质量发展的新道路——"减量发展 + 战略留白"。

减量不减质，减量不减速。七年以来，北京通过持续推进一般制造业企业、区域性专业市场和物流中心的疏解工作，不但构筑起高精尖的产业体系，而且腾退出大量产业用地。尤其是自 2017 年以来，全市每年疏解腾退土地面积都在 4000 公顷以上，为未来首都的高质量发展留出来了宝贵的空间。数据显示，北京市提出减量发展战略以来，城乡建设用地规模连续下降，减量约 94 平方公里，但全员劳动生产率却从 2017 年人均 22.7 万元提高到 2020 年人均 28 万元以上。

但存方寸地，留与子孙耕。战略留白用地是为城市长远发展预留的战略空间。2020 年 4 月，北京市人民政府正式印发《北京市战略留白用地管理办法》，进一步加强战略留白用地管理，优化提升首都功能，提升城市韧性，实现可持续、高质量发展和高水平治理。这其中，划定 132 平方公里战略留白用地，15 年内不予启用，产业疏解腾退用地划入战略留白。

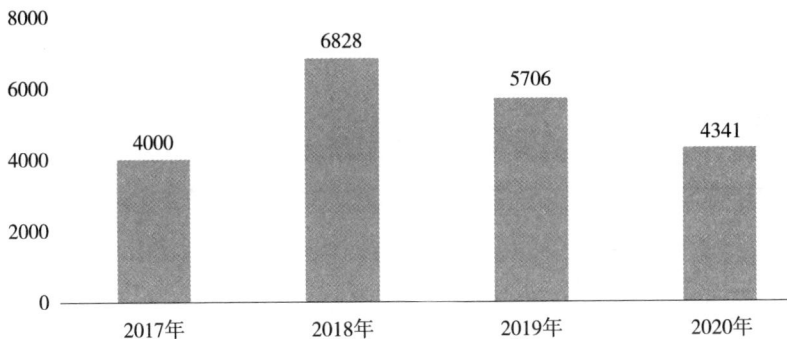

2014—2020 年北京市疏解腾退土地面积（公顷）

数据来源：北京市园林绿化局、北京日报、北京市跨区域产业协作中心整理。

北京市针对疏解腾退空间的再利用，主要谋划了以下三个方面的思路：环境增绿、腾笼换鸟、战略留白。近年来，北京市坚持以非首都功能疏解倒逼经济结构调整和城市空间优化，剥掉与首都资源禀赋和承载能力不相匹配的"白菜帮"，通过"舍"来获得城市空间结构布局优化和高质量的可持续发展，坚持"腾笼换鸟"和"留白增绿"相统一，腾出空间进行生产、生活、生态重塑再造。

一、环境增绿，生态再造

百万亩大造林： 21 世纪以来，北京市一直致力于打造山清水秀的生态空间，并为此做出了大量的努力。2018 年起，北京全面实施新一轮百万亩造林绿化建设，计划用四年时间，全市新增森林绿地湿地面积 100 万亩。

与此同时，北京市充分利用腾退空间，见缝插针持续扩大绿化面积，越来越多的绿色挤进了城市核心区。可以说过去 7 年时间，是北京园林绿化历史上发展最快、效果最好、老百姓得实惠最多的时期，第一次出现"绿进城退"。

疏解腾退增绿： "疏解整治促提升"专项行动开展以来，北京利用拆违腾退土地实施"留白增绿"6921.6 公顷①，建成投用口袋公园、微型绿地约 460 处，温榆河公园等大尺度绿地成为城市新地标，净化空气、带来绿荫。而环绕城市的"绿色项链"也在不断蔓延，为城市注入可持续发展的生态韧性。

2014—2020 年北京市腾退土地面积及"留白增绿"面积

年份	腾退土地（公顷）	疏解腾退土地后"留白增绿"完成绿化（公顷）
2017 年	4000	3200 公顷
2018 年	6828	1683 公顷
2019 年	5706	1686 公顷
2020 年	4341	1164 公顷

数据来源：北京市园林绿化局，北京市跨区域产业协作中心整理。

一个生动而鲜活事例显示，大兴区北臧村镇在疏解腾退前，全部 17 个村聚集了约 8000 亩工业大院，各类散、乱、污企业云集。近几年，全

---

① 资料来源：北京市"十四五"时期深化推进"疏解整治促提升"专项行动实施意见新闻发布会。

市启动疏解工作后，伴随着工业大院腾退的步伐加快，镇里便开始启动平原造林工程。该镇先后建成郊野公园、森林公园十几处，真正实现了"绿树村边合，青山郭外斜"的田园风光。

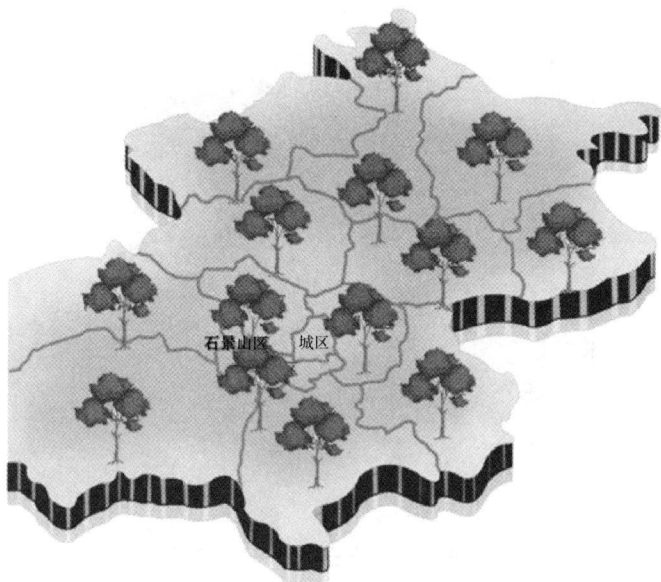

北京的生态空间目标：山清水秀，持续改善生态空间布局

划定生态控制线：按照北京市总体规划要求，2020年全市生态控制区面积要占到市域面积的73%；2035年全市生态控制区比例要提高到75%；2050年提高到80%以上。还要划定全市生态保护红线，占市域面积的25%左右，强化生态保护红线刚性约束，勘界定标，保障落地。

更高标准的绿化指标：北京市提出要建设森林城市，2020年全市森林覆盖率提高到44%；2035年不低于45%。2020年平原地区森林覆盖率提高到30%；2035年达到33%。全市要构建由公园和绿道相互交织的游憩绿地体系，优化绿地布局，将风景名胜区、森林公园、湿地公园、郊野公园、地质公园、城市公园六类具有休闲游憩功能的近郊绿色空间纳入全市公园体系。优化城市绿地布局，结合体育、文化设施，打造绿荫文化健康网络体系。2020年，建成区人均公园绿地面积提高到16.5平方米；2035年要求提高到 17 平方米。2020 年，建成区公园绿地 500 米服务半径覆盖率提高到 85%；2035 年提高到 95%。

北京城市的"绿色项链"

来源：《北京城市总体规划（2016 年—2035 年）》

近年来，北京市通过功能疏解腾退出的大片空间，优先实施了"留白增绿"，各区快速跟进，探索出诸如城市森林、填空造林、见缝插绿、口袋公园等一系列好方法、巧做法，建成了大量郊野公园，交出一份喜人的绿色"答卷"。

见缝插针搞绿化：对于疏解出来面积比较小、地形又不规则的零散用地，北京创造性的以口袋公园的方式来植绿。所谓口袋公园，就是对于那些很小的空地，来进行见缝插绿，提升城市的绿化率。当然这些地方也会有一定的娱乐和休闲工具，让市民可以在闲余时间来这里好好休息与运动。通过这种见缝插绿与口袋公园建设，现在北京市民在主城区是出门 500 米就可以见绿。

现在的北京处处是绿景

"绿水青山就是金山银山",为了支持绿化造林工程,北京市投入了大量财政补贴,其中一项支出便是给到北京的看山人、护林员、保水员。正如昌平区流村镇长峪城村一位护林员所说:"林权两股,值 1700 块钱;山区造林,土地流转再补 5000 块;看护家门口那片林子,一个月能到账1100 块……"

积土成山,众木成林。当年的沙漠化边缘城市,正在大步迈向森林环绕的国际一流和谐宜居之都。与有据可查的 1980 年相比,2020 年[①]北京森林覆盖率由 12.8% 升至 44.4%;城市绿化覆盖率由 20.10% 升至 48.49%;人均公共绿地面积从 5.14 平方米升至 16.5 平方米。

林成片、湖相连,水映京城,鸟语花香。一幅生机盎然的绿色"长卷"正在京华大地徐徐展开……

二、腾笼换鸟,生产重构

减量发展不是减少发展,而是通过减重、减负实现创新发展、高质量

---

① 数据来源:北京 2020 年国民经济和社会发展统计公报。

发展、可持续发展。减量发展、绿色发展、创新发展，已经成为首都追求高质量发展的鲜明特征。

不符合首都产业发展要求的企业从北京疏解搬迁后，腾退出的土地有一部分用来改造成高精尖业态和文创产业园区。

腾退传统产业搞研发。在加快国家科技创新中心建设的大背景下，北京加大对前沿技术研发的攻关和支持力度，并逐步朝着原始创新策源地的目标发展。

"中关村智造大街"便是北京市"腾笼换鸟"的一个缩影。随着疏解工作的不断推进，北京海淀区五道口周边街区内业态进行调整，部分低端商业设施迁出，对于腾出空间海淀区谋划打造了以"硬科技"为核心的全长 380 米的特色功能街区——中关村智造大街，着重展现北京的"硬科技"。

通过聚焦"智能+"领域，构建"智能+"产业链生态，打造"智能+"资源汇集地，目标是将这里打造成智能制造的产业孵化中心、标准创制中心、国际技术交流中心和科技成果推广中心。如今，智造大街周边已聚集了微软、谷歌、威盛等一批国际化企业，还将陆续引入国际知名孵化器。

中关村智造大街只是北京腾笼换鸟、转型升级的一个地标。一般性制造业、一般性服务业与北京市发展战略定位不符，这一两年正在加快退出。部分疏解腾退空间资源被集约化利用，发展新兴产业。

还有一个典型的例子是中关村西区。这里曾是著名的电子大卖场，这几年通过产业疏解和业态调整，已经变成科技金融、智能硬件、知识产权服务业等高精尖产业重要聚集区。

老厂搬迁，厂房空置搞文创。郎园 vintage 前身是北京万东医疗设备厂，随着北京产业结构变迁和工厂外迁，老厂房被腾退出来。2010 年，首创置业将其改造成文创园，整个园区占地面积 2.3 万平方米，总建筑面积 2.9 万平方米，共拥有老式厂房 18 栋，大多建于 20 世纪 60 年代到 90年代。

园区利用老旧厂房营造了良阅城市书房等公用文化空间，成为周边市民文化休闲的聚集地。园区包括文化、新闻传媒、影视、网红、艺术设计、金融、创意餐饮等多种业态元素。

北京为了打造全国文化创意中心，对于文化创意产业支持力度很大。像朗园这种将工厂制造业迁出后，改造成文化创意园区的案例数不胜数，很多企业疏解腾退后，由北京市国资公司收回并改造成文创园区进行运营。根据前期调查，截至 2019 年 9 月，全市各区共梳理出老旧厂房资源 774 处，总占地面积约 3227 万平方米。目前根据各类老旧厂房改造的文创园区大大小小统计有上百家。

腾笼换鸟，打造新经济。作为北京疏解非首都功能的标志性区域之一，北京动物园服装批发市场，曾是我国北方最大的服装批发集散地。直到 2017 年底"动批"全部疏解完成后，这块区域迎来"腾笼换鸟"的新生。借助"疏整促"契机挥别了批发业态，迎来了一次华丽转身——正式变身北京金融科技与专业服务创新示范区。

动物园批发市场北展地区

转型前，这里约 40 万平方米的建筑容纳了 9 万多名从业人员，每年贡献税收仅 5000 万元左右；转型后，仅前期投入使用的 1 万平方米建筑贡献税收就已超过 5000 万元，从业人员仅 500 人左右。"动批"疏解后的楼宇空间中，已经集聚了越来越多的高精尖企业，中移动金融科技、光大云缴费、云粒智慧等多家金融科技企业和专业服务机构纷纷入驻。

北京正借助腾笼换鸟发展新经济，获取新红利。2020年，北京实现新经济增加值1.36万亿元，占全市地区生产总值的比重为37.8%，新产业、新业态、新模式的高速成长，已成为全市经济发展的最大动能。

三、战略留白，生生不息

2020年4月，北京市人民政府印发了《北京市战略留白用地管理办法》，在全市划定战略留白用地，实行城乡建设用地规模和建筑规模双控，原则上2035年前不予启用，为城市长远发展预留的战略空间。

北京作为全国首个实施减量发展的城市，现状城乡建设用地要从高峰的2945平方公里，到2020年底减量到2860平方公里，2035年减少到2760平方公里。战略留白是在用地规模减量基础上，再预留132平方公里。

北京市结合各区县规划（国土空间规划）编制工作，在全市2760平方公里城乡建设用地范围内统筹划定了约132平方公里战略留白用地。在来源上，战略留白用地的划定集中在城乡建设用地的重点功能区及周边拓展地区、现状低效利用待转型区域以及"疏解、整治、促提升"专项行动腾退用地中短期内无明确实施计划的地块等。

这132平方公里的战略留白空间，是首都功能核心区东城区和西城区总面积的1.4倍，与卡塔尔首都多哈面积相当，约等于六分之一个纽约、十二分之一个伦敦。而且，北京所执行的是"现状减量"之后进一步减量"留白"规划建设用地，这相当于从各区已经允许开发建设的盘子里"割肉"。

由此，北京市严格提出了：（1）保持总量平衡，原则上战略留白用地只增不减；（2）严格现状管控，原则上现状地上建筑只减不增；（3）加强规划留白用地腾退，有计划实现实地留白；（4）持续优化空间布局，逐步引导实现集中连片。

党的十八大以来，北京率先探索全球超大城市高质量发展新道路："减量发展＋战略留白"的伟大实践，一方面为国家级重大战略项目提供更多选址可能，另一方面增加贴近市民生活的生态休闲和康体游憩功能，一举多得，多方受益。北京战略留白之策，为落实总体规划提供战略支撑，给城市长远发展预留高质量发展空间，助力超大城市可持续发展。

北京市划定 132 平方公里的战略留白用地是北京市克服短期利益、立足长远利益做出的决策。既体现了北京放眼未来的前瞻意识，也体现了北京未雨绸缪的超前思维，更体现了北京坚持减量发展、高质量发展的决心。

首都新征程，京华新篇章，战略新机遇，未来可期。

第三章　突破小循环，引领大协作

北京，京津冀的"绝对中心"，北方经济发展的"核心引擎"，全中国的"首善之区"。作为"城"的功能，她要打破"一亩三分地"，跳出自我小循环，通过产业大挪移，解决"大树底下不长草"的问题，实现京津冀协同发展；作为"都"的功能，她要践行"四个中心"的职责，把中国送出去，将世界请进来，依托自身文化实力与科技实力的绝对优势，播撒全球最先进的创新成果，通过推动首都经济与各地经济的跨区域协作，实现"一花引来万花开"的效应，引领中国区域协调发展。

第一节　"吸星大法"变"疏散神功"

明清以来，北京作为帝都就是一座集"万般宠爱"于一身的城市，源源不断地吸引着全国的人流、物流、资金流的快速集聚。即使世人所熟知的"北京文化"也并非发源自北京，乃是全国精英汇聚京城所带来的各地精华，在这里整合发酵、沉淀升华而逐步形成。例如，京剧的起源，200年前的徽班进京，13 位奠基人的博采众长，徽调、昆腔的杂糅衍变，从而才诞生了梅兰芳、周信芳、裘盛戎等名角儿。

曾几何时，北京对全国产业要素与优质资源的"虹吸效应"，中国仅有，世界罕见，历史难寻。政治文化导向型的过度集聚与优质资源导向型的过度集聚相叠加，一方面导致了北京"大城市病"的爆发，另一方面与周边城市形成明显的"发展悬崖现象"。

2012 年，京津冀三地人均公共教育支出分别为 3038 元、2680 元、1188 元，北京是河北的 2.56 倍；2012 年三地人均公共财政预算收入分别为 16022 元、12456 元、2860 元，北京是河北的 5.6 倍；2013 年，京、津、冀三地每百万人口拥有三级医院数量分别为 3.2 家、2.9 家、0.9 家，北京是河北 3.56 倍。如果是处在不同的国家，这样的数据差异就是发达国家与发展中国家的区别。

多年来，北京如同巨大的磁铁吸引着全国各地的优质资源，国内最好的教育资源、医疗资源、产业资源、科技资源、金融资源等均高度汇聚于北京。

单以产业来说，在确立非首都疏解工作之前，北京，巨大磁场，强大虹吸，几乎囊括了一个"十全产业"，"高大"如金融街，"草根"如新发地，"挤挤"一堂，不堪重负。2014 年，全国制造业 39 个大类中，北京市就有 35 个，其中 13 个工业门类还存在比较突出的聚人多、占地多、高耗能、高耗水、高污染的问题。进入新世纪后，伴随产业门类与经济总量的急剧膨胀，坊间曾有评价称"北京就是一个怪胎——它一直在完备自己，而不是强大自己"。

首先，产业结构臃肿不堪。多年来，北京的城市功能太多，政治、经济、文化、科技、教育、医疗等诸多功能集于一身，导致产业门类十分庞杂，而且汽车、石化、钢铁等重工业比重偏大，先进制造业分布范围广，实力不聚焦。教育、医疗、公共管理等服务业却又过度集中于核心区，拥挤不堪，发展受限。

其次，产业层次参差不齐。北京市集中了高、中、低不同层次，上百个门类的制造产业，广泛分布在从核心区到远郊区，呈现"村村点火、户户冒烟"的格局，直接造成了"大城市病"的日益严重化。这些传统产业既包括纺织服装、印刷包装、食品饮料、金属加工、建材制造等一般工业，也包括批发零售、仓储物流、教育培训、卫生医疗等服务业。这些产业一方面大量占用城市的土地、水电等资源，集聚大量外来务工人员，增加城市管理成本；另一方面，这些产业对当地税收的贡献率不高。据统计，2013 年北京市工业占地方财政的比重仅为 11%，但工业综合能耗却占全市总能耗的 30.4%。

产业聚集造成人口快速增长，成为造成大城市病的核心原因。北京人口爆炸式增长的原因很多，但归根究底还是经济问题，产业聚集问题。近十几年以来，北京新增外来人口 80% 都实现了就业，且多集中在制造产业、商贸物流、住宿餐饮和建筑建材这四大传统领域，占比近 70% 份额。如果不能提供足够的就业岗位，这些人在京城就难以持久生活下去。正是因为大量中低端产业的过度聚集，才导致了大量外来人口的过快增长。

大量人流、物流、资金流的无序聚集，导致背负的城市功能太多，北京的城市发展已经"不能承受之重"，开始沉重喘息，步履蹒跚。人口膨胀、交通拥堵、资源短缺、环境恶化、公共安全事件频发，这一切预示着不可持续的发展方式正在使这座城市不堪重负，难以为继，由于过度集聚而导致的"大城市病"仿佛一夜之间，猝不及防，突然爆发。

2014 年 2 月，北京非首都功能疏解工作正式启动。从此，北京从"吸星大法"的集聚资源求增长向"疏散神功"的疏解功能谋发展的转变，北京成为全国第一个提出并坚定不移实行减量发展的城市。

2019 年 1 月 10 日晚，中共北京市委、市政府牌匾从原址摘下，两块牌匾移交北京市档案馆收藏。北京市政府办公地址由东城区正义路 2 号整体搬迁至通州区运河东大街 57 号。1 月 11 日，北京市级行政中心正式迁入通州城市副中心，第一批 35 个部门、165 家单位，3 万多人实现整体搬迁，自即日起 4 套班子和 30 多个相关部门正式在城市副中心办公。这是落实首都城市战略定位、疏解非首都功能、缓解北京"大城市病"的历史选择。

2019 年 1 月 18 日，习近平总书记第三次视察北京，并在北京城市副中心市委办公大楼召开京津冀协同发展座谈会提出了六大要求。

第一，紧紧抓住"牛鼻子"不放松，积极稳妥有序疏解北京非首都功能。要更加讲究方式方法，坚持严控增量和疏解存量相结合，内部功能重组和向外疏解转移双向发力，稳妥有序推进实施。

第二，保持历史耐心和战略定力，高质量高标准推动雄安新区规划建设。

第三，以北京市级机关搬迁为契机，高质量推动北京城市副中心规划建设。

第四，向改革创新要动力，发挥引领高质量发展的重要动力源作用。要集聚和利用高端创新资源，积极开展重大科技项目研发合作，打造我国自主创新的重要源头和原始创新的主要策源地。

第五，坚持绿水青山就是金山银山的理念，强化生态环境联建联防联治。

第六，坚持以人民为中心，促进基本公共服务共建共享。要着力解决百姓关心、涉及切身利益的热点难点问题，优化教育医疗资源布局。

习近平总书记强调，非首都功能疏解是双向发力，触及深层次矛盾，要更加讲究方式、方法，要内部功能重组和向外疏解转移双向发力。雄安新区是外向发力，要打造一批承接北京非首都功能疏解的标志性工程项目；北京是内向调整，优化核心功能，剥掉"白菜帮"，做好"白菜心"。

2014年2月，非首都功能疏解战略正式实施。七年间，北京率先制定全国首个新增产业禁限目录，备受关注的一般制造业、区域性批发市场、大量落后过剩产能正在陆续外迁，连北京市级行政机关也都陆续搬到了城市副中心，北京以"抓铁有痕，踏石留印"之功努力践行着减量发展。

同时，腾笼换鸟、瘦身健体也为城市高质量发展创造了无限可能。未来，北京将加快培育新一代信息技术、集成电路、人工智能等十大高精尖产业，积极发展金融、科技、信息、文创、商务等现代服务业，提升生活性服务业品质，发展都市型现代农业，打造北京发展新高地，着力构建与首都城市战略定位相适应、支撑国际一流和谐宜居之都的现代化经济体系。

2014年7月，北京市率先制定实施了全国首个以治理"大城市病"为目标的新增产业禁限目录，全市禁限行业占国民经济行业分类的比重达到55%，城六区高达79%。同时，北京启动新"四清运动"，重点疏解四大非首都功能，包括一般性制造业、区域性物流基地和区域性批发市场、部分教育医疗等公共服务功能以及部分行政性、事业性服务机构。

2014年，北京市严格执行禁限目录，坚定决心疏解非首都核心功能。全年共关停退出一般制造业企业392家，搭建了30个产业疏解合作平台，推进产业转移疏解项目 53 个，拆除中心城区商品交易市场 36 个。中心城区未批准建设展览类设施、酒店、写字楼等大型公建项目，不予办理设立或变更等登记业务达 6900 余件。东城、西城两区的"批发和零售业"新设户数降幅为 45%；朝阳、海淀、丰台、石景山四区的"商贸物流业""批发和零售业"新设户数降幅均在 20% 以上。劳动密集型行业新设企业，制造业下降 26%、交通运输仓储下降 8%。

2015 年 3 月，《北京市人民政府关于进一步优化企业兼并重组市场环境的实施意见》正式发布，明确提出对于不符合首都功能定位的产业，形成水、电、气等差别定价的倒逼机制。8 月，北京市第一次修订的《新增产业禁止和限制目录（2015 年版）》发布，对非首都功能增量进行更为严格的禁限，首次将城六区（东城、西城、朝阳、海淀、丰台、石景山）作为一个整体区域来实施统一的禁限措施，对制造业、教育、卫生、社会团体、餐饮等领域进一步加大禁限力度，明确禁止新增制造业，以充分保障中心城区空间主要用于服务保障首都功能、改善居民生活条件、加强生态环境建设、增加公共服务设施以及适量转换成聚人少的高精尖业态。

2015 年，北京市扎实推进非首都功能疏解工作，取得了阶段性成果。全年关停退出一般制造业企业 326 户，不予办理工商登记业务累计达 1.3 万件；商品批发市场拆除疏解 57 家，减少营业面积 94.8 万平方米；北京城市学院、北京建筑大学、北京工商大学 6600 余名学生外迁；天坛医院、同仁医院、北大医院、朝阳医院等迁址、扩建项目加快推进；常住人口增量减少 17.9 万人，全市每增加 100 名常住人口中，常住外来人口从增加 66 人，下降到增加 21 人。

2016 年，北京市正式实施产业、市场、公共服务、行政事业单位四类非首都功能疏解方案，并制定发布了《疏解非首都功能产业的税收支持政策》；同时，出台实施居住证制度，落实积分落户政策。

2016 年，北京市不断加快疏功能、转方式、治环境、补短板、促协同的步伐，疏解工作迈上新台阶。全年共关停退出一般制造业和污染企业 335 家，疏解各类商品交易市场 117 家，严格实施新增产业禁止和限制目录，累计不予办理登记业务 1.64 万件。本年度，北京市税务部门累计完成各项税费收入 12844.6 亿元，增长 6.2%。其中，金融业、科技服务业、商务服务业和信息服务业税收超过总体税收的 50%，高新产业，贡献过半；而非首都功能疏解相关产业税收规模和比重双下降，石油加工、纺织服装等一般制造业税收下降 23.2%。

2017 年 1 月，北京市全面启动"疏解、整治、促提升"专项行动，作为疏解非首都功能、优化提升核心功能的重要抓手。9 月，《北京城市总体规划（2016 年—2035 年）》获得中央批准，提出北京城市发展要严控人口规模和土地规模的"双控"目标并且要求严格守住人口总量上限、生态控制线、城市开发边界"三条红线"。

2017 年，北京产业疏解退出取得丰硕成果。全年共退出一般制造业企业 651 家，清理整治"散乱污"企业 6194 家，关停乡镇产业小区和工业大院 64 家。全年规模以上工业从业人员减少 4.5 万人，总人数降至 96.4 万人，首次回落到百万人以内。

2018 年 1 月，北京非首都功能疏解从"小疏解"阶段迈入"大疏解"阶段，从以零散项目、点状疏解为主的一般制造业疏解，向以点带面、集中连片，央地协同、形成合力，系统联动、整体推进的全面疏解转变。9 月，北京市第二次修订的《北京市新增产业的禁止和限制目录（2018 年版）》公布，坚持从源头严控非首都功能增量，区分不同区域、不同产业实行差别化管理，让禁限更为精准、细化。

2018 年，改革开放 40 周年，全面实施新一版北京城市总体规划的第一年，北京市非首都功能疏解工作取得重大成果。全年共退出一般制造业企业 656 家，疏解提升市场和物流中心 204 个，拆违腾退土地 6828 公顷、还绿 1683 公顷，建成城市休闲公园 28 处，城乡建设用地减量 34 平方公里。本年度，北京市常住人口同比下降 0.8%，减少 16.5 万人，首次开始实质性下降。

2019 年，新中国成立 70 周年之际，北京市紧抓非首都功能疏解"牛鼻子"不放松，修订实施新的城乡规划条例，出台生态控制线和城市开发边界管理办法，制定战略留白、减量发展等各项政策措施，全力推动"疏解、整治、促提升"专项行动向纵深发展。

2019 年，北京市主动适应新形势、新要求，更加讲究方式、方法，坚持严控增量和疏解存量相结合，内部功能重组和向外疏解转移双向发力，非首都功能疏解取得显著成效。全年共退出一般制造业企业 399 家；疏解提升市场和物流中心 66 个，涉及建筑面积约 97.7 万平方米；本年度合计腾退各类土地 5706 公顷；城乡建设用地规模再次减量 30 平方公里。

2020 年，全面建成小康社会和"十三五"规划收官之年。北京市紧抓疏解非首都功能"牛鼻子"不放松，全面推进"疏解、整治、促提升"专项行动，全年腾退各类土地 4341 公顷，退出一般制造业企业 113 家，疏解提升区域性专业市场和物流中心 66 个，一般制造业企业集中退出、区域性专业市场大规模疏解退出任务基本完成。

七年辛苦不寻常。从 2014 年 2 月非首都功能疏解战略启动以来的七年间，首都发展进入了一个崭新阶段，最主要的特征就是减量发展，最重要的任务就是疏解非首都功能、治理大城市病、提升城市发展质量和发展水平。北京市紧抓非首都功能疏解重大历史机遇，深度融入其中、受益其中，积极探索减量发展、瘦身健体、提质增效的新路子，发展理念和发展方式加快转变，城市发展深刻转型，人民群众的获得感不断提升。

七年间，北京通过严控增量、退出一般性产业、推进文教卫机构疏解等一套"组合拳"，城市"瘦身健体"取得新进展。严格执行新增产业禁限目录，截至 2020 年底全市不予办理的工商登记业务累计达 2.34 万件；扎实开展"疏解、整治、促提升"专项行动，2014—2020 年全市退出一般制造业企业 2872 家，治理散乱污企业 1.2 万家，疏解提升各类市场与物流中心 981 个。

北京，正以壮士断腕的坚决态度，实现城市的凤凰涅槃。在这七年的时间里，北京城市发展成就斐然，疏解治理成效显著，人民生活幸福感得到极大的提升，中国之治，北京实践，正在京华大地上全面展开。

北京，正在打破"一亩三分地"的小循环，实现"东西南北中"的大协作,从集聚资源求增长的"吸星大法",转变为疏解功能谋发展的"疏散神功"。北京作为全国首都的示范引领、辐射带动作用正在强力显现,这必将极大促进全国各地与北京的跨区域产业协作,助推全国区域经济的协调发展。

第二节 "一城独大"变"三地协同"

北京,京津冀协同发展、环渤海一体化、中国经济第三极建设的绝对中心。作为"城"的功能,她必须要打破"一亩三分地",跳出自我小循环,通过非首都功能疏解与跨区域产业协作,解决"大树底下不长草"的问题,实现京津冀协同发展,带动辽东半岛与山东半岛的"两翼"齐飞,引领环渤海区域打造中国经济第三极。

"北京吃不完,天津吃不饱,河北吃不着。"

这是一句坊间流传甚广的话,形象折射出在强大的"虹吸效应"下,因北京"一城独大"而导致周边区域形成了"大树底下不长草"的尴尬局面。由于北京的中高端产业往往自成体系,要求全国乃至全球的配套,所以对周边区域就很难形成辐射带动作用。

2005年,亚洲开发银行在对京津冀区域的调研中发现,在国际大都市北京和天津周围,环绕着河北的3798个贫困村、32个贫困县。如果以150公里的直线距离计算,北京接壤的河北省张家口、承德、保定三市就有25个国家级和省级贫困县,200多万贫困人口,集中连片,触目惊心,与西部地区最贫困的"三西地区"相比,处在同一发展水平,有的指标甚至更低,由此提出了"环京津贫困带"的概念。

"欧洲的城市"与"非洲的农村"同时出现在半径100公里的区域内,像这样在首都周边还存在着大面积贫困带的现象在世界上也是极为罕见。巨大的经济落差,使首都周边地区存在大量的贫困人口,不可避免地造成低素质劳动力涌入城市,形成城市贫困阶层和贫困居住区,不仅直接影响北京的国际形象,也影响首都的社会安全。

长期以来，京津冀地区流传着"翻过一座山，工资翻三番"的说法。京津两大核心城市与周边地区在发展上相互脱节，彼此间的空间联系松散、薄弱。周边中小城市特色不突出，产业承接能力不强，使得这一地区产业梯度落差过大。在北京强大"虹吸效应"下，北京、天津、河北三地的经济、产业、城市发展等出现了不均衡、不协调、不联动的现象，长此以往便形成了"产业悬崖"。

京津冀地区的"产业悬崖"现象尤为突出，产业发展不协调问题由来已久。首先，产业发展基于行政板块各自为战，相似度高、互补性差，未能形成相互衔接的产业发展链条，京津沿海产业布局同构性明显，恶性竞争不可避免；其次，是产业层次差异悬殊，高中低端交织，京津现代产业发展较快，而河北传统产业特别是重化工业比重较高；第三，是地区发展很不平衡，京津产业过度集中，河北产业则过度分散；第四，是现代化产业集群发展不足，配套体系不够完善；第五，是产业整体创新能力不强，支撑高新产业发展的关键核心技术短缺，国际性产业与商品名牌较少。总体上看，京津冀间产业联动性较差，呈现出竞争大于合作、独行多于联动的特点，并在产业转移和要素流动方面表现出"蛙跳"效应，即北京与珠三角、长三角的产业联动远远超越天津、河北。

"世界钢铁产量排名：中国第一，河北第二，唐山第三。"

这绝不是笑话。河北省长期以来承担着京津两市矿产资源、工业原料、淡水资源、电力和农产品的供应地角色，导致产业结构偏重，生态环保压力巨大，城市服务配套落后等问题突出。

京津冀三地，处于不同的经济发展阶段，三地产业结构存在明显的梯度差异。

近年来，北京的经济结构已经进入后工业时代，第三产业增加值的占比已经在80%以上，第二产业只占10%多一点，而且是以轻型制造业为主。

天津则具有相当强大的多门类的制造业、航运业、原材料生产等行业，是中国华北地区的经济中心城市，也是东北亚地区重要的航运中心之一，是中国进出关及京津冀与华北及西北内陆的铁路交通枢纽之一。但就经济总量而言,天津仅属于全国城市的第二梯队范畴;就产业特点而言,天津明显以第二产业为主体,还处于工业化中后期,总部经济远远不及北京、上海和深圳。因此,天津的经济辐射力和影响力还仅限于区域性中心地位。

多年来,河北省作为京津冀地区的重要组成部分,省域经济发展迅速。但与北京、天津的经济全面发展状况相比,河北省产业结构存在着一些缺陷和隐患。如经济梯度不合理、资源未能有效配置、经济结构不平衡、区域经济发展差距过大、缺少区域整体协调规划体制、产业结构趋同等,这些都需要优化调整产业结构来解决。由于河北的产业结构粗放,又面临两期叠加,即产业结构调整的阵痛期和环境治理攻坚期,其增长速度放缓,进而导致前些年京津冀在全国经济版图中的排名连年下降。

这其中,京津冀汽车产业的发展便是最典型的案例。北京引进奔驰、现代等国际汽车巨头设立生产基地,天津则扶持一汽·丰田不断扩大产能,河北则帮助土生土长的长城汽车做大做强,但京津冀三地汽车产业链关联却十分松散,汽车零配件产业体系多分布在长三角和珠三角区域,当地配套比例却很低。

另外,北京高精尖产业与长三角、珠三角区域的产业紧密度远超环渤海区域。2013 年[①],北京的技术成果只有不足 1% 输到河北转化,50% 以上都去到长三角、珠三角区域转化。尤其是中关村与全国各地合作建立的 60 多个园区中,大部分布局在长三角与珠三角,这就是北京产业转移协作的"蛙跳现象"。

大树底下不长草。多年以来,因为北京巨大的"虹吸效应",导致产业、人口、资本、技术的高度聚集,经济规模与城市体量的急剧膨胀,造成交通拥堵、环境污染、成本高企等大城市病,呼吸不畅、消化不良、血脉不顺,严重困扰着北京的良性可持续发展。

---

① 河北省经济工作会议,2014 年。

如何解决"产业悬崖"与"发展鸿沟"的问题，破解"大树底下不长草"的历史魔咒？

2014 年 2 月，京津冀协同发展座谈会在北京举行。习近平总书记强调实现京津冀协同发展，是面向未来打造新的首都经济圈，推进区域发展体制机制创新的需要，是探索完善城市群布局和形态，为优先开发区域发展提供示范和样板的需要，是探索生态文明建设有效路径、促进人口经济资源环境相协调的需要，是实现京津冀优势互补、促进环渤海经济区发展、带动北方腹地发展的需要，是一个重大国家战略。

2015 年 4 月，中共中央政治局审议通过《京津冀协同发展规划纲要》。纲要指出，推动京津冀协同发展是一个重大国家战略，核心是有序疏解北京非首都功能，要在京津冀交通一体化、生态环境保护、产业升级转移三大重点领域率先取得突破。

七年来，习近平总书记一趟趟实地考察，一次次调研论证，从全局高度和长远考虑，科学谋划京津冀协同发展，多次围绕"稳扎稳打，勇于担当，敢于创新，善作善成"发表重要论述，为京津冀协同发展取得新的更大进展指明了方向。

北京，从"一城独大"到"三地协同"，正在经受历史性巨变。内外发力、加减并用，京津冀三地拿出了各有亮点的成绩单。从各自为政、各管一摊，到相互扶持、彼此协助；从发展战略不清、功能重叠，到优势互补、统筹布局……"一加一大于二、一加二大于三的效果"日渐显现。

首先，产业转移协作是京津冀深度融合的关键突破口。只有产业转移协作取得实效，三地的产业链、经济链、生态链形成了互动、互联、互利，区域协同发展才能真正起步。

无数经验证明，只有产业转移协作才是实行区域协同发展的最现实之选，最关键之处，最明智之举，舍此而奢谈其他，皆是纸上谈兵。京津冀三地政府，促进协同发展的各种尝试虽多，但很多领域的融合仍然是事倍功半。经过三年多的艰苦探索，三地政府终于开始重新回归协同本源，从建设产业转移承接平台入手，构建区域间产业合理分工和上下游联动机制。

2018 年 1 月，中共十九大之后，京津冀三省市共同发布了首次联合制定的综合性、指导性文件——《关于加强京津冀产业转移承接重点平台建设的意见》，初步明确了"2+4+N"的平台建设计划，包括北京城市副中心和河北雄安新区 2 个集中承载地，4 大战略合作功能区，"N"即一批高水平协同创新平台和专业化产业合作平台。

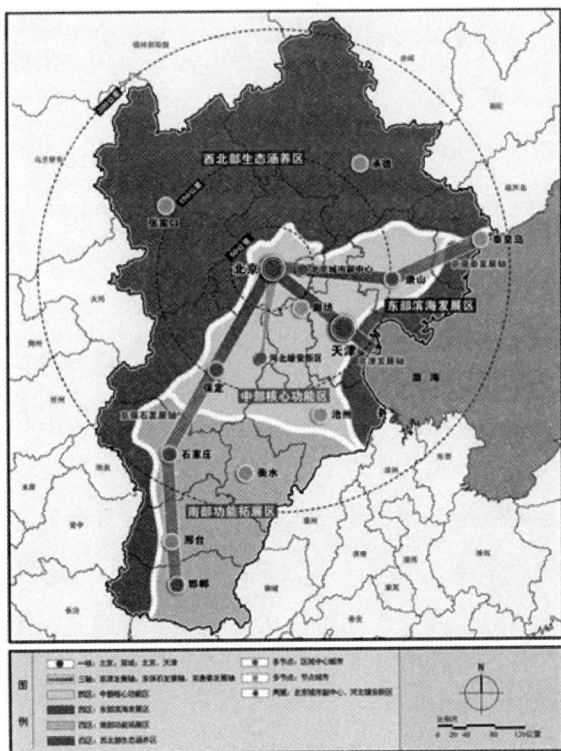

京津冀协同发展

图片来源：《北京城市总体规划（2016 年—2035 年）》

"2"即北京城市副中心＋雄安新区，要求这"两翼"增强高端产业吸引力。未来的雄安和通州，要积极吸纳和集聚创新资源要素，打造创新产业集群，促进产城融合、职住平衡；要展现水城共融、蓝绿交织、清新明亮、舒缓宜居的城市风貌，建设成为一个没有"城市病"的科技领先的优美城区。

"4"即聚焦四大战略合作功能区，实现产业合作服务共建共管。包括曹妃甸协同发展示范区、北京新机场临空经济区、张承生态功能区、天津滨海新区在内的四大合作功能区，要求按照"政府主导、国企带动、政策集成、资源汇聚"的思路，实现每个战略合作功能区都有"一个完整规划、一套推进机构、一个融资平台"，加快产业合作和公共服务共建项目落地，形成集聚效应和示范作用。

"N"即主要指聚焦打造若干优势突出、特色鲜明、承载能力强的承接载体，引导三地产业有序转移与精准承接。为进一步加强京津冀产业转移承接平台的统筹规划建设，优化区域产业布局，打造优势产业集群，加快形成规模效应，推动一批专业化、特色化京津冀产业平台。

七年多来，京津冀三地在产业疏解与承接之间，打破小格局，掀起大循环，落子有声，共绘"一张图"，共下"一盘棋"，给华北平原这片辽阔的区域带来深刻改变。北京积极引导非首都功能有序转移、精准承接、集聚发展，一批重大产业合作项目相继落户津冀，产业协同发展步入快车道。其中，立足高端装备和重化工产业，重点建设北京（曹妃甸）现代产业发展试验区；立足大数据产业，建设北京·张北云计算产业基地；立足大健康产业，推动建设滦南（北京）大健康国际产业园；立足电子商务产业，推动建设天津武清电子商务产业园；立足家具家居产业，推动建设河北深州家具产业园；立足生物医药产业，推动建设北京沧州渤海新区生物医药产业园；此外还有在秦皇岛、沧州、承德、石家庄、廊坊等区域，打造了一批特色产业园。

北京认真落实《京津冀协同发展规划纲要》，加快推动京津冀产业协同发展。北京现代、国电集团、福田汽车、金隅集团、三元乳业等一批重点企业在京津冀区域内布局产业链条，增强北京产业的辐射带动作用。中关村国家自主创新示范区、北京经济技术开发区向河北、天津等地输出品牌和管理优势，带动共建园区发展。

同时，京津冀区域科技创新活力不断增强，从投入驱动创新数量扩张逐渐转向创新质量提升。数据显示，2019年京津冀年区域技术市场成交额达 7000.4 亿元，占全国技术市场成交总额的近三分之一，比上年增长 12.9%①；2020 年，北京输出津冀技术合同 5033 项，成交额 347.0 亿元，增长 22.7%②；七年间，北京输出津冀技术合同成交额累计达 1400 亿元；中关村企业在津冀两地设立分支机构累计超 8600 家，科技创新园区链加快形成。创新产出已成为推动京津冀区域创新发展的主要力量⋯⋯

其次，教育、医疗协同发展。北京积极发挥自身优质教育、医疗资源的辐射带动作用，稳步推进京津冀区域公共服务共建共享。

七年以来，京津冀地区通过学校联盟、结对帮扶、开办分校等多种方式开展跨区域教育合作，截至 2020 年 10 月，组建 16 个京津冀高校创新发展联盟，成立 10 个跨区域特色职教集团（联盟），推动优质教育资源合作共享。支持在京医疗机构与河北、天津等开展专科协作、远程诊疗、派驻专家等医疗合作，推进实施京张、京承、京保等重点医疗卫生合作项目 36 个。

第三，京津冀交通一体化建设取得新成果。2020 年 12 月 27 日 10 时 18 分，雄安新区刚刚落成的雄安站内，京雄高铁正式开通。北京西站至雄安新区间最快旅行时间 50 分钟，大兴机场至雄安新区最快 19 分钟可达。自此，京雄城际铁路全线开通运营，北京与雄安这座"未来之城"紧紧联在一起。

协同发展，交通先行。七年来，京津冀交通网络越织越密。京冀交界的大兴国际机场建成投运，北京"飞"入航空双枢纽时代；京张城际、京雄城际北京段开通运营，京唐城际、京滨城际、津兴铁路等多条高铁的建设正在不断推进，石雄城际、雄忻高铁、雄商高铁等多条铁路的建设审批通过⋯⋯"轨道上的京津冀"在加速奔跑，服务老百姓互联、产业互通；京台高速、京秦高速建成通车，北京市域内国家高速公路"断头路"全面消除⋯⋯如今，京津冀核心区 1 小时交通圈、相邻城市间 1.5 小时交通圈

---

① 京津冀协同发展脚步越来越快，北京日报，2020 年 11 月 10 日。
② 2020 年京津冀地区经济运行情况分析。

基本形成。

最后，生态环境协同治理成效明显。绿水青山就是金山银山，改善生态环境就是发展生产力。北京、天津、河北三地跨区域联防联治，在协作机制、统一立法、统一标准、联合执法等多方面深入合作、不断突破，共同推进生态文明建设，通过持续的生态修复和建设，生态环境优势正在转化为经济优势，持续推动京津冀协同发展。

京津冀三地不断完善大气污染联防联控协作机制，经党中央、国务院批准，专门成立了京津冀及周边地区大气污染防治领导小组，国务院副总理韩正任组长。近年来，京津冀三地空气质量实现大幅明显改善，PM2.5年均浓度 2019 年与 2015 年相比下降 36%，区域共享空气质量改善成果。北京市 PM2.5 年均浓度从 2015 年的 80.6 微克 / 立方米降至 2019 年的 42微克 / 立方米，2020 年 1—10 月北京市 PM2.5 累计浓度为 39 微克 / 立方米，在区域 "2+26" 城市 [①] 中浓度持续保持最优。

水生态、水环境改善很大，北京的 "母亲河" 永定河重新焕发生机。水利部、京津冀晋四省市、永定河流域投资公司共同签署永定河生态用水保障合作协议，推动编制潮白河综合治理和生态修复规划，探索官厅水库上游生态补偿机制。

大力实施重点生态工程，围绕北京大兴国际机场周边及通道实施造林1.17 万亩，围绕世园会、冬奥会开展通道绿化 1.17 万亩，京津风沙源治理二期完成造林 1.76 万亩、封山育林 23 万亩 [②]。

"一张图" 规划、"一盘棋" 建设、"一体化" 发展。七年以来，从顶层设计到全面落实，从过去 "你是你，我是我" 到 "你中有我，我中有

[①] "2+26" 城市是指京津冀大气污染传输通道城市，包括北京市，天津市，河北省石家庄、唐山、廊坊、保定、沧州、衡水、邢台、邯郸市，山西省太原、阳泉、长治、晋城市，山东省济南、淄博、济宁、德州、聊城、滨州、菏泽市，河南省郑州、开封、安阳、鹤壁、新乡、焦作、濮阳市（含河北雄安新区、辛集市、定州市，河南巩义市、兰考县、滑县、长垣县、郑州航空港区）。"2+26" 城市现有企业应采取有效措施，在规定期限内达到大气污染物特别排放限值。

[②] 京津冀协同发展又一年一批重大项目、重点事项落地实施，北京日报，2019 年 12 月 31 日。

你",从过去的"一城独大"到现在的"三地协同",京津冀如同一朵花上的花瓣,瓣瓣不同,却瓣瓣同心,京津冀协同发展正在广袤的华北平原深入推进,一场深刻的历史性变革正在燕山脚下、渤海之滨、太行山麓激情演绎。

第三节 "独善其身"变"协作共赢"

北京,不仅是京津冀的"绝对中心",更是全中国的"首善之区"。作为"都"的功能,她还要践行"四个中心"——政治中心、文化中心、科技创新中心、国际交往中心的职责,把中国送出去,将世界请进来,依托自身文化实力与科技实力的绝对优势,播撒全球最先进的创新成果,通过推动首都经济与各地经济的跨区域协作,实现"一花引来万花开"的效应,引领中国区域协调发展。

2004年,中国正式提出实施区域协调发展战略,这不仅是实现国民经济平稳、健康、高效运行的前提,而且对于保持政治和社会稳定,促进民族团结与维护国家安全都具有重大意义。

2018年11月,党中央、国务院正式印发《关于建立更加有效的区域协调发展新机制的意见》提出,统筹发达地区和欠发达地区发展,以承接产业转移示范区、跨省合作园区等为平台,支持共建产业合作基地和资源深加工基地,建立区域联动机制,先富带后富,促进共同发展;创新开展对口协作,建设对口合作重点园区,实现互利共赢。鼓励生态受益地区与生态保护地区、流域下游与流域上游通过资金补偿、对口协作、产业转移、人才培训、共建园区等方式建立横向补偿关系。鼓励资源输入地通过共建园区、产业合作、飞地经济等形式支持输出地发展接续产业和替代产业,加快建立支持资源型地区经济转型长效机制;坚决破除地区之间利益藩篱和政策壁垒,促进区域间要素自由流动,引导科技资源按照市场需求优化空间配置,促进创新要素充分流动。同时,其中还特别强调要加强产业转移承接过程中的环境监管,防止跨区域污染转移。

2018 年 12 月，中央经济工作会议特别强调，要增强中心城市辐射带动力，形成高质量发展的重要助推力。这是按照区域协调发展要求提出的重要战略谋划，是辐射带动后发区域共同富裕，彰显社会主义制度优越性的重要体现，是释放创新活力，提升发展质量，更好满足人民美好生活需要的重大举措。

世界城市群的发展历程表明，中心城市与其他后发区域之间的关系是集聚与辐射并存的良性互动过程，即先将资源集聚到中心城市形成增长极，中心城市发展后又对后发区域产生辐射带动作用，形成高质量发展的动力源。改革开放以来，我国经济实现高速增长，一方面是中心城市因资源集聚优势得到高速发展，面临着"想发展无空间"，建设成本加大，规模效应减弱，存在人口过度膨胀、产业过度集聚、交通过度拥堵、大面积雾霾频现等"大城市病"难题。另一方面，后发区域却是"有空间难发展"，存在要素禀赋先天不足、创新动力不强、发展质量不高等历史性难题。增强中心城市辐射带动力，促进人口、资源与环境的空间均衡，助推传统产业转型升级，培育战略性新兴产业，缩小区域差距，实现区域更高质量、更有效率、更加公平、更可持续的发展。后发地区要加速吸引中心城市资源要素，承接和发展具有比较优势的产业，以科技创新和产业升级布局未来经济发展制高点，发挥后发优势，加快科技资源向生产力转化，助推经济高质量发展。

2019 年 9 月，黄河流域生态保护和高质量发展座谈会在郑州隆重召开。习近平总书记宣布，黄河流域生态保护和高质量发展，同京津冀协同发展、长江经济带发展、粤港澳大湾区建设、长三角一体化发展一样，都是重大国家战略。至此，自党的十八大以来关系中国未来发展的新五大战略悉数出炉，成为新时代我国深入实施区域协调发展战略的重要抓手，这必将使区域发展协调性不断增强，资源配置效率全面提高，为经济高质量发展注入强劲动力。

新时期，北京作为全国的"四个中心"——政治中心、文化中心、科技创新中心、国际交往中心，已经通过集聚资源实现了快速发展，正在把发展的“蛋糕”越做越大。目前，中国经济发展已经进入更高层次水平，更高效率阶段，更高质量时代，亟须先进地区、中心城市发挥创新引领和辐射带动作用，协助后发地区实现跨越式发展，全面推动区域协调发展，为最终实现共同富裕，让创新成果更加多元、更加公平的惠及全国各地与全体人民做出应有的贡献。此时，新时代迫切要求北京不仅要“独善其身”，而且还要辐射全国“协作共赢”。

近年来，北京正在通过产业协作加强与全国各地的经济联系，不但帮助后发地区利用比较优势积极承接首都产业转移，实现跨越式发展；而且联手发达地区主动嫁接首都资金、技术和人才等优势资源，形成产业链、经济链和生态链的互利共赢，共同实现高质量发展。具体而言，北京跨区域产业协作的创新引领和辐射带动作用，成功实现了以下三大方面的成就。

首先，北京跨区域产业协作的“规定动作”，因为行政手段主导，高层领导督导，虽然难度最大，但是力度最猛，所以完成最好，坚持首善标准，引为全国样板。

目前，按照党中央、国务院的统一安排部署，北京市支援帮扶协作地区涵盖全国 8 个省区共 90 个县（旗）、支援帮扶协作地区点多、面广、线长，居全国各省市之首。

对口支援 地区	● 新疆和田地区“一市三县”（和田市、和田县、墨玉县、洛浦县）和新疆生产建设兵团第十四师； ● 西藏拉萨市“一区三县”（城关区、堆龙德庆县、尼木县、当雄县）、青海玉树州、湖北巴东县。
对口帮扶 地区	● 内蒙古包括呼和浩特市、呼伦贝尔市、赤峰市、锡林郭勒盟、乌兰察布市、通辽市、兴安盟 7 个盟市（31 个县）； ● 河北张家口、承德、保定 3 个地市（23 个县）
对口协作 地区	● 河南省南水北调水源区（6 个县）； ● 湖北省南水北调涵养区（9 个县和神农架林区）
对口合作 地区	● 辽宁省沈阳市 ● 四川省什邡市

近年来，北京市针对支援帮扶协作地区的特点，充分发挥资金、技术、

人才和市场等资源优势，集中开展了脱贫攻坚、生态协作、对口合作三大战役，并且取得了辉煌的战果。

第一役，在脱贫攻坚战中，北京市支援帮扶的 90 个县（旗）中就有73 个国家级贫困县，且大多集中在底子薄、条件差、难度大的"三区三州"和深度贫困地区。自党的十八大以来，北京市坚持目标不变，精准发力，聚焦脱贫攻坚的重点、难点和焦点，积极稳妥推动产业扶贫、就业扶贫、生态扶贫、教育扶贫、健康扶贫、危房改造、饮水安全等各项工作全面落实，培育发展消费、科技、金融扶贫新模式，积极探索制定行得通、真管用、有效率的办法措施，切实做到精准扶贫脱贫，全力助推脱贫攻坚取得新实效。

2018 年，全年投入市区财政帮扶资金 65.16 亿元，建设 928 个扶贫项目，动员 1.3 万家社会组织和企业参与，带动贫困人口就业 10 余万人，助推受援地区 25 个县脱贫摘帽、69.07 万名贫困人口脱贫，形成了一批可复制、可推广、可持续的经验。

2019 年，投入扶贫支援资金 81.74 亿元，安排脱贫攻坚项目 1839 个；选派挂职干部人才 2252 人，接收挂职干部人才 1191 人，培训各类人员9.75 万人次，销售扶贫产品总额 177 亿元。在援受双方共同努力下，有 39个县级贫困地区摘帽、50.6 万贫困人口脱贫。至此，北京市对口支援帮扶的 73 个国家级贫困县中已有 71 个脱贫摘帽、120 余万贫困人口脱贫。

2020 年是决胜全面建成小康社会、决战脱贫攻坚之年。按照蔡奇书记"扶贫支援工作一刻也不能等"的指示要求，市区两级财政安排帮扶资金56.26 亿元，北京援派干部人才 2554 人次，北京扶贫支援纳入中央考核的73 个旗县已全部脱贫摘帽。

第二役，在南水北调生态协作中，2014—2019 年以来，北京市区财政先后安排资金近 32 亿元，实施项目 900 多个，双方互派挂职干部 320 人次，培训干部人才 10000 余人次，重点在水质保护、精准扶贫、产业转型、民生事业、交流合作等领域支持水源区经济社会发展；北京 16 区与河南、湖北两省水源区 16 个县市区扎实开展结对帮扶工作，努力推进环保新技术在水源区试验推广，不断促进生态环境改善。北京市南水北调对口协作工作开展以来，水源区生态持续向好、水质稳定高质达标，通过产业、就业、教育、医疗、生态等协作，助推 5 万多名贫困人口脱贫，促进民生改善，推动经济高质量发展。

第三役，在振兴东北对口合作中，按照 2017 年国务院颁布的《东北地区与东部地区部分省市对口合作工作方案》，明确了沈阳市与北京市的对口合作关系，并提出了四项重点任务：对标先进经验做法，推进体制机制创新；开展产业务实合作，加快结构调整步伐；共促科技成果转化，提升创业创新水平；搭建合作平台载体，探索共赢发展新路。

三年多来，在京沈两市的共同努力下，两地对口合作工作扎实推进，在健全工作机制、抓好产业合作、搭建平台载体、推进资源共享、强化政策互鉴等方面，取得了可喜的阶段性成果。京沈产业互补合作不断深化，产业资源共享、产业园区共建取得良好效果；人才交流合作持续推进，两市互派干部挂职工作成效显著，积极配合沈阳用人单位在京开展重点高校校园招聘工作；京沈科技创新合作跃上新台阶，共建科技合作平台工作如火如荼般展开；金融领域合作成效显著，北京资本不断助力沈阳经济社会发展；公共服务领域合作正在启动，鼓励北京市的教育、医疗、文化、体育等优质资源与沈阳对接，提升公共服务水平。

2017 年，京沈对口合作启动以来，京沈两市秉承政府引导、市场运作、优势互补、合作共赢的原则，务实耕耘、协力推进，一批知名北京企业在沈阳投资兴业、落地生根，一批来自北京的大项目、好项目纷纷落户沈阳。两市突出创新合作和产业深度融合，以市场化的方式共同推动产用结合、产需对接和产业链上下游整合，对口合作的倍增效应正在显现。据统计，截至 2020 年 7 月底 ①，两市累计落实对口合作项目 290 个，实际完成投资超 200 亿元，签订各类协议 292 个，北京成为沈阳引进国内资金最多的地区。据了解，截至 2019 年 11 月，在已落地项目中，北京的世界 500 强企

① 京沈对口合作项目实际完成投资超 200 亿元，辽宁日报。

业、中国 500 强企业、民营 500 强企业在沈阳共投资项目 31 个，中关村企业在沈投资项目 35 个，区域总部项目 15 个 [①]；从产业类别上看，高端装备制造业、新一代信息技术、新材料以及航空、大数据、电子商务等新兴产业项目占比超过 40%。

2008 年，"5·12"大地震后，根据中央对口支援安排，北京市对口援建什邡市，三年援建任务两年完成，累计投入重建资金 70 亿元，其中 65.5 亿元涉及民生、公共服务、基础设施、新农村建设 108 个大项目 162 个子项目，4.5 亿元用于智力支持、产业发展、精神家园建设、长效合作机制研究。2010 年 9 月，京什两地的友好关系逐渐从单方援建转为对口合作，达成了新的战略合作框架协议，以推动共赢发展。

近些年来，北京市不断探索通过帮助扶持和发展当地自有产业，使当地实现"自我造血"功能，推动可持续性的对口帮扶方式。北京市积极结合受援地区资源禀赋和当地充分的劳动力资源，加强两地优质资源对接，支持发展特色产业，引导北京企业到当地投资落地项目。目前北京产业扶贫形成了"共建产业园""山区林区经济""坝上草原经济""公司 + 合作社 + 贫困户""企业 + 协会 + 基地"等一批成熟的产业扶贫模式。截至 2020 年底，北京与受援地共同建设了 98 个产业园区，支持 321 个扶贫产业车间建设，推动 352 家企业落户，累计投资 98.3 亿元。

其次，北京跨区域产业协作的"自选动作"，则由政府引导，市场主导，真正实现了企业主体，产业先行，优势互补，合作共赢。

近年来，除了对口支援帮扶协作的 8 个省区之外，北京市还先后与江西、山西、陕西、山东、安徽、吉林、宁夏、湖南、海南等省区签订了战略合作协议，未来将大力推进京赣、京陕、京琼、京吉、京鲁、京宁、京晋、京徽等省市的区域战略合作，充分利用当地的资源优势，以产业转移协作为手段，积极引导北京的资金、技术、人才和市场等产业要素前往当地落户发展，合作共赢。

---

① 数据来源：京沈对口合作，辽宁日报。

当前，北京的区域协作工作是"两手抓"，一手抓全国 8 省区 90 个县（旗）的对口支援帮扶，另一手抓高精尖产业的跨区域协作。

一方面，加快甩出"手脚经济"，强力引入"首脑经济"，加速转移低端产业和产业的低端环节，重点聚焦发展十大高精尖产业，全力培育高端产业和产业的高端环节，建设全球科技创新中心和国际交往中心。

另一方面，"加大疏解"同时"加强协作"，非首都功能疏解将继续坚持"四轮驱动"，加快转移：一般制造业、商贸物流基地、教育医疗机构、行政事业服务机构。与此同时，精准对接粤港澳大湾区、东北振兴、西部开发、长江经济带、淮海经济区、中原经济区、山东新旧动能转换等国家级区域发展战略，积极引导更多产业资源，布局落户这些区域，助力当地产业转型升级。

党的十八大以来，北京市创新源头辐射效应十分强劲，技术市场成交额占全国比例四分之一，而且超过 60% 的技术实现了"走出去"，流向全国 330 多个城市，实现了对全国所有地级以上城市的全覆盖，并且是大部分城市技术落地的主要卖方。2020 年底，北京市国家高新技术企业达到 2.9 万家，占全国近 20%；独角兽企业 93 家、数量居世界城市首位。这期间，北京以中关村为重要载体，积极响应"一带一路"、长江经济带、西部大开发等国家战略需要，以"一区多园"等形式与其他区域共建"雄安新区中关村科技园""江苏中关村科技园""青海中关村高新技术产业基地"等特色园区或基地，先后与全国 26 个省区市 72 个地区（单位）建立战略合作关系，共建 23 个科技成果产业化基地。

最后，北京跨区域产业协作的"创新动作"，意义重大，影响深远，对促进南北经济的平衡发展，引领东部地区的高质量发展，推动全国区域经济的协调发展，都将具有不可估量的关键作用。

2019 年 12 月，习近平总书记在《求是》杂志发表重要文章《推动形成优势互补高质量发展的区域经济布局》强调：我国经济发展的空间结构正在发生深刻变化，我们必须适应新形势，谋划区域协调发展新思路。要健全市场一体化发展机制，深化区域合作机制，加强区域间基础设施、环保、产业等方面的合作。

这篇重要文章特别指出，现阶段我国区域经济的发展出现了一些值得关注的新情况，新问题：

一是区域经济发展分化态势明显。长三角、珠三角等地区已初步走上高质量发展轨道，一些北方省份增长放缓，全国经济重心进一步南移。2018年，北方地区经济总量占全国的比重为38.5%，比2012年下降4.3个百分点。各板块内部也出现明显分化，有的省份内部也有分化现象。全国统计数据显示，2009年，通常意义上的"北方"（华北大区＋东北大区＋西北大区＋山东＋河南）经济总量占全国43%；2012年，北方经济总量占全国45.8%，达到最高点；此后便开始调头向下，2019年下降到35%，快要沦落到"南方"的一半。中国区域经济差距，正在从"东西差距"变成"南北差距"，这将深刻影响未来几十年全国的经济发展格局。

二是发展动力极化现象日益突出。经济和人口向大城市及城市群集聚的趋势比较明显。北京、上海、广州、深圳等特大城市发展优势不断增强，杭州、南京、武汉、郑州、成都、西安等大城市发展势头较好，形成推动高质量发展的区域增长极。

三是部分区域发展面临较大困难。东北地区、西北地区发展相对滞后。2012年至2018年，东北地区经济总量占全国的比重从8.7%下降到6.2%，常住人口减少137万，多数是年轻人和科技人才。一些城市特别是资源枯竭型城市、传统工矿区城市发展活力不足。

近年来，我国中西部内陆地区与东部沿海地区的差距在缩小，南北经济的差距却不断在扩大，这不仅成为全国经济版图的新变化，而且成为我国区域经济平衡发展需要解决的首要问题。

目前，我国正在经历产业转型升级的阵痛，决策层适时推进了供给侧结构性改革，主动引导产业结构调整，在新旧动能转换过程中，北方经济的转型压力开始凸显，因为北方的国有企业比例高，重化工业和资源型企业又占重要地位，而南方的民营经济发达，制造业又相对完备，在全球第四次工业革命浪潮中，南方经济的优势开始凸显，在大数据、人工智能、金融科技、新一代信息技术等方面的表现要远强于北方。

此时，我们惊奇地发现，在东北和华北地区经济发展连续下滑，南北经济差距持续扩大之时，北京经济发展势头却依然强劲无比，潜力巨大，2018年GDP超过了3万亿元，2019年GDP超过了3.5万亿元，2020年超过3.6万亿元，在整个北方经济中一枝独秀，独领风骚。

北京，无论是先进文化、高端人才，还是高新技术、高精尖产业，在全国都具有无可比拟的绝对优势，一直在北方经济发展中起着"核心"作用。我国要实现南北经济发展再平衡，关键是要充分把北京的资金、技术、人才、产业等优势资源发挥出最大效益，把北京"火车头"的拉动作用发挥到最大。

有鉴于此，北京正在创新性开展跨区域产业协作，充分利用非首都功能疏解的战略机遇，把首都经济的绝对优势与地方经济的相对优势结合起来，让北京雄厚的资金、科技、人才、产业资源、以及丰富的管理经验、信息资源，在北方各地实现有效转化、落地生根、做强做大，增强北京的示范引领和辐射带动能力，强力助推北方地区整体加快发展，努力缩小南北经济的发展差距。欠发达地区也要充分利用好北京市强大的辐射带动力，为发展要素搭建更好空间，进一步解放和发展生产力，加快新旧动能转换，将创新潜力释放到极致。

七年来，北京从过去的"独善其身"到现在的推动跨区域"协作共赢"，积极平衡北京企业、科技、金融机构、地方政府、当地企业等多方利益，使跨区域协作的各方都能够受益，充分实现协作共赢。通过北京与外埠地区跨区域协作，一方面，北京企业突破空间不足、生产要素不足的限制，得到充足的配套，实现规模化扩张；另一方面能够将现有的技术成果和技术产品推向外埠市场，增加市场份额。此外，地方特色资源、产业基础可以为北京企业提供更好的产业链上下游配套。比如，可以解决在新材料、重化工等产业方面，北京所面临的产业链不全，基础薄弱、行业配套较少的局面，充分发挥双方的优势，实现共赢。比如，北大先行公司在青海合作建设动力及储能锂电池和新材料研发基地项目，正是基于对当地丰富锂资源的开发与利用。

"北京企业肯定得走出北京发展，不可能东城区的企业到西城区发展，北京企业只有走出去了，才能发展壮大！"

这是北京一名企业家心声。通过跨区域协作的手段，有序组织这些有意愿的企业在生产要素齐全、资源富集、产业链配套、市场辐射优势明显的城市建立分支机构或生产基地，为企业发展提供足够的空间，施展手脚，对于北京企业发展壮大也是非常有益的。

今后，北京市跨区域产业协作平台还将继续大力推动高新技术与高精尖产业与全国各地的资源优势相结合，在当地实现有效转化、落地生根，做强做大，互利共赢，既能增强北京的经济辐射能力，又能带动各地产业转型升级。

中　卷

北京产业魔方

第四章 产业结构变奏曲

1949—2019 年，北京产业结构的巨大变迁，正是新中国 70 年来经济发展转型升级的典型缩影。自进入 21 世纪以来，北京产业结构逐步从工业主导转向服务业引领，从劳动密集型、资源加工型、重化工型为主转向资金、技术、知识密集型，产业发展动能从要素驱动转向效率驱动和创新驱动，产业高质量发展的基础不断夯实，逐渐跻身全球创新第一阵营，对我国各地经济发展的示范引领和辐射带动作用日益强劲。

70 年间，北京地区生产总值增长超过 1 万倍；人均地区生产总值从 66 元增至 16.4 万元人民币，折合 2.38 万美元，达到世界发达经济体水平。

70 年间，中关村由"村"到"园"，如今迈向中关村科学城，成为引领中国科技冲刺国际最高标准的战略引擎；重工业代表首钢从火到冰，从炼钢到炼金，成为北京产业浴火重生，凤凰涅槃，推动城市走向全面复兴的新地标。

今天，我们总结北京产业结构的演变规律，推广产业发展的经验教训，探索产业升级的未来路径，无疑对增进北京与全国的跨区域产业协作，助力各地产业转型升级，打好产业基础高级化、产业链现代化攻坚战，支撑现代化经济体系建设和经济高质量发展都具有重大现实意义。

第一节 "消费型"向"工业型"蜕变

北京，六朝古都，有权人多、有钱人多、有闲人多，自古以来京城的文化与商业一直都很繁荣，是一座典型的"消费城市"。尤其明清时期，北京城是全国最大的商业贸易中心，也是天下商货汇聚之地。

如果追根溯源，北京的商业繁荣得从700多年前的元代说起^①。公元13世纪，马可·波罗，这样描述他初次踏进大都城时所看到的景象："外国巨价异物及百物之输入此城者，世界诸城无能与比。盖各人自各地携物而至，或以献君主，或以献宫廷，或以供此广大之城市，或以献众多之男爵骑尉，或以供屯驻附近之大军。百物输入之众，有如川流之不息……每城皆有商人来此买卖货物，盖此城为商业繁盛之城也。"

元大都时代，由于南北大运河的终点码头设在积水潭，所谓"元时开通惠河，运船直至积水潭"，成为物资集散地的积水潭码头，商贾云集，周边的钟鼓楼、烟袋斜街繁华热闹起来。钟鼓楼一带汇集了南来北往的大贾豪商，商船、漕船川流不息。这一带成为中国经济命脉，不仅有米市、面市，还有缎子市、皮毛市、珠子市、铁市、帽子市、鹅鸭市等，这正好符合"前朝后市"的建都规制。

明清时期，北京城成为全国最大的商业贸易中心。明朝打破了"前朝后市"的旧制，北京的繁华地带，从鼓楼转移到崇文门、正阳门一带，形成了全城最大的商业中心。内城的东四牌楼、西四牌楼等主要街道十字路口，也随之热闹起来，出现了猪市、米市、羊市、马市、驴市、果子市等市场。

进入清朝，北京城出现了满汉分置的城市格局，内城住着"八旗"，汉人甭管做多大的官儿，一律不准住在内城。朝廷还规定不准在内城建戏园子，旗人也不准经商。所以商业、娱乐业大都设在了"前三门"（即前门、崇文门、宣武门）以外，形成了若干商业街和以娱乐为主的街巷。

当时，老北京的繁华商业素有"五子行"之说，所谓"五子行"，即戏子（戏园子）、澡堂子、厨子、窑子、剃头铺子，说白了就是供人们休闲找乐的地方。

北京是明清两朝的政治中心，全国各地的官僚、士绅常集中在这里，因为在北京当官的外省人比较多，加之每年外省官吏都要到京城述职，还

---

① 细数京城老字号，刘一达，政协期刊《北京观察》，2012年12期。

有外省的举子要到北京参加会试等，同乡会馆便应运而生。北京最早出现的两个会馆是明永乐年间建造的安徽芜湖会馆和嘉隆年间的浙江稽山会馆[①]。到了清朝，北京会馆总数已达 400 个以上，代表着所有的省份，以及当时繁荣富庶的区县。据《朝市丛载》记载：在北京，省有省馆，府有郡府，县有县馆。有的一县达五个之多，如山西襄陵县。

每逢过年过节，或每月初一和十五，同乡会馆里的同乡们欢聚一堂，祭神供祖，一起吃饭看戏。

北京熙熙攘攘的人流吸引了大批外埠商人来到北京做买卖，这样便使北京成为全国各地有权人与有钱人的会聚之地。他们来到北京自然要消费、消遣、消受一番，吃、住、行、游、购、娱，一条龙的全方位需求。因此，就在前三门外，出现了花儿市、兴隆街、前门鲜鱼口、煤市街、珠宝市、大栅栏、廊房头条二条三条、琉璃厂等各有特色的商业街。

至光绪二十六年（1900 年），京奉、京汉两个火车站开通并设在了前门，随之大量人流、物流、各式洋货涌入北京，致使这里的商业更加兴盛。而作为北京的金融中心，这里还集中了 26 家化铸银锭的炉房，此外还有 87 家钱庄、26 家银号、40 家金店以及数家银行分布在大栅栏地区。

同时，文化消费业当时也是非常发达的，庆乐园、三庆园、广德楼、广和园、同乐园[②]等知名戏院相继开业，进一步带动了此地的人气，其繁华热闹别处不可比拟。曾有人这样赞叹过其盛况："五色迷离眼欲盲，万方货物列纵横。举头天不分晴晦，路窄人皆接踵行。"

繁华的商业氛围，促使北京诞生了众多经营不同商品的中华老字号。当年，曾经在京城流传这样一句顺口溜"头顶马聚源，脚踩内联升，身穿八大祥，腰缠四大恒"，其中提到的马聚源、内联升、八大祥、四大恒都是京城的著名商户，北京的商业繁盛也由此可见一斑。

从元代以来一直到新中国成立前的北京，可谓"喧嚣市声，幽深巷陌，

---

① 《中国会馆史论》，何炳棣著，1966 年。
② 民之见证，北京杂志官网。

芳菲古迹，诗意飞扬，老幼怡然"，吸引了全国各地的商旅蜂拥云集，繁华异常，不断膨胀的庞大消费需求更加刺激了古都北京的商业活力。

新中国成立前，北京长期作为消费城市，工业发展水平低，农业和服务业长期居于主体地位，工业基础与相邻的天津相比，几乎为零。因此，北方第一大城市的位置一度被天津抢走。

一百多年前，天津就被誉为"中国近代工业的发祥地""中国民族工业的摇篮"。现在看来天津的工业历史长达 140 多年，要远超北京。

十九世纪下半叶，伴随帝国主义侵略日益加深，西方的经济、文化、技术大量涌入天津，加之第二次鸦片战争后，天津成为清政府"洋务运动"官办工业北方中心。随着洋务运动的开展及先进机器设备不断引进，天津工业得到了迅速发展，逐渐萌芽了中国的首批近代民族工业。

中国近代工业的发展，以清政府洋务派的军事工业为最早。鸦片战争以后，直隶总督兼北洋大臣李鸿章在天津大办洋务事业 20 余年，发展军事、铁路、通信、教育等，使天津一举成为北方洋务运动的中心。1867 年，天津城南兴建的天津机器局，占地 20 多公顷，共有工人 2700 余名，号称中国"洋军火之总汇"。

20 世纪 30 年代，天津初步形成了纺织、染织、化工、机电、印刷等门类齐全的工业格局，成为仅次于上海的全国第二大工业城市。1949 年，天津各类工业企业达到 4700 多家。①

与此同时，反观北京的产业发展则显得有些单调和黯淡，当时的京城只有"洋车""二锅头""京剧"等商业和手工业门类，近代工业还无从谈起。

新中国成立后，一切为之改变。北京，开始从一座消费城市向工业城市蜕变，首都的大工业梦想从此启航。

1949 年，解放军进入北平之前，毛泽东主席曾做出表示，"蒋介石的国都在南京，他的基础是江浙资本家。我们要把国都建在北京，我们也要

---

① 天津：从近代工业摇篮"三条石"到现代化制造业基地，新华社天津。

在北平找到我们的基础，这就是工人阶级和广大的劳动群众。"

1950 年，新中国刚刚成立，国家主席毛泽东站在天安门城楼上，无限自豪而又憧憬地对时任北京市市长彭真说，"今后，从天安门上望出去，要看到处处都是烟囱。"

当时，彭真向北京市都市计划委员会副主任梁思成传达了这一指示。梁思成很不理解，他在晚年回忆道[1]："当我听说毛主席指示要'将消费的城市改变成生产的城市'，还说'从天安门上望出去，要看到处处都是烟囱'时，思想上抵触情绪极重。我想，那么大一个中国，为什么一定要在北京这一点点城框框里搞工业呢？北京应该是像华盛顿那样环境幽静、风景优美的纯粹行政中心，尤其应该保持它由历史形成的在城市规划和建筑风格上的气氛。"

1953 年[2]，国庆阅兵式，同样在天安门城楼上，看到产业工人的游行队伍不够庞大，毛泽东主席就当场质问时任中共北京市委第二书记的刘仁，首都是不是要搬家？刘仁深感震惊，立刻意识到北京要不要发展大工业，这不仅仅是一个经济问题，更是一个严重的政治问题。

很快，来华援建的苏联专家就把"斯大林的城市规划原则"带到了北京这座文化古都[3]。其内容之一就是"变消费城市为生产城市"，之二则是"社会主义国家的首都必须是全国的大工业基地"。苏联专家的主导思想是："现在北京市工人阶级占全市人口的百分之四，而莫斯科的工人阶级则占全市人口总数的百分之二十五。所以，北京是消费城市，大多数人口不是生产劳动者，而是商人。由此，可以想到北京需要进行大工业的建设。"

总之，北京为了确立工人阶级的领导地位，就必须保证工人阶级的数量，要大规模地发展工业，特别是要把北京建设成为全国的工业基地和经济中心，才与首都的地位相称。

---

① 梁思成和北京城墙的消失，人民政协网，2006。
② 北京常住人口膨胀将破 2000 万京津争夺河北资源，《瞭望》新闻周刊。
③ 拽不住的北京人口规模：北京不只是精英们的北京，《瞭望》新闻周刊。

此后，北京凭借特殊的首都聚集资源的优势，在行政区域范围内上马了大量的工业项目，这使首都由纯粹消费型城市一跃成为继辽宁之后工业化程度最高的生产性城市。1954 年，北京第二产业比重为 44.1%，首次超过第三产业，开始驶入大工业时代。20 世纪 70 年代开始，北京工业产值占 GDP 的比重已经超过 60%，使之迅速成为我国重要的新兴工业基地，彻底实现了从"消费城市"向"生产城市"的转变。

自五十年代开始，在北京的西部，开始以首钢为中心建设发电厂、重型机器厂、锅炉厂、水泥厂、特钢厂等，这些工厂集中在北京的八大城区之一石景山区，据称它们的总产值一度曾经达到了全区的百分之八十以上。这些老厂，奠定了北京的工业基础，京西一度成为北京著名的重工业区。

1958 年，首钢"第一炉钢"炼出。1978 年，首钢成为我国十大钢铁企业之一。1979 年，首钢 2 号高炉成为我国第一座现代化的高炉。1994年，首钢钢产量跃居全国首位。

除了石景山区外，很长一段时间来，朝阳区也是北京市重点支持发展的工业大区。20 世纪 50 年代，由国务院有关部委和北京市投资，先后在朝阳区的八里庄、酒仙桥、垡头、双井、大北窑分别组建了纺织、电子、化工、机械制造、汽车五大工业基地。

产业内部结构方面[1]，1949 年，全市登记工业户中 80% 以上是手工作坊和工场手工业；随着 20 世纪 50 年代到 1978 年，北京大力发展冶金、机械、化工等重工业，因此以重工业为主导的产业得到了快速发展，形成了较为完备的工业体系。

同时，以高污染、高耗能的钢铁、石油化工等重化工业为主导形成了北京几个工业重区，包括东郊棉纺织区，东北郊电子工业区，东南郊机械、化工区和西郊冶金、机械重工业区等。北京被彻底改造成为轻、重工业门类齐全、仅次于共和国第一工业大省——辽宁的工业城市。1978 年，北京市年第二产业比重达到 71%，其中工业产值占全市 GDP 比重达到 64%，

---

[1] 新中国成立 70 周年北京经济社会变化有多大？《新京报》2019 年 8 月。

重化工业成为北京的主导产业。彼时，北京的各类烟囱已达 1.4 万多根，处处冒烟的烟囱终于成为北京的城市符号，而且为世界各国首都所罕见。

回想 1957 年北京市的工业总产值仅占全国的 3.2%，不到上海的六分之一，只有天津的一半左右。1954 年，北京第二产业比重为 44.1%，首次超过第三产业，开始驶入大工业时代；1978 年第二产业比重达到 71%，北京已建成门类比较齐全的工业体系，冶金、化工、纺织、重型机械制造加工等产业已经成为支柱产业，工业产值占比大幅提升，逼近历史发展高峰。90 年代，全国统一划分的工业部门有 164 个，北京占 149 个。北京成为仅次于上海的工业城市，把天津远远地甩在了后面。

新中国成立后，北京经过 30 年建设发展，产业结构终于完成了第一次调整转型，确立了工业主导型产业格局和生产性城市定位。但工业化尤其重工业化的加速发展也导致经济结构和产业布局严重失衡，引发了资源紧张和环境污染等诸多问题。

第二节 "二三一"向"三二一"跃进

一个时代有一个时代的鸟儿，一个时代有一个时代的歌喉。

20 世纪 80 年代，伴随改革开放的步伐，首都的国际地位日益重要，北京开始从工业社会初期的计划经济发展阶段，迈向工业社会中期有计划的市场经济发展阶段。

1980 年 4 月，国家开始试图扭转北京"偏离"的城市定位，中央书记处书记围绕北京未来的发展，在谈到要把首都建成一个什么样的城市时，给出了指示："要把北京建成全国科学、文化、技术最发达，教育程度最高的第一流城市，并且在世界上也是最发达的城市之一。"

1983 年 7 月，中共中央、国务院正式批复第四版《北京城市建设总体规划方案》，强调指出："今后，北京不要再发展重工业，特别是不能再发展那些耗能多、用水多、运输量大、占地大、污染扰民的工业，而应首重发展高精尖的、技术密集型的工业。当前，尤其要迅速发展食品加工工业、电子工业和适合首都特点的其他轻工业，以满足人民生活的需要。"

同时，还决定为了加强对首都规划建设的领导，于当年成立"首都规划建设委员会"，由北京市人民政府、国家计委、国家经委、城乡建设生态环境部、财政部、国务院办公厅、中央军委办公厅、解放军原总后勤部、中直机关事务管理局、国家机关事务管理局等单位的负责人组成，北京市市长兼任主任。

当时，北京布局的很多工业就具有鲜明的时代性。20 世纪 70 年代"三转一响"四大件流行之时，北京和全国很多城市一样分别发展手表、自行车、缝纫机、收音机等产业。其中，北京手表厂生产的北京牌手表、双菱表，北京缝纫机厂生产的燕牌缝纫机，北京自行车厂生产的燕牌自行车，北京无线电制造厂生产的"凤凰牌"收音机等，在全国的知名度都非常高。

20 世纪 80 年代，随着消费趋势开始转向电视机、电冰箱和洗衣机等，北京的工业门类也随之调整，形成了一批具有本地特色且技术先进的家电产业。这其中就包括，北京电视机厂生产的"牡丹"牌电视机，北京市洗衣机厂从日本引进技术生产的"白菊"牌双缸洗衣机，北京冰箱厂引进荷兰菲利浦的技术生产的"雪花"牌电冰箱。

进入 90 年代，北京的工业结构继续调整，提出要全力抓好汽车、电子、通信广播、计算机及微电子行业、家用电器行业、机电一体化行业、仪器仪表行业、医药行业、食品行业、服装行业、新型建筑材料行业、新型化工行业、专用配套金属材料行业等 12 个重点行业和 40 大类重点产品。这个时期，北京迅速兴起一批电子（手机、计算机、显示器）、医药、汽车等新型产业，并且日益成为北京制造业的支柱。

1994 年，北京已经形成以汽车、电子、机械、冶金化工、纺织、建材、食品等行业为代表的较为齐全的工业体系。全国统一划分的 164 个工业门类中，北京已有 149 个门类。此时，北京的工业发展达到历史巅峰，各行业的产品品种不仅齐全，而且拳头产品纷纷占领市场。

自此以后，北京的工业产值便开始调头向下，第三产业在国民经济中的比重开始超过第二产业，产业结构逐渐由"二三一"改写为"三二一"。

从 1949—1994 年，新中国成立以后的 45 年间，从一穷二白到工业立市，近乎完备的工业门类，谱写了北京工业发展的辉煌篇章，更为大国首都的发展打下坚实物质基础。然而，新的难题也摆在了政府决策者面前——对于资源短缺的北京而言，工业发展带来的能源、水源、环境、交通等矛盾日益凸显，商业、服务业短板突出，迈入改革开放新时期的北京城，该如何破解产业矛盾，实现可持续发展？

站在历史的纵贯线上回望，北京追求高质量发展的脚步从未停歇。主导产业由重变轻、由黑变绿、由硬变软，发展逻辑从做加法到做减法，再到做乘法，首都北京谋求升级发展的每一次转型，都成为共和国发展历程中的深刻印记。

三十年河东，三十年河西。新中国成立后，北京从一座"消费城市"向"工业城市"的蜕变用了 30 年；改革开放后，北京又开始从"二产"为主的城市向"三产"为主的城市跃进。历史的发展就这样充满了曲折性与戏剧性。

1984 年，中国甲子年，一元复始，万象更新。自此为始，北京市连续三年以市委一号文件的形式，提出鼓励发展第三产业的一系列政策措施，第三产业由此进入大发展的时期。

正是在这一年，北京商务服务业的开山巨作正式启动。当时，北京首座规模最大的集办公、展示、休闲、娱乐等为一体的中国国际贸易中心蓝图绘出。随后，工业密集的大北窑地区开始了历史性的巨变，金属构件厂、高压气瓶厂原址拆平，开建国贸大楼。国贸大楼开业当年就举办了第一次亚太地区博览会，被称为"10 亿人民和世界相会之地"。"虽然只建起了一栋 37 层的国贸大楼，但外企争先落户、群英荟萃。"中国国际贸易中心刚建成，众多嗅觉灵敏的世界 500 强企业负责人一眼就相中了国贸这块宝地。

1992 年，中国开始全面向市场经济转型，《中共中央、国务院关于加快发展第三产业的决定》正式发布。4 月，北京第一家麦当劳快餐厅在王府井大街南口开业，它是当时世界上最大的麦当劳餐厅，营业第一天就接待了超过四万名顾客，人们把这个巨大的 M 字标志作为感受美式文化的理想场所。6 月，全国第一家商业合资企业——北京燕莎友谊商城开业运营，这是经国务院批准的国内第一家中外合资零售商业企业。

1994 年，三资企业与股份制企业开始蓬勃发展，三年内数量就已经达到 9000 家，占全市第三产业增加值的比重接近 15%，北京形成了以公有制为主体，多种经济形式并存，相互补充，共同发展的第三产业新格局。

1995 年，北京首次实现第三产业在国民经济中的比重突破 50%，三次产业比例调整为 4.8 ∶ 42.7 ∶ 52.5，北京正式从大工业时代进入服务经济时代。彼时，上海的第三产业占 GDP 比重刚过 40%。

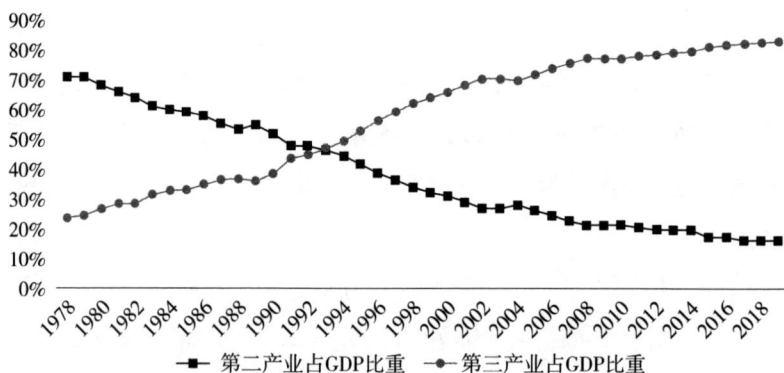

1978—2019 年北京二产与三产占比变化图

数据来源：北京市统计局

1997 年，北京服务业从业人数占全市从业人数的比重首次超过 50%；1998 年，北京第三产业占 GDP 比重首次超过 60%，金融业成为北京第三产业中比重最大的行业。随之，北京第三产业的主导行业，由批发零售餐饮业、金融保险业、交通运输仓储及邮电通信业 3 大行业增加到金融、批零、信息、商务、科技和房地产 6 大行业。此时，当其他城市还在为实现工业化努力建设时，北京已经基本完成了产业结构"退二进三"的转型升级。

2001 年 7 月，北京申办奥运会成功。此后，北京在场馆建设、通讯、交通、环保、旅游、餐饮、酒店等方面加大了投入，优化和提升了北京服务业发展的软、硬件环境水平。从 1992 年以来，北京第三产业进入了一个全面发展的新时期，产业规模急剧膨胀，第三产业固定资产投资增长速度远高于其他产业。从投资结构看，2000 年后，北京第三产业固定资产投资占比基本都在 80% 以上。1990—2000 年期间，北京第三产业增加值与固定资产投资的相关系数高达 0.96；2000—2010 年，这一系数高达 0.993，大规模的投资极大地推动了北京第三产业的快速发展，使之迅速占领了国民经济半壁江山，成为北京国民经济的主要产业部门。

2001 年 12 月，中国成功加入世贸组织，北京第三产业的开放步伐不断加快，开放的深度与广度日益加大。伴随中国成功入世，国家鼓励企业走出国门，北京众多的央企和国企纷纷在全球各地投资布局，极大加深了北京与世界的联系，也做大了北京服务业的规模。

自进入新世纪以后，北京第三产业中科技创新与文化创新逐渐成为首都经济发展的核心推动力，传统服务业开始全面向新兴现代服务业转型。

2002 年，"中国北京高新技术产业国际周"正式更名为"中国北京国际科技产业博览会"，成为一个具有广泛国际影响力的综合性科技盛会，成为中国与世界各国进行科技交流合作的重要平台，成为我国科技经贸领域最具代表性和权威性的重大国际盛会，迅速赢得了"中国科技第一展"之称。北京科博会不仅推动了我国高新技术的商品化、产业化、国际化进程，而且带来了世界经济发展和技术革命的最新观念，促进了区域经济的发展。北京借助科博会，顺利实现了第三产业中科技服务业的飞速发展。

此后，北京继续发挥首都功能优势，大力发展生产性服务业，尤其在金融、信息、科技等领域取得了跨越式的突破。2000—2010 年间，北京市商务服务业总量（增加值）增长 390%，科学技术增长 386%，金融业增长 295%，信息服务业增长 253%。彼时，当这些行业在北京已经步入了成熟阶段时，上海才刚刚起步。

2006 年，北京第三产业占 GDP 比重首次超过 70%，这是一个普遍被认可的发达国家第三产业占地区生产总值水平的标志性比例。当时，中国的平均水平是 40%，美国是 75%，英国、法国、德国、日本等是 70% 左右。

与此同时，北京第三产业中低能耗的自主创新型现代生产服务业，正在走上拉动首都经济发展的主导地位，并呈现出强大的优势。21世纪最初五年的统计数据表明，北京已经形成国内最大的"技术买卖"市场，正在为全国提供着具有鲜明"北京标签"的技术服务。正在谋求经济发展模式转型的长三角、珠三角等经济发达地区，是北京技术的最大"买主"之一；成都、西安、兰州等11个西部省份重要城市每年从北京"购买"近百亿的技术成果。

2006年，北京市在全国率先提出发展文化创意产业。我国内地第一个正式使用文化创意产业的分类文件《北京市文化创意产业分类标准》正式实施，由此北京文化创意产业开始"总动员"，文化艺术、新闻出版、广播影视、艺术品交易、设计服务等9大类产业被归并为文化创意产业之中，整合出最具特色和活力的服务业新"金矿"。同年12月，北京国际文化创意产业博览会正式启航，首届博览会的受欢迎程度超乎想象，统计数据显示：4天内，约15万人到会参观；签署文化创意项目合作协议184个，总金额37.63亿美元。当年，北京文化创意产业实现增加值812亿元，已占到北京GDP的10.3%，作为北京经济发展新引擎的作用首次显露无遗。

2009年，北京第三产业增加值突破万亿元大关，以信息、金融、科技为代表的高端服务业已经成为拉动北京市GDP增长的三驾马车之一，规模和占比持续位居全国城市首位，已经达到世界中上等发展水平。

2012年，中国（北京）国际服务贸易交易会（简称京交会）正式创立。这是首个经国务院批准，由中华人民共和国商务部、北京市人民政府主办的国家级、国际性、综合型服务贸易盛会。京交会是迄今为止全球唯一涵盖世贸组织界定的服务贸易12大领域的综合型服务贸易交易平台，包括商务服务、通信服务、建筑及相关工程服务、金融服务、旅游与旅行相关服务、娱乐、文化与体育服务、运输服务、健康与社会服务、教育服务、分销服务、环境服务、其他服务等。

同年5月，首届京交会在国家会议中心成功举办，围绕服务贸易12大领域开展了高峰论坛、高层交流、综合展示、推介洽谈、主题日活动、权威发布等 6 大板块 130 多场活动，共有中外参展企业 1721 家，全球 83 个国家和地区的注册客商 2.4 万人，到会专业观众累计超过 10 万人次，总成交额 601.1 亿美元，其中国际服务贸易交易 112 亿美元。

2013 年，北京服务贸易总额超过 1100 亿美元，在本地的对外贸易中的比重超过 20%，占全国对外服务贸易中的比重也超过 20%，占全球服务贸易额的比重达到 1.2%，为首都经济发展增添了新优势。京交会逐渐成为全球优质创新服务展示的舞台，国际服务贸易政策和信息发布的窗口，各国服务贸易企业对接交易的平台，国际先进服务"引进来"和中国服务"走出去"的重要桥梁。

2015 年，国务院批复北京市开展服务业扩大开放综合试点，北京市成为全国第一家也是目前唯一的服务业扩大开放综合试点城市。此后，北京不断放宽重点领域外资准入限制，优化营商环境，聚焦重点领域，加大贸易便利化改革力度，推动服务业迈向高端化、国际化，为首都经济高质量发展赋予新动能。

同年，北京第三产业占比首次超过 80%，增加值首次突破 2 万亿元大关。金融保险、信息软件、商务服务、科技研发，文化创意等第三产业高端行业增长速度较快，行业产值占比已经达到了地区生产总值的 60%，已经成为推动第三产业快速增长的主要行业。

2018 年，北京市地区生产总值首次超过 3 万亿元，第三产业增加值超过 2.5 万亿元（27508.1 亿元），占 GDP 的比重为 83.1%，超过上海第三产业增加值 4666 亿元，占比超过上海 13.2 个百分点。当年，北京市规模以上文化创意产业收入超过 1 万亿元，金融、科技、信息等优势服务业对经济增长贡献率达到 60% 以上。与此同时，北京市人均 GDP 超过 2 万美元（2.13 万美元），位居全国 31 个省区市第一位；全员劳动生产率 24 万元同样跃居全国首位。

2019 年，北京市第三产业增加值接近 3 万亿元，对经济增长的贡献率达到 87.8%，对全市经济发展的"压舱石"作用充分显现。这一年，北京市专利申请量与授权量分别为 22.6 万件和 13.2 万件，全年共签订各类技术合同 83171 项，技术合同成交总额 5695.3 亿元，其中流向津冀技术合同成交额超 220 亿元，流向珠三角、长三角及全国各地的技术合同成交额接近 3000 亿元。同时，北京市文化创意产业规模以上法人单位实现收入达到 1.2 万亿元，正在形成辐射全国的"九大中心"——全国数字创意中心、全国网络文化中心、全国版权创造中心、全国文化金融创新中心、全国文化科技融合中心、全国文化要素配置中心、全国对外文化贸易中心、跨国文化企业总部聚集中心、全国文化创意人才荟萃中心。如今，文化创意产业不仅成为助推北京高质量发展的重要引擎，而且对全国各地文化产业的创新引领和示范带动作用正强劲显现。

从 2006—2019 年，北京市第三产业实际利用外资的比重一直保持在 70% 以上，其中信息传输软件和信息技术服务业、租赁和商务服务业、科学研究和技术服务业实际利用外资活跃，合计占全市实际利用外资总额的比重保持在 50%。北京市服务业扩大开放综合试点探索了一条不同于自贸区的产业开放的路径，在为国家构建开放型经济新体制积累经验的同时，也有效促进了首都经济的高质量发展，服务业主导型发展格局进一步巩固。

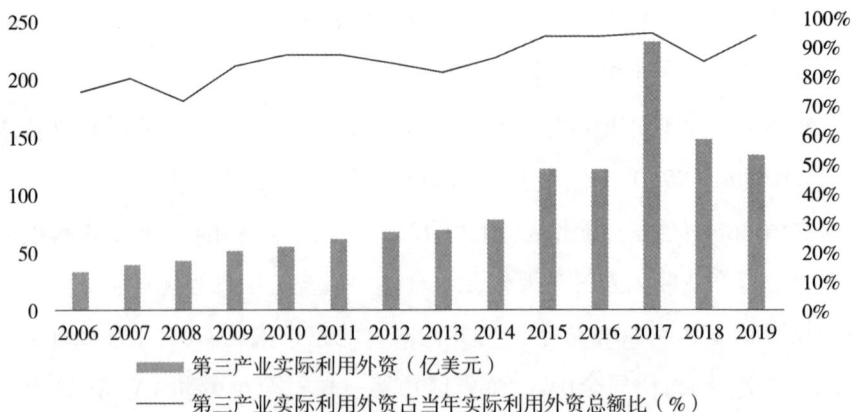

第三产业实际利用外资（亿美元）
第三产业实际利用外资占当年实际利用外资总额比（%）

2006—2019 年北京市第三产业实际利用外资情况

数据来源：北京市统计局

70 年来，北京市第三产业的发展成就令世界瞩目，产业规模突破 3 万亿元，吸纳就业超过千万人，转型升级不断深入，内生动力持续增强，已经成为全市经济的主导产业和推动经济前进的主引擎。尤其是，第三产业中科技创新与文化创新对于全国各地的引领示范和辐射带动作用更是史无前例，无可比拟。北京正在成为立足区域、服务全国、辐射全球的高端服务业中心。

2020 年，全球进入后疫情时代，中国开启双循环模式——"国际循环倒逼国内循环，贸易转型带动产业转型"，中央依托首都经济开始布局一盘石破天惊的战略大棋。9 月 4 日，中国国际服务贸易交易会在北京盛大开幕。当晚，习近平主席在全球服务贸易峰会上致辞并郑重宣布：中央将支持北京设立自由贸易试验区，以科技创新、服务业开放、数字经济为主要特征，构建京津冀协同发展的高水平开放平台，带动形成更高层次改革开放新格局。

坚冰已经打破，航向已经指明。一个北京引领中国服务业全面开放、创新发展、整体跃升的全新时代已经降临，一段伟大的征程已经开启。

第三节 "大而全"向"高精尖"冲刺

1997 年 12 月，北京市第八次党代会率先提出"首都经济"的发展战略，首次明确了首都经济的实质是知识经济，核心是高新技术产业。自此，北京正式开启了全市产业结构从"大而全"向"高精尖"的转变之路。

2017 年 12 月，北京市隆重发布《加快科技创新发展十大高精尖产业的指导意见》。经过深入研讨论证分析，最终北京市选取了新一代信息技术、集成电路、医药健康、智能装备、节能环保、新能源智能汽车、新材料、人工智能、软件和信息服务、科技服务业等十大门类作为未来重点发展的高精尖产业。

此间整整 20 年，艰苦探索，久久为功，从"聚集资源求增长"到"疏解功能谋发展"，从追求"大而全"转向聚焦"高精尖"，从向扩张要增长转入向减量要质量——剥掉"白菜帮"，做好"白菜心"，北京紧紧抓住疏解非首都功能这个"牛鼻子",坚持严控增量和疏解存量相结合,内部功能重组和向外疏解转移双向发力,为首都产业的新走向提供"路线图",为北京企业的新发展亮出"信号灯",成功实现了全市产业结构的优化调整。

1998 年,经过近半个世纪的发展,北京工业已经成为全市经济的重要支柱,具有雄厚的工业基础、庞大的产业规模和较高的技术水平,成为仅次于上海的工业城市。从工业门类看,在全国统一划分的 164 个工业门类中,北京就占了 149 个门类,在 539 个工业行业中,已有 406 个行业。从工业产值看,化学工业、机械制造工业、轻纺工业和冶金工业是当时北京的四大支柱工业。此外,还包括食品、汽车、煤炭、石油化工、建材、电子等产业类型。

1999 年,北京市委、市政府明确指出:全力发展首都经济,要坚持通过产业布局调整结构,以知识经济为方向,以高新技术产业为核心,推动利用高新技术改造传统工业,实现产业结构升级优化。同时,又编制发布了《北京市当前优先发展的高技术产业化重点领域指南》,重点支持电子信息、生物医药、光机电一体化、新材料、环保 5 大产业 78 个细分产品领域发展。该年底,北京高新技术产业完成工业总产值 560 亿元,完成工业增加值 165 亿元,占全市工业增加值的比重达到 25.4%,初见成效。

2001 年,中国加入世界贸易组织,北京面对经济全球化的挑战,围绕首都经济发展战略,不断加快工业结构的调整,积极推进高新技术产业的布局,继续保持全国领先地位,抢占产业发展制高点。次年,北京市政府出台《关于进一步促进高新技术产业发展的若干规定》,全面完善对高新技术企业、高新技术成果、高新技术人才的资金支持和政策支持。

新世纪初,北京市提出将大力发展"四型"经济,即按照首都经济的发展方向,大力发展高新技术产业为主导的科技型经济,以完善城市功能为标志的服务型经济,以丰富文化资源为依托的文化型经济,以参与国际竞争为目标的开放型经济。同时宣布,未来将突出抓好汽车、微电子、光机电一体化、生物工程和新医药等"四大产业",形成具有首都特点和竞争优势的现代制造业产业群；建设北方微电子产业基地、顺义汽车城、通州光机电一体化基地和城南生物医药产业带等"四大基地"，以及数控机床、数码相机、同仁堂中药与天然药物新制剂等"十大产品"。

这个时期，北京市通过政策规划引导，大批适合当时首都功能和资源特点的高新技术企业、现代制造企业、现代服务业企业迅猛发展起来，很快成为新的支柱产业。

首先，汽车成为北京现代制造业的龙头。2002 年，韩国现代汽车落户京郊顺义，2004 年奔驰·戴姆勒进驻亦庄之后，现代制造业得到较快发展，成为工业生产的最大亮点。2005 年，北京汽车产量达到 58.6 万辆，其中轿车产量 22.1 万辆[①]。2009 年，北汽集团首次突破了产销百万辆，成为国内第五个年产量超过百万的汽车企业集团，并实现营业收入 1166 亿元，成功实现了北京市政府提出的"率先打造千亿元销售收入的企业集团"的目标要求，各项增长指标均列行业领先水平，成为首都名副其实的支柱产业。

其次，北京电子薄膜晶体管产业后来居上，领先全球。2003 年，京东方通过耗资 3.8 亿美元并购韩国现代显示株式会社（HYDIS）TFT-LCD 板块正式进入液晶显示领域，同年 9 月在北京建设了第 5 代 TFT-LCD 生产线，并于 2005 年实现量产，终结了中国大陆的"无屏"时代。2008 年，京东方具备了完全的自主研发能力，推出了适应市场需求的多种产品。2009 年，京东方宣布在北京建设国内第一条 8.5 代 TFT-LCD 生产线。

2012—2015 年间，京东方相继在合肥、重庆、福州投建了 8.5 代 TFT-LCD 生产线，在成都投资了面向柔性显示的 6 代 AMOLED 生产线。2015 年 12 月，京东方在合肥投建了全球的第一条 10.5 代线，成为全球液晶产业格局的崭新里程碑。如今，京东方的智能手机和平板电脑液晶显示屏市场占有率居全球第一，电视液晶显示屏市占率居世界第四，现有 7 条生产线投入运营，京东方利用十几年时间已经从面板行业的追赶者一举成为领

---

① 北京 2005 年统计公报。

先者。

这个阶段，北京还上马了一批有影响力的新项目，比如中芯国际、北一大限、有研硅股、欧曼重卡，还有首钢冷轧等，其带动性和辐射力十分巨大。此外，北京还扶持了一批中关村的高科技企业，像联想集团、北大方正、清华紫光等，还有一些小而精的高新企业像爱国者、中星微等也都很成功。

2005年末，"十五"规划结束时，《北京日报》如此描述当时的经济发展成就："每天，有10万多部手机出厂，近1500辆汽车下线，超过2亿元的产品出口世界，7万多平方米新建住宅竣工，4亿多元社会消费品卖出，8000多名海外游客入境及带来近900万美元的外汇收入，总计近12亿元的社会总财富被创造出来……"当时，北京已经形成了以现代制造业、高新技术产业、现代服务业为主的新型产业结构。

2006年，"十一五"规划起步，按照国家区域发展战略部署和北京城市总体规划的要求，优化产业布局成为此后五年北京经济发展的一大重点与亮点。北京市首次提出，将在促进产业集群化发展的基础上，全力打造六大高端产业功能区。

一、着力建设中关村科技园区。打造全国知识创新中心、技术研发基地和科技成果转化基地，创造首都地区发展的新优势，抢占未来发展的战略制高点。

二、着力完善提升商务中心区（CBD）的功能。形成商务服务发达、功能齐备的国际化现代商务中心。

三、着力加强金融街核心区建设。强化金融产业服务功能，为国家金融决策监管中心、金融资产管理中心和金融信息汇聚中心建设服务。

四、着力推进奥林匹克公园建设。重点发展体育文化、旅游会展产业，建设具有国际影响力的体育、文化、娱乐、会展中心和奥运标志旅游地，成为首都经济新的增长点和重要旅游文化产业基地。

五、统筹规划北京经济技术开发区、周边开发区及区域，建设以京津塘高速公路和京津城际快速铁路为纽带，以高端产业和总部经济为依托，面向国际市场的高端产业园区，构筑北京东南部产业发展带。

六、建设以首都国际机场为核心的临空经济区，统筹规划北京天竺出口加工区、空港保税物流中心、空港工业区、空港物流基地及周边区域，积极发展临空产业，推动空港经济，形成国内较强辐射力的空港经济。

这六大高端功能区基本涵盖了北京的产业优势，凸现了"十一五"期间，北京致力于发展高端、高效、高辐射力产业，走高端产业发展之路的总体思路。

2008年，北京成功举办了奥运会。北京投入近3000亿元资金建设了奥运场馆、奥林匹克森林公园、多条地铁线（13号线、八通线、5号线、8号线一期、10号线一期）、首都机场T3航站楼等重大项目，城市环境与交通设施得到了显著提升。与此同时，中关村核心区、金融街、CBD、北京临空经济区、北京经济技术开发区、奥林匹克中心区六大高端产业功能区基本成型。

奥运会的成功举办对于首都经济产生了历史性影响，此后北京开始向后工业化社会转换。北京在"奥运景气"的继续推动下，金融、信息、科技、商务为代表的生产性服务业获得充分发展，成为推动北京经济增长的新型增长点。高端产业发展呈现良好成长性，产业结构日益优化，服务型、高端型、总部型经济特征更加明显，生产性服务业、文化创意产业、高科技产业、社会服务业正在形成产业发展的新"四极"。产业布局进一步优化，六大高端产业功能区聚集效应强大显现。

2009年，继国家出台十大产业调整振兴规划后，北京也根据实际情况制定了八大产业振兴规划。北京八大振兴产业包括电子信息产业、汽车产业、装备制造业、生物医药产业、都市产业、新能源和环保产业、生产性服务业、物流业。这些作为当时最具活力的产业门类，得到了政府大量的资金支持和政策支持，对于全面发展首都经济，积极应对全球金融危机起到了关键的支撑作用。

2010年末，"十一五"时期结束时，北京市生产性服务业（主要包括金融服务、信息服务、科技服务、商务服务、流通服务五大类别）主导的服务经济格局初步形成，总量支撑首都经济半壁江山，占据服务业总量三分之二份额。其中，公共软件服务、电子及通信设备制造、医药制造业占整个高技术产业的八成左右，信息产业占全市经济的比重达到14.8%，全市经济基本实现了速度、结构、质量和效益的协调统一。

此间，六大高端产业功能区作为北京经济发展的六大战略引擎，集聚产业、创造财富、吸纳就业、促进创新的作用不断增强。六大高端产业功能区以全市7%的平原面积和16%的能源消耗，集聚了全市四成以上的资产，实现了四成多的利润和税金，创造了近四成的地区生产总值，每平方公里创造的增加值近10亿元。当时，全市高技术产业的九成以上、现代制造业的七成以上、生产性服务业和文化创意产业的一半以上都集中在六大功能区；其中科技服务、信息服务占到区域增加值的60%，金融街占到全市金融业增加值的70%以上，产业聚集效应已经十分明显。

2012年，党的十八大以后，首都经济发展掀开了崭新篇章。北京市积极落实中央提出的创新驱动发展战略，全面构建高精尖产业体系，着力打造全国科技创新中心，通过技术创新辐射带动全国制造业整体升级，借助跨区域产业协作引领助推各地经济实现转型发展。

2014年2月，习近平总书记视察北京并发表重要讲话，明确了北京"四个中心"战略定位，提出北京要放弃"大而全"的经济体系，构建"高精尖"的经济结构，使经济发展更好地服务于首都城市战略定位，为北京经济发展和结构调整指明了方向。北京在经济发展新常态下，结构调整、转型升级是大逻辑、大格局、大趋势。面对新形势、新要求、新任务，北京紧紧围绕新的战略定位，加快疏解非首都功能，构建高精尖经济结构，推动京津冀协同发展，进入全面创新发展、提质增效的新阶段，调结构、转方式，创新驱动，使首都经济的内涵更加丰富、举措更加有力、成效更加凸显。

2017年6月，北京市第十二次党代会报告中明确指出，将全力抓好"三城一区"的建设，倾力打造全国"科技创新中心"。聚焦中关村科学城，突破怀柔科学城，搞活未来科学城，打造以北京经济技术开发区为代表的创新驱动发展前沿阵地。

2017 年 12 月，北京市政府正式公布《加快科技创新发展新一代信息技术等十个高精尖产业的指导意见》，选取了新一代信息技术、集成电路、医药健康、智能装备、节能环保、新能源智能汽车、新材料、人工智能、软件和信息服务以及科技服务业等十大产业作为重点发展的高精尖产业。

对于北京来说，"大而全"的产业发展模式一直制约着北京向更高端方向发展，"大而全"意味着一些低端产业也必然夹杂其间，不仅占据了稀缺的空间资源，还会造成环境污染和资源浪费。

从集聚资源求增长，到疏解功能谋发展；从放弃"大而全"的工业体系，到构建"高精尖"的经济结构，这是北京转型发展面临的一场大考。

近年来，北京高精尖产业发展迅速，新产业、新业态、新商业模式与科技创新更为北京市经济增添了新活力。2018 年，新经济实现增加值首破万亿元大关，达到 10057.4 亿元，占全市 GDP 比重达 33.2%；十大高精尖产业实现营业收入 32548 亿元。2019 年，北京市新经济实现增加值 12765.8 亿元，占全市地区生产总值的比重为 36.1%；全市高技术产业实现增加值 8630 亿元，占地区生产总值的比重为 24.4%；战略性新兴产业实现增加值 8405.5 亿元，占地区生产总值的比重为 23.8%。2020 年，新经济实现增加值 13654 亿元，占地区生产总值的比重为 37.8%；全年高技术产业和战略性新兴产业增加值占地区生产总值的比重分别为 25.6% 和 24.8%。现代服务业增加值占地区生产总值的比重为 66.7%，提高 2.2 个百分点。高技术领域产品，智能手机、工业机器人、集成电路和液晶显示模组产量增长强劲。新产业、新业态、新模式的孕育成长，正为北京高质量发展注入强大新动能。

"十三五"时期，北京市高精尖产业项目发展迅速。其中，新一代信息技术、人工智能和新材料产业较快发展，相关产品产量快速增长，2019年卫星导航定位接收机产量比上年增长 26.3%，智能电视产量比上年增长 13.3%；怀柔科学城首个进入科研阶段的大科学装置——综合极端条件实验装置投用；中国商飞北京民用飞机技术研究中心的智能新能源飞机

ET480 全尺寸样机总装下线，突破传统锂电池续航里程短的瓶颈；新冠病毒英国突变体序列公布后 10 天，北京经开区企业义翘神州就成功表达 N501Y 突变体重组蛋白，并快速上线供应全球；2020 年，北京奔驰年产量突破 60 万辆，而且建立起全球首个同时拥有前驱车、后驱车、电动车三大车型平台，并拥有发动机和动力电池的示范工厂。

跨区域协作，不囿于一地。高质量发展，不止于北京。

首都发展要与国家发展同步，作为全球第二大经济体，北京要体现国际大都市的格局，产业发展必须面向高精尖。同时，北京的高端产业不仅仅是为了支撑首都经济发展，很大程度上也是要为全国的高质量发展探索出一条合适的路径来。

目前，北京已经与全国 20 余省市建立了产业协作与科技合作关系。未来，北京高精尖产业发展还将充分发挥溢出效应，广泛引领带动全国各地的高质量发展。

第五章　产业疏解咏叹调

习近平总书记曾用两段生动比喻，说明疏解非首都功能是北京城市发展的"牛鼻子"这个道理："不能什么都要，贪多嚼不烂，大小通吃，最后消化不良。""家里的东西总也得经常清理清理，想买套新沙发，得有地方摆，不能叠床架屋"。

2014年、2017年、2019年，习近平总书记三次专门视察北京并开出"疏解突围"的药方，高瞻远瞩，深刻精准，一语道破天机："表面看，北京的问题是人口过多带来的，其实深层次上是功能太多带来的。""采用疏的办法，做些外科手术，适度疏解北京的功能。""北京不宜发展的产业要明晰化，不要再继续发展了，在这方面要痛下决心、壮士断腕。""把握好'舍'和'得'的辩证关系，紧紧抓住疏解北京非首都功能这个'牛鼻子'，进一步优化城市功能和空间结构布局。"

2014年2月，轰轰烈烈的非首都功能疏解工程正式启幕，随之北京市政府公布第一版《新增产业的禁止和限制目录》，对20个产业门类中的产业大类的增量和存量提出了具体的限制与禁止措施。自此一场京华大地"腾笼换鸟，凤凰涅槃"的时代大戏开始震撼上演。

第一节　"不宜发展的产业要明晰化"

2014年2月，习近平总书记视察北京，并就破解特大城市发展难题进行考察调研，在此期间发表重要讲话指出，北京要明确城市战略定位，调整疏解非首都核心功能，优化三次产业结构，特别是工业项目选择，要突出高端化、服务化、集聚化、融合化、低碳化。其中还特别强调"北京不宜发展的产业要明晰化，不要再继续发展了，在这方面要痛下决心、壮士断腕"。

坚冰已经打破，航向已经指明。接下来，疏解哪些？如何疏解？疏解到哪里？便是首先要解决的问题。

有鉴于此，北京市经过深入调研后，决定要在内部功能重组和向外疏解转移上双向发力，强化提升北京的首都核心功能，积极引导非首都功能向各地城市疏解，采取"严控增量，疏解存量"的政策措施，主动给自己动"外科手术"。

首先，北京市在"严控增量"方面，率先出台了全国首个以治理"大城市病"为目标的产业指导目录，明确了新增产业和功能底线，从源头上对产业增量进行严格的禁限。

2014年7月，北京市政府正式公布第一版《新增产业的禁止和限制目录（2014年版）》，禁止和限制的行业主要有农业、建材、造纸、纺织、燃煤发电、物流等产业门类。其中对20个产业门类中的产业大类的增量和存量提出了具体的限制与禁止措施。该《目录》一经发布，严控增量的效果立刻显现，当年北京市不予办理设立或变更的工商登记业务就达6900余件。此后，北京市政府又在2015年和2018年对该《目录》进行了两次修订，将管理产业措施分为禁止性和限制性两类。禁止性指不允许新增固定资产投资项目，不允许新设立或新迁入法人单位、产业活动单位、个体工商户。限制性主要包括区域限制、规模限制和产业环节、工艺及产品限制。其中对农业、制造业、服务业等93个行业做出了不同程度的限制规定。全市禁限行业占国民经济行业分类的比重达到55%，城六区达到79%。

该《目录》经过不断修订将原来"1+3"的分区域差别化禁限管理调整为目前"1+4"的分区域差别化禁限管理（"1"指适用于全市范围；"4"指在执行全市层面措施基础上，分别适用于中心城区，北京城市副中心，平原地区，生态涵养区）。首次将北京城市副中心单列，对农林牧渔业、制造业、批发业等行业提出了禁限管理措施。

在产业方面的修订，需要执行禁限的制造业小类从242个增加到416个，占制造业小类总和从45%提高到78%。从不及一半到将近八成，《目录》对于制造业中一般制造和高端制造业中比较优势不突出的生产加工环节不断加大禁限力度。

此外，区域性批发市场、物流基地同样也被列入禁限名单之中。《目录》明确规定，禁止新建和扩建商品交易市场设施、未列入相关规划的区域性物流中心，禁止新设从事商品交易市场经营管理活动的市场主体。这实质上是从经营设施和经营主体两头下手，全面把住了区域性批发市场新增的源头。

对于京外央企总部进京也设立了不同程度的门槛。《目录》明确规定，全市禁止京外中央企业总部新迁入，城六区严控其他总部企业新迁入或新设立。另外，还禁止新设立或新迁入市属行政事业单位和非紧密型行政辅助服务功能等等。这就意味着，未来不仅央企无法在北京新设总部，包括服务中心、信息中心、行业协会、研究院所、培训机构、学术类社团、报社、出版社、杂志社等在内的多种机构同样无法"进京"。

特征	《目录》（2018 年版）相关管理措施
高耗能	全市层面禁止新建和扩建互联网数据服务、信息处理和存储支持服务中的数据中心（PUE 值在 1.4 以下的云计算数据中心除外）；中心城区全面禁止新建和扩建数据中心
	禁止新建和扩建呼叫中心
影响城市环境	禁止新建和扩建燃气热电联产（保障城市运行的项目除外）
	在计算机通信设备制造业中，禁止新建和扩建印刷电路板等高污染、搞环境风险的生产制造环节
	禁止新建、改建、扩建不符合环保要求的机动车维修
	中心城区增加了对普通货物和危险货物道路运输的禁限管理

其次，北京市在"疏解存量"方面，瞄准四类非首都功能，敢于放弃、舍得转移，坚决把不符合"四个中心"定位的产业和功能疏解出去。

北京市政府明确并优先重点疏解的四类非首都功能分别是：第一类，一般制造业，特别是高消耗的低端产业。包括钢铁、有色金属、建材、化工、纺织印染、机械装备、印刷包装、造纸等污染较大、耗能耗水较高的行业和生产工艺。第二类，农副产品、基础原材料等大宗商品的仓储中心和区域性物流基地，服装、小商品、建筑材料等专业市场，金融机构电子银行、数据中心、呼叫中心等劳动力密集的后台服务功能。第三类，部分教育、医疗、培训机构等社会公共服务功能。第四类，部分行政性、事业性服务机构和企业总部，以及为之提供支撑服务和辅助作用的职能。

2015年，国家工信部制定的"京津冀产业转移指导目录"中建议北京市将信息技术、装备制造、商贸物流、教育培训、健康养老、金融后台、文化创意、体育休闲等八大类产业率先转出。此后，北京市在非首都功能疏解过程中参考了这份目录。

针对第一类非首都功能，北京市通过"禁、关、控、转、调"五种方式来完成产业疏解目标。

"禁"主要是严格按照新增产业的禁止和限制目录，禁止新建、扩建首都不宜发展的工业项目，尤其是明确全市范围内不再新增一般制造业。"关"是就地关停高污染、高耗能、高耗水企业，全面治理镇村工业大院，加快清理小散乱企业。"控"是对城市废弃物处理、炼油、食品加工等保障城市运行及民生的行业实行总量控制。"转"是指对不符合首都城市战略定位的劳动密集型、资源依赖型一般制造业实施整体转移。"调"是对高端产业中不具备比较优势的制造环节实施调整，主动寻求在全国各地进行全产业链布局。

2014年10月，北京市政府率先制定实施《北京工业污染行业、生产工艺调整退出及设备淘汰目录》，涉及钢铁、有色金属、建材、化工、纺织印染、人造板及家具、医药、机械、印刷、造纸等11大类行业，155项内容，综合运用行政手段与经济措施倒逼一般制造业和污染企业关停退出。

2017年7月，时隔三年后北京工业行业退出目录再出新版。相比第一版，这份工业发展"负面清单"从155项增加到了172项，新增条目17项，修订5项。修订时加大了重点行业和生产工艺调整退出力度，主要涉及化工、家具、印刷等领域与有机溶剂使用相关的产品生产和制造工艺。同时增加了部分国家明令淘汰的落后设备，包括部分电动机等。这将使北京市产业的疏解方向更加明确和疏解力度更加强劲，自此掀起了一次低端行业企业退出及设备淘汰的高潮。

2014—2017 年，北京市累计关停退出 1704 家一般制造业和污染企业，提前超额完成《北京清洁空气行动计划》提出的关停退出 1200 家企业的任务。随之，环保成为北京一般制造业最关心的话题，更是大多数企业难以摆脱的紧箍咒。2017 年 6 月，北京市举办了北京市首批排污许可证发证仪式，北京正式启动对排污企业的"一证式"管理。凡在规定时间内未能申请到许可证的，将不许排污，此类企业也面临腾退的命运。2018 年 4 月，北京市环保部门向所有登记在案的制造企业发放排污许可证，企业只有环评合格后才能持有，否则环保部门将吊销企业的排污许可证。这次针对一般制造业疏解的决心相当坚定，并不会因为企业规模大、品牌影响力高就能得以幸免，比如在包装印刷行业堪称巨头级别的日邦印刷、当纳利、安姆科等都已经进入了疏解目录。七年间，北京市共退出一般制造业企业 2872 家。

针对第二类非首都功能，北京市专门出台了推进市场和物流中心疏解提升指导意见等政策；另外，还出台规定要求有序疏解并禁止新建、扩建数据处理和存储服务中银行卡中心、数据中心、呼叫中心。

近年来，诸多批发市场、物流中心均被列为北京非首都功能疏解的重要内容。2017 年，北京市开始实施"疏解、整治、促提升"专项工作，并分类制定了 10 大专项任务。其中，疏解区域性市场，既是"疏非"的重要内容，又是一块最难啃的骨头。此次专项行动要求，采取拆除、关闭、清退、改造、提升等强有力的举措，大力疏解区域性市场和物流中心。疏解类型包括：农副产品市场、家居建材市场、小商品市场、电子、通信器材、汽车及配件等其他专业市场。北京诸多批发市场被列为非首都功能疏解的重要内容，包括著名的动物园服装批发市场、知名的外贸市场雅宝路市场、大红门批发市场等。

2014—2020 年，北京市疏解提升区域性批发市场和物流中心 981 个。

针对第三类非首都功能，部分教育、医疗、培训机构等社会公共服务功能的疏解，北京市正在通过整体或部分搬迁、交流合作、共建共管等方式，统筹推动市属高校、医院向外疏解。

近年来，北京市对于教育功能的疏解，严格控制高等教育办学规模，大幅压缩中等职业教育和成人教育规模，推动部分教育功能有序迁出，加强教育人口调控；积极推动在京部分普通高校本科教育有序迁出，老校区向研究生培养基地，研发创新基地和重要智库转型，大力支持有条件的普通高校、中等职业院校采取院系搬迁、共办分校、联合办学等方式向外疏解。

北京市对于医疗资源的疏解，按照首都城市战略定位和人口布局，采取"控、疏、提、援"四大策略，推动首都医疗资源疏解外迁，实现均衡发展。在疏解范围上，积极引导三级医院通过举办分院、压缩院区规模等方式，逐步实现中心城区优质医疗资源向周边薄弱地区转移疏解。大力推动在京优质医疗卫生资源通过对口支援、办分院、整体搬迁等方式向京外发展，组建医疗联合体或医院集团。全面支持北京大医院在周边地区合作共建一批高水平的护理医院和康复医院，承接北京大医院的医疗康复功能。

针对第四类非首都功能，部分行政性、事业性服务机构和企业总部，以及为之提供支撑服务和辅助作用的职能，北京市以身作则，率先垂范，刀刃向内，先给自己做一次外科手术。

2019年1月，北京市率先将市委、市政府、市人大、市政协四套班子以及市级行政事业单位搬迁至城市副中心，使中央与地方的行政功能在空间上不再重叠，这对其他功能疏解起到了示范带动作用。

同时，北京市还加紧配合疏解中央机关在北京二环以内的非紧密型行政性、事业性辅助服务机构和企业总部，包括服务中心、信息中心、行业协会、研究院所、培训机构、学术团体、报社、杂志社、出版社等。大力推动部分具备条件，具有明显地域特色的央企总部转移到相关产业聚集地区。

资料来源：央视新闻

　　七年来，北京市根据《新增产业的禁止和限制目录》要求与北京市存量疏解的政策形成"组合拳"，疏控并举，强有力地推动了非首都功能的疏解。2014—2020 年北京市不予办理的工商登记业务累计达 2.34 万件，全市累计退出一般制造和污染企业 2800 余家，疏解提升区域性批发市场和物流中心 980 余个。从严调控的采矿业、一般制造业、农林牧渔业、批发和零售业的存量市场主体占比由 2013 年底 49.6% 降至 2020 年底 32.7%，同时这几类传统产业新设市场主体明显减少，占比由 46.8% 降至 22.9%，有效地阻止了不符合首都核心功能的产业在北京的进一步聚集。

　　北京非首都功能疏解是一项复杂的系统工程，必须要以习近平总书记视察北京的重要讲话为遵循，严格控制增量，有序疏解存量，统筹解决好"搬哪些、往哪搬、谁来搬、怎么搬"的问题，确保非首都功能疏得出、落得下、能发展。

第二节　一般制造业的"外科手术"

　　北京非首都功能疏解，是全国瞩目的一件大事。尤其是，北京的产业转移协作更是全国各地招商引资的重大历史机遇，而这其中一般制造业的疏解又是重中之重。

北京市委书记蔡奇指出，要按照北京城市总体规划要求推进腾笼换鸟，进一步疏解退出不符合首都发展定位的企业、产业，换上会下金蛋的鸟；要继续下大力气疏解一般制造业，对各级开发区开展低效用地摸排，研究盘活土地的措施，抓好工业大院和散乱污企业整治清理；要完善倒逼机制，创新土地政策，强化政策激励，把发展质量和效益作为指挥棒，促进企业腾笼换鸟；市属企业是腾笼换鸟的重要力量，要搭建土地腾退利用平台，加强与各区的协调对接，发挥示范带头作用。

2014年2月，非首都功能疏解工作正式启动。七年来，北京市严格按照习近平总书记的指示，针对不符合首都功能的产业"采用疏的办法，做些外科手术，痛下决心、壮士断腕"，不断加大对一般制造业转移疏解与传统制造业提升改造的力度，持续以制造业转移带动产业和人口迁移。北京市通过一般制造业的转移，带动为其服务的生产性服务业的转移，面向全国和全球开放协作，推进产能合作共赢。一方面，科学调整产业布局，引导产业转型转产、环保搬迁和梯度转移；另一方面，支持企业跨区域转移协作，跨所有制兼并重组，优化技术路线和产品结构，在全国范围内形成分工合理、优势互补、错位发展的协作经济。

2014—2020年，七年间全市共退出一般制造业企业2872家。根据北京市四次经济普查数据分析，北京市制造业企业数量下降趋势明显。2013年北京市制造业法人单位33055家，2018年制造业法人单位降为25684家，五年减少7371家，年均减少5%。制造业法人单位从业人数从2013年的138.5万人，下降为2018年的96.8万人，减少41.7万人，下降30%。

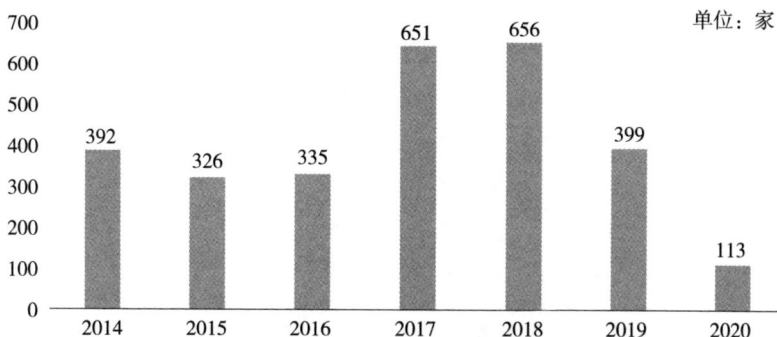

2014—2020 年退出一般制造业和污染企业数量

七年来，北京市不仅在全国建立起产业异地配套、成果异地转化、服务异地外包等跨区域产业协作网络，而且正在充分利用现有的跨区域产业协作网络广泛实现首都北京与全国各地的区域联动，积极协助承接北京转出的各类产业。实践证明，无论是落后地区利用比较优势实现跨越式发展，还是发达地区转变发展方式实现可持续发展，产业转移协作才是最为有效的途径，北京一般制造业的疏解过程就充分而有力地验证了这一点。

■ **北京电子信息产业的转移与协作**

20 世纪 50 年代末，北京东北郊电子工业区初具规模；80 年代，伴随科研体制的改革，广大科研院所创办的高科技企业迅速成长，"海淀电子一条街"兴起，中关村逐渐成为电子信息产业的重要区域。90 年代，北京的电子信息产业由酒仙桥地区逐渐向中关村科技园、北京经济技术开发区、北京临空经济区等地区发展，并成为北京的支柱产业。

1978 年，北京电子信息产业的主营业务收入 1.32 亿元，利润 0.32 亿元；2013 年，主营业务收入增加到 2785.3 亿元，实现利润 116.3 亿元[①]。2014 年以前，电子信息产业在北京占据主导地位，且在全国具有重要的战略地位。其中 2012 年居于高峰期时，北京电子信息产业的用工规模为

---

① 北京市电子信息产业制造业发展态势——收入与利润分析，刘邦凡，王力为，电子商务，2015（10）.

16.2 万人，产业规模占全国比例为 5.9%[①]。

专栏：2009 年北京八大振兴产业——电子信息产业篇

2009 年，国家出台十大产业调整振兴规划，北京市紧随其后也制定了八大产业振兴规划。当时，北京八大振兴产业包括：电子信息产业、汽车产业、装备制造业、生物医药产业、都市产业、新能源和环保产业、生产性服务业、物流业。

当年，这八大产业是所有产业中最富活力的部分，北京市给予了大量政策扶持和资金支持。其中，在电子信息产业方面动作最快，《北京市调整和振兴电子信息产业实施方案》作为北京市首个产业振兴规划，迅速启动。该方案中明确，三年内北京将预计投资 2600 亿元，重点实施包括第三代移动通信商用工程、交互式高清数字电视普及工程、平板显示产业升级改造工程、软件产业核心竞争力培育工程、计算机及互联网产业促进工程、集成电路产业链完善工程、电子信息产业集聚区建设工程、城市信息化水平提升工程等八大工程。

2012 年北京市电子信息产业的代表性企业[②]

产业领域	企业名称	2012 年工业总产值（亿元）	主要技术、产品
移动通信	诺基亚	409.8	智能手机、通信解决方案
	小米	103.9	智能终端
平板显示	京东方	150.8	液晶面板
	康宁	10.0	平板玻璃

---

① 其中包括软件与信息服务业，数据来源：京津冀协同创新背景下首都高端产业发展成就，张伯旭，中国经济出版社，2015.

② 京津冀协同创新背景下首都高端产业发展成就，张伯旭，中国经济出版社，2015.

产业领域	企业名称	2012 年工业总产值（亿元）	主要技术、产品
集成电路	中芯国际	42.6	通用集成电路制造
	威讯	49.1	集成电路元器件封装测试、生产
	瑞萨	20.4	MCU、系统 LSI、模拟及功率半导体器件
计算机	联想	255.9	智能终端、PC 制造
	同方	71.3	计算机及外围设备

近十几年来，伴随智能化产业的兴起，传统的电子产品制造以及组装类的电子产业已经退出北京市重点支持产业名单，而且一些不符合产业门槛的企业正在被列入疏解目录。

2014 年以来，随着产业疏解工作的深入开展，传统电子信息产业占地面积大、用工需求大、能源消耗大的缺点已经完全暴露出来，电子信息产业中传统企业与低端环节的转移退出已经成为非首都功能疏解的重要内容。尤其是 2014—2016 年三年来对于一般制造业的疏解，北京市规模以上计算机、通信及电子设备工业总产值从 2014 年的 2424.5 亿元下降到 2016 年的 2019.9 亿元。

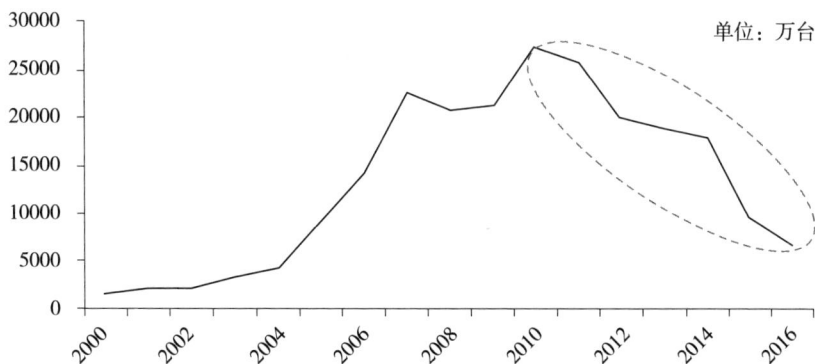

北京市规模以上移动通信手持机产量

北京市规模以上移动通信手持机产量从最高点 2010 年的 2.7 亿台一路下降到 2016 年的 0.69 万台（数据来源：北京市统计局）

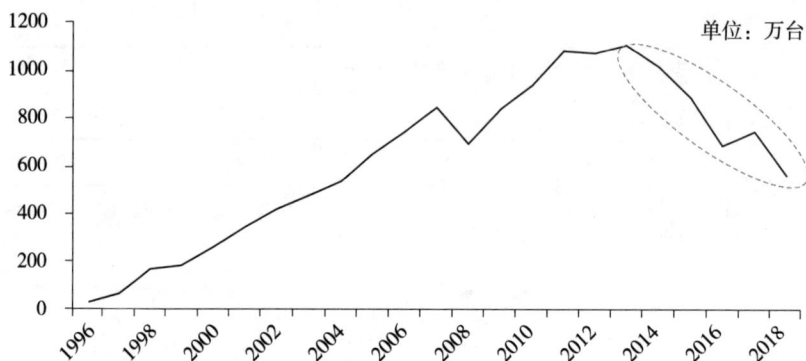

北京市规模以上微型计算机设备

北京市规模以上微型计算机设备产量从 2013 年的 1106.9 万台下降到 2018 年的 564.5 万台（数据来源：北京市统计局）

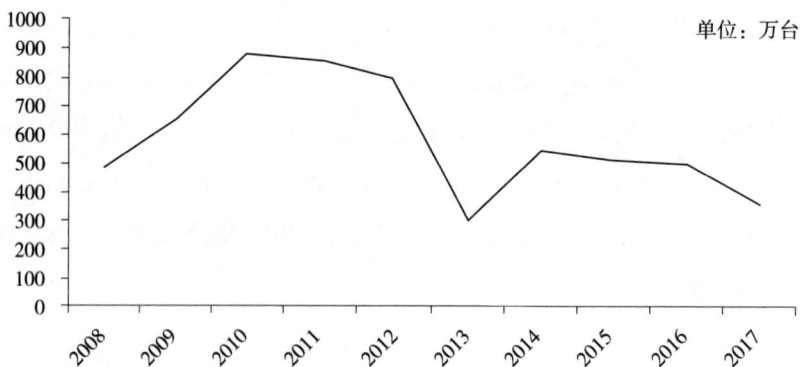

北京市规模以上显示器

北京市规模以上微型计算机设备产量从最高点 2010 年的 877.8 万台下降到 2017 年的 360.8 万台（数据来源：北京市统计局）

目前，根据《北京市新增产业的禁止和限制目录（2018 年版）》，计算机、通信和其他电子设备制造业禁止新建和扩建，印刷电路板等高污染、高环境风险的生产制造环节要坚决退出。

2014 年底，诺基亚在北京亦庄开发区的工厂关闭，宣布将生产线从中国转移到越南。这个电子信息业的巨人，产值一度曾经高达 1400 亿元人民币，曾担起北京电子信息制造业半壁江山，如今作为第一批转移退出的电子信息企业正式告别北京，其间所经历的沧桑巨变，不禁令人唏嘘。北京工厂作为诺基亚手机业务全球最重要的根据地之一，曾被誉为诺基亚在全球最领先的研发基地，在宣布关闭之时，北京工厂尚有 3000 多名员工。北京市对于这些劳动密集的产业，在"取舍"之间主动选择了放弃。

2019 年 3 月底，北京索爱普天移动通信有限公司停止生产，从北京顺义区搬离，将手机生产转移至泰国。恰恰就在十年以前，北京索爱普天一年生产的手机数量高达 4000 万部以上，员工人数高达 1.1 万人。即使是现在，索尼移动业务部门的员工仍然还有 4000 多人。

另外，北京电子管厂作为中国最早进行液晶显示技术研发的电子信息企业之一，在改名为"京东方"后，带领着中国电子显示产业一步步走向强大，极大地改善了中国缺"芯"少"屏"的现状，其发展史甚至成为中国电子显示产业发展历程的最佳记录者。这其中，京东方的全国扩张战略，也是北京产业转移协作的典范案例。京东方集团作为北京市电子信息产业的龙头企业，同时也是典型的高耗能企业，而且生产物流需要大进大出，原料与产品需要进行全国布局。有鉴于此，十几年来京东方集团主动走出北京，先后在成都、绵阳、合肥、鄂尔多斯、重庆、福州、苏州、河北固安等地布局了 14 条半导体显示生产线，其中包括全球首条最高世代—京东方合肥第 10.5 代 TFT — LCD 生产线；中国首条第 6 代柔性 AMOLED 生产线—京东方成都第 6 代柔性 AMOLED 生产线。

2018 年，北京有研科技集团与德州市签约，有研集成电路用大尺寸硅材料规模化生产项目落户德州经济技术开发区。有研科技集团作为国内有色金属行业规模最大、综合实力最强的研究开发和高新技术产业培育机构，是国内唯一掌握 18 英寸硅单晶技术、12 英寸硅片技术的企业，并率先实现了 8 英寸硅片商业化。

2019年3月，山东有研半导体项目开工

图片来源：山东电视台

德州项目投资18亿元，总建筑面积约10万平方米，建成后形成年产276万片8英寸硅片、180万片6英寸硅片以及300吨12~18英寸硅单晶的生产能力。该项目成为整个山东省承接北京高端电子信息产业的一个重大项目，项目建成投产后，将成为北方最大的半导体材料生产基地，集成电路用8英寸直拉硅单晶拉制成功也是创造了山东省的"第一根"，该尺寸半导体级单晶硅片也首次实现了"山东造"，是山东省集成电路产业的一项重要突破。

未来，在电子信息产业链层面，北京市将依托自身的人才、科技、资金优势，克服空间狭小带来的阻碍，集中力量在研发与服务环节上加大发展力度，补强产品设计和解决方案部分。在制造环节，将强化集成电路、人工智能、智能制造等环节，而一般制造环节则进行疏解。在销售环节，中关村一带的电子产品销售卖场均已腾退，部分非高端产品的展销会也将转移。此外，北京电子信息产业链还将不断与多个产业实现融合，如无人驾驶、人工智能等。

■ 北京汽车产业的转移与协作

北京是中国汽车工业重要发祥地之一，已有半个世纪的发展历史，为我国经济建设和国防建设做出了历史性贡献。

1958 年 7 月，北京汽车制造厂正式成立。当年十月，50 辆"井冈山"牌轿车就参加了国庆 9 周年游行，浩浩荡荡驶过天安门，大大鼓舞了国人的士气。

1983 年 5 月，北京汽车制造厂与美国汽车公司在人民大会堂签订合资协议，国内第一家整车合资企业——北京吉普，正式诞生。中国汽车工业的合资时代，由此启幕。

1996 年 8 月，北汽福田汽车股份有限公司正式成立。此举正与中国经济快速崛起并迅猛发展的时代脉搏高度合拍，由此强力助推福田汽车很快便成为全球商用车的翘楚，一度登上商用车销售的世界之巅，成为北京汽车的一张王牌。

专栏：北汽福田汽车

1998 年，福田汽车开始生产轻卡，次年就取得销售 6.4 万辆的骄人业绩，销量全国第一，登上中国轻卡销冠的王位。此年，又投产农用联合收割机，短短两年之后就成为全国销量第一。

2002 年，福田公司开始生产欧曼重型卡车，主打 8 ~ 10 吨的准重型和 10 吨以上的重型卡车市场。两年后，福田欧曼重卡便以奇迹般增长速度位列一汽、东风、重汽之后，昂首迈入中国重卡行业第一方阵。2009 年，福田公司销售汽车 602021 辆，位居全球商用车生产企业销量第一位。

2002 年 10 月，北京现代汽车有限公司揭牌，这成为中国加入 WTO 以后第一家汽车整车合资企业。当年底，第一辆北京现代索纳塔轿车下线，实现当年建设当年出车，创造了业内震惊的"现代速度"北京没有轿车生产线的局面被打破，终于圆了北京人 45 年的轿车梦。时至今日 ①，北京现代汽车产销累计超过 600 万辆，为中国汽车工业发展做出了重要贡献，被誉为中韩经贸合作的典范。

2003 年 9 月，北汽集团与戴姆勒·克莱斯勒公司正式签署战略合作框架协议。次年底，北京奔驰·戴姆勒·克莱斯勒公司新厂区在北京经济技术开发区落成；两年后，国产梅赛德斯 – 奔驰首款新车上市，中国人终于坐上了自己生产的"大奔"。

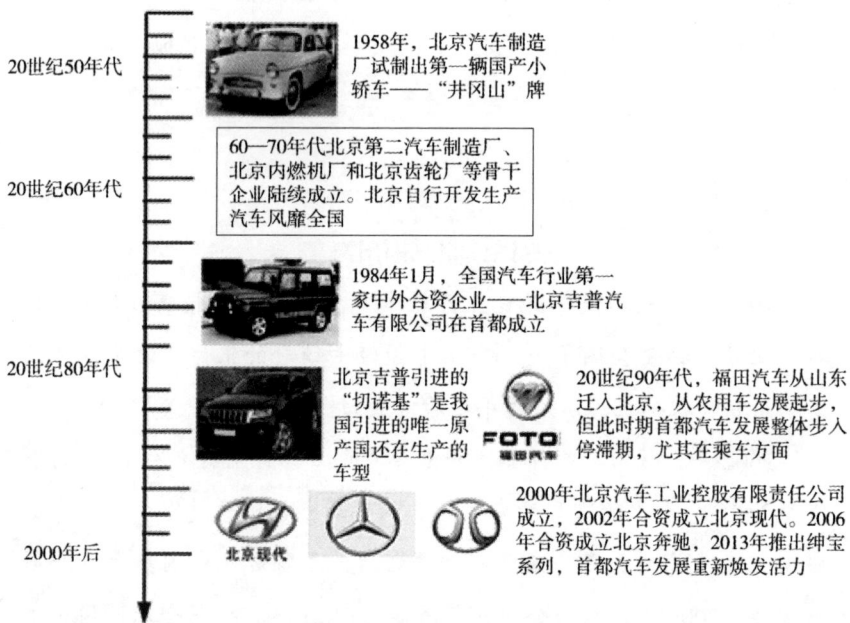

图　北京汽车产业发展史

资料来源：《首都高端产业发展成就》张伯旭，中国经济出版社，2015

目前，北京汽车工业已经形成较为合理的产品结构与强大的生产规模，汽车产品已覆盖轻型载货车、重型载货车、越野车、商务车、轿车、轻型客车、城市公共客车、专用车，其中专用车覆盖环卫车辆、商品运输

---

① 截至到 2019 年。

车、市政专用车，高科技含量及附加值产品覆盖电视转播车、清扫车、高空作业车等。其中，北京轻型载货车产销量一直保持在较高水平，市场占有率居全国汽车行业之首。2014年[①]，北京汽车产能227万辆，实际产量超过216万辆，营业收入跨过3600亿元大关。此年，北汽新能源汽车售出5510辆纯电动汽车，同比增长238%，保持行业领先地位，进入全球纯电动汽车销量前四强，中国纯电动汽车销量冠军，开创了北汽新能源新发展的历史元年。

同时，北京市汽车产业已经形成在顺义区、北京经济技术开发区、昌平区、房山区的多点布局、集聚发展态势，汽车产业规模以上企业达到237家，拥有北京现代、北京奔驰、北汽乘用车、长安、福田、宝沃、福田戴姆勒、北汽有限、北汽越野、北方尼奥普兰客车等十几家整车厂，整体产业发展处于全国前列。

北京市汽车产业布局

近年来，由于中国汽车产业的迅猛发展，市场容量快速饱和。伴随非

---

① 数据来源：北京市统计局。

首都功能疏解的开展，北京市对传统汽车业的发展采取了限制性措施。随之，北京传统汽车制造业 [1] 规模连年下降，规模以上汽车制造业总产值从 2016 年的 4771.6 亿元下降到 2018 年的 4046.5 亿元。汽车产量相应的从 2016 年 260.41 万辆下降到 2018 年的 179.72 万辆，下降幅度达 31%；轿车从 120.68 万辆下降到 2018 年的 92.20 万辆，下降幅度达 23.6% [2]。

根据《北京市新增产业的禁止和限制目录》，除了新能源汽车外，其余的传统汽车领域大部分被列入限制和禁止门类。今后，北京市将全面禁止新建和扩建中低端汽柴油整车制造项目、低速汽车制造、电车制造、汽车车身、挂车制造、改装汽车制造以及中低端汽车零部件及配件制造等一系列汽车产业相关制造环节。只允许适当保留新能源车整车制造，汽车用发动机制造，核心汽车零部件及配件制造（动力总成系统、汽车电子、新能源专用关键零部件）。

根据北京市产业规划，未来汽车产业链的发展将细分为以下环节：不宜发展、适度发展、增强发展、补充发展。

不宜发展环节是指不符合首都战略定位、不具有比较优势的劳动密集型、资源依赖性等一般制造业和高端制造业的低端环节，主要包括传统汽车整车组装、涂装环节、低端零部件制造及汽车报废回收，这些环节由于占地大、能耗高、污染重，必须疏解转移至全国合适的区域。

适度发展环节指对保证城市正常运行和民生日常需求的产业进行总量控制、适度发展，主要包括样车试制、性能检测、汽车专卖店、汽车交易市场、维修保养等环节，这些环节对保障民生与支撑经济发展必不可少，在严格控制规模的基础上可以少量予以保留。

增强发展环节是指有利于提升产业竞争力的环节，主要包括整车设计、系统总成、汽车展会、汽车金融以及汽车服务等环节，这些环节污染少、效益高，并体现了汽车产业的核心竞争力，有利于提升北京汽车产业的影

---

① 除新能源汽车外。

② 数据来源：北京市统计局。

响力，所以政府采取了鼓励政策。

补充发展环节主要指未来体现新技术发展方向及不同产业之间相互融合的环节，主要包括汽车新材料的使用、汽车电子与人工智能、车联网、无人驾驶技术、汽车新能源研发以及汽车智能服务等环节。这些环节将领先的新技术、新材料、新模式充分融合到汽车产业之中，既体现了汽车产业发展的未来导向，又可充分发挥北京的产业优势并创造出更大的价值，所以政府正在进行大力支持。

非首都功能疏解，对于汽车产业的一般制造环节的转移协作随之有序展开，一场影响深远的汽车产业变革开始上演。

2013 年 12 月，北汽集团主动"走出去"转移过剩产能，在西南边陲——云南瑞丽布局的整车生产基地正式启动。北汽瑞丽公司项目由北京汽车集团和云南景成集团共同投资组建。工厂选址位于云南省瑞丽市境内中缅交界处，芒满口岸北侧。项目总占地 2000 余亩，总投资 36 亿元，项目一次规划分阶段实施，规划产能 15 万辆，将建设整车、零部件、仓储物流、综合配套等项目。2015 年 7 月，工厂实现道达 V2、BJ40 两款产品下线。目前，北汽瑞丽公司已投产的有小型 MPV、微卡以及新能源汽车共三款车型，待投产的有中大型 MPV 和皮卡两款车型。动力系统涵盖了 2.0T–2.0L、两驱和四驱版、汽油和柴油版等，具有高强度的道路适应性。

2015 年 4 月，北京现代汽车第四座工厂正式外迁落户河北沧州。这是北京现代汽车首个京外整车厂，工厂建设和配套设施总投资 120 亿元，规划年产整车 30 万辆，发动机年产能 20 万台，仅仅用了一年半时间即实现竣工量产。四年来，沧州工厂的产销规模实现了历史性跨越，2016 年—2018 年其产销量分别为 4.15 万辆、9.8 万辆、17.4 万辆。与此同时，北汽海纳川、北汽岱摩斯、现代摩比斯、北汽韩一、中都格罗唯视、瑞荣汽车配件、友信配件、嘉诚兴业等 28 家零部件、物流等配套服务企业先后落户沧州，直接、间接带动就业人数超过 3 万人，围绕着沧州工厂整车制造产业核心，集零部件、仓储物流、服务贸易、汽车人才培养等上下游的千亿级汽车产业集群，正在沧州周边快速形成。

2015 年 6 月，北京现代汽车落户重庆两江新区的第五座工厂，宣布正式开工建设。两年后，北京现代汽车重庆工厂落成，占地面积 187 万平方米，总投资 83.9 亿元，规划整车年产能 30 万辆，发动机年生产能力 30 万台。目前，该工厂已先后下线昂希诺、菲斯塔等年轻化产品，为应对节能环保产品不断升级的需求，这里还将成为北京现代新能源汽车的生产基地。

2015 年 7 月，北汽福田汽车集团与河北省张家口市签署合作协议，外迁转移其北京厂区部分产能。这其中包括一期工程将投资 15 亿元建设泵车生产线，二期工程投资 35 亿元建设起重机、渣土车、环卫车、消防车、动力和储能电池等生产线。2017 年，北汽福田完成了年产能 3 万台重型机械车辆的疏解外迁目标。至此，北汽福田的泵车、搅拌车、自卸车三类重型机械车辆业务转移完毕，福田雷萨起重机项目也陆续搬迁。

2016 年 5 月，北京城建重工有限公司正式将专用汽车生产基地外迁至唐山市曹妃甸新区。北京城建重工曹妃甸新能源专用汽车生产基地项目占地 578 亩，总投资 20 亿元，主要建设年产 5000 辆各型专用车、房车、铝合金厢式车、铝合金冷藏车等专用车生产线。目前，占地 154 亩的一期工程已经实现 1 万台的年产能。三期工程竣工后，将实现 5 万台的年产能。

2019 年，北汽集团与全球最大的汽车零部件制造商之一麦格纳公司共同建立的北汽蓝谷麦格纳汽车有限公司落户江苏省镇江市。北汽麦格纳项目主攻纯电动乘用车，设计总产能 30 万辆 / 年，一期规划产能 15 万辆 / 年，基于北汽镇江工厂现有厂房及生产线进行技术改造升级，新建约 7 万平方米焊装、冲压、实验室等厂房设施，并购置相关生产和研发设备。该项总投资近 60 亿元，占地面积约 137 万平方米。

近年来，伴随整车产能的陆续疏解，北京汽车产业中数量庞大的零部件企业也开始实现有序外迁转移。

2014 年 6 月，北汽集团控股滨州渤海活塞有限公司。双方约定，北汽集团旗下最大零部件企业——海纳川公司将在滨州投资建设汽车零部件生产基地，依托当地产业优势，建设以发动机缸体、缸盖、曲轴、活塞等为核心业务的大型汽车零部件生产基地。目前，渤海活塞已经成为北汽集团重要的零部件生产基地。

2017 年 8 月，北京诚志北分机电技术有限公司和北京环达汽车装配有限公司，两家专用汽车配套企业，积极响应中央和北京市推动的非首都功能转移疏解工作，签约入驻唐山市曹妃甸新区。

2018 年 5 月，中德合资企业北京威卡威汽车零部件股份有限公司积极响应政府号召，带头疏解非首都功能，主动将位于大兴区北京生产基地的生产设施及业务全部搬迁至江苏无锡和河北秦皇岛南北两个重要生产基地。经初步测算，搬迁相关费用约为人民币 13.2 亿元。该公司是中国乘用车内外饰件系统综合制造商和综合服务商，在中高档乘用车内外饰件行业内居领先地位。2012 年在深交所 A 股上市，是一汽大众、一汽轿车、宝马、北京奔驰、一汽丰田、上汽通用、上汽集团、上汽大众、沃尔沃、捷豹路虎、比亚迪等中高端轿车的配套厂商。

2017—2018 年两年间，承德丰宁怀丰产业园成功引进了北京宏亭、鑫益华、瑞宝全、雁阳、大地海通等 8 家汽车配件项目，总投资不低于 16 亿元。作为汽车配件企业，8 家企业都是福田戴姆勒汽车的供应商。怀丰产业园成为河北承接北京非首都功能疏解和怀柔区与丰宁县对口帮扶的重要成果。

2019 年 11 月，北汽集团与山东省淄博市签订合作协议，双方将共同建设北汽（淄博）新能源汽车零部件产业基地。该项目位于淄博市博山区汽车智造产业园，占地 2100 亩，基地一期投资 50 亿元，包括工业厂区、研发中心、综合服务设施、商贸物流设施及园区基础设施等。目前，北齿（山东）传动科技有限公司高端汽车零部件生产项目、中材汽车复合材料部件及结构件生产项目、博一新能源汽车锂电池包及储电箱产业化项目、汽车零部件小微产业园项目等已经准备入驻基地，山东博山中联智慧商贸物流产业城将为基地提供配套物流服务。该基地作为北汽集团零部件产业转移的载体，将建设成为北汽集团重要的零部件生产基地，极大带动当地汽车零部件产业的发展，推动淄博汽车零部件产业实现高质量发展。

未来，北京汽车产业还将继续疏解提升存量，引导聚焦增量，加快转移传统汽车产能，积极构建高精尖产业结构，以新能源汽车和智能网联汽车为突破口，推动北京汽车产业发展由规模速度型向质量效益型转变，最终实现迈入世界汽车业第一阵营的目标。

■ **北京医药产业的转移与协作**

2012 年，北京医药健康产业规模[①]达到 1023 亿元；2017 年，产业规模突破 1600 亿元；2019 年，产业规模接近 2000 亿元；2020 年，主营业务收入突破 2500 亿元。

北京市医药健康企业主要聚焦在化学药、生物药、中药、医药中间体等细分领域；器械行业主要聚焦在影像设备、医疗机器人、植入器械、体外诊断试剂等领域。同时，北京市还有大量基因技术、医疗人工智能、新材料 +、抗体药物等新业态以及 CRO（合同研发组织）、CMO（合同生产组织）、CSO（合同销售组织）等产业服务机构。其中 CRO 企业已集聚近200 家，位居全国前列，并且围绕基础研究、药品研发、医疗器械、产业服务等发展方向集聚了一批重点机构及前端企业。

2014 年，伴随非首都功能疏解工作的开展，北京市加大了医药产业结构调整力度，开始疏解腾退大量不符合首都功能的医药健康企业。这其中药品类包括化学原料药制造、高耗能大规模发酵生物产品生产、安瓿灌装注射用无菌粉末制造等；医疗器械类包括含汞类体温计、血压计制造，铅锡软膏管、单层聚烯烃软膏管制造，药用天然胶塞制造，非易折安瓿制造，输液用聚氯乙烯（PVC）软袋制造等。

根据《北京市新增产业的禁止和限制目录》，北京市禁止新建和扩建化学原料药制造，中药饮片加工、兽用药品制造[②]。对于药品制造业紧密相关的化学原料和化学制品制造业也是北京市重点禁止和限制发展的行业。经过疏解，北京市规模以上化学原料和化学制品制造业总产值从 2014 年

---

① 全部企业营业收入。
② 持有新兽药注册证书的非原料药制造或自动化密闭式高效率混合生产工艺的粉剂、散剂、预混剂生产线除外；持有新兽药注册证书或采用动物、动物组织、胚胎等培养方式改为转瓶培养方式的兽用细胞苗生产线除外。

的 352.1 亿元下降到 2018 年的 301.9 亿元，减少 50.2 亿元。

受环境、资源、土地等因素局限的影响，北京医药行业中部分药企不宜在北京生产的环节，属于北京市重点疏解对象，需要转移到环境容量大、承载能力强的地区。

2015 年 1 月，北京市与河北省签订京冀医药产业协同发展框架合作协议，由京冀两地共建共管的生物医药产业园正式落户河北省沧州市渤海新区，承接北京部分医药企业的疏解转移。该园区占地面积约 8800 亩，以承接原料药及中间体、医药制剂、现代中药及医药关联产业（包括药包材、医疗器械、保健食品）为主的医药健康产业基地。五年来[①]，该园区已签约项目 158 个，总投资 484 亿元，其中上市公司 12 家、高新技术企业 61 家、中国医药工业百强企业 4 家、外资企业 6 家[②]。国内知名的协和药厂、华润双鹤、银谷制药、四环医药，中日合资的康蒂尼及美国独资三期临床新药的珐博进等项目陆续入驻开工。

2015 年 9 月，北京甘李药业积极响应非首都功能疏解的号召，主动将生产基地外迁落户至江苏泰州医药高新区。该公司作为国内规模较大的专注于生物合成人胰岛素类似物的专业公司，在泰州投资建立了三个全资子公司，分别生产非无菌口服固体制剂、多肽合成原料药和化学合成原料药，产品主要包括盐酸西那卡塞片剂、西格列汀、列格列汀等糖尿病相关药物。

非首都功能疏解，对北京而言是挑战，对全国各地而言却是难得的机遇，泰州医药高新区便是受益者之一。该园区作为中国首家医药类国家级高新区，现已落户 1000 多家中外医药企业，包括阿斯利康、勃林格殷格翰等 13 家知名跨国企业。五年来，该园区充分借助北京产业转移协作的战略契机，强力招引北京的医药健康企业以及各类前沿医疗技术前往落户转化，收到了良好的效果。仅仅 2018 年，就有 10 个以上北京的医药健康项目签约入驻该园区，其中包括：总投资 3 亿元的创新药及仿制药生产项

---

① 北京·沧州渤海新区生物医药产业园：新机制带来新活力，经济日报，2021 年 1 月。

② 数据来源：亿欧网。

目，总投资 2 亿元的基因筛查及诊断试剂生产项目，总投资 1 亿元的植入类医疗器械产业化项目，总投资 1 亿元的经颅多普勒超声仪生产项目、总投资 1 亿元的健康咨询管理、健康数据分析应用项目等。

此外，由于山东的交通区位、产业基础、资源禀赋较为优越，北京还有相当数量的中小型医药健康企业选择前往山东多个地市落户发展。近几年来，山东省各地市承接北京医药健康企业产能转移的项目数量正在稳步增加。青岛市吸引了北京通盈药业有限公司的咖啡因咀嚼片、生物胶、芋螺肽等新药产业化项目、北京悦康医药有限公司的中成药片超细粉碎科技项目、北京宜明细胞生物科技有限公司的基因治疗新药生产及临床治疗项目等一大批医药健康产业项目落地。济南市先后招引了北京博奥晶典生物技术有限公司的精准医疗检测、健康大数据管理、北京中科微盾生物科技有限公司的生物试剂等项目。

未来，北京还将继续加快医药健康产业结构调整的步伐，加大不符合首都功能的生物医药与医疗健康企业及产能的转移疏解力度，不断加强跨区域产业协作，既推动北京医药健康产业尽快实现智能化、服务化、生态化、高端化发展，又为北京药企大规模发展创造更大的空间。

■ 北京食品产业的转移与协作

近年来，北京食品产业发展迅速，生产集中度提高、品牌优势显现，产业规模日益庞大，在推动首都经济社会发展、拉动内需和增加就业、促进特色农业发展、传承北京传统饮食文化等方面的作用显著。

2013 年 [①]，北京拥有食品企业 1705 家，其中规模以上的企业有 305 家，从业人员 12 万人，涉及"农副食品加工业""食品制造业""酒、饮料和精制茶制造业"与"烟草制品业"四大行业板块。该年食品产业的主营业务收入为 1110.47 亿元，同比增长 8.75%。

目前，北京的食品产业具有三个特点：一是 90 年代以来，产业集中度不断增强，一批经济规模巨大、竞争力较强、集团化发展的龙头企业不

---

① 数据来源：北京市统计局。

断涌现；二是凭借千年文化积淀，品牌优势日益显现，北京作为中国宫廷老字号饮食文化中心，拥有上百家老字号食品企业；三是市场主体中国有资本一统天下，为了保障首都食品安全，大型食品企业与餐饮企业，都集中在北京国资手中。

北京首都农业集团有限公司旗下有三元、华都、双大三个"中国名牌"以及八喜、丘比、荷美尔等合资品牌，被称为北京市的"菜篮子、米袋子、奶瓶子"。

京粮集团是首都唯一的大型国有粮食企业，旗下拥有古船（面粉、大米、油脂、食品），火鸟、绿宝、古币（食用油）、华藤（大米）、统一（食品）、正大（饲料）等粮油品牌。

二商集团是以食品仓储与制造加工业、食品贸易与物流服务业、种植养殖及远洋捕捞业为主导产业的大型食品产业集团。旗下拥有"王致和""六必居""天源""月盛斋""金狮""龙门""桂馨斋"等一批食品老字号以及"宫颐府"系列糕点、"白玉"系列豆制品、大红门系列肉制品等老北京熟知的产品。其中，王致和腐乳全国产销量第一，六必居酱菜北京市场产销量第一，宫颐府糕点居北京市场的前三名。

北京顺鑫农业股份有限公司作为顺义区国资委控股企业，是北京市第一家农业类上市公司，旗下有牛栏山白酒、燕京啤酒、鹏程肉食、创新食品、牵手果蔬汁等品牌产品，生鲜肉产品在北京市场占有 45% 以上的市场份额，成为全国农产品加工业 100 强企业，综合排名第 23 位 [①]。

北京一轻控股有限责任公司作为北京市国资委的大型国有独资公司，旗下有红星二锅头、龙徽葡萄酒、义利面包三个中华老字号品牌产品。

北京华天饮食集团公司作为西城区国资委控股企业，旗下老字号云集，拥有鸿宾楼、烤肉季、烤肉宛、砂锅居、峨嵋酒家、同和居、同春园、延吉餐厅、西安饭庄、又一顺、新路春、曲园酒楼、西来顺、玉华台、大地西餐厅、柳泉居饭庄、马凯餐厅、厚德福酒楼、杏园餐厅、合义斋、新川

---

① 中国农业农村部，2019 年全国农产品加工 100 强。

面馆、护国寺小吃、庆丰包子、香妃烤鸡连锁店、华天凯丰餐饮有限公司和惠丰酒家等 20 多家老字号品牌、100 多家门店。

2017 年 12 月 15 日，北京市人民政府国务院国有资产监督管理委员会对北京首都农业集团有限公司、北京粮食集团有限责任公司、北京二商集团有限责任公司联合重组，首农集团更名为北京首农食品集团有限公司，将京粮集团、二商集团的国有资产无偿划转给首农食品集团，首农、京粮、二商重新组建千亿级食品"航母"。重组完成后，首农食品集团有限公司的资产、营收将双双超千亿元，旗下将拥有三元牛奶、八喜冰淇淋、北京烤鸭、纯种北京黑猪，再加上古船、六必居、王致和等品牌。重组后大首农旗下的 551 家企业中，仅北京人日常食用的知名食品品牌就有 50 多个，中华老字号就多达 13 个之多。

此次联合重组后的大首农食品集团将重点围绕食品制造加工与商贸服务，现代农、牧业，物产物流为核心的主业板块整合资源配置、优化市场布局。而新公司的成立有利于促进产业结构调整和转型升级，完善首都食品从"田间到餐桌"的全产业链。

自 2014 年 2 月，非首都功能疏解工作启动以来，北京市严格按照《新增产业的禁止和限制目录》，对不符合首都发展定位的食品产业加大了疏解、关停和提升力度，尤其是针对农副食品加工业、一般食品制造业、酒、饮料和精制茶制造业、烟草制品业等行业进行了禁限与疏解。北京市对该类食品企业进行整体搬迁或将生产基地转移，大力推进食品产业结构调整。全国各地在对北京食品企业的承接过程中，河北、山东、河南成为最大的受益者。

首先，河北省借助地利优势，针对北京市"摆不下、离不开、走不远"的一类食品加工企业，专门设立特色园区进行集中承接。2015 年，北京京味坊食品有限公司哆呋食品生产基地、北京康贝尔食品有限责任公司马大姐食品工业园、北京知时节商贸有限公司集味轩高端休闲食品生产基地，三大休闲食品生产基地集中落户河北省邯郸邱县开发区北京食品产业园。

同年，有着 100 多年历史的中华老字号企业——北京百花蜂业科技发展股份公司饱受产能瓶颈之困，主动疏解了在京负责蜂蜜生产的工厂，由位于廊坊的新基地承接产能。2019 年，百花蜂业在廊坊开发区的生产基地正式投入使用。该项目投资达两亿多元，占地 4 万平方米，总建筑面积 4.5 万平方米，其中 GMP 洁净车间面积 4500 平方米，共设有 4 条蜂蜜加工流水线，年产蜂蜜 2 万吨。百花廊坊基地面积是原基地的三倍多，成为目前世界范围内最大的蜂产品贮存加工基地。

2017 年，益海嘉里、稻香村、颐海食品、新辣道、牛氏运昌等 30 多家食品企业落户霸州休闲食品产业园。产业园一方面引进了北京休闲食品、保健食品与功能饮品；另一方面打造了中央厨房面向北京大型连锁餐饮企业，搭建食品配餐、分拣全链条配套体系。

同年，北京金路易速冻食品有限公司落户曹妃甸区装备制造园区，占地 15000 平方米配套工业厂房，主要生产各种速冻面米食品和肉食调理食品，每年生产速冻食品 16000 吨。

2018 年，北京恒利食品有限公司、北京合益包装容器有限公司、北京天天通食品有限公司等 18 家北京朝阳区食品企业整体签约落户河北唐山玉田国家农业科技园区。

截至 2019 年，北京同仁堂、北方大陆、美宝高科、航洋健康科技等多家大健康食品药品企业，以子公司进驻、整体转移、生产基地搬迁等多种形式入驻河北唐山滦南（北京）大健康国际产业园。

其次，山东作为中国食品产业规模第一大省。2013 年，主营业务收入过 10 亿元的食品加工企业 200 多家，山东六和、临沂金锣、西王集团等 10 家企业过 100 亿元。在承接北京食品产业疏解过程中，山东借助独特的产业优势也强力吸引了一大批北京食品企业前来落户。

2018 年，北京汇源桑果深加工产业园、北京双益发食品有限公司麦胚芽深加工生产线、北京保罗生物园科技股份有限公司以微生物制剂与功能性食品为主的山东中科生物科技产业园、中国中医科学院中药所桑椹系列功能性食品研发和生产项目等项目集中签约落户山东德州。

此外，近年来，首农集团在山东省建设了一批高端农副产品种植、养

殖和加工基地，用以向北京提供安全农产品和有机绿色食品。诸如首农 –
济南安全农产品标准化园区、首农 – 滨州蔬菜种植基地、首农 – 潍坊万头
奶牛养殖基地、首农 – 威海苹果全产业链基地、首农 – 德州鲁丰农副产品
连锁店等大型产业项目。

最后，河南省凭借食品产业规模全国第二的优势，已经形成了五大特
色食品产业集群：第一是以双汇、华英等为代表的全国最大肉类产品生产
加工基地；第二是以白象、南街村等为代表的全国最大面及面制品生产加
工基地；第三是以三全、思念等为代表的全国最大速冻食品生产加工基地；
第四是以莲花味精、驻马店十三香等为代表的全国最大调味品生产加工基
地；第五是以健丰、梦想等企业和临颍黄龙食品工业园区为代表的全国最
大饼干和休闲食品生产加工基地。

河南各地市在承接北京食品企业转移的过程中，充分结合自身的资源
优势，针对性地引进了一批食品项目。北京三元食品、正大食品、北京兴
达盛华食品、北京恒慧通肉类食品等食品企业纷纷转移落户河南；2015 年，
北京德青源蛋品项目、今麦郎饮品项目、北京京南食品香精生产项目集中
签约落户河南汤阴食品医药产业园；此外，北京最大的农副产品批发市场
新发地在河南兰考、太康、商水、光山、郸城等地设有产业基地；同时，
河南省多个产地的生鲜食品走进了千千万万的北京老百姓餐桌上。

未来，北京食品产业将充分发挥在资本、技术、信息、人才等现代生
产要素聚集方面的优势，形成"两端在内、中间在外"的发展模式，即高
端研发、品牌服务、营销管理留在北京，养殖种植、加工制造、包装物流
甩到外地。产业链上游产品研发企业与产业链下游市场营销企业将主要布
局于北京，产业链中游加工制造企业将以跨区域产业协作的形式外迁，充
分借助全国各地丰厚的资源禀赋条件和相对低廉的生产要素，广泛构建差
异化发展格局，推动北京食品产业向价值链高端提升，加快形成以服务经
济为主的产业结构，实现北京食品产业由生产型向服务型转变。

■ **北京纺织服装产业的转移与协作**

2013 年，北京市纺织服装行业的企业数量达到 3100 多家，产值超过

1000 亿元，规模以上企业 207 家，主营业务收入 216.7 亿元；全年北京市衣着类消费品零售额 727.3 亿元，占全市社会消费品零售总额比重 8.7%。

北京纺织服装产业链条比较完整，20 世纪 90 年代就已经形成以服装、家纺装饰、产业用纺织品为支撑的都市产业格局。而且，还建设了密云、大兴、通州、延庆、顺义、平谷六大服装产业基地，均以服装的设计、生产、加工为主。

1999 年，北京纺织控股有限责任公司诞生，作为最早一批成长起来的国有纺织服装集团，在行业多年的深耕，使其不仅构建了完整的产业链及渠道资源，而且还拥有雪莲、铜牛、天坛、雷蒙、绿典、无咎等十几个颇具知名度和美誉度的品牌。

2004 年，北京市提出打造世界第六大"时装之都"的战略目标，纺织服装产业进入高速发展通道，一度成为北京市的主导产业之一。天坛衬衣、铜牛内衣、雪莲羊绒、雷蒙西服、伊里兰羽绒服……传统纺织业的兴盛见证了北京人生活品质的提升。

2014 年，伴随非首都功能疏解工作的全面启动，服装印染加工业态要求全面退出京城。根据北京产业禁限目录，禁止新建和扩建纺织业，禁止新建和扩建纺织服装、服饰业、皮革、毛皮、羽毛及其制品和制鞋业，"纺织印染业"更是被列入坚决淘汰的产业范围。另外，《北京市工业污染行业生产工艺调整退出及设备淘汰目录（2017 年版）》里棉印染工艺、麻印染工艺、丝印染工艺、化纤织物印染工艺、毛印染工艺等纺织印染业都属于强制疏解淘汰的产业类别。

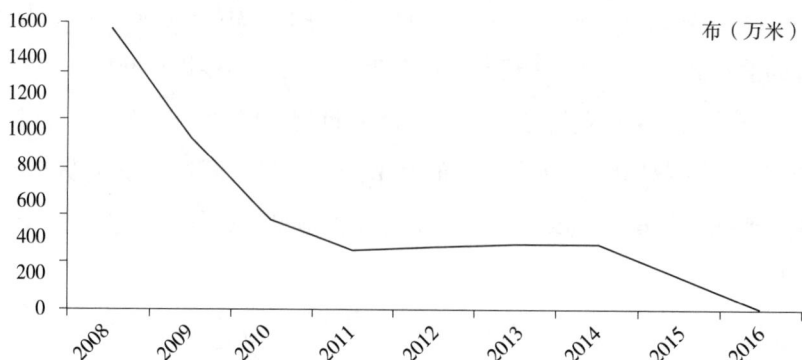

2008—2016 年北京市布匹产量（万米）

目前，北京布匹产量已降到 0，数据来源：北京市统计局

　　七年来，北京纺织服装产业全面聚焦首都城市新定位，瞄准以"三棉四毛一根针"为代表的梳、纺、织、染等传统纺织制造业进行调整退出，服装加工制造环节全面转出北京地区，纱锭和布机已不复存在，在京业务既没有了"纺"，也不再"织"，业态已向服装设计、品牌运营、营销服务、文化创意等新兴业务聚集，主业结构发生了脱胎换骨的变化。"十二五"期间，北京纺织控股共调整退出劣势企业 56 户，主动淘汰关停不符合首都城市战略定位的生产企业 29 户；"十三五"以来，再次调整退出劣势企业 21 户，主动淘汰关停不符合首都城市战略定位的生产企业 25 户，同时围绕品牌运营、文化创意和信息科技加快业态布局，新投资企业 23 户。

　　传统纺织印染、服装加工生产全面转向京外地区的同时，文创产业成了北京纺织控股的新业态。

　　2016 年，"北京纺织控股有限责任公司"正式更名为"北京时尚控股有限责任公司"。此举标志着以北京时尚控股为龙头代表的北京纺织服装产业，将迎来历史性的发展新机遇，将为推进北京时装之都建设、提升北京国际时尚度和文化软实力注入新的活力。未来，按照"转型、改革、开放、创新"的工作要求，北京时尚控股将以服装品牌运营服务为核心，以文化创意服务与信息科技服务为两翼，构建"时尚、科技、服务"三位一体的发展新格局，努力在首都时尚产业发展中发挥引领、辐射、带动作用。

近年来，北京纺织服装企业的外迁呈现出较强的聚集效应，分别在河北省、山东省、河南省等地区形成了密集签约，扎堆落户的纺织服装产业园区。

河北省沧州生态新城集中承接了一批北京服装批发市场中外迁的中小型加工生产企业，像大红门、动批这样的服装批发业态背后是众多服装生产企业，他们多分布在大兴、丰台一带的乡镇。在疏解北京非首都功能的引导下，这些服装企业纷纷外迁，落户沧州生态新城服装产业园成为他们的一个选择。这里经过统一规划设计，可为北京商户提供标准化厂房，同时还有宿舍、食堂等生活配套区。经统计，已经有4000多家北京服装生产加工企业在沧州市沧东开发区落户，其中500多家企业已在生态新城正式生产，产生效益。

此外，河北衡水高新区也规划建设了占地10平方公里的纺织服装产业园，专门承接北京纺织服装项目转移，目前已签约北京威克多制衣有限公司等10多个来自北京的纺织服装项目。

河南省安阳市纺织服装产业集聚区，作为晋、冀、鲁、豫四省最大的棉针织服装生产基地，也吸引了一大批北京纺织服装企业前往落户发展，截至目前，先后有北京朗利夫服装有限公司等30多家纺织服装上下游企业签约入驻。

山东省德州市作为全省重要的纺织服装产业基地，也成功承接了一大批北京的纺织服装企业。近几年，先后有北京东方雨虹集团的聚酯胎基、聚丙烯长丝布生产线，北京爸爸的选择科技有限公司的十八条纸尿裤、拉拉裤产品生产线等重大产业项目相继落户。

■ 北京家具建材产业的转移与协作

2013年，北京市家具产业拥有1465家生产企业[1]，全年共生产家具995.9万件[2]，完成工业总产值近400亿元；共有建材企业约3500家，其中规模以上企业991家，从业职工超过12.5万人，资产总计930多亿元，全

---

① 北京市家具协会。

② 北京市统计局。

年生产水泥 1037 多万吨，商品混凝土 3500 多万立方米，卫生陶瓷 167 多万件，中密度纤维板近 20 万立方米，技术玻璃 1383 万平方米 [①]。

2014 年，非首都功能疏解正式启动，家具制造作为早期重点疏解的产业门类之一，在《北京市工业污染行业生产工艺调整退出及设备淘汰目录（2017 年版）》中明确规定：人造板生产、使用有机溶剂型涂料、胶粘剂的家具制造、木制品加工均属于强制疏解的产业。此外，根据《北京市新增产业的禁止和限制目录（2018 年版）》，全市禁止新建和扩建木材加工和木、竹、藤、棕、草制品业；禁止新建和扩建家具制造业 [②]。

与此同时，对于一般性建材工业，北京市采取提高标准、市场倒逼、政策禁限等手段，不断加快疏解和就地退出。按照《北京市大气污染防控条例》《北京市新增产业的禁止和限制目录》和《北京市工业污染行业、生产工艺调整退出及设备淘汰目录》等相关文件要求，确保沥青防水卷材、人造板、水泥、玻璃、黏土砖等领域的一般性建材工业企业稳妥有序退出。

由于家具产业疏解工作的大力开展，北京市家具产能不断地向外地转移，尤其是 2014 年疏解工作启动以来，家具产量从 2013 年的 995.9 万件下降到 2019 年的 463.1 万件，产量下降一半以上（53.5%）。

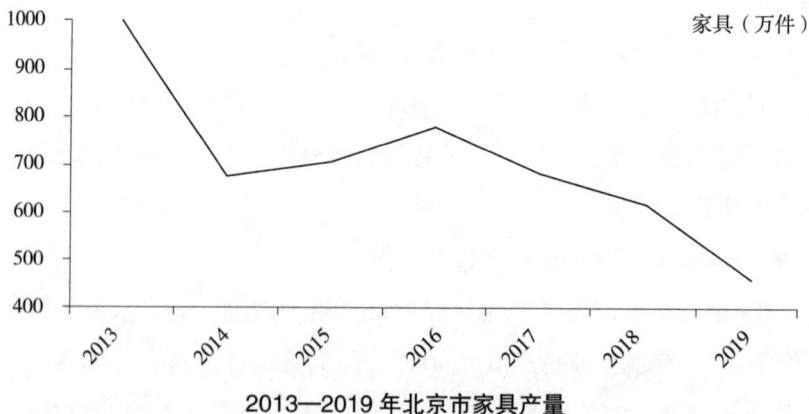

2013—2019 年北京市家具产量

数据来源：北京市统计局

---

① 数据为 2011 年。数据来源：北京建材行业"十二五"时期发展战略，刘明，中国经济导刊。
② 利用水性漆工艺除外；使用非溶剂性漆工艺的创意设计家具制造除外。

按照北京市禁限项目的严格要求，能够继续留在京城的家具建材生产企业将不超过总数的1/10，京城千余户家具建材企业九成将面临转移。在京城家具建材产业转移大潮中，河北衡水、河北唐山、江苏邳州、山东临沂成为强力吸引外溢企业的赢家。

2016年，河北省唐山市芦台经济开发区集中承接了北京爱依瑞斯家具生产基地、意风家具生产基地、世纪京泰家具产业园、美亚实业乳胶家居保健用品生产基地等一批大中型产业项目，拉开了主流京城家具建材企业外迁的大幕。此外，截至2017年，可爱多家具、强力家具、金悦鑫木业、华北万丰五金磨具、奥纳威木业、永杰盛业、欧格东红、宇曼、欧嘉璐尼、北京黑马家具、亚美特、伊丽伯特等50多家北京家具生产及配套企业签约入驻唐山环渤海（汉沽）家具园。

为了承接北京市家具产业疏解，河北省衡水深州市在高铁新区规划了占地10000亩的绿色家具产业园。截至2019年，已有北京黎明、科宝博洛尼、顾家家居等30多家企业相继落户。最终，通过努力把深州打造成为北方最大的集办公、酒店、民用、商展于一体的家具产业聚集区。

2017年，江苏省邳州市作为中国板材之乡，已有近3000家人造板企业，人造板出口量最高时曾占全国的40%，已经发展成为成熟的木制品产业基地，因此成为京城家具建材产业转移的又一主要承接基地。目前已经成功签约入驻的企业有TATA木门、意风、非同、华日、KD、HC28、楷模、皇家现代、北欧艺家、伯艺木门、益圆木门、钛马迪、福满门等20多家北京家具建材企业。

近年来，山东省临沂市凭借其作为江北最大的家居建材物流基地，先后也吸引了北京荣麟家居生产基地、TATA木业门窗生产制造基地等一批北京家具建材企业落户。

未来，围绕有序疏解非首都功能，北京将加快退出一般性家具建材企业。伴随大多数家具建材企业生产制造环节外迁以及优秀企业在全国的战略布局，北京还将加快家具建材产业转型升级，促使技术研发、品牌营销与生产制造加速分离，积极支持企业总部的建设，鼓励总部在京的家具建材生产企业，发挥人才、资本、技术、管理等方面优势，在京做强创新型研发设计、全球枢纽型营销、融资、资金结算、智能制造等高端核心业务，面向全国布局加工制造、售后服务、人力资源外包等产业环节，实现跨层级、跨区域经营发展。

■ **北京装备制造产业的转移与协作**

2013 年 [1]，北京装备制造企业数量 1254 家，实现总产值 2373 亿元，同比增长 5.4%，占工业总产值比重为 13.8%；其中新能源装备、高端制造装备、节能环保装备占装备制造业总产值的 37.0%；涌现出三一重工、京城重工、一机床、科锐配电等一批著名企业。

当前，北京装备制造产业面临前所未有的挑战，企业综合成本全国最高，而且相关的要素成本和环境成本还在不断上升，一般性制造业在北京难以生存，一般性装备制造产业的疏解转移势在必行。

按照《北京市新增产业的禁止和限制目录（2018 年版）》的规定，全市禁止新建和扩建通用设备制造业 [2]；禁止新建和扩建专用设备制造业 [3]；禁止新建和扩建铁路、船舶、航空航天和其他运输设备制造业 [4]；禁止新建和扩建电气机械和器材制造业 [5]。

禁止新建和扩建化学纤维制造业（合成纤维制造和生物基材料制造中

---

[1] 京津冀协同创新背景下首都高端产业发展成就，张伯旭，中国经济出版社，2015。

[2] 数控设备制造、液压动力机械及元件制造、液力动力机械元件制造、气压动力机械及元件制造、轴承、齿轮和传动部件制造、通用零部件制造中复合材料制品制造、工业机器人制造、特殊作业机器人制造、增材制造装备制造除外。

[3] 节能环保、数控设备制造、半导体器件专用设备制造、电子元器件与机电组件设备制造、医疗仪器设备及器械制造、环境保护专用设备制造、地质勘查专用设备制造、社会公共安全设备及器材制造、交通安全、管制及类似专业设备制造、水资源专用机制造除外。

[4] 高铁车组制造中涉及国家和本市鼓发展的智能轨道装备项目、高铁设备、配件制造、铁路机车车辆配件制造、铁路专用设备及器材、配件制造、城市轨道交通设备制造、航空、航天器及设备制造除外。

[5] 电机制造中涉及节能环保、数控设备制造、微特电机及组件制造、输配电及控制设备制造、锂离子电池制造、其他电池制造、智能照明器具制造中涉及节能环保、数控设备制造、电气信号设备装置制造、其他未列明电气机械及器材制造中节能环保、数控设备制造除外。

涉及国家和本市鼓励发展的新材料产品制造除外；为航空航天、军工、国家重大专项和工程等配套制造除外）；禁止新建和扩建橡胶和塑料制品业（涉及国家和本市鼓励发展的新材料产品制造除外，为航空航天、军工、国家重大专项和工程配套制造除外）；禁止新建和扩建非金属矿物制品业。

近年来，北京市坚决疏解不符合首都功能定位的一般性装备制造业，在产业疏解过程中，着力打造"北京总部 + 外埠生产制造基地"新格局，积极寻求要素成本相对较低、贴近市场、政策环境相对较好的地区，实现产业梯次转移，谋求装备制造业持续发展。

这其中，河北省邯郸市作为重要的装备制造业基地，率先承接了一批北京装备制造企业。新兴际华集团的双金属复合管和高端无缝钢管等特种管材生产基地、北京京华派克聚合机械设备有限公司无气高压喷涂设备生产基地、北京光达盛兴电力工程有限公司的电力行业新型管材生产基地等一批大中型装备制造产业项目相继落户邯郸。

辽宁省沈阳市作为中国装备制造产业的"长子"，也同样吸引了一批北京的装备制造企业前往发展。中科北方高性能碳纤维基地、中化集团化工新材料中试基地、中航发集团燃气轮机产业基地、北京明日宇航东北航空基地等一系列装备制造项目纷纷落户沈阳。

江苏省作为国内装备制造业先进基地，先后吸引了北京科力博奥仪表技术有限公司的工业仪表生产基地、北京京冶轴承股份有限公司的风力发电机轴承生产基地等项目落户盐城；北京天峋无人机生产基地、北京纳恩博科技有限公司的平衡车与滑板车生产基地等中高端项目落户常州；北京赛诺联合医疗公司的高端诊疗装备制造应用示范基地、北京蜂巢航宇科技有限公司的工业无人机生产基地项目落户扬州；北京天海工业有限公司的金属压力容器生产基地、中船海洋装备创新园区投资有限公司的中船海洋装备电器生产基地等项目落户镇江。

未来，北京还将继续加大力度疏解一般性装备制造业，同时发展一批创新主导、要素集约、业态高端的绿色制造和智能制造，向战略新兴产业转型。

七年来，北京市严格按照习近平总书记的指示，针对不符合首都功能的产业"采用疏的办法，做些外科手术，痛下决心，壮士断腕"，不断加大对一般制造业转移疏解与传统制造业提升改造的力度，持续以一般制造业转移带动产业和人口迁移。

北京市针对一般制造业的疏解，采取了"有序转移、精准承接、集聚发展"的策略，七年以来一批重大产业合作项目相继落户全国各地开发区，跨区域产业协作开始步入快车道。未来，北京对一般制造业的疏解还将坚持精准疏解、末位疏解、动态疏解的政策导向，提高疏解的准确性与高效性。

北京市通过一般制造业的转移，一方面科学调整产业布局，引导产业转型转产、环保搬迁和梯度转移；另一方面，支持企业跨区域转移协作，跨所有制兼并重组，优化技术路线和产品结构，在全国范围内形成分工合理、优势互补、错位发展的区域协作经济。

近年来，北京市不仅在全国建立起产业异地配套、成果异地转化、服务异地外包等跨区域产业协作网络，而且正在充分利用现有的跨区域产业协作网络广泛实现首都北京与全国各地的区域联动，积极协助各地承接北京转出的各类产业。实践证明，无论是落后地区利用比较优势实现跨越式发展，还是发达地区转变发展方式实现可持续发展，只有产业转移协作才是最为有效的途径，北京一般制造业的疏解过程就充分而有力地验证了这一点。

第三节 批发市场与物流中心的转移、协作

非首都功能疏解的第二大类产业门类——区域性批发市场与物流中心，作为重点疏解对象，北京市专门出台了搬迁腾退区域性批发市场和疏解限制区域性物流中心的指导意见。

2017 年，北京市开始实施"疏解、整治、促提升"专项行动，并分类制定了 10 大专项任务。其中，疏解区域性市场，既是"疏非"的重要内

容，又是一块"最难啃"的骨头。此次专项行动要求，采取拆除、关闭、清退、改造、提升等强有力的举措，大力疏解区域性市场和物流中心。疏解类型包括：农副产品市场、家居建材市场、小商品市场、电子、通信器材、汽车及配件等其他专业市场。北京诸多批发市场被列为非首都功能疏解的重要内容，包括著名的动物园服装批发市场、知名的外贸市场雅宝路市场、大红门批发市场等。

■ 曾经的"国际商贸物流"梦

21世纪之初，北京市曾提出要将物流业打造成为支柱产业，建设国际商贸中心城市的定位。然而，伴随非首都功能疏解任务的提出，北京的国际商贸物流之梦已经渐行渐远。

21世纪前十几年，北京市的发展目标除了建设世界城市还有一项便是打造国际商贸中心。2011年4月北京市商务局发布了《北京市加快国际商贸中心建设的实施方案（2011—2015年）》。以完善商贸交易市场、提升商贸品牌特色、壮大商贸交易主体、拓展商贸交易领域和优化商贸发展环境等"五项工程"为抓手，推进国际商贸中心建设。并提出到"十二五"末，国际商贸中心建设的主要目标有：实现商品流通规模翻番，市场聚集辐射能力显著增强，强化国内全球采购中心的地位；货物、服务贸易占全球比重均突破1%，提升在全球贸易网络中的枢纽地位；高能级商贸主体加速聚集，总部经济聚集程度在世界城市中名列前茅。

2010年上半年，为贯彻落实国家物流业调整和振兴规划，北京市人民政府发布了《北京市物流业调整和振兴实施方案》，并首次提出，北京作为不断发展中的特大消费城市和区域物流集散中心，物流产业要成为北京市的支柱产业。

随之，北京吸引了大量社会资本进入，参与物流基地建设，也有不少品牌物流企业进驻北京。2009年底，北京市物流规模以上企业数为892家。依据《北京市物流业调整和振兴实施方案》，北京市要力争在3年内引进8到10家国际知名物流企业落户北京，引进15到20家国内百强物流企业进京，以促进物流总部经济发展。在这样目标的推动下，北京市重点发展了一批品牌龙头物流企业，包括：中国外运股份有限公司、京东物流、国药集团、中国远洋物流有限公司、普洛斯物流集团、中国供销社等国内外物流行业知名企业。

■ 北京批发市场的疏解和协作

根据《北京市新增产业的禁止和限制目录（2018年版）》，区域性批发市场、物流基地同样也被列入禁限名单之中。《目录》明确规定，禁止新建和扩建商品交易市场设施、未列入相关规划的区域性物流中心，禁止新设从事商品交易市场经营管理活动的市场主体。这实质上是从经营设施和经营主体两头下手，全面把住了区域性批发市场新增的源头。

当前，北京市运输仓储业转移的重点主要集中在区域性物流中心，除了保留顺义空港、通州马驹桥、平谷马坊、大兴京南四大物流基地，以及口岸功能区、海关特殊监管区或场所外，对于不符合要求物流中心采取强制疏解的措施予以退出。今后，北京市内只适宜建设服务本地生产生活的物流场站设施，对于大型服务于区域或全国的转运枢纽要逐渐疏解。

对于批发市场，比如大红门、动物园批发市场，基本都出现于20世纪80年代中后期至90年代初，并于21世纪前十年里壮大起来，由于当时北京的城市规模不大，商品批发行业发展并不显著。但随着经济发展及城市规模的不断扩张，这些商圈占地面积逐渐扩充，带来人流、物流、车流不断集聚，城市承载力处于超负荷状态，安全隐患凸显，周边交通、环境治理难等突出问题。2010年以后，北京市已明显感觉到以商品批发业为主的业态已不适合北京的发展，成为北京市重点疏解对象。

专栏：北京动物园批发市场的"辉煌史"

七年前，当一个外地人初来北京，问北京哪里卖便宜衣服？大多数北京人会利索地告诉你，动物园批发市场。这个有着二十多年历史的"淘衣胜地"被市民和游客亲切地称为"动批"，见证了北京服装

市场的发展与变迁。这里曾经是中国北方地区最大的服装批发集散地。动批外迁引人关注，疏解人口压力则是"外迁"的主要目的之一。

北京动物园批发市场紧挨北京市西北二环，位于西直门外大街。市场形成于 20 世纪 80 年代中期，最初起源于一批路边服装摊位，后来周边逐渐形成东鼎、聚龙、众合、天皓城、金开利德、世纪天乐等多家大型服装批发市场多足鼎立局面。

根据 2014 年初的统计数据，"动批"市场包含上万个商户、超过 4 万从业人员，该区域市场产权分散，业主单位众多，经营商户群体大。曾几何时，每天最多迎来 10 万人。

2017 年 11 月 30 日，中国北方地区最大的服装批发集散地——北京动物园批发市场疏解腾退工作全部完成，共疏解市场 12 个、建筑面积 35 万平方米、摊位数 1.3 万个。

2018 年 9 月，官园商品批发市场[①]永久性停止营业。疏解面积约为 3 万平方米，摊位 1000 多个。官园商品批发市场也是西城区最后一家闭市的区域性批发市场，至此北京西城全部区域性批发市场完成疏解。

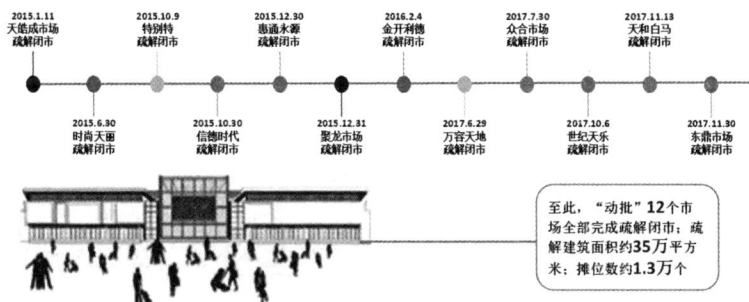

动物园批发市场疏解情况一览

资料来源：西城发改

---

① 官园商品批发市场 1998 年开业，经营了 20 年，业态以服装、日用百货、文体用品批发为主。

2017 年 6 月，东城区永外城文化用品批发交易市场 ① 完成闭市，这里曾经是北京市最大的文化用品批发市场，总共疏解商户 1241 户，关停面积是 8 万平方米，相关从业人员疏解了 6000 多人。

2018 年 11 月，大红门服装市场疏解初步完成，疏解 45 家区域性批发市场、3.3 万家商户、9 万余名从业人员，一方面，长期饱受诟病的大红门地区拥堵、脏乱、喧嚣逐渐破解；另一方面，服装加工、存储、物流、住宿、餐饮等产业链的逐渐消解。

北京市批发市场商户主要集中疏解到了保定白沟、沧州、石家庄、廊坊、乌兰察布等地。据此形成了白沟大红门国际服装城、沧州明珠商贸城、石家庄乐成国际贸易城、乌兰察布新雅宝路商城等市场。

当地为了承接市场主动为商户们提供了优惠政策。包括：租金、物流、住房、医疗、子女入学、专项资金扶持等优惠政策，让北京疏解商户舒心生活、放心经营、安心发展，还引导帮扶商户直播"淘金"获取更多营业收入。

2013 年 5 月 22 日，北京市与河北省正式签署《2013 至 2015 年合作框架协议》。协议内容显示，将"支持北京市大型商贸企业到河北省建设区域性商贸流通市场，推进北京市城区内小商品、服装批发市场向周边地区转移"。其中石家庄乐城·国际贸易城签署了北京大红门、动批、天意等专业市场承接协议，是成为北京批发市场外迁主要承接地之一。目前，商贸城已经承接了近 3000 户来自北京大红门、动批、福海、金泰等市场商户入驻乐城。石家庄乐城·国际贸易城也借此打造成集设计研发、商贸交易、电子商务、产业加工等于一体的全产业链商贸集群。

2016 年，北京雅宝路市场搬迁至内蒙古自治区乌兰察布，中国新雅宝路商城启动运营。乌兰察布市借着得天独厚的优势，成为北京雅宝路服装市场的承接地，乌兰察布市与集宁区两级政府专门制定了全面的优惠政策，

---

① 永外城始建于 1992 年，由北京市文化用品公司创办，是全国第一家由国有商业企业开办的大型批发交易市场。在计划经济年代，主要承担北京市场文化用品的供应。2003 年，永外城改制，经营品种也发展到涵盖文具、办公用品、体育用品、商务礼品、灯具等。

包括为入驻商户减免租金，补贴水电暖，提供交通、物流补贴，协助快速办结海关退税、保税区仓储、境内外产业市场推广等。在疏解之前，北京雅宝路服装市场作为中国最大的服装出口交易市场，商品远销 30 多个国家，其中东欧采购商占了 60% 的比例，每年的贸易额约在 20 多亿美元。同时也创下了多个北京之最：外商最多、交易最快、房租最贵。

2017 年 12 月，河北保定市白沟动批服饰广场正式营业。作为中国箱包之都、北方商贸名城，白沟新城凭借良好的商业基础、发达的物流网络，承接了来自北京"动批""大红门"的商户经营者。目前已经有超过 2000 户服装经营者落户白沟，是动批商家落户中属最大规模迁址。根据北京疏解商户经营实际需求，白沟新城进行平台化和商城化运作，举办直播系列活动，搭建直播平台、开展直播培训，引导商户了解电商领域新趋势、新变化、新格局，打造直播带货区，助力商户们得到更好的发展。

2018 年 9 月，位于廊坊永清的云裳小镇开业，占地达 411.7 亩，并积极承接大红门、动物园等批发市场的商户。目前，小镇共承接北京转移商户 3800 多家，从业人员近万人，项目已产生经营收入累计 22.5 亿元、缴纳税金 2.21 亿元。云裳小镇也成为京津冀区域首个服饰产业链型特色小镇。

■ 北京物流产业的转移与协作

物流业对经济发展具有重要的引领和支撑作用，深刻影响产品设计、产品质量、供应链管理以及消费习惯，对促进产业升级、消费结构升级、保障城市正常运转作用巨大。物流在现代生产中扮演着越来越重要的角色，区域商贸物流的能力和水平，极大程度地影响着周边企业的生产成本和服务水平。

北京物流业发达，2019 年 [①] 北京物流业从业人员平均数 46.5 万人，物流业务收入 3289.8 亿元，其中运输收入 2480.3 亿元，保管收入 717.9 亿元，一体化物流业务收入 91.6 亿元。物流背后，往往是制造、商贸、人才、金融资源的汇合。北京有一批优秀的商贸、物流企业，比如中外运、京东物

---

① 北京市统计局。

流、国药集团、中国远洋物流有限公司、普洛斯物流、中国供销社等国内外物流行业知名企业。通过跨区域协作，选择合适的区域投资、运营、服务，一方面促进北京市物流业的产能向外输出、北京物流企业做大做强，另一方面带动当地物流业发展水平、经济发展能力的双提升。

● 新发地批发市场的跨区域布局

北京新发地农产品批发市场经过 30 多年的建设和发展，现已成为首都北京乃至亚洲交易规模最大的专业农产品批发市场，在世界同类市场中具有很高的知名度和影响力。新发地承担了首都 80% 以上的农产品供应。2019 年交易量 1749 万吨，交易额 1319 亿元人民币。在全国 4600 多家农产品批发市场中，新发地市场交易量、交易额已连续十七年双居全国第一，是首都名副其实的大"菜篮子"和大"果盘子"。

"新发地"品牌已成为中国农产品的代名词，新发地市场的农产品价格指数成为引领中国农产品市场价格的风向标和晴雨表。新发地市场正努力成为集农产品批发、物流集散、展示销售、城市配送、价格指数形成、商务、科普、学术交流、创新创业为一体的新型花园式农产品物流园区。

近年来，为响应北京产业跨区域协作的大趋势，新发地实施了"内升外扩，转型升级"的发展战略，业务正在稳步向生产源头和零售终端同步延伸。截止到 2020 年初，新发地市场已在全国农产品主产区投资建设了 14 家分市场和 300 多万亩基地。

以日照新发地为例，2019 年 10 月，北京新发地与日照高新区签署合作协议，将共同推进日照新发地农副产品批发市场暨冷链物流园项目。项目计划投资 15 亿元，其中项目一期占地 197 亩，2020 年度完成投资 4 亿元。据初步规划测算，日照新发地项目建成并成熟运营后，场内年交易量有望突破 300 万吨，实现年交易额 150 亿元，间接带动就业超过 2 万人。

通过积极推动跨区域协作布局，新发地市场成为带动中国农产品大流通的超级绿色航母，除了服务首都的四个中心、保障和满足首都农产品供应、维护首都稳定外，也在促进中国农业增产、农民增收方面作出了重大贡献。

● 京东集团的跨区域布局

京东集团作为北京大型商贸物流企业，近些年在物流方面开始在全国大力布局。创新发展智能物流——"亚洲一号"，是京东集团在全国拓展的一个重量级项目，目前也是国内最大、最先进的电商物流中心之一。继2014年10月，京东上海"亚洲一号"正式投入使用后，京东又快马加鞭在全国多个城市开始布局"亚洲一号"，从当年的上海已经扩展到广州、北京、武汉、昆山、太原等多个城市。到目前为止，京东物流亚洲一号智能物流园区在5年内投用达到25座，形成亚洲电商物流领域规模最大的智能化仓群，成为中国物流基础设施智能化迭代的标志和世界范围内一体化智能物流园区建设的标杆。

● 普洛斯集团跨区域布局

2003年，普洛斯集团进入中国时，只是一个小小的代表处。6年后，它成为中国最大的现代物流设施提供商。截至2018年2月，普洛斯及旗下品牌环普，在中国38个战略性的区域市场投资、开发并管理着258个物流园、工业园及科创园，物业总面积达3300万平方米。

普洛斯在全国选择合适的区域布局。除了自己投资开发，普洛斯还通过投资、收购、战略合作等方式和其他企业形成联盟，合作布局物流产业园，打造出一个分布广泛的物流设施网络，更好地服务物流客户。

2014—2020年，北京市共腾退疏解区域性批发市场与物流中心981个。无论是京东集团还是普洛斯集团的战略扩张与转移，物流的核心本质在于效率提升，而物流地产，作为一个基础设施行业，最重要的就是能否铺设一个四通八达的网络，抢占核心关键位置，构造资产壁垒。北京市还有很多优秀的商贸物流企业有外溢到全国发展布局的意愿，北京市跨区域协作平台持续为北京市外溢企业保驾护航。

第四节 教育医疗资源的跨区域协作

针对第三类非首都功能，部分教育、医疗、培训机构等社会公共服务功能的疏解，北京市正在通过整体或部分搬迁、交流合作、共建共管等方式，统筹推动市属高校、医院向外疏解。

■ 北京教育资源的跨区域协作

北京拥有最丰富的教育资源，但高校云集对北京来说同样是不小的负担。教育功能疏解也是北京非首都功能疏解的一项重要的工作。根据《北京市新增产业的禁止和限制目录》，对于中等职业学校教育，全市不再新设立中等职业学校、不再扩大中等教育办学规模，不再新增占地面积和建筑面积；对于高等教育，不再新设立或新升格普通高等教育学校，不再扩大高等教育办学规模（包括实有办学规模和国家批复办学规模）；不再扩大普通高等学校成人教育、网络教育、自考助学的面授教育规模，不再新增招收京外生源为主的成人教育机构和办学功能；对于技能培训、教育辅助及其他教育，不再新设立民办非学历高等教育机构，不再扩大成人教育、网络教育、自考助学的在京面授教育规模。

同时，北京的高校也在主动选择"离京出走"。随着高等教育规模的不断扩大，高校面临着巨大的压力，首当其冲就是校区土地面积、建筑面积严重不足。因此，北京多所高校校区正从市中心向郊区扩散或向其他城市转移。

北京大学前校长林建华曾提到，燕园承载的师生规模、建筑、宿舍楼等都超标40%。早在2002年，北京市教委提出要实现大学宿舍"421"的目标，即本科生4人间，硕士生2人间，博士生1人间。而北京大学作为国内top级高校，宿舍条件不仅没有达到及格线，甚至可以说严重拉后腿，北京大学曾因将2015级直博生安置到四人间宿舍，在学生间引发不小的争议。

七年以来，北京市在推动教育资源疏解方面做了大量工作。北京市教委聚焦教育领域非首都功能疏解的目标任务，通过迁出部分在京本科教育、职业教育、成人教育等功能，来实现有效疏解。北京市教委通过制定推进部分教育功能疏解促进协同发展工作方案、教育系统"疏解整治促提升"专项行动计划和各年度工作要点，形成了推动部分教育功能疏解"长期有方案、近期有计划、年度有要点"的梯次推进工作体系。

2016 年，北京市教委发布《北京市"十三五"时期教育改革和发展规划（2016—2020 年）》，宣布"十三五"期间，北京将不再扩大教育办学规模，在京高校不再新增占地面积、不再校内扩建，并且推动部分教育功能有序迁出，加强教育人口调控，支持在京中央高校和市属高校通过整体搬迁、办分校、联合办学等多种方式向外疏解，留京的老校区向研究生培养基地，研发创新基地和重要智库转型。北京将坚决执行新增产业禁限目录，严格控制市属高校、中职学校招生规模，严格控制在京高校办学规模，严禁在京新设高等教育单位。同时，适当调减中等职业教育和成人教育规模。

2019 年 1 月，京津冀教育部门在雄安新区召开教育协同发展工作推进会，会议正式发布《京津冀教育协同发展行动计划（2018—2020 年）》，指出要抓关键，打好北京教育领域疏解整治促提升这个攻坚战，高标准规划建设管理北京城市副中心教育，切实提升首都教育质量；要出实招，不断拓展合作平台、深化协同项目，进一步增强区域教育协同实效。

2020 年 8 月，北京市教委发布了《北京市支持中央在京高校共建项目管理办法》，北京市财政拨款支持央属高校向远郊区疏解建设新校区，鼓励央属高校压缩城六区校区学生规模，主动向外疏解转移全日制学生等项目。

同时，北京市制定了对市属高校疏解经费激励政策。按照从中心城区向外转移学生生均 1 万元标准当年一次性给予经费支持。截至 2020 年，共支持 1.7 亿元。对按要求开展疏解工作的市属高校，在新校区建设、经费、人员安置补偿等方面给予政策倾斜，将新校区纳入"一会三函"建设项目。对主动调减办学规模的学校，实行减人少减经费的补偿政策。对于疏解到津冀的市属高校和职业学校，其生均办学经费继续按北京市标准执行。

在北京教育功能疏解的同时，全国各地政府也意识到强大的科教实力是城市未来发展的重要基础。因此全国各地都争先恐后地承接北京的教育资源转移。有序疏解部分教育功能，不仅可以缓解北京的大城市病、优化首都教育资源布局，还可以有效缓解北京高校扩招带来的压力，同时更能带动承接地教育、科技、人才、文化等的发展。因此是多方共赢的选择。

第一，北京市高校正在通过整体搬迁、建立分校、搬迁科研部门和校办企业、迁出人口数量大的本科教育等方式，实现"去规模化"和"去低层次化"的"瘦身"问题，集中精力于领军人才、创新人才、科技人才的培养上。

2012 年 9 月，中国人民大学正式设立苏州校区并组建管委会，全面负责国际学院（苏州研究院）、中法学院、丝路学院、苏州世纪明德文化科技园有限公司等教学科研机构以及社会服务机构的管理。苏州校区成为中国人民大学整体事业发展的重要组成部分和新的增长点，人民大学国际化的窗口，以及面向国际、探索中外合作办学和培养高端人才的实验基地。

2014 年 9 月，北京交通大学与威海市人民政府签订了"关于设立并共建北京交通大学威海国际学院的协议"。2015 年 4 月，教育部正式批复北京交通大学建设威海校区，同年开始招生。2015 年 12 月 18 日，威海市机构编制委员会核准北京交通大学在威海成立事业法人单位——北京交通大学（威海）。校区占地 74.1 公顷，规划总建筑面积 22.6 万平方米。威海校区以中外合作办学为特色，北京交通大学与美国罗切斯特理工学院合作的"信息管理与信息系统专业本科教育项目"、北京交通大学与英国兰卡斯特大学等国际学院的办学地点设在威海校区，包含通信工程专业、会计学、计算机科学与技术专业、工商管理专业、环境工程专业、数字媒体艺术专业。2019 年，威海校区首届本科毕业生就业率 98.11%，深造率 83.96%；20% 的学生入读 QS 世界大学排行榜前 50 的名校，2020 年 50 强名校入读率提升到 23.36%；在美国大学生数学建模竞赛、全国大学生节能减排社会实践与科技竞赛、全国大学生英语竞赛、全国大学生数学建模竞赛、全国大学生电子商务创意创新及创业挑战赛等多项赛事中取得优异的成绩。

2016 年 5 月，北京航空航天大学青岛研究院正式揭牌成立。北航青岛研究院是北航与青岛全面深化校市合作，联合歌尔集团在崂山区积极探索政产学研合作模式的创新之举，掀开了三方互利共赢、协同创新的崭新篇章。北航青岛研究院聚焦服务于北航的"双一流"建设，充分发挥学校在学科、人才和科研等方面的优势，紧紧围绕国家战略需求和青岛社会经济发展需要，契合青岛新旧动能转换契机，以专业优势推动青岛市打造中国"虚拟现实产业之都"的重要发展战略，创新合作体制机制，打造政产学研结合的校市协同创新平台。目前，北航青岛研究院设有北航歌尔虚拟现实研究院、北航歌尔微电子研究院、北航歌尔精密仪器与光电研究院、北航青岛新材料技术研究院、北航青岛空天技术应用研究院、教育培训中心、出版事业部及服务歌尔事业部等 5 个创新技术与产业化融合的科创平台及 3 个业务拓展平台。目前研究院已获批省博士后创新实践基地、省高等学校协同创新中心，2017—2019 年共招收培养博士、硕士研究生共计 350 名，汇聚了一大批北航及国内外顶尖学者和专家团队，园区内各类科技人员近 500 人。

2017 年 12 月，中央民族大学海南校区筹建处和中央民族大学环南中国海研究院揭牌，中央民族大学海南校区正式落户海南陵水黎族自治县。项目规划占地 1000 亩，规划总建筑面积约 60 万平方米。

2019 年 12 月，北京中医药大学深圳研究院在坪山正式启动，北京中医药大学深圳研究院的建设，将进一步推动坪山区中医药学"产学研用"的有机融合，推进中医药现代化开发，助力坪山区打造新时代中医药的前沿科研、成果转化、创新产业的示范区。

2020 年 7 月，北京吉利大学积极落实中央关于疏解非首都核心功能的战略部署，主动从北京搬迁至成都东部新区办学。吉利大学是由吉利控股集团于 1999 年在北京创办，以汽车工科专业为龙头的应用型人才培养高校。吉利大学原校区移交北京大学使用，这一方面大大缓解了北大的用地压力，另一方面迁至成都的吉利大学也得到了北大援建的承诺。吉利大学的落户为我国西部地区又添一所应用研究型民办大学，而整体落户成都东部新区简州新城，也将极大助力东部新区汽车教育资源与人才要素加速聚集，对东部新区未来发展具有重要贡献，可以说此次搬迁是"多方共赢"。

第二，北京市职业教育遇冷，正在大力缩减职业教育的规模，将职业教育向外转移、协作。

职业教育是我国教育体系中的重要组成部分，是培养高素质技能型人才的基础工程。推进高质量发展，实现新旧动能转换，需要高质量技术技能人才支撑。据中国教育政策研究院发布的数据来看，目前，全国技术技能型人才 1.65 亿人，占全国从业人口比例 21%，高素质高技能型人才4791 万，占全国从业人口比例 6%，德国 2005 年高素质高技能型人才占全国从业人口比例就已达到 40%。因此，加大力度引入职教学校为地方培育职业技术人才，引导区域职业技能人才源源不断的产出和就业，从而带动当地经济的发展。

目前北京职业教育对外协作方式有整体搬迁、合作办学以及联合组建职业教育集团等。其中，北京已在贵阳、曹妃甸等地探索和实施通过企业办职教城的形式牵头组建覆盖全产业链的职业教育集团，向外输出政产学共同联动的产教融合体系，促进教育链和产业链互通发展。

2013 年 9 月京筑合作拉开序幕以来，贵阳依托京筑合作平台，在科技、产业、教育、医疗、旅游等多个领域取得了长足发展。其中京筑职业教育结出了丰硕果实——贵州职教城成为一个典型的案例。贵阳市依托北京强大的职业教育资源及产业能力、和丰富的管理经验，于 2013 年开始规划贵州省职教城，并于当年开工并引进学校入驻。贵州职教城位于清镇市城区北部和观山湖区西部，规划总面积 46 平方公里。目前，职教城已打造成中国"教城互动、产城互动"的典范，成为贵州职教"航母"，培养高技能"黔匠"人才，为全省推动高质量发展注入了强劲动力。

贵州职教城内现有 15 所院校，开设专业 300 多个

来源：贵阳广电网

"十三五"以来，清镇职教城坚持产业需求导向，围绕全省 12 个重点农业特色产业和 10 大工业产业发展形成技能培养体系，加快培养拉得出、用得上、待遇高的高技能"黔匠"人才，补齐制约贵州产业发展的人才短板。到 2020 年，职教城已入驻职业院校 19 所，其中 15 所已建成办学，共开设各类专业 300 余个，累计为社会培养技能型人才约 14 万人。职教城与 400 家省内外企业进行校企合作培养，校企合作班级 54 个，通过订单培养、校中厂、厂中校、师带徒等办学模式，一大批"能工巧匠"，成为贵州带动产业跃升、实现经济高质量发展的重要力量。

2016 年初，参与建设并运营贵州清镇职教城的北京企业保信集团，带着在贵州清镇市成功的丰富经验与成果入驻曹妃甸，携手唐山曹妃甸发展投资集团有限公司组成北京曹妃甸职教城投资有限公司，开始了北京曹妃甸国际职教城的谋划建设工作。通过政企合力，项目实现了"当年开工、当年建成、当年办学、当年招生。"目前，曹妃甸职教城占地面积 600 余亩，建筑面积 25 万平方米，现有师生规模 15000 余人。设有六个教学单位：护理健康学院、工程学院、人工智能学院、管理学院、体育与艺术学院及基础教学部。现有专业 60 余个，专业设置涵盖机电、建筑、汽车、护理健康、人工智能、服务管理、体育、艺术等方向。

2019 年 10 月，为落实疏解非首都功能、京津冀协同发展战略，北京财贸职业学院廊坊校区挂牌，北京财贸职业学院与廊坊燕京职业技术学院开展联合办学。"北京财贸职业学院廊坊校区"采取河北计划、河北生源、河北学籍方式，通过试点构建两地职业教育共同体，积极探索跨区域合作办学机制，在院校管理、人才培养模式改革、专业建设、师资队伍建设、社会服务提升等方面加强资源共享、优势互补。另外，北京商贸职教集团将吸收燕京职业技术学院为集团会员，与集团内学校、企业积极开展校校合作、校企合作。此举将有利于北京优质教育资源向廊坊延伸布局，缩小两地教育发展水平差距，让当地老百姓就地就近享受北京优质教育资源服务。

第三，北京拥有得天独厚的优质 K-12 教育资源，受限于北京市发展空间制约及受到全国市场主要需求为导向，学校探索跨区域合作布局。比如，北京师范大学基础教育板块采取合作办学、教育资源输出等多种形式，向全国合适的区域输出优质教育资源。

北京这些优质的教育资源像"蒲公英"一样，把先进的教育教学理念、科研成果传播到全国各地，积极推动区域基础教育的创新和发展。这些附属学校除了引领当地教育理念发展外，还成为基础教育体制机制改革的实验者和推动者。根据各地不同情况，北京教育资源的对外输出和协作既有国有公办、国有联办，也有民办公助等办学模式。在管理上，附属学校进行校长选拔制度、管理制度上的创新。

近年来，北京市优质教育资源先后与山东省、海南省、广东省、福建省、安徽省、河北省、贵州省、黑龙江省等多地开展跨区域办学工作，从北京市引进优质学校，通过挂牌办分校、集团校、联盟校、基地校、姊妹校等方式促进当地教育水平极大提升。

■ **北京医疗资源的跨区域协作**

北京拥有全国最好的医疗资源，有最尖端的医学技术、最好的医生和最科学的医院管理。北京的医疗资源占据全国首位，有 65 家三级甲等医院，集中了北京大学、清华大学、北京协和医学院、首都医科大学、中国中医科学院、北京中医药大学等著名院校，同时共有 17 家医院进入全国百强，医院竞争力指数最高。在 2017 年《中国医院专科声誉排行榜》中，北京占了 7 大科室的 5 席。医学期刊《柳叶刀》(The Lancet) 发布的 2016 年全球医疗质量和可及性排名 (HAQ) 显示，在中国，北京的 HAQ 指数全国排名最高，为 91.5，而整个中国的 HAQ 指数为 77.9。

北京市对于医疗资源的疏解，按照首都城市战略定位和人口布局，采取"控、疏、提、援"四大策略，推动首都医疗资源疏解外迁，实现均衡发展。根据《禁限目录》规定，五环路以内禁止新设三级医院、不再批准增加三级医院的床位总量；位于中心城区的医疗机构在规划建设新院区时，应适当压缩中心城区的编制床位数量等。在疏解范围上，积极引导三级医院通过举办分院、压缩院区规模等方式，逐步实现中心城区优质医疗资源向周边薄弱地区转移疏解。大力推动在京优质医疗卫生资源通过对口支援、办分院、整体搬迁等方式向京外发展，组建医疗联合体或医院集团。全面支持北京大医院在周边地区合作共建一批高水平的护理医院和康复医院，承接北京大医院的医疗康复功能。

2012 年 9 月，淄博胡大一心血管病医院在山东淄博正式揭牌，医院由岜山集团淄博万杰肿瘤医院和北京大学人民医院心血管内科主任医师、国家重点学科心血管内科负责人胡大一教授医疗团队合作设立的三级专科医院。医疗团队主要来自北京各大医院心血管内、外科专业权威专家，他们定期到胡大一心血管病医院进行技术指导和培训，促进医院科室建设、人才培养等各项工作发展。医院设置床位 150 张，集临床、教学和科研为一体，按照国际 JCI 认证标准进行管理，致力于心血管疾病预防、急救、诊治、康复领域，共同打造鲁中地区乃至全省心血管病治疗中心，带动山东省心血管病治疗水平的提高。

2016 年 2 月，北京积水潭医院张家口合作医院揭牌仪式在张家口市第二医院举行。两地两家医院共同努力，把合作医院建设成为 2022 年冬奥会提供医疗保障的重要基地，以及沟通北京、辐射冀晋蒙的区域性骨科诊疗中心。北京积水潭医院是一家以骨科和烧伤科治疗著称的三级甲等综合性医院，其脊柱外伤、创伤骨科、骨肿瘤科、运动医学科等医疗技术达到国内乃至世界领先水平，引领着国内骨科技术的发展方向，被誉为中国骨科医师培训的摇篮和航空母舰。

2017 年 11 月，北京医院与威海市人民政府签署合作共建北京医院威海分院框架协议。北京医院威海分院项目位于威海市临港区，总投资 20 亿元，建筑面积 20 万平方米，设计床位 1000 张。通过北京医疗资源对外输出，引领国家优质医疗资源下沉、开展区域医疗合作、带动威海公共服务升级。威海分院将建设成为集医、教、研为一体的现代化综合三甲医院，将优质医疗服务辐射至威海市及周边地区。

2019 年 10 月，清华大学附属北京清华长庚医院签约落户青岛西海岸新区，总占地 268 亩，总建筑面积约 42 万平方米，总投资约 45 亿元。项目于 2020 年 9 月开工奠基，正式进入建设实施阶段。医院将采取"一址两院"运营管理模式，在西海岸新区建设包括一个市级三级公立医院和一个国际医院，其中，公立医院部分设床位 1200 床，国际医院部分设床位 600 床。依托清华大学临床医学院，统筹规划建设 6 万平方米教学场所、4 万平方米科研场所，使之成为清华大学的教学医院和精准医学研究院的共享平台，承担临床医学、药学、生物医学工程等专业教学实践任务，满足本科生、硕士生和博士生及实习生、进修生等 2000 人教学需求。医院重点设置肝胆胰中心、消化中心、妇儿中心、心脏中心、神经心理中心、肿瘤中心、急救创伤中心"七大中心"，打造立足青岛、服务全国的清华大学北方医疗中心。

第五节　行政性、事业性服务机构转移

针对第四类非首都功能，部分行政性、事业性服务机构，以及为之提供支撑服务和辅助作用的职能，北京市以身作则，率先垂范，刀刃向内，先给自己做一次外科手术。

2019 年 1 月 11 日，北京市级机关 35 个部门、165 个单位、1.2 万余

名公务员搬迁入驻城市副中心。北京市率先将市委、市政府、市人大、市政协四套班子以及市级行政事业单位搬迁至城市副中心，使中央与北京的行政功能在空间上不再重叠，这对其他功能疏解起到了示范带动作用。

"十四五"时期，北京副中心将建成行政办公区二期，实现第二批市属行政事业单位迁入，加快推动一批央企二三级企业、市属国企等机构落地城市副中心，带动更多功能和人口转移。

根据《北京市新增产业的禁止和限制目录》，对于行政性、事业服务机构等的设立了不同程度的门槛。该《目录》明确规定，全市禁止京外中央企业总部新迁入。对于城六区控制要求更严，《目录》规定严控市属国有企业总部企业新迁入或新设立，严控市属国有企业在城六区新设立子公司、分公司；禁止新设立或新迁入市属党政机关、国家机构、人民政协、民主党派；禁止新设立或新迁入非紧密型行政辅助服务功能，包括服务中心、信息中心、行业协会、研究院所、培训机构、学术类社团、报社、出版社、杂志社等。这就意味着，包括央企、非紧密型行政性、事业性服务机构在北京发展均有一定程度的限制，且被列入疏解的范畴。目前，中央和北京市正在制定疏解方案。

"十四五"时期，北京市加强政策引导，支持部分在京机构和企事业单位向雄安新区等地疏解转移。

第六节 "高消耗"产业的转移、协作

众所周知，北京市发展的环境承载力有限，自身在环保、资源等方面设置了多项限制性措施。北京在产业疏解过程中，严格依据《禁限目录》准则，重点瞄准五类"高消耗"产业——高耗能、高耗水、高耗人、高耗材、高耗地，精准施策，积极引导，不断加快外迁转移的步伐。

■ 高耗能产业的疏解与协作

北京是能源短缺地区，不仅一次能源赋存极其匮乏，二次能源生产能力也不足。绿色低碳地发展既是北京作为大国首都应该有的榜样，也是北

京缺能少能的必要应对之策。因此一直以来，北京都在积极有力推动绿色低碳发展，通过产业结构之间要素的高效配置，目前已是产业绿色发展水平较高的城市。2018年，由北京市科学技术研究院发布的《传统高能耗产业升级指数报告》显示，北京的产业结构优化指数已经达到优秀，产业结构转换能力指数全国最高。

北京市对自身绿色低碳发展有着极其严格的要求，长期对年用电量大于1万度的企业会列入电网名录库，进行监测。多年来，北京市节能监察大队严格落实"双随机、一公开"制度，深化执法与宣传服务有机结合，开展对全市企业节能监察工作。2020年，北京市节能监察大队采取书面监察和现场监察相结合的执法方式对597家单位开展了节能监察，实现了对重点用能单位、通过市级节能审查的固定资产投资项目、节能服务机构、强制性清洁生产单位等全覆盖。其中，依据书面监察线索开展现场监察73家，对涉嫌违法的6家用能单位立案处理，对存在不合理用能的11家单位下发节能监察建议书，下达行政处罚决定书4起。与北京市统计执法检查大队对10家市级重点用能单位开展了联合执法检查。执法人员对设备台账更新不及时、填报数据边界不准确等问题现场给予纠正和指导，并进行了节能政策宣传。

在铁腕治理下，北京市低碳绿色发展水平越来越优，且多年来万元GDP能耗一直处于全国最低水平。"十三五"时期，北京万元GDP能耗由2015年的0.316吨标准煤下降到2019年的0.230吨标准煤，下降幅度达27.2%。

万元地区生产总值能耗（吨标准煤）
Energy Consumption per 10000 Yuan of GDP (ton of SCE)

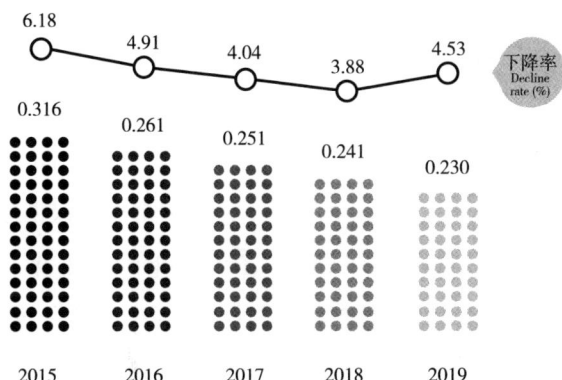

2015—2019 年万元 GDP 能耗

来源：北京市统计局

　　高耗能产业，包括高耗能工业和大数据中心等产业项目在北京是没有生存的空间，因此一方面努力降低自身能耗，另一方面主动搬离实现跨区域布局便成为高耗能企业的选择。

　　京东方集团的全国布局便是很好的案例，作为我国重要的面板生产企业，却也是耗能大户，截至 2017 年，京东方在全球十一条半导体显示生产线，其中已经投产的年耗电量约 60 亿度。为了不加剧北京市能源负担，十几年来京东方集团主动走出北京，先后在成都、绵阳、合肥、鄂尔多斯、重庆、福州、苏州、河北固安等地布局了 14 条半导体显示生产线。

　　除了耗能工业大户外，近年来大数据产业中的大数据中心由于耗能高也列入北京市禁止和限制发展产业，属于重点疏解的范畴。

　　2019 年[①]，北京市大数据产业已形成规模化发展的产业形态，产业规模突破千亿元，约占全国份额 12.5%。同时，北京市大数据产业上市企业数量全国第一，达到了 37 家。其次，广东省为 21 家；上海则为 10 家，其余省份的大数据上市企业均在 10 家以下。北京已经成为全国大数据和云

----

① 数据来源：2020 年中国大数据产业发现白皮书。

计算创新中心、应用中心和产业高地。

2020 年[①]，我国云计算领域相关企业共有 13.92 万家，北京市以超出第二名 8 倍的数量排名第一，共有 9.42 万家云计算企业，占全国总量的 67.68%。广东省有 1.2 万家排名第二，江苏省有 0.4 万家排名第三，分别占全国总量的 8.39% 和 2.68%。

大数据产业属于北京市鼓励发展的产业，而数据中心由于耗能巨大，则属于北京市疏解的范畴。由于数据中心的配套建设涉及众多设备，包含了电力设备、空调设备、网络设备等，而能源的消耗包括了 IT 设备、制冷设备、供配电系统和照明设备，光是 IT 设备和制冷设备就占到了能源消耗的 80%，因此对电力的消耗巨大。据国际环保组织绿色和平与华北电力大学最新发布的《点亮绿色云端：中国数据中心能耗与可再生能源使用潜力研究》数据显示，2018 年，我国数据中心用电总量为 1608.89 亿千瓦时，占中国全社会用电量的 2.35%，占第三产业用电量的 14.9%。

近年来，数据中心的建设推动了北京地区的经济发展，而且伴随海量数据的产生对于数据中心的需求还越来越高涨。但是，大规模数据中心建设产生的能耗问题逐渐加剧，给北京带来了巨大的环保压力。截至 2019 年，北京数据中心用电量连续 8 年以超过 12% 的速度增长。

截至 2018 年，北京市超大规模数据中心已达 5 座，大型和中型数据中心分别为 11 座和 42 座，小型数据中心 107 座，总数达到了 165 座，总机架数 153000 个，共有约 110 多万台服务器。这些各种规模的数据中心产生的巨大能耗压力，使得北京这样的超一线城市也不堪重负。

按照非首都功能疏解的要求，北京市《新增产业的禁止和限制目录（2018 年版）》中明确规定：全市禁止新建和扩建互联网数据服务中的 PUE[②] 值在 1.4 以下的云计算数据中心。禁止新建和扩建信息处理和存储支持服务中的 PUE 值在 1.4 以下的云计算数据中心。而城六区及城市副中心

---

① 数据来源：企查查，数据截至 2020 年 5 月 29 日。
② PUE（Power Usage Effectiveness，电源使用效率），指数据中心消耗的所有能源与 IT 负载消耗的能源之比。PUE 值越接近于 1，表示一个数据中心的绿色化程度越高。

则全部将云计算数据中心挡在门外，禁止新建和扩建。

在 2020 年的节能监察中，北京市节能监察大队对全市 28 家数据中心单位开展了节能监察，发现 11 家数据中心单位 PUE 超过 1.4，超过了北京市新出台《数据中心能源效率限额》的相关规定。

因此，北京市对于数据中心越来越严格的控制已成为新常态。目前北京市政府旨在通过相关政策法规对北京的数据中心进行全新布局。北京数据中心的对外转移乃至整个大数据、云计算产业通过跨区域协作实现全国布局，已经成为大势所趋。

七年以来，北京已经启动的数据中心疏解工作，包括贵阳、张家口、呼和浩特等地，鼓励各类数据中心企业，将新建机房和需要迁移的机房选址在这些交通便利、成本低廉、气候凉爽的地区。以张北地区为例，年平均气温仅为 2.6 度，每年可以为数据中心企业节省可观的运营和制冷费用。

2014 年 3 月，贵州在北京宣布大数据产业起航。贵州无疑是天造地设的"中国机房"。这里水煤资源丰富，用电价格低于内地，低纬度高海拔，气候凉爽，发展大数据产业具有得天独厚的条件。京筑合作为贵阳市发展大数据产业做了坚实的后盾，建立起大数据科技资源持续引入的有效机制。目前，已经有苹果、华为、高通、阿里巴巴、腾讯等企业在贵阳市建设有数据中心。

2014 年 8 月，北京市和河北省签订战略合作框架协议，京冀两地将共建张北云计算产业基地。目前，阿里巴巴集团正在建设 5 个数据中心，总投资 220 亿元，总规模 38 万台服务器。接下来，浪潮集团、九次方、奇虎 360 等 10 余家公司还将陆续入驻。

2016 年 11 月，内蒙古大数据产业推介大会在北京召开。包括华为公司、中兴通讯、浪潮集团、阿里巴巴、百度在线、微软公司、九次方大数据信息公司、甲骨文公司、航天科工、软通动力、颐高集团等国内外知名企业在内的 38 个北京大数据中心签约落户呼和浩特。未来，呼和浩特市服务器数量可达 368 万台，将形成立足内蒙古、服务京津冀、辐射全国的云计算数据中心和国家级云计算产业基地。

2018 年 9 月，百度阳泉云计算中心一期整体交付，这是百度公司在京外自建的第一个超大规模数据中心。该中心位于山西省阳泉市经济开发区，规划建筑面积超过 20 万平方米，按照 T3+ 标准设计，服务器装机能力超过 28 万台。该中心一期已建成投产建筑面积 12 万平方米，涵盖 8 个高标准模组楼，机房满载可提供约 6000 个 40A 机柜，承载 16 万台服务器，为百度智能云、百度 App、百度地图、智能城市、小度、Apollo 等百度内外部的产品和厂商提供强劲的计算能力。

■ **高耗水产业的疏解与协作**

北京属于资源性缺水地区，按照联合国标准，属于世界极度缺水型地区。因此对于耗水量大的产业属于禁止和限制发展、以及重点疏解的范畴。按照非首都功能疏解的要求，食品饮料、木材制造、造纸、化工等耗水量高的行业均进入北京市禁止和限制发展的目录。

北京高质量发展中有一个很重要的考核指标——万元 GDP 水耗，由于多年来严加控制，取得了良好的成效。"十三五"时期，万元 GDP 水耗从 2015 年的 15.42 立方米下降到 2019 年的 11.78 立方米，下降幅度 23.6%。

万元地区生产总值水耗（立方米）
Water Consumption per 10000 Yuan of GDP (cu.m)

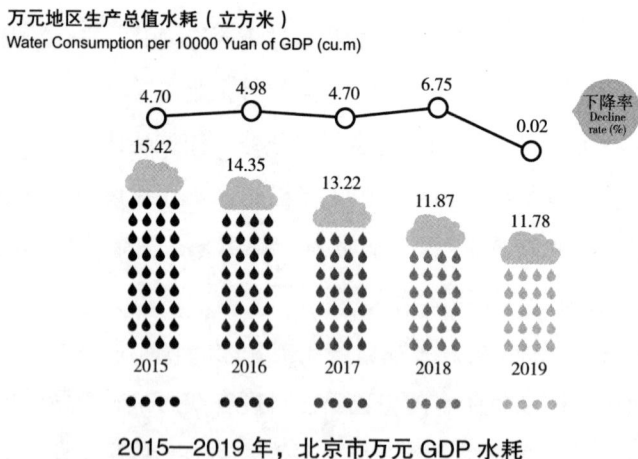

2015—2019 年，北京市万元 GDP 水耗

来源：北京市统计局

其中以酒、水、饮料业为例，北京市政府在《新增产业的禁止和限制目录（2018 年版）》中明确规定：全市禁止新建和扩建酒、饮料和精制茶

制造业①。为了减少北京市用水负担,对于存量的高耗水工业企业也要逐步转移出去。

北京市饮料酒在 2013 年产量达到史上最高点 198 万千升,后随着非首都功能疏解工作大力展开,逐年下降,到 2019 年产量下降到 128.2 万千升。6 年时间里下降幅度达 35.3%。同样的,乳制品产量从 2015 年的 62.1 万吨,下降到 2019 年的 55.4 万吨,下降幅度达 10.7%。

饮料酒(万千升)

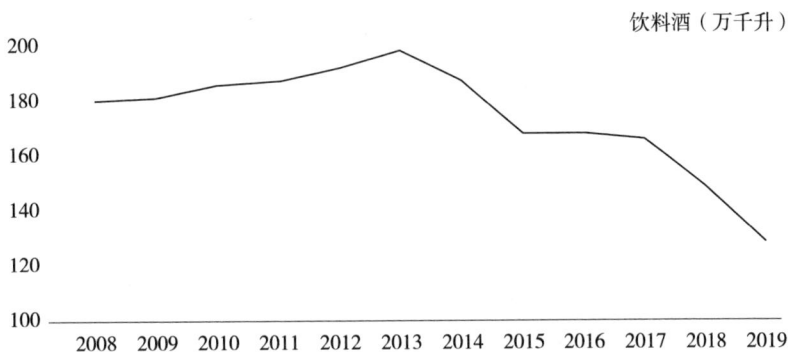

数据来源:北京市统计局

2020 年 10 月,《北京市节水行动实施方案》发布,从农业、公共服务、绿化、工业、建筑、教育等方面开展重点节水行动,保障首都水安全,促进高质量发展,同时方案将落实最严格水资源管理制度考核。根据实施方案,北京市将严控水资源开发利用强度,严格实施规划和建设项目水影响评价、取水许可等制度。每年都会制定年度用水计划,并逐级分解下达到区、乡镇(街道)、村庄(社区)。逐步建立节水目标责任制,将用水计划和用水效率的主要指标纳入经济社会发展综合评价体系,落实最严格水资源管理制度考核。建立用水分析制度,每半年对用水量增长较大或超出用水计划的行业主管部门、乡镇(街道)、用水企事业单位,进行通报或约谈。

目前,北京市 16 个区已全部完成节水型区创建,在此基础上,北京

---

① 根据目录,葡萄酒制造除外。

市将建立"一年一评估、三年一复验"的动态管理机制，科学优化节水型区建设指标，抓好节水型区复验监管工作。2020年，北京市建立了水资源督察和责任追究制度，强化节水监督考核。北京市还将探索建立用水审计制度，到2022年，将年用水量50万立方米以上的工业和服务业用水单位全部纳入重点监控用水单位名录。将用水计划指标落实到管理单位，配套完善用水计量设施，加快实现用水"全计量""全收费"，严控用水计划。

近年来，北京市对于"水耗"等指标实行"一票否决"，即"水耗"不达标的项目一律不上。对于啤酒及饮料行业等"水耗"大户设定严于国家标准的取水定额。如此高压下，高耗水产业在北京发展受到极大的限制。要么花高价买水，要么跨区域协作转移，成了高耗水产业项目的必走之路。

2019年6月，位于北京市昌平区的五星啤酒厂红线范围内腾退完成。这家于1915年创立的中国第一家啤酒厂，伴随一代代北京人走过悠长岁月的百年啤酒厂，在北京市疏解整治促提升的重压下，选择了疏解和腾退，将设计年生产啤酒能力20余万吨的产线关闭。

2014年，三元食品为落实北京非首都功能疏解任务，在河北省新乐市投资建设了三元河北工业园，这也是三元食品实施"走出去"战略的首个项目落地。该项目2016年5月正式投产，总投资18亿元，引进世界先进的生产工艺和加工设备，年产量达到4万吨婴幼儿配方乳粉及25万吨液态奶。

2018年6月，北冰洋在北京外第一个生产基地——安徽马鞍山市郑蒲新港区，随着首批北冰洋汽水下线，义利北冰洋（安徽）有限公司正式投产。该厂区占地约129.5亩，总投资约1.2亿元。正式投产后5至8年内，北冰洋饮料产品在长三角地区的市场规模可达3亿瓶（听）以上，实现销售收入近6亿元。北冰洋是诞生于1936年的老北京汽水品牌，曾是毛泽东时代指定的国宴饮品，旗下经典产品有汽水、双棒冰棍、袋儿凌等。安徽生产基地的投产，意味着北冰洋向京外生产的第一步。同时，启动全国发展战略布局，提高北冰洋品牌在全国的认知度，面向长三角、南京都市圈、合肥都市圈，为北冰洋走出北京进军全国打下基础。

■ 高耗人产业的疏解与协作

非首都功能疏解最重要的一项任务便是严格控制人口规模。北京市明确规定按照以水定人的要求，根据可供水资源量和人均水资源量，确定北京市常住人口规模到 2020 年控制在 2300 万人以内，2020 年以后长期稳定在这一水平。

通过疏解非首都功能，实现人随功能走、人随产业走。降低城六区人口规模，城六区常住人口在 2014 年基础上每年降低 2~3 个百分点，争取到 2020 年下降约 15 个百分点，控制在 1085 万人左右，到 2035 年控制在 1085 万人以内。城六区以外平原地区的人口规模有减有增、增减挂钩。

因此，北京市不断加大"以业控人"力度，禁止和限制发展劳动密集型产业，疏解劳动密集型企业，从根本上减少经济发展对人口数量的依赖，促进产业发展方式从依靠劳动力数量增加向更多依靠劳动生产率提高转变。

2019 年 3 月底，北京索爱普天移动通信有限公司停止生产，从北京顺义区搬离，将手机生产转移至泰国。恰恰就在十年以前，北京索爱普天一年生产的手机数量高达 4000 万部以上，员工人数高达 1.1 万人。这么十年来，索爱员工人数高峰期 1.1 万人，低谷期 5000 人。这类型的产业一般有两个用工特点：一是巨大的用工人数需求，直到 2019 年北京索爱留下来的员工仍有 4000 多人；二是不断受订单影响造成的"潮汐式"用工需求，当工厂订单比较多时，用工需求比较大；而订单比较少时，又面临规模化裁员。这类型的产业对于北京市的社会治理是一大难题。

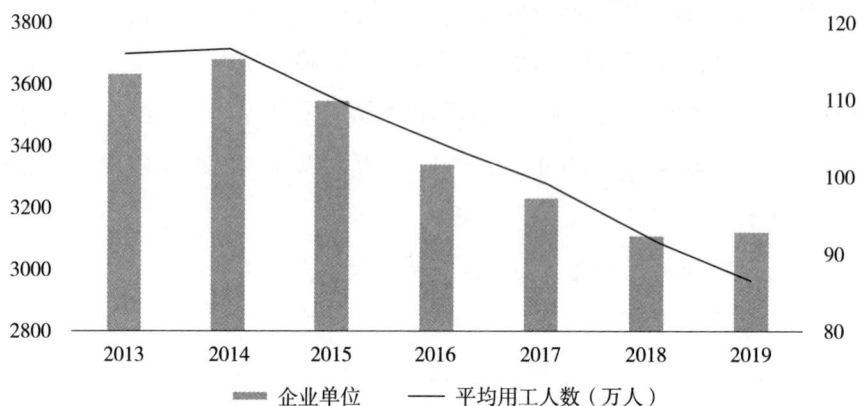

2013—2019 年北京市规模以上工业企业用工数

来源：北京市统计局

2014 年 2 月，自疏解工作开展以来，北京市规模以上工业企业法人单位平均用工人数从 2013 年 116.1 万人下降到 2019 年的 86.8 万人，一方面得益于规模以上工业企业数量减少，从 2013 年的 3641 家，下降到 2019 年的 3121 家；另一方面则得益于北京经济产业结构的优化，经济发展从依靠劳动力数量增加向依靠劳动生产率提高转变。全员劳动生产率从 2013 年的 1.88 万元 / 人，增长到 2019 年的 2.8 万元 / 人，增长幅度接近 50%。

2013—2019 年北京市全员劳动生产率变化

来源：北京市统计局

北京疏解的高聚人气产业除了上述一般制造业外，还有呼叫中心、大型金融机构、互联网公司的后台服务等劳动力密集的一般性服务业。北京市政府在《新增产业的禁止和限制目录（2018年版）》中明确规定：全市禁止和限制发展呼叫中心；禁止新设立创业空间服务中的集中办公区等聚人气的一般性服务业。

2017年6月，中国银保监会发布了《关于进一步贯彻落实疏解北京非首都功能有关政策意见的通知》，指出，一是引导保险法人机构落户京外，缓解北京地区法人机构设置压力；二是有序布局保险专业代理机构，支持符合条件的各类资本在河北等地设立全国性保险专业代理机构；三是鼓励保险公司合理布局分支机构；四是引导保险公司疏解转移在京下属服务机构，禁止在京新设数据中心、呼叫中心、电销职场、电话销售中心等；五是鼓励保险公司在京外地区设立服务机构，支持设立IT、审计等共享服务子公司以及数据中心、呼叫中心等下属服务机构；六是鼓励保险公司在京外地区布局保险关联产业，支持在京外统筹布局与保险业务相关的养老、医疗、汽车服务、现代农业、新型商贸流通等产业。

2017年，京东（宿迁）客服中心二期项目投入使用，开启了京东集团在宿迁全新的发展阶段，这将把整个宿迁的客服中心的运营能力增加到15000座席和人工日承接咨询量达200万单以上。如今宿迁已成为全国最大的商务呼叫中心，客服人员达2.5万人。刘强东2016年接受媒体采访时曾笑称，"京东客服基本上把宿迁会电脑的，会说普通话的全部招完了，现在开始到周边的城市去招。"在京东的带动下，当当、小米、途牛等众多互联网企业也把客服中心落地到宿迁。

近几年，京东集团加大了在宿迁的布局，先后将全国客服中心、信息研发处理中心、财务结算中心、物流管理中心四大中心和云计算基地等项目转移至宿迁，带动了当地数万人就业，每年上缴超过20亿元的税收。

2020年6月，中国联通智慧客服南方中心落地韶关。项目集约中国联通下辖的广东、江苏、浙江等9省话务，打造成全国最大的区域性客服中心，赋能韶关市成为信息服务外包产业的新兴聚集地。

■ **高耗材产业的疏解与协作**

北京无论从城市功能定位还是环境、资源的承载力上都不可能再支持一些"大进大出"的产业发展，特别是高耗材的中低端产业，包括钢铁、有色金属、建材、化工、纺织印染、机械装备、印刷包装、造纸等多个消耗较高的行业和生产工艺，以及我们在前面所讲的食品制造、汽车制造、家具建材等一般性制造业、区域性批发市场等都属于高耗材相关产业。

截至目前，北京已经有多家高耗材企业进入了疏解目录，并予以关停和搬迁，这里面不乏堪称行业巨头级别的多家企业，比如在包装印刷行业堪称巨头级别位于北京经开区的——安姆科软包装、乐天包装、日邦印刷等企业纷纷疏解腾退。走出北京跨区域布局已成为这些企业从自身发展和生产运营等实际情况方面重点需要考虑的出路。

2017年，在疏解非首都功能的重压以及公司自身战略的考量和布局下，安姆科集团以总投资8亿元全资收购位于河北鹿泉的奇特包装公司，并将北京的生产工厂搬到鹿泉。安姆科集团公司是世界上最大的包装企业，有150多年的历史，总部在澳大利亚墨尔本。截至2017年，该公司在全球43个国家拥有300多家生产工厂，年销售收入100亿美元。

■ **高耗地产业的疏解与协作**

北京土地资源短缺，承载力有限，如何在寸土寸金的土地上创造更大的价值是北京所考虑的重点。北京对那些土地需求多，占地面积大，税收贡献率低的产业则列入了疏解名单。因此，对于那些占地面积大的一般制造业来说，尽快整体搬迁实属上策。

此外，农牧业由于占地面积大、耗水量高，一直以来也是北京市禁限发展的行业。根据《新增产业的禁止和限制目录（2018年版）》，北京市全市禁止新建和扩建除生态功能外的农业、畜牧业。非首都功能疏解工作推进以来，北京传统农业在持续的调减，特别是调减了一批耗水型大田农作物的种植面积。与此同时，积极推进平原造林、山区造林，不断增强北京首都农业的生态功能。

为了响应北京市非首都功能疏解工作，北京食品行业的"航母"——首农食品集团充分发挥国企担当，截至2017年底，疏解、关停畜禽养殖场40个，共疏解整治了310万平方米，其中拆除腾退224万米，综合整治86万米，涉及土地超过2万亩，人口近10万人。这组数据超过了市属国企总疏解腾退面积的三分之一以上。

北京市在加快疏解非首都功能，不断压缩农牧业发展的同时，为了保障首都的食品供应，市委、市政府相继出台了多项措施，鼓励全市农业企业建设外埠生产基地，确保首都"菜篮子""肉盘子""米袋子""奶瓶子"等的长期稳定供应。

近年来，北京市多家农业企业、专业合作社、流通服务企业到外地建设标准化种、养生产基地，保障首都食品供应和食品安全。相关部门数据显示，仅2017年北京新建外埠蔬菜基地3.9万亩；截至2017年底，已在津冀地区建设畜牧业外埠生产基地57个。仅首农集团就建有30个外埠蔬菜种植基地，以及在河北宣化、黑龙江齐齐哈尔市甘南县等地建有生猪养殖基地。

2015年，北京二商大红门肉类食品有限公司积极响应北京产业疏解工作，将生猪养殖基地在京外布局。公司与乌兰察布丰镇市签订协议，丰镇市提供了林地、草地、一般耕地共3806亩用于生猪养殖项目。该项目总投资额超5亿元，其中一期投资2.3亿元，二期投资2.73亿元。目前，养殖基地一期项目已顺利达产，生猪存栏7万余头，基础母猪5000余头，年出栏商品猪15万头。养殖基地出栏的生猪，通过基地屠宰、冷链运输后端上京津冀以及周边市民的餐桌。

北京方圆平安食品开发有限公司依托在蔬菜育苗、种植、加工等环节的先进技术及行业优势，在全国12个省市建立产销联合体，推进产销深度对接，带动蔬菜专业化、标准化生产，提升了产业综合效益，每年为首都市场供应安全、达标蔬菜达3.5万吨，产值2亿元。

北京顺鑫农业股份有限公司在河北迁安、承德、滦平、肃宁等地建设有8个生产基地，此外还在京津冀外的山西阳高、陕西汉中和海南省等地建设生产基地，目前，顺鑫农业在全国已建成外埠生产基地15个。

北京绿奥蔬菜种植合作社则是采取订单模式，长期与河北张家口、承德等6个县的12个蔬菜专业合作社进行合作。新发地农副产品批发中心则是以签订农产品购销合同形式，以保护价收购农产品，给当地蔬菜种植户吃了定心丸，稳定了北京周边近300万亩的蔬菜种植基地，保障了北京蔬菜的供应。

第六章　产业创新凯旋歌

2011 年，北京"十二五"规划的起步之年，北京市委、市政府首次明确提出要在全国率先实现创新驱动发展的奋斗目标，重点是要实现科技创新和文化创新的"双轮驱动"战略，不断增强首都经济发展的内生动力和对全国经济发展的示范引领作用。

2017 年，为了更加突出"四个中心"的战略定位，增强创新驱动的发展动能，引领全国经济的高质量发展模式，北京市政府正式公布《加快发展新一代信息技术等十个高精尖产业的指导意见》，选取了新一代信息技术、集成电路、医药健康、智能装备、节能环保、新能源智能汽车、新材料、人工智能、软件和信息服务以及科技服务业等十大产业作为未来重点发展的高精尖产业。

现代服务业是北京经济发展的压舱石，"北京服务"已成为一个响亮的品牌，为全国产业升级探索出一条高质量发展路径。北京市现代服务业，正广泛面向全国和全球开放协作，推进合作共赢。北京市在资本、市场等方面具有绝对的优势，广泛开展与外埠地区产融合作、市场消费合作，是一件促进各方实现最大公约数的共赢协作，值得推广。

北京作为全国文化创新与科技创新的"绝对中心"，她担负着把中国送出去，将世界请进来的职责，凭借资金、技术、人才和产业的雄厚基础，打造国际文化创新中心与全球科技创新中心，播撒世界最先进的创新成果，通过推动首都经济与全国各地的跨区域协作，实现"一花引来万花开"的效应，促进全国区域协调发展。

近十年以来的发展成就显示，北京已在全国率先实现创新驱动发展，创新已经成为北京经济发展的第一驱动力，尤其是产业创新综合能力更是在全国独占鳌头，而创新成果对全国各地的示范引领与辐射带动作用，也是遥遥领先于上海、深圳和广州，对区域辐射带动的贡献率稳居全国之首。

第一节　科技创新 引领中国

2019 年，中国科学院推出了对国内 31 个省会城市和 5 个计划单列城市的产业创新综合能力评价结果。北京市产业创新综合能力指数得分为 86.59，在 36 个城市中绝对领先，属于创新发展的第一梯队；而上海市和深圳市产业创新综合能力指数分别为 51.86 和 50.99，分列第 2 和第 3 位，属于创新发展的第二梯队，但较之北京差距较大；至于其他省会城市得分多在 30 上下，与北京的差距就更大了。

目前，伴随科技革命、产业创新和数字化进程的推进，世界创新格局正在重塑，主要国家都在竞相打造创新枢纽。2020 年 9 月，施普林格·自然与清华大学联合发布的《全球科技创新中心指数 2020》显示，北京科技创新中心在全球 30 多个城市和都市圈中名列第 5 位。世界知识产权组织编写的《全球创新指数 2020》显示，北京名列全球科技集群第 4 位。

2014 年 2 月，习近平总书记指出，北京要坚持和强化全国政治中心、文化中心、国际交往中心、科技创新中心的核心功能，深入实施人文北京、科技北京、绿色北京战略，努力建设成为国际一流的和谐宜居之都。自此，"全国科技创新中心"便成为北京新的城市战略定位，也是北京作为首都的一项核心功能。

2021 年 1 月，中国科技部、北京市、国家发展改革委、工业和信息化部、中国科学院等 21 个部门共同谋划北京国际科技创新中心建设方案，提出《"十四五"北京国际科技创新中心建设战略行动计划》，并作出系统性设计和安排。根据战略行动计划，到 2025 年，北京国际科技创新中心基本形成；到 2035 年，北京国际科技创新中心创新力、竞争力、辐射力全球领先，形成国际人才高地，切实支撑我国建设科技强国。

从"全国"到"国际"，定位更高、任务更重……未来，北京将紧紧围绕国家创新战略，部署一批前沿性、探索性技术研发，产生一批标志性技术甚至颠覆性技术，实现从"跟跑者"到"领跑者"的跨越，建设具有全球影响力的科技创新中心。

2020 年，北京共有双一流高校 34 所，科研"领头羊"的地位不可撼动，约为第二名上海（14 所）的 2.4 倍。北京丰富的高校科教资源，与以中关村科学城、怀柔科学城、未来科技城为代表的三大科技创新平台，以亦庄经开区、顺义临空区、朝阳电子园区为重点的创新型产业集群和"中国制造 2025"创新引领示范区，一同形成了全国最优质的产学研合作创新生态系统。

北京聚集了一大批全球战略科学家、科技领军人才、企业家和创新创业团队，在北京工作和生活的两院院士占全国的 48%。聚集了一大批的总部企业、高校院所、科技型企业和科技创新基地。据统计，北京市有科技型企业 26 万余家；拥有 48 家全球 500 强企业总部，以研发功能为主的外资法人企业 474 家。跨国公司在京设立的研发机构，已成为首都创新体系的重要组成部分。

2014—2018 年[①]，北京创业投资额规模和独角兽企业数量年均增速超过 40%，入选全球高被引科学家人次年均增长达 29%；北京人工智能领域有效发明专利居全球首位；新经济行业上市营业收入居全球第四，高技术制造业企业的市值是全球第五，具备高端人才、高端成果、高端产业集聚的显著特征；北京吸纳了全国 35.4% 创业投资金额[②]。北京集聚了 4000 多家地区总部和研发中心，风险投资累计金额在全球仅次于硅谷，这些都为北京进一步打造全球影响力的科技创新中心的良好基础。

当前，北京正处于城市更新，高质量发展的关键阶段。在减量刚性约束下实现高质量发展，依靠创新是唯一出路。北京建设国际科技创新中心，既是自身发展的迫切需要，也是中央赋予的国家责任，更是建设创新型国家和世界科技强国的战略支柱和骨干支撑。这就要求北京必须发挥好示范

---

① 北京科技战略决策咨询中心、北京市科学技术研究院与联合国大学马斯特里赫特创新与技术经济社会研究所联合发布"北京全国科技创新中心指数 2019"。

② 数据来源：北京市科学技术委员会发布《首都科技创新发展指数 2018》。

辐射带动作用，凝聚各类创新主体，强化区域协同，辐射带动全国的自创区和高新区，形成"头雁"效应。

近十年来，北京市全力打造具有全球影响力的科技创新中心，通过强化央地协同、区域协作，形成创新"凝聚力"；并通过一手抓基础研究布局，一手抓高精尖产业，提升科技"支撑力"；同时深化科技领域"放管服"改革，打造创新人才高地，释放创新"新活力"。这一系列重大举措使北京作为国际科技创新中心的示范引领和辐射带动作用不断强劲显现。

首先，自党的十八大以来的 9 年间，北京市作为全国原始创新、集成创新、消化吸收再创新的策源地和聚集区，创新源头辐射效应十分强劲，对各地产业发展的带动作用一直保持较高水平。2019 年北京市技术市场成交额占全国比例 25.4%，而且超过 60% 的技术实现了"走出去"，流向全国 330 多个城市，实现了对全国所有地级以上城市的全覆盖。其中，由北京输往长江经济带、粤港澳大湾区地区的技术成交额占北京流向外省市一半以上（52.7%），且已成为长三角地区最大的技术引进方，切实满足了这些区域对产业结构调整和升级、以及基础设施建设、生态环保节能等领域的技术需求。

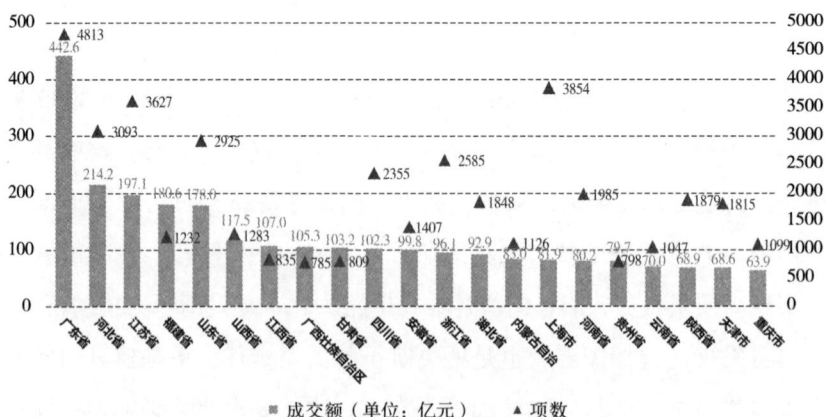

吸纳北京技术合同成交额超 50 亿元的地区

来源：北京市科委

2020 年，北京高新技术企业 2.9 万家，占全国近 15%，是北京市建设全国科技创新中心的扎实力量。这期间，北京以中关村为重要科技载体，积极响应"一带一路"、长江经济带、西部大开发等国家战略需要，以"一区多园"等形式与其他区域共建"雄安新区中关村科技园""江苏中关村科技园""青海中关村高新技术产业基地"等特色园区或基地，先后与全国 26 个省区市 72 个地区（单位）建立战略合作关系，共建 23 个科技成果产业化基地。

其次，科技资源开放共享、区域协作与全球合作也是北京科技创新的一大亮点。多年来，我国科技条件资源分散、重复建设、缺乏共享等问题一直饱受诟病，高校和科研院所的科技条件资源可谓"躲进深闺人不知"。有鉴于此，北京市通过市场化的制度创新设计，探索出促进首都科技条件资源向全社会开放共享的"北京模式"，取得了多方共赢的良好效果，并得到科技部的高度肯定，成功实现了向全国的推广。

2009 年 6 月，北京市科委联合中国科学院、军事医学科学院、北京科技大学等 12 家开放科技条件资源过亿元的高校院所，共建首都科技条件平台研发实验服务基地，探索促进共享首都科技资源、共同发展的"北京模式"。北京市科委投入 5800 万元，撬动了 76.3 亿元科技条件资源，促进 264 个国家（北京市）重点实验室和工程中心，13112 台（套）10 万元以上大型仪器设备向全社会开放。截至 2019 年，首都科技条件平台共促进首都地区 963 个国家级、北京市级重点实验室、工程中心，价值 295 亿元，3.19 万台套仪器设备向社会开放共享，整合了 896 项较成熟的科研成果促进其转移转化，聚集了 1.49 万位专家，梳理了包括院士、长江学者、杰出青年等在内的 267 个高端人才及其团队，产生了 2.4 万项知识产权和技术标准。同时不断深化条件平台"小核心大网络"的资源开放共享和服务体系建设，截至 2019 年，吸纳大网络成员单位已达 2821 家。2019 年共有 1.4 万余家企业享受到平台各类服务，签订合同额 42.75 亿元，合同实现额

29.55 亿元[①]。

　　十年来，北京市充分发挥首都科技资源的辐射带动作用，支持全国各地的科技创新发展，推动北京与各地在科技成果研发与转化、高校院所交流、产业协作、高端人才交流等领域开展合作，取得了丰硕成果。为了使全国各地都能借助首都的科技创新成果实现当地的产业转型升级，提升传统产业的技术含量和产品附加值，北京市通过区域合作、联合共建的方式，先后成立了首都科技条件平台京蒙合作站、贵阳合作站、银川合作站、京津合作站、石家庄合作站、黑龙江合作站、沈阳合作站等跨区域科技协作平台，推动首都的科技创新资源在全国范围内实现优化配置，通过持续开展需求对接和项目合作，助力各地的高质量发展。

　　北京市不断加强科技开放合作的力度，坚持从全球"引进来"与向全国"输出去"相结合，积极推动世界科技走进北京，北京科技走向全国。一方面，北京市与科技部联合建设成立国家技术转移聚集区和中国国际技术转移中心。在此基础上，还举办了"北京跨国技术转移大会"和中意创新论坛等系列年会，建立了国际技术转移协作网络和北京市国际科技合作基地，吸引全球的企业、技术、人才、咨询机构等国际高端资源落户北京。另一方面，北京与山东、河南、吉林、宁夏、贵州、辽宁、陕西、江西、湖北等签署战略合作地区的科技转移与产业协作正如火如荼般展开，全力助推当地经济转型升级；北京对新疆、青海、西藏、内蒙古等受援地区产业发展的科技支持力度也不断增强，有力地促进了当地经济的结构调整；科技人才、技术市场、科研平台等创新要素开放共享的程度不断提高，首都科技对珠三角与长三角经济发展的服务作用持续增强，对全国创新发展的示范引领作用日益强劲。

　　最后，北京与全国各地通过跨区域合作，以科技协同创新推动区域协调发展。 京地携手打破传统行政界线的分割式治理体系，联合绘制出科技协作的新版图，共同激发出创新驱动发展的内生动力，在互惠共赢的基础

---

① 数据来源：2019 年首都科技条件平台建设阶段成效，首都科技条件平台。

上培育出新的经济增长点，为处于转型期的中国探索出区域发展的协作共赢之路。

打破区域、产业及行业间的限制和束缚，实现跨界融合，以全球视野谋划和推动科技协同创新，已成为北京实施创新驱动发展战略、建设科技创新中心的重要举措。新时期，面对创新驱动和区域协调发展战略的新形势，北京市积极推进跨区域科技协作，持续加大与珠三角、长三角、成渝经济圈、中部六省、西北五省、东北三省等区域的协作力度，不断加快创新资源开放共享，服务区域产业融合发展，加速科技成果转化落地等重大行动的步伐，强力助推发达地区利用京地科技协同创新实现经济的可持续发展，同时帮助后发地区利用京地科技转移协作实现经济的跨越式发展。

今后，北京作为全国科技创新中心，将不断强化与全国各地的科技协作，加快建设京地协同创新共同体，强化协同创新支撑，通过跨区域科技创新平台，开展联合攻关，打造产、学、研、用相结合的创新链条，构建跨区域分工合理的创新发展格局。还将不断完善跨区域创新体系，联合组建跨区域产业技术创新战略联盟，健全技术交易服务体系，推进信息共享、标准统一和市场一体化。还将与各地加强科技人才联合培养，搭建人才信息交流平台，健全跨区域人才流动机制。

具体而言，北京将着重在六个方面发力，充分发挥好科技创新中心的辐射带动作用：一是重大科技创新基地、科研仪器设备、网络信息资源、科学数据、科技文献等科技基础设施为全国提供服务；二是技术、资本、人才、信息、管理等创新要素向各地辐射溢出，创新成果在全国各地得到有效转移转化和产业化；三是京地跨区域协作，双方联合建立科技协同创新平台，吸引总部机构、研发中心、营销中心和结算中心在当地落户；四是科技创新体系、咨询服务体系不断完善，促进区域之间研发、生产、服务、销售等方面的交流融合；五是北京科技创新的制度机制和政策措施要落户各地园区发挥示范辐射作用；六是北京为科技创新而营造的"鼓励创新、勇于创造、追求成功、宽容失败"的创业氛围和创新文化，要成为京地科技协作载体的重要内容。

先进制造技术, 122.3 ─┐ 新材料及其应用, 63.9

生物医药、医疗器械, 180.4 ─┐ 核应用技术, 86.6

航空航天技术, 194.1 ─┐ 农业技术, 11.4

环境保护与资源综合利用, 700.9 电子信息技术, 1320.7

现代交通, 790.9 城市建设与社会发展, 1249

新能源与高效节能, 975

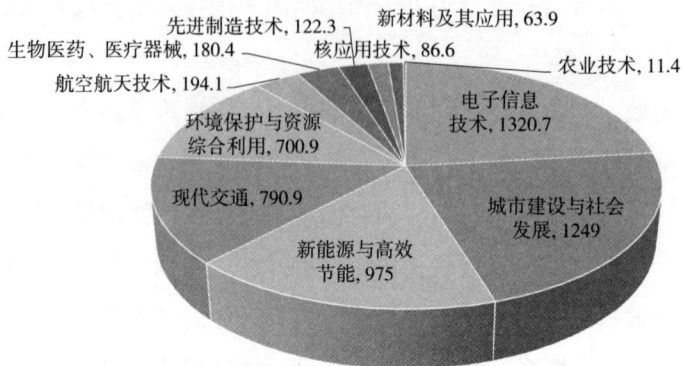

2019 年北京市技术输出细分领域（亿元）

数据来源：2019 北京技术市场统计年报，北京市科委。

十年来，北京始终把科技创新摆在首都发展全局的核心位置，以科技创新为核心带动全面创新，激发全社会"双创"活力，为全国各地的经济社会发展与技术进步提供了大量智力资源、技术供给和科技成果，未来北京科技创新对各地经济的示范引领和辐射带动作用还将强劲显现。

第二节　文化创新铸造未来

北京，除了科技创新独占鳌头之外，文化创新更是在全国一枝独秀。文化产业作为北京重要支柱性产业，既是全国文化中心建设的重要组成部分，又是满足人民美好生活需要的重要途径和文化强国建设的重要支撑。

北京是文化之城，魅力之城，也是希望之城。北京有 3000 年建城史，860 多年建都史。北京作为全球著名的历史文化名城，是世界上拥有文化遗产项目数最多的城市。如今的北京不只文化底蕴深厚，文化产业更是蓬勃发展，以绝对的优势领先全国，并不断发挥着全国文化中心的示范引领作用。

"十三五"期间，北京市深入贯彻落实习近平总书记对北京重要讲话精神，聚焦全国文化中心文化产业发展引领区建设，不断推动文化产业高质量发展取得新成效。五年来，产业发展迈入新阶段，发展质量更高。

北京市文化产业的新定位，一是文化产业要成为首都"高精尖"经济结构的增长极；二是北京文化产业要在全国发挥更多的创新引领作用，北京要建设具有国际竞争力的创新创意城市，努力建设设计之都、影视之都、演艺之都、音乐之都、网络游戏之都、世界旅游名城、艺术品交易中心、会展中心。

从"一枝独秀"到"百花齐放"，加强区域协作创新，发挥辐射带动作用，是北京作为全国文化中心的重要职能。北京的文化成果输出与文化产业协作，正在走出北京，惠及全国，引领各地文化产业的大发展、大繁荣。

■ 北京市打造全国文化中心

2006 年，是北京文创产业元年，北京市在全国率先提出发展文化创意产业。我国内地第一个正式使用文化创意产业的分类文件《北京市文化创意产业分类标准》正式实施。由此，北京文化创意产业开始"总动员"，文化艺术、新闻出版、广播影视、艺术品交易、设计服务等 9 大类产业被归并为文化创意产业之中，整合出最具特色和活力的服务业新"金矿"。

2009 年，国家正式出台实施《文化产业振兴规划》，鼓励文化企业上市融资，随后文化企业开启了国内资本市场的"黄金十年"。十年间[1]，全国共有 76 家文化企业 IPO 上市，合计筹资 660 多亿元；其中北京市有 23 家文化企业 IPO 上市，合计募资超过 200 亿元。北京上市企业数量和募资金额均占全国 30% 左右，彰显了全国文化中心的地位。

2016 年 5 月，为了有序疏解北京非首都功能，加快建设全国文化中心，努力构建高精尖文化产业，北京市出台《北京市文化创意产业发展指导目录（2016 年版）》，将文化创意产业各业态分为鼓励类、限制类和禁止类。其中鼓励类文化产业业态 44 个，限制类 58 个，禁止类 20 个。

对于文化产业的不同环节给出了发展指导，比如，对于影视行业，电

---

[1] 坐拥三成上市文化企业，北京将送出"房租通"等礼包，新京报，2019 年 11 月。

影和影视节目发行属于北京市鼓励类业态，而对于电影和影视节目制作的拍摄环节，全市除了保留中国（怀柔）影视产业示范区、中国北京星光电视节目制作两个基地外，禁止新建和扩建占地面积大、劳动力密集的影视外景拍摄基地；对于数字内容创意服务中高端创意属于鼓励类业态，而对于为动漫、网络游戏提供劳动力密集的美术等中期制作服务为主营业务的相关主体则全市禁止新设立或新迁入；对于普通高等教育中的表演、美术、舞蹈、音乐等艺术类高等教育，全市不再新设立或升格；对于面向全国招生的一般性文化艺术培训机构，全市一律禁止新设立；对于文创产业中的一般制造业环节，全市禁止和限制性发展；对于艺（美）术品、文物、古董、字画拍卖服务属于北京市鼓励类文化业态，而对于工艺美术品及收藏品零售，全市禁止新建和扩建商品交易设施，禁止新设从事商品交易市场经营管理活动的市场主体。

2018 年 6 月，北京市正式印发《关于推进文化创意产业创新发展的意见》，为首都文创构建"高精尖"产业结构提供了一份发展"路书"，即构建以科技创新为支撑的"数字创意"和以突出文化内容为价值引领的"内容版权"两大主攻方向。在此基础之上，重点打造创意设计、媒体融合、广播影视、出版发行、动漫游戏、演艺娱乐、文博非遗、艺术品交易和文创智库等九大重点领域及其重点环节。

同年，北京文化创意产业再创佳绩，全市规模以上文化产业总收入首次突破 1 万亿元，同比增长 11.9%，文化产业增加值占地区生产总值的比重接近 10%（9.6%），连续多年稳居全国首位，比全国平均值高出 5.4 个百分点。

2020 年 1 月，北京市文化改革和发展领导小组正式印发《北京市文化产业高质量发展三年行动计划（2020—2022 年）》，提到北京市要通过三年努力，着力实现创作生产精品化、文化创意品牌化、新兴业态多元化、市场体系现代化，初步形成首都文化产业高质量发展体系，2022 年全市规模以上文化产业总收入将突破 1.5 万亿元，文化产业增加值占地区生产总值比重将保持在 10% 以上，助力全国文化中心建设取得新的成就。

2020 年，面对突如其来的新冠肺炎疫情，北京市第一时间出台了"北京文化 28 条"①，以一系列政策的保驾护航，帮助网络视听、文艺演出、广播电视等文化创意行业抵御疫情冲击。其中有 6 条涉及金融领域，主要从加大信贷投放、降低融资成本、做好续贷服务、完善风险分担等方面提升金融对文化企业的支持力度。多家银行以此为服务准绳，展开针对文化企业的服务。

2020 年 4 月，《北京市推进全国文化中心建设中长期规划（2019 年—2035 年）》正式发布，北京市委市政府提出：一是文化产业要成为首都"高精尖"经济结构的增长极；二是文化产业要在全国发挥更多的创新引领作用，北京要建设具有国际竞争力的创新创意城市，北京将努力建设设计之都、影视之都、演艺之都、音乐之都、网络游戏之都、世界旅游名城、艺术品交易中心、会展中心。规划提出了文化产业发展近期目标：2025 年，北京文化产业提质增效，支柱地位日益巩固，文化产业增加值占 GDP 比重保持在 10% 以上，高精尖文化产业体系基本形成，高质量发展引领全国。中期发展目标是到 2035 年，文化产业创新活力不断迸发，成为具有世界影响力的文化创意中心。

此外，北京发展文化产业有两个特色政策，一是"文化 + 金融"为文化产业腾飞插上"金翅膀"。为解决文化企业融资难、融资慢、融资贵困局，北京市综合运用银企合作、建立平台、贷款贴息、融资担保、培育上市、设立基金等多种手段，在全国率先建立健全文化产业投融资服务体系。2017 年起推出"投贷奖"联动政策，截至 2019 年底，"投贷奖"累计支持项目 2009 个，支持金额 12.1 亿元，拉动投资 1071.8 亿元，放大倍数达88.4 倍。设立"文创板"公司，推动华夏银行、北京银行、北京农商银行等设立文化产业专营机构，形成"优政策、搭平台、建体系、强服务"的文化金融融合北京模式。"十三五"期间全市文化产业新增人民币贷款金额和户数均超过"十二五"期间的两倍。

---

① 全称：《关于应对新冠肺炎疫情影响促进文化企业健康发展的若干措施》。

二是北京还围绕"文化＋科技"出台专项政策，依托北京科技力量为文化产业迭代装上"加速器"。"十三五"时期，北京市重点推动5G、大数据、AR、VR等新技术在文化领域的应用，不断打造文化新产品、新体验，推动5G+8K体育赛事转播、国际云转播公司组建、超高清电视技术创新应用实验室建设、智慧广电重点实验室认定，持续推进国家和市级文化科技融合示范基地建设。2019年，北京市文化与互联网融合渗透，发展势头强劲，在互联网信息服务、互联网文化娱乐平台、互联网广告等快速发展带动下，"文化＋互联网"领域实现收入超过5000亿元，同比增长22.1%，比全市文化产业收入增速高13.8个百分点，占文化产业收入的比重达43.8%，同比提高4.9个百分点。

正是在一系列政策"组合拳"的支持下，北京文化产业发展动能足、活力大，文化产业发展屡创新高。尤其是"十三五"以来，北京市聚焦文化产业高质量发展，积极推动全国文化中心建设取得新成效，结出丰硕果实。

"十三五"期末，2019年[①]，规模以上文化企业4872家，占全国比重7.9%，比"十二五"期末增加1413家；全市规模以上文化产业营业收入12849.7亿元，占全国的13.1%，比"十二五"增加3318.4亿元，是"十二五"期末的1.7倍；规模以上文化企业资产接近2万亿元（19020.3亿元），占全国的13.9%；全市文化产业增加值占GDP比重达到9.4%，占比始终稳居全国首位。截至2018年底，北京市实有企业中文化及相关产业企业共有32.8万户，日均新登记119.3户，重点文化产业门类市场主体发展活跃。

作为一座国际化都市和全国文化中心，北京的文化交流和文化贸易一直走在全国前列。2018年，全市文化贸易出口24.3亿美元，同比增长9.9%；2019年，北京市75家企业入选国家文化出口重点企业，占全国22.3%。

---

① 北京文化产业发展白皮书（2020），北京市国有文化资产管理中心与中国传媒大学文化产业管理学院联合发布。

2021年2月，中国人民大学文化产业研究院发布了2020中国文化产业系列指数[①]，数据显示北京在全国省市文化产业综合指数中排名居首，且连续多年蝉联第一。在2020年中国省市文化产业发展综合指数方面，排名前十的省市分别是：北京、浙江、广东、上海、山东、江苏、湖北、河南、四川、安徽。北京在"十三五"期间连续5年保持第一，浙江连续三年位列第二。北京、浙江、广东、上海、山东等省市位列第一方阵，产业生产力底数大，影响力和驱动力表现均同步强劲，发展的稳定性很好。

在一连串令人惊喜的数字背后，是北京文化产业不断优化的结构、优秀的文化企业发力、文创园区的融合重生及发挥集聚效应等持续努力的结果。

一是结构不断优化，韧性持续增强。"十三五"期末，内容创作生产、新闻信息服务等核心领域营业收入占比达到91.6%，比全国高约30个百分点。版权登记数量占全国四成，影片产量占全国近一半[②]。在疫情期间多个行业普遍受到冲击的情况下，2020年1—11月，全市规模以上文化产业实现收入12334.5亿元，同比增长2.3%，发展向好，表现出较强的抗冲击、抗风险能力

二是优秀的文化企业发力。"十三五"期间，北京入选"全国文化企业30强"及提名名单、国家文化出口重点企业、国家文化科技融合示范基地数量均居全国首位，文化领域独角兽企业数量占全国一半左右；上市文化企业占到全国三成，新三板挂牌文化企业占全国三分之一；"十三五"期末，全市规模以上"文化＋科技"型企业实现营业收入占全市比重超过一半。

---

① "中国省市文化产业发展指数"自2010年起已连续发布十年，是全国唯一持续追踪我国各省市文化产业发展的指标体系。该指数包括2020年中国省市文化产业发展综合指数、资本活跃度指数、投资吸引力指数以及国家级文化产业园区高质量发展指标体系。
② 双轮驱动——激活创新之城新动能北京日报。

专栏：北京部分优秀文化企业简介

快手，作为全球领先的短视频社交平台，快手App日活用户已突破3亿，库存短视频内容超过260亿条。

完美世界，连续9次登榜"全国文化企业30强"企业，截至2020年三季度末，公司的营收与净利润已双双超过2019年全年水平。

光线传媒，国内最大的民营电视节目制作和运营商，获评"全国文化企业30强"企业。2019年光线传媒总市值344.7亿元，在102家上市的文化传媒企业中排行第5。

保利文化，国有中央企业中唯一的专业文化产业企业集团，2014年在香港联交所主板上市，"全国文化企业30强"企业。

歌华传媒，获评"全国文化企业30强提名"。截至2019年底，集团拥有近600万有线电视注册用户，高清交互数字电视用户526.7万户，宽带用户62.3万户。集团资产总额为211.4亿元，全年实现营业收入40.5亿元，利润总额6.3亿元。

北京演艺，集团先后荣获三届"全国文化企业30强"。目前，已发展成为集文化演出、电影产业、体育赛事、旅游休闲、艺术培训五大业务板块为一体的综合性文化艺术集团，是目前国内资产量最大的国有演艺机构。

新浪微博，2014年4月新浪微博正式登陆纳斯达克，微博月活跃用户达5.23亿，同比增长3700万。每天活跃用户2.29亿，同比增长1800万。2019年新浪微博全年营收提升至122.4亿元，其中广告营收达到106亿元。

字节跳动公司拥有抖音短视频平台、今日头条资讯平台，这两大硬核平台每天活跃用户能达4.7亿，年营业收入超500亿元。

爱奇艺线视频网站，2018年3月美国纳斯达克交易所挂牌上市。

2020 年年末，爱奇艺订阅会员总数为 1.017 亿，会员收入达到 165 亿元。

中文在线，2015 年 1 月在深交所创业板上市，成为中国"数字出版第一股"，"十三五"期间实现收入增长 156%，服务用户增长 200%。

作业帮，致力于为全国中小学生提供全学科的学习辅导服务，累计激活用户设备突破 8 亿，月活用户约 1.7 亿，成为中国用户规模最大的在线教育平台。

三是文创园区的融合重生及发挥集聚效应。"十三五"期末，北京共认定市级文化产业园区 98 家。越来越多的工业遗存与现代文化产业融合重生，实现华丽转身，涌现出隆福寺、北京坊、798、郎园、首钢园等城市文化新地标，琳琅满目的文化沙龙、文创市集、演艺活动、文艺展览、读书会遍布各个园区，文化产业园区逐渐发展成文化产业的承载地、文化科技融合的创新地、优质文化企业的集聚地、市民文化消费的打卡地。

■ 北京打造辐射全国文化产业的"八大中心"

近年来，北京文化产业的发展立足首都城市战略定位，剥掉"白菜帮"，集中发展"白菜心"，聚焦北京疏解非首都功能，构建高精尖产业结构，推动文化产业的园区化、产业化发展，推动文化产业实现质量变革、效率变革、动力变革，形成首都经济增长的新动能。同时，北京市大力培育发展新型文化业态，全面推动具有国内国际影响力的设计之都、影视之都、演艺之都、音乐之都、网络游戏之都、世界旅游名城、艺术品交易中心、会展中心八个中心建设。在《推进全国文化中心建设中长期规划（2019 年—2035 年）》明确提到，北京要大幅提升文化产业的国际竞争力，不断提升文化产业在国际市场中的比重，实现具有重大国际影响力的八大发展目标——

第一，发挥北京文化底蕴深厚、设计资源丰富、市场潜力巨大等优势，建设顶级设计团队集聚、高端设计节展赛事汇聚、顶尖设计新品首发活动云集、世界知名时尚产品汇集的国际设计之都。

第二，发挥北京在影视创意策划、创作生产、宣传发行、传播交流等方面的优势，建成影视工业体系发达、人才云集、精品荟萃、技术领先的国际影视之都。

第三，北京将力争形成经典剧目荟萃、国际演艺节展汇集、国际知名大师云集的演艺发展格局，建设世界演艺之都。

第四，北京将建设成为有国际影响力的音乐之都和华语音乐全球中心。

第五，北京将加快建成产业体系健全、要素市场完善、营商环境一流、产业链条完备的网络游戏之都。

第六，北京将统筹保护利用好历史文化资源，完善国际化的旅游服务设施体系，建设世界旅游名城。

第七，打造制度健全、功能完备、交易活跃的艺术品交易中心。

第八，北京打造成为市场竞争力强、策划策展水平高、产业带动面广的国际会展中心。

● 打造国际设计之都

2010 年，北京开始着力发展设计产业。同年，出台了《北京市促进设计产业发展的指导意见》，通过实施企业成长、市场建设、人才培养、国际对接、品牌塑造、产业融合六大工程，全面推进设计产业发展。同年，启动建设中国首个设计交易市场，加速设计要素流动、促进设计交易。搭建首都科技条件平台工业设计领域平台，为 7000 余家设计企业提供技术服务。

2011 年[①]，北京市实施首都设计产业提升计划，支持工业设计、规划设计、建筑设计等 11 个设计领域的 60 家企业的设计创新。同年，北京市成功举办北京国际设计周、设计之旅、北京服装周等 420 余场设计活动，遍布企业、大学、社区、时尚广场和设计创意园等百余个场所；同时，推动

———————

① 资料来源：北京市科委。

中国创新设计红星奖品牌建设，2011年红星奖 ① 征集了国内外1135家企业的5268件产品，超过德国红点奖当年全球征集数量，成为中国设计界最具公信力和国际影响力的设计大奖。

2012年5月 ②，北京市加入创意城市网络，并举行联合国教科文组织创意城市网络"设计之都"揭牌仪式 ③。"全球创意城市网络设计之都"的入选，有着严格的评审程序和评选标准，门槛比较高，截至2019年，全球共有40个城市获评。

目前，北京以其活力四射的设计产业而闻名世界，设计产业已经成为北京支柱产业之一。2019年，北京市规模以上创意设计服务业收入3466亿元 ④，已成为文化产业中第一大细分领域产业。北京市共有专业设计机构2.3万家，从业人员25万人，人均创造收入100余万元。北京聚集了一批国际级设计大师和国内设计行业领军人才，在全市112所设有设计专业的高校和设计机构中，每年毕业生人数近万名。

目前，北京设计产业已形成工业、工程、建筑、服装和时尚设计等12个分支领域。北京市还积极探索建立以"科技 + 设计"为核心特征的发展模式，探索从"中国制造"向"中国创造""中国设计"转型。北京市打造了DRC工业设计创意产业基地、张家湾设计小镇、751时尚设计广场、大山子时尚创意产业功能区、中国设计交易市场基地等一批特色设计产业园区，不断吸引集聚着设计产业要素，聚焦工业设计、视觉传达设计、建筑设计等优势领域，同时推动着设计与人工智能、智能制造、新能源汽车、新材料、节能环保等高精尖产业深度融合。

---

① 红星奖于2006年由中国工业设计协会、北京工业设计促进中心共同发起创立。

② 北京市举行联合国教科文组织创意城市网络"设计之都"揭牌仪式，北京市科委。

③ "设计之都"设立于2004年，是联合国教科文组织创办的"创意城市网络"中的一部分。入选城市须经过十分严格的评审程序和符合七条标准，即已经形成一定规模和水平的设计产业；具有一定数量的设计学校和较高的师资水平、教学质量；具有成功举办国际级设计交易会、活动和展览的经验；具有设计特色的城市形象；设计人才、设计企业聚集度高和设计行业活动充满活力；设计产业发展环境良好；设计产业可带动城市创意产业的发展。

④ 数据来源：北京市统计局。

"十四五"期间，北京将继续深化推进"北京设计"的打造和辐射工作。一是继续壮大设计市场主体，做强做优做大龙头设计企业，支持设计企业向专、精、特、新方向发展，打造设计产业集群，促进设计产业集聚化、集约化、品牌化发展。二是不断提升北京设计产业的国际影响力，打造国际开放创新高地，吸引国际高端创新机构、跨国公司研发中心、国际科技组织在京落户，面向全球引进世界级顶尖人才和团队在京发展。三是搭建设计创新平台，实施原创设计引领工程、设计成果转化工程、品牌传播工程，不断提升生产、生活价值和品质。

同时，北京也将积极通过跨区域协作的方式，推动一批优势设计企业布局全国，对接全国各地的特色优势产业资源，一方面推动当地产业跨越式发展，另一方面释放北京巨大的设计能力。

2018年，北京企业洛可可创新设计集团在佛山市南海区落地洛客佛山城市设计中心和洛客华南研发与供应链中心，一方面为佛山的制造业提供创新研发设计，另一方面将华南乃至全国大量项目研发与供应链内容导入南海，依托南海的制造企业进行生产。

● 建设国际影视之都方面

"春天，来北京看全世界最好的电影。"这不仅是北京国际电影节打出的宣传语，也是每一位北京影迷发自内心的自豪感言。北京设有电影院266家，全国票房排名前十的影院中北京占7家；截至2020年11月，北京市影视企业数量达11.6万家，居全国榜首。北京作为全国广播影视创意策划、制作、宣推发行、国际传播的中心，影视机构总量、产业规模和制作数量均居全国第一。

2013年至今，每年票房进入前10名的国产影片，北京出品的平均有6部左右，占60%以上。中国内地影视票房榜显示：截至2019年，第一位《战狼》，第二位《哪吒之魔童降世》，第三位《流浪地球》，第五位《红海行动》，均为"影视之都"北京出品，影视产业已经成为首都文化经济发展的支柱产业和强劲引擎。

在北京成立工作室的香港导演唐季礼，这样概括北京在影视产业上的优势："北京既是全国文艺气氛最浓的城市，又汇集了最顶尖的创意人才，还集中了电影全产业链的核心技术，尽管很多电影的拍摄地不在北京，但融资、策划、剧本、选角、后期制作、宣传发行都在北京。"

的确，北京文化土壤蕴藉深厚，影视要素资源丰沃，影视人才高度集聚，影视创作精品不断……作为中国电影产业的中心，上万家影视机构在北京用激情和梦想创造。截至 2019 年[①]，北京市影视制作持证机构已接近一万家，占全国三分之一，影片产量占全国近一半；信息网络传播视听节目持证机构 125 家，占全国五分之一，还有近百家影响力广泛的短视频、直播、社交、资讯聚合平台；电影、电视剧出口分别占全国的 50%、30%；万达、博纳、光线、耀莱这些中国电影的明星企业都在北京落户；全国各地乃至世界主要影视企业都在北京设有分公司或工作室。"北京文化走出去"让北京影视产品蜚声全国、走向世界。

2013—2018 年北京电影 / 故事片制作情况（部，%）

	北京	全国生产	占全国比重 /%
2013	222	638	34.8
2014	270	618	43.7
2015	291	888	32.8
2016	314	944	33.3
2017	350	970	36.1
2018	410	1082	37.9

资料来源：北京市电影局、北京市广播电视局，北京市统计局。注，2013—2016 年统计口径为故事片，2017—2018 年统计口径为电影。

---

① 数据来源：北京广播电视局。

北京电视剧制作情况（部，%）

	北京	全国	占全国比重 /%
2013	87	441	19.7
2014	86	429	20.0
2015	75	394	19.0
2016	64	334	19.2
2017	75	314	23.9
2018	55	323	17.0

资料来源：北京市电影局、北京市广播电视局，北京市统计局。

2019 年 2 月，北京市政府印发《关于推动北京影视业繁荣发展的实施意见》提出，从文化＋科技、"投贷奖"联动、IP 软环境优化、影视园区建设、融合发展、金融支持、影视消费、京津冀协同发展、国际传播、动态管理等角度提出了 10 方面重点工作，精准发力、多措并举，推动影视业和文化产业高质量发展。未来，北京市将全力支持环球影城、怀柔影都、台湖演艺小镇等大型影视产业基地接轨世界影视圈，提升国际影响力，将北京打造成为辐射全国、且具有国际影响力的影视之都。

众所周知，影视产业链长、环节繁多，包括由融资、策划、生产、制作、发行、市场营销、放映、影院、后电影产品开发、电影衍生品开发等多个方面。而北京在整个影视产业链上重点鼓励发展两端，即策划、融资、后期制作、宣传发行等。比如对于后期制作，北京市重点鼓励提升影视后期制作实力，主动接轨国际数字影视后期制作前沿，加大对剪辑、调色、特效、声音、音乐等核心技术研发应用，创作一批具有国际影响力的影视巨制，使北京成为国际影视后期制作首选地。

从整个影视产业价值链分析，这几个环节也是产业附加值高的领域。与之相应的是，北京对于拍摄、制作等方面予以限制，根据《北京市文化创意产业发展指导目录（2016 年版）》对于电影和影视节目制作的拍摄环节，全市除了保留中国（怀柔）影视产业示范区、中国北京星光电视节目制作两个基地外，禁止新建和扩建占地面积大、劳动力密集的影视外景拍摄基地，因此在推动影视产业跨区域协作方面，北京的影视企业和各地广泛合作，实现共赢发展。

● 创建世界演艺之都

北京，一座文源深、文脉广、文气足、文运盛的文化古都。这里有世界体量最大的环球影城，全国数量最多的剧场，聚集着全国最优秀的艺术家和艺术机构，仅仅职业交响乐团就有 10 支。从徽班进京到世界顶级艺术团扎堆北京演出，北京历来是中外优秀艺术演出的汇聚之地。传承文化、发展文化、传播文化是北京作为全国文化中心肩负的历史使命，其中舞台艺术便是传承与发展文化的核心内容之一。

截至 2018 年 [①]，北京共有艺术表演团体 821 家，其中民营艺术表演团体 770 家；演出经纪机构 2086 个；专业剧场 149 个。2019 年 [②]，北京演出市场共演出 22823 场，平均每天上演 60 多场，观众人数达 1040 万人次，票房收入为 17.44 亿元，票房规模约占全国的十分之一，居全国首位。其中，大中型剧场贡献 56.4% 票房，并共演出 6125 场，观众规模达 503.9 万人次，票房收入为 9.84 亿元；小剧场演出则依旧活跃，66 家小剧场共演出 8096 场，占全年演出场次的 35.5%，票房收入则达 1.55 亿元，同比上涨 7.1%，年演出场次超 100 场的小剧场数量达 28 家。北京已成为名副其实的演艺之都。

2018 年，首届中国（北京）演艺博览会圆满成功。在全球演艺市场的版图中，北京早已成为无法被忽略的重要一站。本次盛会就如同一个浓缩版全球市场，从演艺产业链上下游到周边领域跨界融合、从国内到国际，形成了巨大的磁场效应，强力吸引了来自加拿大、美国、澳大利亚、英国、法国、挪威、罗马尼亚、以色列、韩国、新加坡等全球 20 多个国家和地区的上千家演艺机构、3000 多名演艺从业人员、近万个演艺项目，开展展示、交流、碰撞、对接，达成意向签约额近 3 亿元。

---

① "演艺之都"北京，强磁场汇全球资源，中国城市文化传播网。

② 数据来源：北京市文化和旅游局、北京市演出行业协会统计。

北京，秉承国际理念，对标世界标准，打造演艺之都，讲好中国故事。未来，北京演艺产业将形成"环球影城 + 台湖演艺小镇 + 众多演艺剧场 + 数百个新型演艺空间 + 上万块大中小屏幕"的文化演艺发展格局，助力北京打造世界演艺之都。

同时，依托北京大量优质的演艺机构和团体，通过跨区域协作的方式，辐射全国，让文化的力量发光，更是一件有益于京地文化产业双发展、社会价值提升的事。

北京老舍茶馆始建于 1988 年，现营业面积 5000 多平方米，包含茶事服务、文化演出、特色餐饮和茶礼品四大经营业态。自开业以来，老舍茶馆共接待了包括美国前总统布什、前国务卿基辛格，俄罗斯前总理普里马科夫，德国前总理科尔等来自 80 个国家的 170 多位外国元首政要，众多社会名流和 600 多万中外游客，被誉为展示民族文化精品的"窗口"和联结中外人民友谊的"桥梁"。同时，老舍茶馆走出了北京，分别在河南省开封市、湖北武汉市、山东省青岛市、泰安市等地开设了茶馆分店。

2019 年 5 月，北京老舍茶馆落户开封市龙亭区 960 非遗文创园，国家文化产业示范基地。项目落地是以北京为代表的明清文化与开封为代表的宋文化激情碰撞，也将助力开封全面打造和提升国家文化产业示范基地建设工作。

2020 年 4 月，济南市文化和旅游局、济南高新区发展战略与宣传策划局，与开心麻花签订三方战略合作协议。开心麻花将正式入驻济南，并在济南建设开心麻花山东总部基地。开心麻花山东总部基地将以人才聚集、创作生产、艺人经纪、大型文化活动、影视娱乐等综合业务为主，其市场范围将涵盖山东及河南两个文化大省及人口大省，实现以济南为核心，有效推动山东、河南两地的演艺市场发展，最终实现"花开鲁豫"。

● 建设国际音乐之都和华语音乐全球中心

北京是全国音乐创作、编辑制作、出版发行、视听传播、演出交流、版权交易、科技创新、教育培训和消费体验的中心。聚集了音乐企业、人才、技术、科研、教育等全国最优质的资源，已经形成了成熟的产业链，具备了发展音乐产业的显著优势。近年来，北京市音乐产业发展呈现出快速发展的态势，基本形成了以音乐演出、数字音乐、教育培训、版权经纪、影视动画、乐器产业等为主的产业结构布局。

2012 年，北京国家音乐产业基地正式挂牌成立，包括朝阳区的 1919 音乐产业基地、朝阳区的北京音乐创意产业园、西城区的天桥演艺区、平谷区的中国乐谷、西城区的中国唱片总公司创作园、海淀区的西山文化创意大道、朝阳区的数字音乐示范园区等七个园区。目前，这里已经成为全国音乐产业发展的引领者和风向标，成为国内外音乐机构集聚、音乐人才集居、音乐活动集中、产业服务集成的音乐文化产业发展承载区。这里是全国音乐产业从业者、音乐企业和音乐人才为之向往，愿意为之奋斗，实现梦想的地方。

2019 年 5 月，由中国音像与数字出版协会音乐产业促进工作委员会首次发布的《2019 中国音乐产业发展报告——音乐产业集聚区发展专题报告》显示[1]，北京国家音乐产业基地的入驻企业总数为 272 个，其中与音乐产业相关的企业数量为 129 个，从业人数 4211 人，其中与音乐产业相关的人员是 2138 人，占总从业人数的 50.77%。

2019 年，北京市音乐产业总规模达到 750 多亿元。录音制品出版数量占全国 65%；音乐作品版权登记数量占全国 70%；激光唱盘出版数量占全国 60% 以上；音乐剧和音乐会的票房收入合计占北京演出市场票房总收入的 79% 以上。北京作为中国音乐之都的绝对优势为其打造面向全球的国际音乐之都奠定了坚实的基础。

2019 年底，北京市政府开始推行《关于推动北京音乐产业繁荣发展的实施意见》，围绕建设"国际音乐之都"和"华语音乐的全球中心"的目标，提出了十项重点工作与五大保障措施，即"北京音乐十五条"。今后北京市音乐产业的发展目标是，涌现一批原创音乐作品和优秀音乐品牌，培育一批有示范引领作用的行业龙头企业，吸引一批国际国内知名音乐人

---

[1] 统计数据为 2018 年。

才和优秀原创音乐人才扎根北京，形成一批高起点、产业化、高聚集、可持续的音乐产业示范园区。音乐产业体系不断完善，迈向发展新阶段。力争 2025 年北京市音乐及其关联产业年产值达到 1200 亿元。

2020 年 10 月，位于朝阳区东部的北京音乐产业园正式开园，总占地面积 4600 亩，规划总建筑面积 84.2 万平方米，采用国际顶尖标准，打造集音乐制作、音乐科技、音乐演艺、发行及教育培训于一体的全产业链基地。产业园核心区分为音乐制作中心、国际音响博览中心、音乐研学中心、音乐展演中心、音乐企业总部基地五大板块，均采取国际领先标准，很多填补了我国在这些领域的空白，能够为华语音乐在世界音乐中地位提升提供实际的制作基础。在产业核心区周边，还有 15 万平方米的音乐家工作室区、140 万平方米的音乐公园。目前，核心区建设已初具规模。腾讯音乐、北京库客音乐股份有限公司等 20 余家重点企业达成战略合作。王宏伟、韩磊等知名艺术家将工作室落户园区。

2018 年 8 月，由内蒙古乌兰察布市与北京唱吧科技股份有限公司联合发起的"2018 四子王旗草原音乐节"在乌兰察布四子王旗举行。唱吧是一个音乐平台，用户量过亿，同时聚集了上万个唱吧音乐人。这次唱吧与乌兰察布达成了草原音乐节的跨界合作，一方面邀请了崔子格、罗大佑、铁风筝乐队、西游乐队等知名音乐人参加；另一方面也激励更多音乐人将好作品放到更大的舞台上去演出，与更多人共同享受音乐带来的快乐；同时，将草原音乐节与避暑旅游、体验草原风土人情巧妙地结合，为乌兰察布带去更多地人流和消费。

● 建成国际动漫游戏之都

北京已经成为全国动漫游戏产业的研发中心、运营中心和全国出口中心。全市涌现出一批全国知名的动漫游戏企业和优秀产品，形成了包含创作、出版、运营、发行以及产品开发的全产业链，涵盖了从研发型到渠道型的全产业类型。

2013 年 ①，动漫游戏产业首度进入北京市文化局的年度总结中，当年该领域规模以上企业总产值达到 220 亿元。而到了 2020 年 ②，北京动漫游戏产业总产值约为 1063 亿元，约占全国动漫游戏产业产值的 19.3%，相比2019 年的 806 亿元增长 32%。从 2013 到 2020，短短 7 年间，增长幅度接近 4 倍，发展态势之好，令人不禁感叹！目前，北京在动漫游戏产业产值规模、公司数量上都领先于国内各大城市，已成为全国动漫游戏行业重要的研发中心和最大出口地。

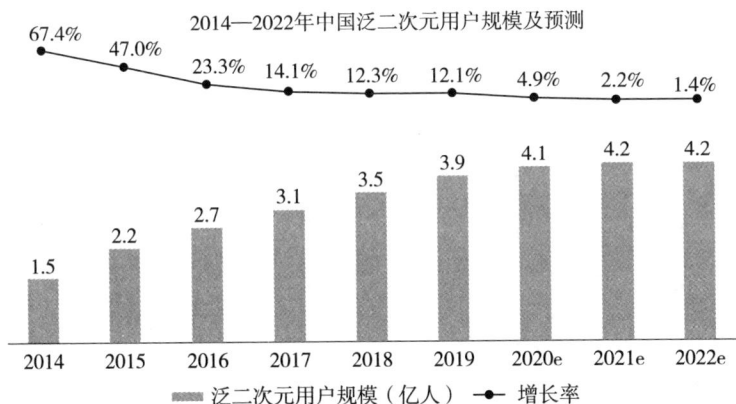

2014—2022年中国泛二次元用户规模及预测

中国动漫、游戏产业发展的主要群体"泛二次元"用户规模迎来高速增长

数据来源：艾瑞研究院

其中，动漫产业方面，2020 年北京动漫产业总产值为 168.71 亿元。截至 2020 年 10 月，北京动画片备案总长度为 15681 分钟，约占全国动画片备案总长度 155114.3 分钟的 10.1%。中国动画产业呈现以北京为中心辐射周边城市，不断发展壮大态势，尤其是 2020 年在疫情防控常态化之后仍保持逆势上涨趋势。

游戏产业方面，2020 年北京游戏产业总产值为 894.29 亿元，位居全国首位，比"十二五"末翻一番；移动游戏市场规模持续扩大。2020年，北京移动游戏用户已达508.1万人，比2019年增长16.6万人。

近年来，受国内游戏行业人口红利逐渐消失的影响，国内市场逐渐固化的背景下，北京动漫游戏企业积极开拓海外市场，出口产值大幅增长，网络游戏、动漫等文化产品"卖出去"的效果日益显现。同时，北京大中型动漫游戏企业海外竞争力逐步提升，在中国出海游戏收入排行榜上，来自北京的趣加科技、智明星通占据了前五名中的两个席位。目前，北京企业自主研发的网络游戏产品已覆盖100多个国家和地区，在全球游戏市场占据重要位置。数据显示，2020年北京游戏出口总产值为419.29亿元，比2019年增长30%。

同时，北京积极布局当下持续火爆的电竞产业，打造"电竞北京"品牌，有效推动电竞行业资源要素在京集聚发展，营造新业态发展的良好环境，为产业发展塑造新场景。北京完美世界网络科技有限公司举办的亚洲邀请赛、京东集团举办的中国电子竞技嘉年华，特别是《英雄联盟》总决赛以及《王者荣耀》移动电竞赛事总决赛在北京的举办，以及众多上市公司和国际资本都在北京加速布局，强力助推北京电竞产业的快速发展，大力提升北京动漫游戏产业的全球参与度。

2019年12月，北京市精品游戏研发基地在中关村科学城数字文化产业园揭牌，吸引了腾讯、网易、完美世界、哔哩哔哩、字节跳动、骏加游戏、知行合一……众多业内知名企业入驻，已签约企业达49家，园区产值达100.12亿，成为首都打造国际网络游戏中心的"金名片"。

2019年底，北京市发布《关于推动北京游戏产业健康发展的若干意见》指出，围绕建成"国际网络游戏之都"总目标，北京市将通过体制机制创新，充分激发市场活力，推出一批双效俱佳的原创游戏精品，培育一批具有行业引领力的龙头企业，吸引一批国际国内知名的创意人才和优秀原创游戏团队扎根北京。2025年，全市游戏产业年产值突破1500亿元，建成产业体系健全、要素市场完善、营商环境一流、产业链条完备的国际网络游戏之都。

与此同时，随着近几年来动漫产业市场的不断扩大，越来越多优秀的北京动漫作品受到大众的欢迎，北京动漫正以一个高速发展的态势上升。目前，北京的动漫产业链从动漫的创意、制作、发行、动漫衍生品，正逐渐形成一个闭环。

目前，全国多个区域（广东、上海、浙江、湖南等地）纷纷布局动漫游戏产业基地。而根据北京市发布的"以业控人"要求，全市对于数字内容创意服务中高端创意属于鼓励类业态，而对于为动漫、网络游戏提供劳动力密集的美术等中期制作服务为主营业务的相关主体则属于疏解的范畴。因此，北京依托其特有的得天独厚的人才、科技、创意等方面的优势，与全国不同区域的动漫游戏产业进行对接协作，可以实现多领域、深层次、全方位的互融互通，涵养各方产业生态更快更好地成长。

我们从一部大热的动漫影片的成功，便足可以看出跨区域产业协作的伟大力量。2019 年，由北京光线传媒出品、发行的影片《哪吒之魔童降世》，最终取得了 50 亿人民币票房，不仅打破了中国动画电影的纪录，更一举创造了中国影史第二高票房纪录，超过 2016 年上映的《疯狂动物城》，成为中国影史动画电影票房第一。

《哪吒》的打造，除了北京光线传媒的主导外，更离不开全国多个城市的多家动漫企业的参与。电影结尾中出现的 70 家参与制作的企业，分布于全国，包括南京、成都、长春、苏州、杭州、济南、厦门、深圳等地的企业。《哪吒》是目前国产动画电影中参与制作人数最多的——整部电影参与制作的人数高达 1600 多人，由全国 20 多家公司一起参与完成。因此这是一个全国动漫产业跨区域协作带来的奇迹作品。

此外，近年来，北京动漫游戏 IP 再开发，与传统产业结合落地，实现北京动漫游戏产业与地方共赢更是北京市文创产业跨区域协作的一大鲜明特色和成功案例。2018 年 8 月，国内首家阿狸主题的自然乐园——田园东方·成都阿狸田野乐园在成都天府新区开园，项目占地面积 15 万平方米。项目以国内知名原创 IP 阿狸为主题，打造集"农场体验 + 非动力游乐 +IP 沉浸体验 + 自然教育"于一体的田野乐园，为游客提供理想的自然生态游乐体验。在阿狸田野乐园，萌萌的治愈系阿狸从动漫世界来到了现实中，获得广泛关注和好评。

这是一个开放包容的时代，只要足够优秀、足够互补，区域不再是限制产业发展的第一条件，跨区域协作，优势互补将带来更多的好作品。北京动漫游戏产业的跨区域协作将成为常态化，依靠全国各地优质的资源和团队，将缔造越来越多的优秀作品、和创造越来越多的价值。

- 建设世界旅游名城

北京拥有 3000 多年建城史、800 多年建都史，是世界文化遗产最多的城市。2012 年，北京携手众多世界旅游城市及著名旅游机构，率先倡导发起全球第一个以城市为主体的国际旅游组织——世界旅游城市联合会（World Tourism Cities Federation），联合会总部和秘书处设在北京，官方语言为中文和英文。北京是世界上重要的旅游客源地城市，也是著名的旅游目的地城市，世界旅游城市联合会总部永久设立在北京，有助于推动国际旅游城市之间的合作与交流，更好地为游客出游服务。

2019 年，北京全年接待旅游总人数 3.22 亿人次，实现旅游总收入 6224.6 亿元。其中，接待入境游客 376.9 万人次，旅游收入 358.4 亿元；全年经旅行社组织的出境游人数 484.5 万人次。根据《世界旅游城市发展报告（2019）》分布的排行榜显示，2019 年世界旅游城市发展综合排名中北京位列第 5 名，前四位分别是纽约、东京、伦敦、巴黎，香港、上海位列第 7 名与第 9 名。

2020 年，北京市制定《关于推进北京市文化和旅游融合发展的意见》，提出要立足首都深厚的文脉底蕴和资源优势，建设国际化文化旅游智慧城市，打造具有全球影响力的文化旅游带，构建具有全球影响力和竞争力的资源体系、服务设施体系和产业体系。借助 2019 年世界园艺博览会、2020 年世界休闲大会、2022 年北京冬奥会、2021 年北京环球度假区正式开放等全球重大节事活动的举办，扩大北京文化旅游"朋友圈"，全面提升北京文化旅游的全球影响力，最终将北京建设成为彰显中华文化魅力的世界旅游名城。

北京除了自身有优质的旅游资源、旅游产品外，也培养了一大批专业的旅游产品投资、开发、运营的企业。由于北京景区资源较为有限，且开发成本过高，很多北京的旅游投资公司都将工作重心放在拓展北京以外地区的旅游资源开发上面，放眼全国，加码外地景区资源拓展。走出北京，借助跨区域协作平台布局全国，这意味着北京旅游产业将不断迸发出更大发展空间，激发北京文化旅游产业更大的影响力。

目前，京地旅游产业跨区域协作越来越常态化，很多城市文化旅游资源禀赋好，然而缺乏专业的团队去开发和运作，而北京在这方面则是强项，同时北京还有极强旅游消费力的市场优势。北京文旅企业与地方的文旅资源开展多方市场化的合作，推动京地文旅产业形成共建、共赢、共享发展新格局。京地打造一系列北京文旅企业参与投资、开发、运营、引流的文旅项目，涉及文旅景区、度假酒店、冰雪运动、康养、民宿开发运营等多个旅游产品，加强京地旅游产业互动，充分发挥京地旅游合作的多样性和互补性，实现开发项目经济效益、社会效益、生态效益相协调，地方利益、百姓利益、北京企业利益共生共赢。

● 创建国际艺术品交易中心

目前，北京已经成为全国最大的传统工艺品交易集散地、高端文物流通和艺术品交易中心，北京的文物艺术品拍卖市场历经 30 年发展一直保持全国龙头地位。据不完全统计 [①]，自 1992 年开展文物艺术品拍卖以来，北京地区累计成交额超过 3500 亿元。2019 年，北京文物艺术品拍卖业务成交额 177 亿元，占全国市场的三分之二。

2008 年，伴随全球金融危机的冲击，西方艺术品市场萎缩明显，中国艺术品市场却实现了快速发展，一度超过美国成为世界艺术品第一大市场，而北京则一直占据着中国艺术品市场的半壁江山，因此享有了世界艺术品市场的话语权。十年来，北京文物艺术品拍卖经营额连年递增、持续翻番，呈现一种爆炸式的增长，北京文物艺术品拍卖业已形成了一个文化产业，

---

① 北京文物艺术品拍卖近 30 年累计成交额超 3500 亿，北京商报。

北京很快成为整个亚洲文物艺术品交易中心。

据德勤预测，全世界艺术金融的需求大约为 17 万亿元人民币，我国艺术品市场的潜在需求，保守估计能达到 6 万亿元人民币。根据苏黎世——瑞银集团和巴塞尔艺术展发布的《巴塞尔艺术展和瑞银全球艺术品市场报告（2019）》统计数据显示，2018 年美国、英国、中国成为世界艺术品交易市场前三强，中国当年艺术品销售额达 129 亿美元，位列全球第三。伴随我国艺术品市场的迅猛发展，世界艺术品市场中心东移的趋势越来越明显。此时，在我国建设全球艺术品交易中心及艺术财富管理中心的呼声越来越大，北京作为日趋成熟稳健的国际文物流通和艺术品交易中心，自然成为不二之选。

北京一直是国宝艺术家之都，六成艺术家现居北京。《2020 胡润中国艺术榜》显示，自该榜创立以来的 13 年间，北京一直是最多艺术家出生和居住的城市。其中 2020 年，100 位上榜艺术家中，现居北京的占了一半，以 59 人绝对领先于全国各大城市；广东保持第二，有 8 位；江苏以 7 人，保持第三；天津和上海以 5 人，并列第四。

北京已成为全国艺术品市场发展的引领者和风向标，以其海纳百川、包容大气的新格局，聚集了成千上万的画家、书法家、收藏家等艺术爱好者和工作者，一直以来都是全国文化家、艺术家为之向往，愿意为之奋斗，实现梦想的地方。

2019 年底，国家对外文化贸易基地（北京）正式启动国际艺术品贸易服务平台。该平台面向全球文物与艺术品进出口贸易企业提供文物与艺术品展览展示、拍卖交易、检测分析、鉴定评估、修复保管、仓储物流、金融保险等系列服务。在流通、消费、展览展示、评估、版权、保险、抵押、融资等领域为艺术品交易交流活动搭建平台，为艺术家创造良好的艺术生态环境。

2020 年，全国最大的国家级艺术品交易交流平台——中国艺术品交易中心落户北京通州区宋庄艺术小镇。该项目以"艺术融合"为产业主题，围绕艺术品产业"创作 - 展示 - 交易 - 孵化 - 传播 - 金融"等生态链环节，构建原创艺术品交易体系及文化创意产业金融服务体系，建设集原创艺术品及衍生品交易、展示、艺术品拍卖及版权交易等功能于一体的中国最大的国家级艺术品交易中心。中心建筑规模约16.5万平方米，包括中国艺术品交易中心与中国艺术品产业博览会永久会址，计划于2023年完工。

北京是全国文化发展的引领者和风向标，是全国文化家、艺术家聚集的地方。未来，北京市将全面对标纽约、伦敦，推动国际文物流通和艺术品交易大发展，通过政策引领、品牌打造，以及加快建设全国交易中心和服务平台，加速形成艺术品交易活跃、艺术品交易产业链成熟的千亿级规模的艺术品交易市场，努力打造成为比肩纽约、伦敦的世界级艺术品交易市场。

北京市在创建国际艺术品交易中心的同时，也对艺术品交易的一些环节做出了禁止和限制发展的规定，属于疏解的范畴。根据《北京市文化创意产业发展指导目录（2016年版）》，对于艺（美）术品、文物、古董、字画拍卖服务属于北京市鼓励类文化业态，而对于工艺美术品及收藏品零售，全市禁止新建和扩建商品交易设施，禁止新设从事商品交易市场经营管理活动的市场主体。

2018年，享誉国内外的收藏市场、拥有"世界十大跳蚤市场"称号的北京潘家园，落户山西省大同市。7月，由北京和大同两地合作打造，历时1年零4个月建设的潘家园大同文化商业项目圆满落成并正式开业，来自北京的首批近百名商户入驻并正式开门营业。项目占地面积约2.6万平方米，总投资约3亿元，预计摊铺达3000余个，是依托大同古城规划的文化艺术品经营项目。

自2016年以来，潘家园公司按照非首都核心功能疏解政策及京津冀协同发展战略要求，开始布局大同文化项目，促进北京和大同文创产业发展优势互补，推进区域产业文化融合和资源共享。通过双方携手共进，架构文化艺术产品服务、交易平台，促进传统文化的传承和推广，也为"北京金名片"落户大同奠定了坚实基础。大同潘家园市场致力于打造成为晋冀蒙金三角地区的大型古文玩特色文化艺术聚集地。

● 打造国际会展中心

北京作为世界第二大经济体的首都，拥有中央机关和国务院部委办局及所属事业单位、高校科研机构、使馆领事馆、国际组织驻华代表机构、跨国公司总部等众多高端化和国际化组织，已经成为高层次会展活动潜在主办主体最多、最密集的城市。北京会展业的发展更是与北京加强"四个中心"的功能建设密不可分。伴随我国综合国力和全球地位快速提升，政治、经济、文化交往活动更加频繁，具有全球运筹能力的高端会展业主体正加速在北京集聚，高端化、国际化会展数量正在强劲增长。

目前，北京已发展成为国内领先的一线会展城市，对展会有较大吸引力。尤其是近年来，随着中国国际地位的不断提高，在北京举办国际展会数量呈现不断增长态势，由此带来的北京会议展览业创收能力显著增强。2019 年[①]，北京市会展行业总收入 345.4 亿元，比 2018 年增加 106%，从业人员 14.7 万人，比 2018 年增加 108%。

其中会议方面，会议总收入 165.7 亿元，比 2018 年增加 101%；接待会议个数 23.6 万个，比 2018 年增加 98.5%，其中国际会议 3000 多个，比 2018 年增加 78.5%；接待会议人数 2093.6 万人，比 2018 年增加 99.1%，其中国际会议参会人数 56.1 万人次，比 2018 年增加 87.8%。

展览方面，2019 年总收入 174.9 亿元，比 2018 年增长 110.7%，其中，国际展览收入 51.4 亿元，比 2018 年增长 103.1%；接待展览个数 865 个，比 2018 年增加 107.7%，其中国际展览 265 个，比 2018 年增加 179.1%；接待展览人数 1633.1 万人，比 2018 年增加 202.6%，其中，国际展览观众数 828 万人次，比 2018 年增加 418%。

北京已成为名副其实的会展大都，各项排名位居中国首位。根据国际大会及会议协会（ICCA）发布的《2020 年全球会议目的地竞争力指数报告》，从会议目的地整体环境竞争力、会议配套支撑竞争力、会议专业竞争力、会议形象感知竞争力四大方面，科学构建评价体系，显示国内前五

---

① 数据来源：北京市统计局。

的会议目的地城市分别是北京、上海、成都、深圳、广州。

同时，ICCA 发布全球排名前十的会议目的地城市分别是：巴黎、伦敦、新加坡、巴塞罗那、东京维也纳、柏林、曼谷、纽约、里斯本。未来，北京市仍将立足首都建设国际交往中心这一功能定位，从各方面积极推动会展业发展。北京市将不断深化国际交流合作，引导会展主体与国际知名展览企业合作，吸引全球知名品牌展会在京落户。北京展览业的品牌化、专业化、国际化、信息化和国际影响力、综合竞争力达到世界先进水平。

会展业素有"城市面包"和"经济的晴雨表"之称，对城市发展经济具有很强的推动作用。美国有一位市长曾说："如果在一座城市举办会展，就好比有一架飞机在该城市的上空撒美元！"北京在大力发展会展业的同时，也将全面辐射带动我国从会展业大国向会展业强国迈进。北京会展业具有市场竞争力强、策划策展水平高、产业带动面广的特点，拥有一大批优秀、专业的会展企业在会展策划、技术、运营方面具有强大的输出能力，可以在重点支持会展行业发展的城市布局，通过会展业的发展带动当地产业经济、社会价值的双提升。

北京文化产业"百花齐放、百家争鸣"。北京，在"文化"之轮的驱动下，活力无限、魅力无穷，流光溢彩，千帆竞秀。

目前，文化产业正以迅猛的速度在全球发展，当前中国文化产品市场的需求和生产能力也在不断扩大。文化产业因其具有低能耗、低污染、产业价值高、发展潜力大、就业机会多等特点与优势，正成为全国各地争相布局的战略新兴产业，也可以说文化产业犹如金矿深埋，消费潜力巨大。

笔者在第十五届北京文博会发言

从"一枝独秀"到"百花齐放"，加强区域协作创新，发挥辐射带动作用，是北京作为全国文化中心的重要职能。北京的文化成果输出与文化产业协作，正在走出北京，惠及全国，引领各地文化产业的大发展、大繁荣。

未来，北京市将持续推动文化与科技、金融及其他相关产业融合，既要大力发展自身文化生产力；又要广泛与外埠城市跨区域联动，引导文化产品和文化服务、文化人才等各类要素有序流动，促进京地文化产业协作发展实现联动式合作、协同性发展，带动越来越多的城市在文化产业方面的提升；同时，推动首都文化建设成果和资源共享，进一步促进全国文化建设水平整体提高，促进各方实现共赢发展，积极贡献首都力量。

第三节　十大"高精尖"汇聚发展新动能

"沉舟侧畔千帆过，病树前头万木春。"尽管"减量"是北京市经济和社会发展的主基调，"提质"更是北京发展的进行曲。北京市围绕科技创新打造的高精尖产业正成为支撑首都发展的强大"推进器"。北京正在用"减法"换来产业高质量发展的"加法"，创新是引领发展的第一动力。

七年来，北京市通过抓创新来促发展，借力谋创新来谋未来，为北京市产业发展点缀上动人的创新"底色"。

北京市在严守功能底线的同时，为高精尖经济结构构建打开了更大空间，符合首都功能定位的科技、信息、商务、文化等高精尖产业新设市场主体持续增加，占比由 2013 年的 40.7% 升至 2020 年 1—11 月的 60.4%，为发展现代产业体系增添了新动力。这几项高精尖产业存量市场主体占比由 2013 年底的 34.3% 升至 50.6%，高精尖产业对经济增长的贡献进一步提高。

未来，北京市将更加大高精尖产业的发展力度。北京市明确提出，北京市不是不发展，而是要发展高精尖产业；北京市不是不发展制造业，而是要发展高端制造业，尤其要大力发展智能制造。到 2025 年，北京高精尖产业增加值将占地区生产总值比重的 30%，其中制造业增加值占地区生产总值比重将回升到 13% 以上，力争达到 15%[①]。

从集聚资源求增长，到向科技创新、改革创新要动力，北京不断以实际行动回答着"建设一个什么样的首都，怎样建设首都"这一时代课题，展示着大国首都迈向高质量发展的坚实步伐。

■ 高精尖产业领跑高质量发展

2017 年，北京市根据党的十九大发展要求，以有序疏解北京非首都功能、提升发展水平为根本要求，以创新驱动为导向，落实京津冀协同发展战略，发布《加快发展新一代信息技术等十个高精尖产业的指导意见》，选取十个代表新经济增长的产业作为重点发展的高精尖产业，即新一代信息技术、集成电路、医药健康、智能装备、节能环保、新能源智能汽车、新材料、人工智能、软件和信息服务以及科技服务业等十大产业作为未来重点发展的高精尖产业。

《意见》提出高精尖产业的发展目标，即掌握一批达到世界先进水平

[①] 数据来源：北京市国民经济和社会发展第十四个五年规划和二○三五年远景目标纲要（草案）。

的关键核心技术与知识产权，培育一批国际知名品牌和具有较强国际竞争力的跨国企业，形成一批拥有技术主导权的产业集群，在更高层次上参与全球产业竞争。

与此同时，北京市经济和信息化委员会与北京市财政局联合宣布，经市政府批准，北京设立高精尖产业发展基金，计划总规模 200 亿元人民币，其中母基金 50 亿元，全部为市级财政资金，将吸引多方力量共同支持北京高精尖产业发展，为高精尖产业发展提供坚实的"金融后盾"。截至 2020 年 8 月 31 日，高精尖基金确认合作子基金 21 支，认缴总规模合计 196.18 亿元，累计投资决策项目 115 个，累计投资决策金额 67.17 亿元，项目累计融资额约 224 亿元，项目层面放大倍数超过 13 倍，切实发挥了财政资金杠杆作用。

"十三五"时期，北京以十大高精尖产业为主的新兴产业蓬勃发展，在产业经济中所占的比重不断增大，对北京产业结构的带动和重塑作用明显。2019 年[①]，北京市新经济增加值达到 12765.8 亿元，比上年增长 7.5%，占全市 GDP 的 36.1%；2019 年，北京市十大高精尖产业的总营收 3.33 万亿元，其中高精尖产业中制造业实现营收 7200 亿元，软件信息服务业实现营收 1.48 万亿、科技服务业实现营收 1.13 万亿。北京汽车、电子、医药三大行业产值均达到千亿元的规模，增加值合计占规模以上工业增加值的 37%[②]。

知识型人才投资成效显著，北京知识密集型服务业规模稳步增长，2019 年北京 IT 岗位比例从 2014 年的 7.3% 增长至 9.96%，年均增长率达到 7.29%，高新技术从业人员占比由 2014 年的 13.36% 增长至 2019 年 20.87%，年均增长率 11.24%。

"十三五"时期，北京市先后创建了国家动力电池创新中心、国家轻量化材料先进成形技术及装备创新中心、国家智能网联汽车产业创新中心

---

① 数据来源：关于北京市"十四五"时期推进高精尖产业发展的调研报告，市人大常委会财政经济办公室。

② 北京市商务局联合普华永道编制《2020 北京市外资发展报告》。

等 3 家国家级制造业创新中心，15 家市级产业创新中心，30 家国家技术创新示范企业，92 家国家级企业技术中心，677 家市级企业技术中心，8 家国家级工业设计中心和 33 家北京高精尖产业设计中心，为产业转型和高精尖产业发展夯实了根基。

同时，北京市以产业基地为重点依托，以重大项目集聚带动为主要支撑，在新一代信息技术、集成电路、医药健康、新能源智能汽车等领域初步形成了一批特色产业集群品牌。其中，新一代信息技术产业领域已经形成以中关村软件园为代表的产业集群品牌；医药健康产业领域形成以中关村生命园、大兴生物医药基地为代表的产业集群；集成电路产业领域形成以中关村集成电路设计园、北京经济技术开发区为代表的产业集群；新能源智能汽车产业领域形成以顺义、北京经济技术开发区、北京高端制造业基地为重点集聚的产业集群。

● 新一代信息技术产业

2020 年，新一代信息技术实现工业总产值预计 3500 亿元[①]，信息消费相关产业规模超过 1 万亿元。北京新一代信息技术已经实现与文化传媒、教育、医疗、工业等行业深度融合，成功实施超高清视频节目、有声读物、"体育产业云"、数字旅游等线上线下交互式应用体验项目；在线教育企业突出，创新数字教育管理与服务模式，实现了优质教育资源共享；开展了运用人工智能、云计算、大数据、超高清视频等新技术进行健康管理与惠民服务，推动居家健康服务管理等信息化建设与应用。

北京新一代信息技术产业链上下游环节齐备，集聚了百度、大唐电信、联想、京东方、酒仙网、小米、浪潮等行业领先企业，研发创新优势明显，创新载体资源丰富，取得了一批关键技术标志性成果。

北京市 5G 产业研发能力较强[②]，科研院所资源丰富，人才聚集。在 5G 标准研发方面，北京单位累计提交 5G 标准提案文稿 1000 多篇，占全国

---

① 北京市产业经济发展蓝皮书——聚焦高精尖，北京产业经济研究中心。
② 北京市产业经济发展蓝皮书——聚焦高精尖，北京产业经济研究中心。

1/6。产业链相对完整，在支撑层、基础层、传输层、应用层和场景层等产业链各关键环节上，起步较早并居行业领先地位的企业有 70 余家。通信基础设施较为完善，拥有移动基站超过 16 万个，通过资源共享和属地协调，具备 5G 大规模快速成网的能力。

目前，北京市正在聚焦信息通信设备、操作系统和工业软件等重点领域，加快核心关键技术突破与服务模式创新升级，突出高端环节，提升产业发展水平，着力培育新一代信息技术核心品牌和特色产业集群，预计到 2022 年，信息消费相关产业规模达到 1.4 万亿元①。

2019 年，北京市数字经济增加值占 GDP 比重超过 50%，达到 1.7 万亿元，超越"全国互联网之都"及"全国数字经济第一城"——杭州市 4.5 倍，居全国首位。22 家北京企业进入"2019 中国大数据企业 50 强"榜单，占全国 44%，数量居全国首位。在与全球服务贸易国家（地区）横向比较中，北京跻身前 20 强。

"十四五"时期，北京市将构建集"数字基建 – 数字交易 – 数字平台 – 数字场景"于一体的数字经济新生态，努力建设全球数字经济标杆城市。这其中包括率先实现自贸区固移双千兆覆盖，开展卫星网络基础设施建设，积极创建国家人工智能创新应用先导区，推进高级别自动驾驶示范区建设，集中力量突破一批芯片、操作系统、数据库等关键核心技术，建设世界级标杆智能工厂等重要细分目标。

- 集成电路产业

北京市是中国集成电路设计业的发祥地，曾经长期位居中国集成电路设计业的龙头老大地位，也是最早被科技部认定的七个国家级集成电路设计产业化基地之一，集成电路设计收入占全国的三分之一。北京经开区已成为国内集设计、晶圆制造、封装测试、装备、零部件及材料等完备的集成电路产业链，且规模较大、水平较高的集成电路产业基地。

北京集成电路产业发展迅速，尤其近十年，产业规模年均增长率为

---

① 《北京市进一步扩大和升级信息消费持续释放内需潜力的行动计划（2019—2022 年）》。

16% 以上。2019 年，北京集成电路产业销售收入突破 1000 亿元。北京集
成电路产业研发资源优势明显，集聚的"千人计划"学者占全国比重 1/3，
中科院与此相关的研究所约有 50% 设立在北京。

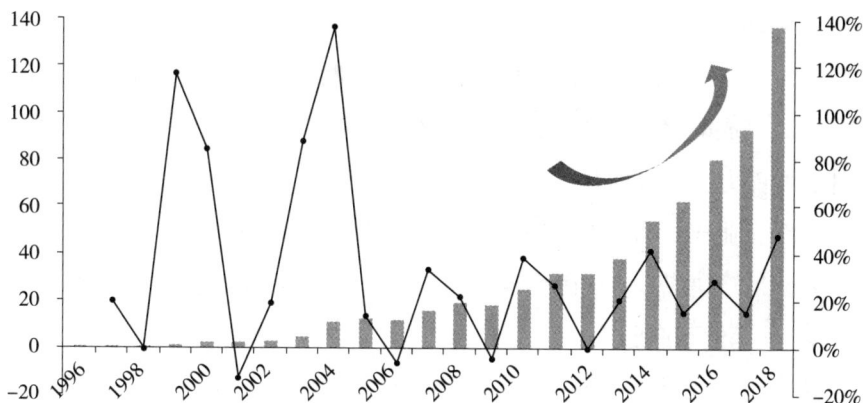

1996—2018 年，北京市集成电路数量（亿块）

数据来源：北京市统计局

　　北京市在集成电路几个细分领域发展基础较好，设计领域优势明显，
制造领域产品线丰富，装备产品种类齐全。现已形成以中芯国际、北方华
创为龙头，包括设计、晶圆制造、封装测试、装备、零部件及材料等完备
的集成电路产业链，构建了"芯片—软件—整机—系统—信息服务"集成
电路生态系统。其中设计领域，紫光展锐、智芯微电子、豪威科技、兆易
创新等企业居于国内集成电路设计企业前列；制造领域产品线丰富，中芯
国际现有 18 个工艺平台，涵盖 0.18 微米至 28 纳米制程，燕东微电子、国
联万众等企业在建的项目可开展数模混合电路、中高频器件等特色工艺产
品批量生产；装备产品种类齐全，北京能够生产除光刻机以外的全部品类
集成电路制造装备。

　　近五年，北京各相关部门共投入财政支持集成电路发展资金约 32 亿
元；通过亦庄国投、中关村发展集团等投资平台投资产业基金和项目超过
300 亿元；带动国家集成电路产业投资基金及其他社会资金投资北京项目

规模超过 1000 亿元。在多方推动下，北京集成电路产业得到了快速、创新的发展。

下一步，北京市将大力深化集成电路产业链与创新链协同发展，推进集成电路技术代际、产业模式创新突破，发展集成电路设计、制造、材料和装备等环节，提升集成电路设备、零部件和关键材料本地化配套能力。北京市推动产业规模不断提升，产业结构不断优化，关键技术不断突破；重点领域集成电路设计技术达到国际领先水平，先进制造工艺对国产高端芯片支撑能力进一步提升，实现量产的国产核心装备国际竞争力显著增强；一批骨干企业成长为行业领军企业，人才引进与培养体系基本满足行业发展需要，最终建成具有国际影响力的集成电路产业技术创新基地。

- 医药健康产业

北京医药健康产业链主要由前沿创新、生物制药、医疗器械和医疗服务构成。其中，前沿创新包含基础研究、药物发现、临床研究和 CRO、大型药企、研究院所等；生物制药包含化学药、创新药和高端仿制药等；医疗器械包含诊断类设备、医学影像设备、参数检测设备和分析检验设备等；医疗服务包含基因检测、基因测序技术、第三方独立医学平台和基因检测数据分析等。

2019 年，北京全市医药健康企业营业收入约 2000 亿元；其中，医药制造业完成工业总产值占 85% 左右，医疗仪器设备及器械制造业完成工业总产值约占 15% 左右[1]；拥有药品生产研发企业 1616 家[2]，医疗器械生产研发企业 3294 家，共有上市企业 163 家；拥有亿元品种 100 余个，其中，10 亿元规模以上企业有 20 家，50 亿元以上 3 家，分别为同仁堂集团、北京诺华与拜耳[3]；全市规模以上医药工业企业 311 家，总产值 1323.3 亿元[4]。

2020 年 11 月，中国科技部中国生物技术发展中心发布了《2020 年中

---

[1] 北京市产业经济发展蓝皮书——聚焦高精尖，北京产业经济研究中心。

[2] 数据来源：火石研究院。

[3] 数据来源：北京市科委。

[4] 北京日报：前三季度北京市医药健康企业收入超 1400 亿元。

国生物医药产业园区发展现状分析报告》，报告以环境竞争力、产业竞争力、技术竞争力、人才竞争力、龙头竞争力五个单项竞争力排名为基础，通过加权计算单项评分构建生物医药产业园区综合评价体系，经过对全国189个生物医药园区发展情况进行评估分析，中关村示范区综合竞争力位列全国第一。在五个单项竞争力排名中，中关村示范区环境竞争力、技术竞争力、龙头竞争力排名中均为全国第一，产业竞争力、人才竞争力排名全国第二。

北京现已形成"一北一南"两大医药健康产业聚集区，规模占全市80%，其中北部海淀区和昌平区，以生命科技园为核心，形成约440家企业的创新研发集群；南部以亦庄经开区、大兴区为核心，形成约1300家企业的高端制造集群。现在一大批新兴技术企业正在崛起，在分子靶向药物、免疫治疗药物等领域达到国际先进水平；创新品种不断涌现，贡献了全国数量最多的源头创新品种。

目前，北京医药健康产业已具备了实现新一轮提质增速发展的良好基础，科技资源和影响力位居全国之首。北京医药健康产业在基础科学发现和药物靶点开发方面具有明显优势，拥有4个国家重大科技基础设施，83个国家级重点实验室、工程研究（技术）中心，数量居全国之首。此外，在临床使用方面，北京医药产业市场容量大，示范效应强，拥有115家三级医院，57家国家药物临床试验基地和全国一半左右的国家临床医学研究中心，有2个国家级医学转化中心，高水平医疗资源对全国有较强的示范和辐射效应。

未来，北京市将进一步加快医药技术创新步伐，加强生物制药、中药新药、高端医疗器械等创新能力建设，建立体系完整、结构优化的医药健康产业体系，推动生物医药与信息技术、材料科学等跨界融合，发展健康医疗新模式。新药研发能力持续保持全国领先，产业发展更加绿色，单位产值能耗、水耗持续降低。"十四五"期间，北京支持新冠疫苗、下一代抗体、细胞治疗、单抗新药等10个以上国际原创新药落地转化，争取医药健康产业收入实现 4700 亿元 [①]。

● 智能装备产业

智能装备是高端装备的核心，智能装备产业链主要分为智能制造装备、高端能源装备和特色专用装备。智能装备作为信息化与工业化深度融合的重要体现，是高端装备制造业的重点发展方向，对于加快制造业转型升级，提升生产效率、技术水平和产品质量，降低能源资源消耗，实现制造过程的智能化和绿色化发展具有重要的意义。

2018 年，北京市高端装备产业工业总产值约 1515 亿元，占规模以上装备制造产业总量的 66% 以上，人均产值为 117 万元 / 人。其中，智能制造装备产业实现产值 590 亿元，同比增长 6.8%；高端能源装备产业实现产值 340 亿元，同比下降 17.1%；特色专用设备产业实现产值 352 亿元，同比增长 15.0%；节能环保装备产业实现产值 143 亿元，同比增长 8.3%；其他装备产业实现产值 90 亿元，同比增长 3.4%。

目前，北京市拥有清华、北航、机械总院、中航 625 所等一批国内在装备制造专业领域较高水平的中央研发单位，也拥有国机中央研究院、北自所、中电科装备等一批与市场紧密结合的企业创新实体。机器人检验检测、高档数控机床数控系统及功能部件关键技术标准与测试等平台建设获得国家支持。在当前以中高速、优结构、新动力、多挑战为主要特征的新常态下，智能制造成为我国产业转型升级的突破口，智能装备产业对北京制造业转型升级的带动作用显著。

特别是，北京机器人产业拥有国内领先的研发创新资源，科研成果转化和企业孵化优势突出。特种机器人、服务机器人在国内具有比较优势，工业机器人及核心零部件特色突出。天智航的医疗机器人、北京凌天的消防机器人等处于国内领先水平，智同科技的 RV 减速器已取得技术突破并已实现量产。截至 2019 年底，北京已有 4 个项目入选工信部智能制造试点示范项目，12 个项目获得智能制造综合标准化和新模式应用立项批复，

---

① 北京市产业经济发展蓝皮书——聚焦高精尖，北京产业经济研究中心。

综合标准化立项数量连续四年位列全国第一。

今后，北京市将加强重大技术装备研发创新，突破共性关键技术及前沿技术，强化系统集成服务能力，以智能制造为突破口，加大关键技术与装备研发力度，开展系统集成与行业解决方案的产业化应用，示范推广无人化、网络化、智能化的数字车间与智能工厂，争取"十四五"期间，智能装备产业实现工业总产值 2000 亿元。

● 节能环保产业

北京节能环保产业主要由研发设计、节能环保服务和节能环保装备与产品构成。其中，研发设计包括：节能技术研发设计、环保技术研发设计和资源循环利用技术研发设计；节能环保服务包括：能源管理综合服务、环境污染第三方治理和环境综合服务；节能环保装备与产品包括：节能装备与产品、环保装备与产品和资源循环利用装备和产品。

近年来，北京市节能环保产业以节能环保关键技术和产品研发为支撑，以节能环保工程集成服务为载体，产业规模逐步扩大。2019 年，北京市节能环保产业从业企业突破 5000 家，其中节能行业 1100 多家，环保行业 3600 多家，资源循环利用行业 100 多家，实现总收入 4100 多亿元。北京市节能环保产业以第三产业为主，服务业总收入占比超过 85%，环保装备制造业收入接近 15%。

北京节能环保产业创新资源丰富，拥有国家部委直属节能环保科研机构 50 余家，节能环保类国家重点实验室数量位于全国前列，拥有市级节能环保类重点实验室和工程技术研究中心 60 余个。总部型企业发展优势凸显，依托北京丰富的资本、技术资源与大企业总部资源，北京节能环保产业的总部型企业优势突出，已经形成技术研发、投资建设和综合运营服务为一体的发展模式，集聚了一批面向全国投资发展的总部企业。

近年来，北京节能环保产业创新创业活力显著提升。通过创业孵化、合资合作、大企业节能环保业务专业化剥离等方式，北京快速推动了一批节能环保企业发展，涌现了碧水源、桑德、高能环境等一批自主创业成长的典型企业。拥有国家备案节能服务公司总数居全国首位，具有甲级环境工程设计的单位、环境工程专业施工承包一级资质单位、甲级环评资质单位、环境污染治理设施运营资质单位数量均居全国前列。

未来，北京市将充分依托首都科技资源优势，坚持高端发展，强化产、学、研、用结合，着力突破一批节能环保领域关键技术，研发重点高端装备，加快发展节能环保产业新模式、新业态，不断提升节能环保产品和服务供给水平。培育 10 家营业收入超过百亿、具有国际竞争力的节能环保龙头企业，培育 100 家左右营业收入超过十亿、在国内细分市场领先的节能环保骨干企业，带动具有自主知识产权、核心技术优势的创新型中小企业快速发展，努力将北京建设成为全国节能环保产业的技术创新"策源地"、高端装备"引领者"、服务资源"聚集地"和市场应用"示范区"。

● 新能源智能汽车

目前，北京汽车产业的发展确定了两大方向：一是新能源汽车整车及零部件，二是智能化。

首先，北京市具有较为完备的新能源汽车整车及零部件供应链体系，基本掌握电池、电机、电控等三大关键核心技术及系统集成技术，新能源汽车推广成效显著，截至 2018 年 10 月已累计推广新能源和清洁能源车辆 20.8 万辆，累计建成 11.52 万个充电桩。

其次，北京市在汽车智能化方面，具备电子、通信、人工智能算法、大数据、智能基础设施建设等多方面的有利条件，具有国内领先的政、产、学、研、用配套体系，科研创新能力强、产业基础雄厚、人才优势明显、产业发展环境不断优化，发展前景广阔、动力强劲，应抓住机遇、积极部署、大胆探索，力争建成全球领先的智能网联汽车产业高地。

2018 年[①]，北京新能源汽车产业实现营业收入近 400 亿元，其中营业收入超过 2000 万元的企业有 43 家，产业链条相对完整。龙头企业北汽集团新能源汽车连续 7 年位居中国纯电动汽车销量第一，累计销售超过 50 万辆，人均产值超过 500 万元，人均税收 5.5 万元；北汽新能源始终坚持以

---

① 北京市产业经济发展蓝皮书——聚焦高精尖，北京产业经济研究中心。

科技创新为中心，致力于核心技术能力的持续提升，自 2009 年成立十年来，北汽新能源研发投入累计超过 53 亿元，在营收中的占比为 10%，高于行业平均水平，现有新能源汽车研发人员 1500 人，在公司全体员工中占比超过 20%。

现在北京市已经具备较为成熟的新能源智能汽车产业发展基础，形成了完整的产业链条，整车环节集聚了北汽新能源、长安汽车等企业；关键零部件方面，集聚了当升科技、精进电动、理工华创等企业；燃料电池、全固态电池等前沿领域也均有布局。智能网联汽车方面，北京市已经推动成立智能车联产业创新中心，获批建设国家智能汽车与智慧交通（京冀）示范区，启动全球第一条智能网联汽车潮汐试验道路服务，百度、千方科技、四维图新等在智能网联汽车相关领域均有布局，部分技术水平居于国际前列，产业发展态势良好。

未来，北京市将重点突破电池、电控、电机等关键零部件核心技术，提升整车设计，动力电池等技术和工艺水平，加快以整车为龙头的产业链集成创新；不断推动汽车产业与人工智能、移动通信实现全面融合，培育以新能源智能汽车为核心，聚焦动力、计算、通讯三大核心平台的产业发展格局。

● 新材料产业

北京市是全国新材料产业的核心城市，依托丰富的科技创新资源和军民融合的优势，北京市已初步形成了前沿新材料规模不断壮大、关键优势材料强势崛起、生产性服务业蓬勃发展的新材料产业体系。

北京市新材料产业链贯穿材料研发、材料制备、材料应用三大环节。材料研发环节包括产业基金、高等院校、科研院所及测试评价等技术服务主体；材料制备涵盖特种金属功能材料、高端金属结构材料、前沿新材料、先进高分子材料、新型无机非金属材料；材料应用主要在新能源汽车、电子信息、生物医药、节能环保、航空航天、高端装备等行业。

北京市新材料产业涉及领域广泛，产品种类繁多，石化新材料、高端金属材料、磁性材料、生物医用材料等多个领域发展优势明显；拥有燕山石化、安泰科技、北新建材、蓝星东丽、中科纳新、有研硅股、当升科技、江河幕墙等一大批国内乃至全球具有较强竞争力的龙头和骨干企业。

2018 年[①]，北京新材料产业产值约 430 亿元，第三代半导体材料、新型显示材料、动力电池材料等关键战略新材料集聚发展态势明显，前沿材料持续创新，工程服务及材料检验检测保持稳定发展。近年来，北京市新材料龙头企业采取"总部＋研发"的模式发展，实现了营业收入持续增长。2018 年，北京市 19 家新材料上市公司，实现营业收入为 1124 亿元，同比增长约为 9%；其中营业收入超过 100 亿元的 3 家，10 亿级的 13 家，1 亿级的 3 家。

北京新材料产业具有创新能力强、总部集聚、科技服务业发达等特点，集聚有两院院士 130 多人，既有以清华、北大、中科院等一批基础研究实力雄厚的高等院校，也有以中铝、中建材、有研、钢研、北矿等产业创新国家队，还有以北京石墨烯研究院、北京石墨烯产业创新中心、北京协同创新研究院等一批特点突出、技术前沿的创新型载体。近十年来，北京新材料产业领域申请专利数量一直位居全国前列，新材料产业科技创新及产业化技术攻关能力在全国处于领先地位。

未来，北京市将以前沿新材料原始创新、关键战略材料集群发展、先进基础材料辐射带动为着力点，提升新材料自主创新能力和核心竞争力，打造高端新材料产业集群，构建以企业为主体、以高等学校和科研机构为支撑、军民深度融合、产学研用协同促进的新材料产业体系。

● 人工智能产业

2019 年，首个国家新一代人工智能创新发展试验区在北京成立。北京作为全国人工智能产业的发展高地，创新实力已达到国际领先水平，在语音识别、机器视觉、机器翻译领域更是全球领先，人工智能创新、创业异常活跃。2019 年，人工智能产业规模达到 1700 亿元[②]。

---

① 北京市产业经济发展蓝皮书——聚焦高精尖，北京产业经济研究中心。
② 《2020 北京人工智能发展报告》，北京智源人工智能研究院。

北京智源人工智能研究院发布《2020 北京人工智能发展报告》中指出，北京作为全国人工智能发展的领头羊，在人工智能国家级开放创新平台数量、人工智能学者数量、人工智能企业数量专利数量等 17 个人工智能发展领域领跑全国，正在逐步形成具有全球影响力的人工智能产业生态体系。

目前，北京拥有人工智能相关人才近 4 万人，占全国总量的 60% 左右；北京的人工智能相关企业超过 1100 家，占全国的占比为 28%，居全国首位；旷视科技、寒武纪等 8 家企业入选全球人工智能独角兽榜单；互联网周刊评选的中国人工智能 TOP100 企业中一半来自北京中关村；仅仅海淀区的人工智能企业就占到全国总数的 20%。

北京人工智能产业在全国处于绝对领先位置，产业链基本完整，涵盖基础层、技术层和应用层三大环节，在人工智能芯片、人脸识别、声音识别、自动驾驶、金融分析等多个细分领域均占有先发优势，集聚了一大批具备颠覆性原创核心技术的创业企业，尤其是在智慧医疗、智能家居、智慧城市、新零售和无人驾驶等重点领域，北京正快速形成具有全球影响力的产业生态体系。

未来，北京市将充分发挥在人工智能领域的资源优势，积极构建以企业为主体、市场为导向、产学研用深度融合的人工智能技术创新体系，统筹推进人工智能研发攻关、产品应用和产业培育，进一步提升人工智能自主创新能力和产业竞争力，努力打造人工智能产业集群和创新高地。

● 科技服务业

2018 年[①]，北京科技服务业实现增加值 3223.9 亿元，占第三产业比重为 13.1%、占 GDP 比重为 10.6%，增速 10.4%，高于第三产业 3.1 个百分点，高于 GDP 增速 3.8 个百分点。

北京科技服务业优势领域聚焦在工程技术服务、科技金融服务、研发服务、设计服务等板块。四个领域大型骨干企业聚集、技术创新能力强、产业规模大，在科技服务业 9 大板块收入占比超过 70%。同时，创业孵化、

① 北京市产业经济发展蓝皮书——聚焦高精尖，北京产业经济研究中心。

知识产权、技术转移、检验检测等服务业也保持较快发展，北京共有创新创业服务机构近 400 家，累计服务创业企业（团队）7 万余家，运营场地面积达 563 万平方米。北京已成为全国领先的科技服务业技术主要供给地区，技术合同成交额 60% 以上辐射到京外省市和国外，实现对 330 多个地级以上城市的全覆盖，对京外省市创新驱动发展支撑度超过 40%。

● 软件和信息服务业

2019 年[①]，北京市软件和信息服务产业实现营业收入 1.4 万亿元，占全国比重为 23.0%；全行业实现增加值 4783.9 亿元，占全市 GDP 比重为 13.5%，在全市经济中的支柱地位进一步巩固；全行业劳动生产率为 45.2 万元 / 人；全行业人均营收近 150 万元，规模以上企业平均营业收入达到 3.8 亿元。

北京软件和信息服务业处于全国领先地位。产业结构持续优化，创新能力显著提升，企业群体快速成长，产业布局日益完善，形成了"计算无处不在、网络无处不在、数据无处不在、软件无处不在"的发展态势，成为经济社会发展不可或缺的要素构成。当前，北京已成为全国工业互联网发展高地，网络、安全、平台三大产业体系成果显著；人工智能产业处于领先水平，已形成从高端芯片、基础软件到核心算法和行业整体解决方案的完整产业链；云计算应用持续深化，从互联网广泛扩展至行业应用领域；大数据应用广度和深度不断拓展，产业规模突破 2000 亿元；区块链技术加快落地，应用范围不断延伸；北京已成为全国工业互联网发展高地，网络、边缘、平台、软件、安全及应用等六大细分领域均有布局，多个领域在全国领先发展。

目前，北京市软件和信息服务行业从业人员数量达 89.9 万人，占第三产业从业人员比重为 14.6%；行业法人单位平均工资突破 20 万元大关，是全市平均水平的 1.5 倍；拥有百亿元以上企业 18 家；软件上市企业共计 203 家；北京市软件和信息服务企业在中国互联网企业百强、中国软件业

---

① 北京市经济和信息化局发布《2020 北京软件和信息服务业发展报告》。

务收入前百家企业、中国软件和信息技术服务综合竞争力百强等企业榜单中入选数量超三成，均居全国首位。

北京软件和信息服务业持续在京津冀、长三角、粤港澳大湾区等国家重大战略区域布局，实现产业协同、技术协同、资本协同。2014年以来，行业在津冀累计设立分支机构2046家，其中，2019年为220家。长三角、粤港澳大湾区也是北京软件信息产业重点布局的区域。

■ 高精尖产业跨区域协作

北京作为我国科技创新中心，创新资源高度集聚，在知识技术资本和人力资本等高端创新资源方面具有无可比拟的优势，为高精尖产业的发展提供了得天独厚的条件。北京发展高精尖产业，一方面有利于更好地发挥北京丰富的科技资源和人才优势，实现"瘦身健体"和"提质增效"，为北京保持高质量发展提供重要支撑；另一方面，旨在抢占科技竞争的制高点，在全球产业发展的激烈竞争中占据重要地位，快速提升我国科技实力和国际竞争力，强力释放对全国产业转型升级的引领示范和辐射带动作用。

"十四五"时期，北京将强化国家战略科技力量，实现更多"从0到1"的突破，到2025年高精尖产业占GDP比重由2019年25.8%提高到30%以上。

同时，在北京推动高精尖产业发展的过程中，需要突破成本、市场、产业链配套和融资等瓶颈，我们发现在高精尖产业实际发展中通过跨区域协作的方式可以助力企业的部分难题得到解决。北京高精尖产业对外跨区域协作可以起到互利共赢的效果，即一方面更好地促进北京高精尖企业做大做强，同时也能助力其他城市的经济质量、产业结构有效得到提升，起到辐射带动引领共同发展的效果。以新材料产业为例，大规模批量化生产具有总体能耗、环保排放较高的特点，而北京作为国际大都市，土地、环保等资源环境承载能力有限，随着一般制造业疏解工作的不断推进，新材料大规模批量化生产已不适合在北京落地发展，需要进一步聚焦重点领域、重点产品、重点环节，有选择性地落地建设。

在高精尖产业培育方面，我们总结出有几个必须考虑的问题，以及与全国合适的区域协作可以化解的方向：

（1）成本高昂是制约高精尖企业在北京发展的重要因素。

近年来，北京整合利用国内外创新资源能力不断增强，同时，用地、房租、人力、交通、教育等生产生活成本较高。通过将一些不是很核心的产业环节在京外布局，可以有效降低企业发展的成本。

（2）融资是高精尖企业做大需要考虑的第二个问题。

北京尽管金融机构众多，但毕竟优质项目众多，能够得到金融政策支持的企业不会全覆盖。而且光是北京自身的金融体系不能满足企业多元化的融资需求。与此同时，很多城市都建立了支持新兴产业发展的基金，或者自身产业投资平台公司具有一定的投资能力，或者人才政策、产业发展补贴等方式可以有效化解企业在发展中所需的融资难题。

（3）产业链不完整成为制约高精尖产业发展的最大问题。

北京高精尖产业发展面临北京市或者京津冀区域产业链不全、行业内配套企业整体实力较弱的局面。目前，北京只是鼓励发展高端的产业和产业的高端，整个产业链不可能全部在北京聚集。随着北京产业结构的不断调整，部分高精尖产业的上下游产业链被疏解到外地，企业生产链条被打断，北京及周边地区制造业、现代服务业的产业配套与供应体系不够完善。基于此，目前，诸多新技术、新产品尚停留在实验和示范阶段，难以在京实现产业化。因此，很多高精尖企业需要与珠三角、长三角、山东等产业基础较好或者当地有特定的资源禀赋、应用场景多的区域进行产业链、供应链、功能链、市场链等方面合作才能更好地发展起来。

（4）产业准入门槛高，成为高精尖产业做大的一个限制。

北京提出减量发展，意在为高精尖产业腾挪生长空间，工业地块带着鲜明的产业标签入市，北京工业用地政策监管趋严、产业准入门槛抬高。招拍挂公告中已清楚注明产业准入类型，比如用于建设智能网联汽车研发中心、打造国内先进的新型疫苗研发中心和现代化疫苗生产基地、新一代半导体创新型项目等。因此，企业可以考虑将一些北京不允许准入的产业环节放在合适的区域，从而不影响企业自身的发展。

（5）寻求更多的应用场景是北京高精尖产业发展壮大所需。

随着北京人工智能、5G、大数据、新材料、生命科学等高精尖产业技术逐步成熟，产业化正在或者即将进入成熟期，北京市为了支持这些产业发展创设了很多应用场景为高精尖项目助力。下一步也需要全国多个区域通过开放更多的应用场景，为高精尖企业拓展市场提供新实验空间，推动创新成果应用平台；同时，应用场景开放也能提升当地城市自身创新能力，采用新技术新产品带动当地城市、产业双升级。

（6）有些项目在京不适合大规模产业化。

除了对于地块精细化、专业化的控制外，北京还对企业每年用能、用电、用水等提出了更高的要求。以北京重点发展的高精尖产业，新材料产业为例，新材料的优异性能和特殊功能大都通过添加特殊组分或改变产品结构等途径实现，因此制备过程需要冶炼、烧结或者化学反应，总体能耗和排放相对于下游应用环节产业较大，而北京作为首都，土地、环保等资源环境承载能力有限，不适合大规模产业化项目。

因此，这些项目在北京做出示范效应、实现从"0"到"1"的突破后，可以选择合适的区域实现从"1"到"N"的再布局。

举例：2020年1月，江西省人民政府与中国科学院共同筹办的中国科学院稀土研究院在江西赣州挂牌，将借助江西省的稀土资源优势与中科院强大的科技创新能力，共同推动我国从"稀土资源大国"向"稀土科技强国"转变。中国科学院稀土研究院的设立将充分发挥北京高精尖产业的科技创新优势与江西省的稀土资源优势，促进多方协作共赢。

由此可见，在保障北京高精尖产业发展为核心的提前下，北京高质量发展离不开对外开放。从整体产业布局出发，首都的高质量发展要与国家的发展紧密结合，北京市要将继续大力推动高新技术与高精尖产业与全国各地的资源优势相结合，强化上下游产业配套协作，培育产业链，提升价值链。通过跨区域协作实现京地创新链、产业链、功能链、市场链等方面的合作融合，实现北京产业与外埠区域的互利共赢，从而构建全新产业生态体系。

今后，北京市重点围绕十大高精尖产业，将打造一批产业特色鲜明、龙头企业引领、创新能力突出、辐射带动显著的产业集群，有效吸引和集聚全国乃至全球优质高端资源，全力打造服务全国、辐射全球的高精尖产业集聚区。北京高精尖产业发展还将充分发挥溢出效应，广泛引领带动全国各地的高质量发展，贯通创新链、产业链、资金链、政策链，实现科学发现、技术开发、产业化转化和规模化应用生产的有效衔接和接续发展。

第四节　现代服务业当好压舱石

当前，全球经济结构呈现出服务业主导的发展趋势，已经成为支撑经济发展的主要动能、价值创造的重要源泉和国际竞争的主战场。根据国家统计局发布的我国服务业经济 70 年数据显示，服务业规模日益壮大，综合实力不断增强，质量效益大幅提升，新产业新业态层出不穷，已成为我国经济发展第一大产业。

2015 年以来，国务院先后三次批复北京市服务业扩大开放综合试点方案。按照国务院批复要求，北京市立足科技创新和服务业发展优势，以"产业开放 + 园区开放"相结合的模式，实行多层次、宽领域、高水平的扩大开放。

现代服务业，主要包括金融业、信息服务业、商务服务业、科技服务业、教育等行业。目前，北京市已率先在全国形成了服务经济主导的产业结构，服务业已成为北京经济的"压舱石"。2019 年，北京服务业占 GDP 的比重达 83.5%，比全国平均水平（53.9%）高 29.6 个百分点。从全球来看，北京服务业占 GDP 的比重已达全球先进国家城市的水平。

2019 年，服务业对于北京 GDP 的贡献率达 87.8%，远高于农业（-0.2%），第二产业（12.4%）。举个例子，作为现代服务业的一颗明珠——国际学校，对于北京市经济贡献较大，近年来，平均每所国际学校每年为北京市贡献税收 1 亿元以上。

北京市服务业扩大开放综合试点以来，2019 年北京市累计利用外资 818.8

亿美元，占全国利用外资的 12.5%，其中服务业累计利用外资 762 亿美元，服务业利用外资占比从试点前（2014 年）的 87.7% 提升至 2019 年的 95%。

目前，北京正在加快发展符合首都功能定位的现代服务业，有助于优化提升首都核心功能，助力打造以首都为核心的世界级城市群。"北京服务"已成为一个响亮的品牌。优质的北京服务，已成为推动首都经济高质量发展的重要引擎。

下一步，北京市将不断优化服务业发展环境，强化发展基础，充裕发展要素，激发创新活力，构建服务业产业协同发展体系，进一步发挥首都服务业扩大开放的辐射带动作用；提高试点工作服务全国其他区域有发展的水平，打造区域扩大开放新高地，努力为国家服务业对外开放积累新的可复制可推广经验；以形成优势互补、高质量发展的区域经济布局为目的，构建区域制度协同性、区域连接性、经济开放程度、产业发展协同度、经济集聚程度、发展结果均等化的全国服务业大发展格局。

■ **生活性服务业**

生活性服务业主要指与居民和家庭有关的餐饮、零售、家政、健康、养老、旅游、娱乐休闲、教育培训、网咖电玩、书店书吧等多个业态的生活性服务消费。近些年来，北京市不断提高生活性服务业品质的要求，打造生活性服务业首善之区，成为"北京服务"的一大亮点。

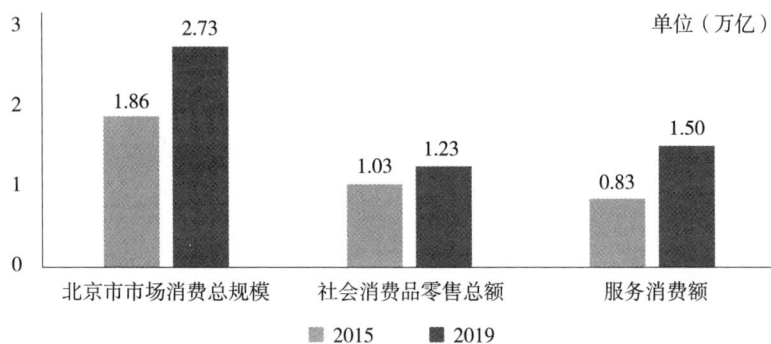

2015 年和 2019 年北京市实现市场消费情况

数据来源：北京市商务局，北京市"十三五"时期商业服务业发展规划。

尤其"十三五"时期，北京市生活性服务消费规模持续扩大、消费升级特征明显，对全市经济发展贡献突出。2019 全年实现总消费额 2.73 万亿元，比 2015 年增长 46.8%。其中，社会消费品零售总额 1.23 万亿元，比 2015 年增长 19.4%；服务消费额达到 1.5 万亿元，比 2015 年增长 80.7%，在总消费中占 54.9%，对总消费增长的贡献率为 77.0%，成为消费增长的"主引擎"。2018 年生活性服务业产业增加值为 7574.9 亿元[①]，占全市 GDP 为 22.6%；2018 年商务领域各行业地方财税贡献在全市的占比超过 1/4，对全市经济贡献突出。

生活性服务业品质全面提升，行业趋向更加规范化发展。北京市在 2018、2019 年两年间累计培育 6000 余家生活性服务业标准化门店，促进了相关行业的规范化发展，完善了蔬菜零售、餐饮（早餐）、便利店、家政服务、洗染、美容美发、摄影、家电维修、社区商业便民服务综合体 9 个行业（业态）的标准化门店规范。

2019 年 4 月，为进一步提升北京市商业服务业服务质量，打造"北京服务"品牌，提升首都城市品质，北京市发布了《北京市提高商业服务业服务质量提升"北京服务"品质三年行动计划》，指出用 3 年左右时间，建设符合国际惯例、具有首都特色、与城市功能定位相适应的商业服务业服务质量体系。有序推进商业服务业扩大开放，吸引更多外资知名企业进入北京，发挥知名企业在品牌、管理、服务等方面的优势，带动行业整体水平提升，2021 年底前，"优质服务企业名录库"入库企业达到 1000 家。

2019 年 3 月，北京市为推动首都消费市场国际化、品质化发展，激发时尚消费、品牌消费，发布了《关于鼓励发展商业品牌首店的若干措施》；2020 年 9 月，市商务局印发《关于鼓励发展商业品牌首店的若干措施（2.0 版）》，提出开启品牌首店服务"绿色通道"、助力品牌首店落地选址和推广、打造全球品牌首发首秀展示平台等若干措施，并对在京开示范首店、旗舰店的企业给予租金和装修补贴，进一步加大对首店的扶持。新版措施

---

① 数据来源：北京市统计局。

明确，在京开示范首店、旗舰店的企业可获租金和装修补贴，其中对国际品牌最高支持 500 万元，对本土品牌最高支持 200 万元。

首店的范围界定包括全球首店、亚洲首店、全国首店、北京首店。2019 年以来 [①]，市商务局大力培育商圈吸引品牌促消费，支持商业品牌首店发展，据数据显示，2019 年总计有 878 家首店落户北京，其中全球首店 12 家，亚太首店 9 家，中国首店 201 家，华北首店 115 家，北京首店 541 家。从首店品牌来看，国际化品牌共有 150 个，来自 13 个国家和地区；从分布商圈看，CBD 商圈、三里屯商圈、王府井商圈成为国际品牌入驻首选；从业态分布看，餐饮和零售业占比近 80%，分别为 54.26%、25.03%，儿童、生活服务和休闲娱乐业态首店占比分别为 5.87%、5.20% 和 9.63%。

2019 年 6 月，中国首家曼联体验中心试运营剪彩典礼，在北京坊盛大举行。2020 年年底，曼联全球首个体验中心曼联梦剧场在北京坊亮相，全馆一共三层，面积达 3800 平方米。这里还开设了中国大陆市场最大规模的曼联官方授权专卖商店，消费者不用出国也可以买到正版曼联周边产品。2020 年 10 月，贾国龙功夫菜餐厅首店，在北京开业……走进北京的"首店"越来越多，质量越来越高。

"十四五"时期，北京将建设国际消费中心城市 [②]。北京市国际消费中心城市建设是融入新发展格局、推动经济高质量发展的重要抓手。北京作为首都，消费市场巨大，要充分释放本市消费潜力，集聚更多高端消费资源，建设引领全国、全球消费趋势的国际消费中心城市。

北京要打响"购物在北京"品牌，汇聚全球高端知名品牌，支持国内外一线品牌总部机构在京落地，大力引进品牌首店、旗舰店。在 CBD、金盏国际合作服务区加快布局一批市内免税店，促进境外消费回流；打造一批国际博览会、购物节、时尚周、消费展和世界级赛事活动，增强三里屯、望京、五棵松、麦子店、亦庄等国际消费社区吸引力，扩大入境消费；依

---

① 北京市商务局：首店经济持续走红。
② 构建新发展格局讲座聚焦国际消费中心城市建设，北京日报。

托双机场，建设空港型国际消费枢纽，打造北京临空国际免税城，培育具备全球辐射力的全球旅游目的地城市；同时，高标准运营环球主题公园，建设一批购物小镇、体验式商业综合体、特色街区，加快颐堤港二期、亮马河—坝河国际风情商业街等建设；发展有品质的夜间经济，支持发展"夜京城"地标，打造必到必买打卡地。

■ 生产性服务业

生产性服务业提供一种为生产最终产品、服务而投入的中间技术或服务。生产性服务业是伴随着产业分工不断深化细化逐步形成和发展的，提供的是作为其他产品或服务生产的中间投入的服务，具有专业化程度高、知识密集、服务地域广、比较效益高、能耗低等特点。北京市聚焦的生产性服务业主要是设计、工业互联网、会计、法律、广告、会展、总部、人力资源和安保服务等行业。目前，生产性服务业已成为面向工农业生产、城市运营服务，属于高精尖产业，同时也为高端制造业、现代农业等高精尖产业提供科技、信息、金融、商务、流通等系统支撑，成为当代世界城市产业发展的战略制高点。

2016 年 7 月，北京市发布《关于进一步优化提升生产性服务业加快构建高精尖经济结构的意见》，通过政策、财税、金融等多方面的"一揽子"措施，支持生产性服务业继续成为拉动全市经济增长的主要力量。通过一系列的政策支持，北京市生产性服务业得到了快速的发展。

首先，北京生产性服务业逐步发展壮大，已成为占据首都经济半壁江山的主导性产业，并创造了 70% 左右的税收收入，是首都稳增长、调结构和增效益的主要力量。2013 年北京市成为全国首个生产性服务业规模破万亿元的城市，2018 年[①]生产性服务业产业增加值为 16449.9 亿元，占全市 GDP 为 50%。目前，全球 50 大咨询公司已有 35 家进入北京，全国律师事务所 30 强有 21 家来自北京。

---

① 数据来源：北京市统计局。

其次，北京生产性服务业质量好、效益高，是首都构建高精尖经济结构的重要支撑。相对于其他行业，生产性服务业具有显著的集聚性特点，集群化、集约化强，能耗低、聚人少，高端化、高效化发展特征显著。生产性服务业企业普遍落地于商务写字楼宇，占地少，地均产出率显著高于全市平均水平。

2015 年 [①]，北京市生产性服务业以不到全市 30% 的能耗总量、40% 多的从业人员，创造了 50% 以上的增加值，成为全市经济增长的主要力量。如今，生产性服务业已成为壮大首都高端产业、高效企业、高薪岗位的主要载体，是构建高精尖经济结构的有效支撑，成为稳定首都经济发展的压舱石，实现企业增效与财政增收的主力军，提供市民高效就业的重点产业领域。

北京市依托丰富的科技创新资源和中央单位聚集的优势，拥有中国检验检疫科学研究院、中国特种设备检测研究院、中国标准化研究院等一批国家级的生产性服务业机构；近年来，又相继设立了中国技术交易促进中心、中关村互联网金融创新中心、数字人民币认证、检测中心与贸易金融区块链平台、中国北京人力资源服务产业园等新一批生产性服务业重点项目，成为优化提升现代服务业，构建高精尖经济结构的"领头羊"。

再者，服务广、辐射强，是北京服务全国产业升级的主要领域。生产性服务业可以像商品一样服务全国，是服务出口贸易的主要行业。借助于首都科技、信息、金融等优势资源以及具有强大国内外资源配置和控制能力的大型央企和各类总部，首都生产性服务业具备较强的服务全国新型工业化、城镇化、信息化、农业现代化建设的能力。

北京市在一如既往的支持现代服务业中的优秀企业在京发展的同时，也鼓励这些企业在全国合适的区域布局，将"北京服务"辐射全国。北京跨区域协作工作帮助优秀的服务业企业在合适的区域进行战略布局、产能输出，做大企业规模和企业品牌的同时；也能壮大当地现代服务业，成为

---

① 本市生产性服务业挑起大梁，人民网。

稳定当地经济发展的压舱石，实现企业增效与财政增收的主力军，提供当地人才高效就业的重点产业领域。

目前，现代服务业正以北京为原点向全国辐射，引领当地产业向价值链高端提升、实现产业发展弯道超车，已成为全国很多城市追求的方向。

第五节　金融协作服务实体经济

资金如水，不湍不断，绵延流淌，土地才会肥沃丰饶。金融是国民经济的血脉，在加快构建以国内大循环为主体、国内国际双循环相互促进的新发展格局中起着至关重要作用。保持金融业对实体经济政策的支持，让企业和项目得到持续稳定的资金支持，其发展和推进的基础才会牢固。因此，产融合作是助力企业做优做强的有力举措，是优化营商环境的具体行动。首都金融业在支撑首都经济高质量发展以及全面保障全国生产、生活等方面都发挥了非常重要的作用。

北京是国家金融管理部门、大型金融机构和重要金融基础设施所在地，现在正在打造服务国家金融管理中心的功能[1]。同时，北京是中国金融机构数量最多，2019 年共有金融业单位个数 2318 家，其中总部级法人金融机构突破 900 家；中国金融资产总量最大，2020 年前三季度，北京金融业资产总计 159.9 万亿元，占全国一半；金融发展潜力最大的地区。2020 年[2]，北京市金融业实现增加值 7188 亿元，增长 5.4%，是服务业恢复的主要支撑力量，GDP 占比超过 20%，创造了全市 22% 的财政收入和近一半的税收收入。

2019 年[3]，北京市共有银行系统机构 3767 家，保险系统机构 715 家；从事银行、保险的金融人员数量分别为 20.1 万人和 20.7 万人；本外币存款余额达 17.1 万亿元，本外币贷款余额为 7.6 万亿元。

---

① 北京召开"两区"建设高端产业和金融领域新闻发布会，北京日报。

② 北京市统计局。

③ 北京市统计局。

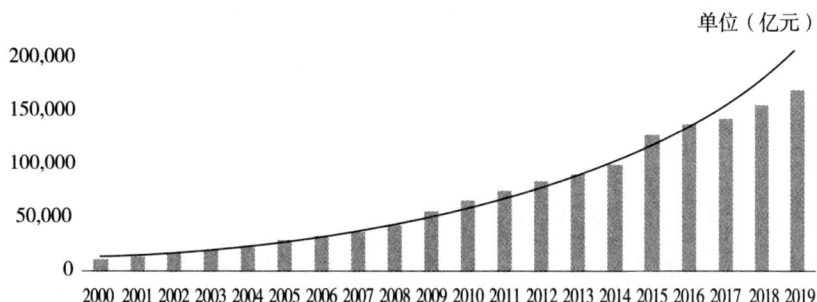

单位（亿元）

2000—2019 年北京市金融机构人民币存款余额

数据来源：北京市统计局，备注：余额为本外币总和。

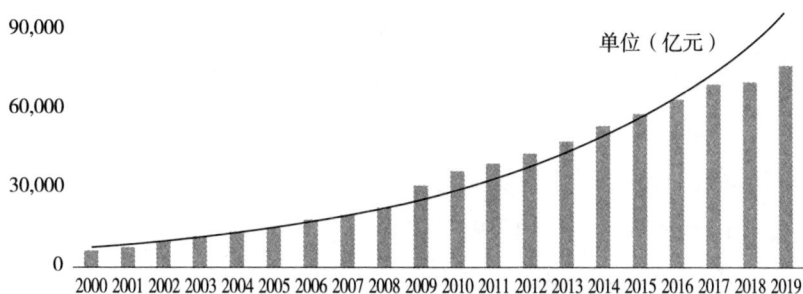

单位（亿元）

2000—2019 年北京市金融机构人民币贷款余额

数据来源：北京市统计局，备注：余额为本外币总和。

同时，优质金融资源加速在京聚集，集聚了一批国内、国际金融科技领域的"国家队""独角兽""生力军"机构和企业——中国人民银行、中国银保监会、中国证监会、国家外汇管理局、国家开发银行、中国进出口银行、中国四大国有银行、中国邮政储蓄银行、中国人民保险集团、中国人寿保险集团、摩根士丹利亚太区等。

近年来，北京市抓住"建设国家服务业扩大开放综合示范区和中国（北京）自由贸易试验区"（简称"两区"建设）的契机，进一步扩大金融开放，重点鼓励引进外资金融机构。北京已成为外资金融机构进入中国的首选地，即使在疫情期间，外资金融机构进入北京市场的步伐未放缓。2020 年共有 49 家中外资金融机构在京落地展业，包括：万事达卡获批进入银行卡清算市场，全球知名投资管理公司橡树资本在京设立全资子公司，英国最大人身险公司保诚集团合资资管公司落地北京等。

2021年1月，陆续有三个"全国首家"金融机构在京落地，包括全国首家另类投资保险资管公司——国寿投资保险资产管理有限公司、全国首家外资全资控股的持牌支付公司——国付宝信息科技有限公司、全国首家外商独资保险资管公司——安联保险资产管理有限公司。

"十四五"时期，北京市继续强化国家金融管理中心的功能定位，积极培育发展与大国首都地位相匹配的现代金融业，在金融改革发展上走在全国前列。北京继续推动实现全领域、全方位金融开放，成为国际性、总部型、功能性金融机构聚集地以及中国金融对外开放和优化营商环境的重要窗口；吸引优质的国内外金融机构和金融资源来京发展，支持合资的理财公司、外资证券期货基金、人身保险等机构在京发展；支持在京外资机构参与股票、债券、外汇、基金等交易，参与北京QDLP跨境人民币贸易投资便利化等改革试点；加大财务管理、金融科技、绿色金融等方面的国际合作力度，打造全球绿色金融中心；支持跨国公司设立全球资金运营中心，支持开展国际创业孵化，打造国际创投的集聚区。

金融是国民经济的血脉，在加快构建以国内大循环为主体、国内国际双循环相互促进的新发展格局中起着至关重要作用。北京市随着多层次资本市场建设，金融、资本的活跃度和融资能力不断提高，已打造成为服务民营中小企业主阵地。多年来北京市借助自身的金融优势，举行多次产融对接工作，为北京重点项目解决融资需求起到了很好的作用。

与此同时，北京的巨量金融资本也在全国找合适的企业和项目投资，北京市在服务国内大循环方面正在自觉承担起引领构建开放型金融要素流动的责任，发挥金融的牵引作用，更加有力地服务国内实体经济。

据统计，北京市企业、金融机构与外埠企业投资互动频繁，且总体上北京市对外投资次数和投资额均远远高于外埠企业对京投资次数和投资额，处于资本净流出状态。2018 年 [①]，北京市企业累计对外投资 26515 次，投资额 8641.50 亿元；累计吸引外埠企业投资 6775 次，吸纳投资额 1801.27 亿元。其中，对外投资次数是吸引外埠投资的 3.91 倍，对外投资额是吸纳外埠投资的 4.80 倍。从资本流向来看，北京市企业对外投资主要投向浙江、广东、山东、天津、河北等省市，五省市企业合计吸纳投资额占到 2018 年北京企业对外投资总额的 44.5%。但从增速来看，北京企业投向广西、陕西、云南等中西部地区的投资额增长较快，同比增速均超 10%。

第六节　市场协作，连接两头

市场消费协作，一头连着北京广阔市场，一头连着地方的产业。北京跨区域协作的一项重要工作便是促进北京和外埠地区加强沟通对接，寻求合作共赢的最大公约数。

消费是拉动经济增长的"三驾马车"之一。目前，北京常住人口超 2000 万，属于特大型消费城市，同时又是各类商品、服务输入型城市，包括特色农副产品、文化旅游、劳务输出等。以农产品为例，北京自给率不到 10%，其他 90% 的农产品来自全国各地。2019 年北京市市场消费总规模 2.73 万亿元，其中社会消费品零售总额达 1.23 万亿元，服务消费 1.5 亿元。面对如此巨大的市场，北京需要与全国多个区域合作，一方面满足北京市民吃上、用上种类多样、物美价廉产品的需求；另一方面实现外埠地区产品的市场拓展，提升当地的产业规模。

[①]　2018 年北京市市场主体发展分析报告，北京市市场监督管理局；北京日报。

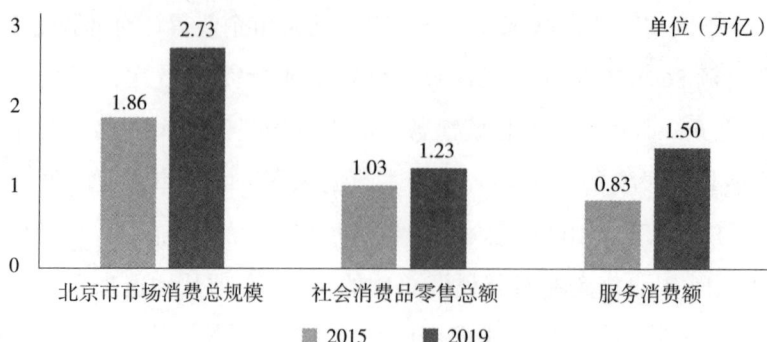

单位（万亿）

2015年和2019年北京市实现市场消费情况

数据来源：北京市商务局，北京市"十三五"时期商业服务业发展规划。

■ **北京农、副产品消费跨区域协作步入快车道**

"民以食为天"，生鲜产品是日常消费品中最重要的品类之一，且重复购买率高。北京市扶贫支援办曾发表过一项统计，北京每天消耗将近2000万斤蔬菜、700万斤肉蛋鱼，1200万斤豆奶类农产品，消费市场需求非常旺盛[①]。2018年，北京全市吃类消费达2632.9亿元。

目前，北京市已经连接起了北京市帮扶（支援、协作）的全国8个省区共90个县（市、旗）的特色产品。2018年北京市扶贫援合办会同首农食品集团决定建设"北京市受援地区消费扶贫产业双创中心"并在北京市16区建设了16个分中心。同时依托北京市大型超市、商场、批发市场等（超市发、京客隆、家乐福、首航、物美、百货大楼、城乡集团、新发地等）设立了消费扶贫专柜，助力受援地区特色扶贫产业发展的同时，也丰富了首都市民生活消费需求，实现北京与受援地区优势互补、合作共赢。自从2019年北京启动消费扶贫工程以来，到2020年11月底，北京市销售扶贫产品达227亿元。

---

① 北京十项行动推动消费扶贫，新京报。

位于北京一超市的消费扶贫产品专区

北京新发地市场作为北京市大型的农贸市场，稳定占据北京市 80% 以上农副产品市场份额。2019 年，北京新发地市场交易量达到 1749 万吨，比 2018 年增长 60 万吨，增长 3.55%。全年实现交易额 1319 亿元，增长 22.13%。近年来，北京新发地与河北、内蒙古、山东等省城市合作形成了"政府、龙头企业、批发市场、销售大王合力抓两头，农民干中间（种植、采摘、包装）"的新型产销对接模式。近年来，为构筑首都农产品安全稳定供应的"护城河"，新发地正在稳步向生产源头和零售终端同步延伸。目前，新发地市场已在全国农产品主产区投资建设了 14 家分市场和 300 多万亩基地，在北京市区内建立了 150 多家便民菜店，300 多辆便民直通车，保障和满足了首都农产品的安全稳定供应[1]。

■ 打开北京旅游消费市场，促进当地旅游产业发展

旅游业如今已成为中国各地经济发展的新引擎，是最富活力、最具潜力、增长最快的综合性产业之一。北京作为全国规模最大、潜力最大、发

---

[1] 资料来源：新发地官网.

展最快的旅游市场之一，已经成为很多旅游城市的期盼之地。在旅游行业内也有句说法"只要导入了北京的旅游消费人流，那这个消费景区就可以做起来"。

很多城市风景优美，景色宜人，但却较少为人知，获取客源比较困难。因此如何引导强人流到当地进行旅游消费是很多城市发展旅游需要重点考虑的问题之一。

2016 年 5 月，世界旅游组织与中国政府联合主办的首届世界旅游发展大会将在北京举办，会上陕西省政府、湖北省旅游发展委员会、福建省旅游局、青海省旅游局、甘肃省旅游局等各省市主管旅游负责人都做了自身详细的旅游推荐，通过北京的旅游平台让世界听到当地城市的"声音"。

内蒙古在北京多次举办过城市旅游推荐会，让北京市民认识了阿尔山、乌兰察布等地的旅游特色。北京专门开通了"京和号""乌兰察布号""天行草原号"等 35 趟旅游专列，帮助当地打开旅游消费带来的红利。

■ **北京互联网、电商企业促消费协作**

北京互联网、电商企业众多，包括京东、今日头条、快手、抖音、等多优秀的企业。近年来，这些企业为消费市场协作、文旅协作等提供了新路径。互联网、电商平台为亿万消费者与生产者之间跨越时空的"产销对接"提供了可能，这也是近年来我国农产品在线交易快速发展的重要原因，如 2019 年拼多多"年货节"期间，在线销售农产品及农副产品订单总量超 5500 万单，总量超过 3 亿斤。

2021 年 1—2 月，呼和浩特市政府、内蒙古和林格尔新区管委会联合京东物流开通内蒙古牛羊肉全货机首航，为内蒙古牛羊肉走向全国打造了一条"空空联运"快速通道，内蒙古牛羊肉运输到国内主要城市实现"夕发朝至"。

字节跳动启动的"山里DOU是好风光"项目，利用抖音平台，通过信息精准分发，让更多用户发现当地优质景区。比如，2018 年 8 月，字节跳动联合山西省永和县宣传部，共同发起 #永和乾坤湾玩转好心情# 抖音短视频创意挑战赛，获得 1000 多万点赞。在视频挑战赛的带动下，2018

年国庆期间，当地累计接待游客较 2017 年同期增长近两倍；2018 年 11 月，字节跳动"山里 DOU 是好风光"文旅协作项目，授予四川稻城"抖音美好打卡地"认证，助推稻城亚丁当年接待人数首次突破 100 万。

　　未来，北京将继续立足自身年消费额超 2 万亿的超大型消费城市市场优势和科技资源、产业资源优势，致力打通全国各地生产、运输、销售等全产业链条，通过北京与外埠城市跨区域协作形成最大公约数，推动各方实现互利共赢发展。

北京产业协作

引子　外溢企业　青睐哪里

自 2014 年 2 月以来的七年间，北京的非首都功能疏解业已经历了两大阶段。

2014 年 2 月—2018 年 1 月，这是第一阶段，小疏解时期，又被称作"北京非首都功能疏解 1.0 时代"，即对一般性制造业等行业的分散性疏解。主要任务是低端企业的转移，主要是围绕一般制造业中的"高消耗"企业进行疏解转移。严格按照《北京市工业污染行业、生产工艺调整退出及设备淘汰目录》和《北京市新增产业的禁止和限制目录》，全面配合全市各大产业园区，瞄准五类企业——高耗水企业、高耗能企业、高耗人企业、高耗材企业、高耗地企业，精准施策，加快外迁转移是重中之重。

这一时期，企业在机遇和挑战之中寻找奶酪，在生死抉择中选择变革。大疏非时代，企业迁移是一场自上而下的产业革命，企业生存空间的转移，既要能响应政策的号召，又要能实现自身的转型升级。北京市跨区域产业协作中心作为"促进跨区域产业协作，推动非首都功能疏解，助力高精尖京企发展"的执行平台，近六年来在组织产业疏解与区域协作的过程中，总结积累了丰富的数据与经验，通过与北京市经信局、北京市市场监督管理局、北京市科委的合作交流，对全市外迁企业进行了大数据分析。

第一阶段四年间，北京全市共疏解一般制造业中规模企业 1704 家，疏解市场和物流中心 483 个，清理"散乱污"中小企业 10671 家，关停乡镇产业小区和工业大院 211 个。北京市规模以上工业企业数量减少 13.2%，平均用工人数减少 23.1%。这个时期，北京重点瞄准一般性制造业企业，集中疏解大量低端产业和产业的低端环节，像水泥、建材、家具、食品、化工、铸锻造、金属制品、包装印刷等产业门类。

据不完全统计，这一批中低端外迁企业，从迁移区域的分布来看，河北省凭借地缘优势，承接比例略占上风，达到 23.7%；山东省凭借传统产业优势，承接数量紧随其后，占比达到 18.1%；江苏省北部地区凭借招引政策优势，承接态势无比凶猛，占比达到 14.6%；河南省凭借劳力资源优势，承接了一批劳动密集型企业，占比到达 12.3%；天津市凭借港口优势，承接了一些出口加工型企业，占比达到 6.2%；内蒙古自治区凭借京蒙对口合作优势，承接了部分资源型企业，占比达到 5.6%；山西省凭借能源优势，承接了部分高耗能企业，占比达到 4.5%；辽宁省凭借重工业优势，承接了部分装备制造企业，占比为 3.1%；陕西、甘肃、四川、贵州、重庆、湖南、湖北等省份承接了剩余的 11.9% 的外迁企业。

2018 年 1 月，北京市发改委正式宣布，非首都功能疏解将着力从以零散项目、点状疏解为主的"小疏解"向以点带面、集中连片，央地协同、形成合力，系统联动、整体推进的"大疏解"转变，推动形成一盘棋疏解格局。自此，北京非首都功能疏解从"小疏解"阶段迈入"大疏解"阶段。

这是第二阶段，大疏解时期，被称作"北京非首都功能疏解 2.0 时代"，是指对高校医院、金融部门、央企总部、科研院所等高端研发产业的集中性疏解。主要任务是高端产业协作，积极引导北京的高端产业，放弃"大而全"，聚焦"高精尖"，甩出作为"手脚经济"的制造环节，做强作为"首脑经济"的研发环节，实现产业链条的全国乃至全球的大协作。此后，随着"大疏解"力度的持续加码，北京教育、医疗、科技、人才、资金等优质资源迅速向全国辐射，向各地输出技术合同成交额成倍翻番。

2018 年，被视为北京非首都功能从"小疏解"阶段向"大疏解"阶段过渡的转折之年。此时，北京市在接近完成中低端产能疏解的基础上，非首都功能疏解工作进入下半场：全力实施"外联协作，剥掉白菜帮；内向优化，做好白菜心"计划，强力带动整个城市快速实现腾笼换鸟，凤凰涅槃。重点疏解和协作的方向包括以下几个方面：

一、甩出"手脚经济"同时引入"首脑经济"——重点聚焦发展十大高精尖产业，建设世界科技创新中心和国际交往中心。

二、"独善其身"同时"兼济天下"——不断加强跨区域产业协作，继续做好高科技成果的对外输出、转化与服务工作，帮助更多企业、更多城市、更多区域实现产业升级。

三、"加大疏解"同时"协作共赢"——积极推进北京与山东新旧动能转换、长江经济带、粤港澳大湾区、中原经济区、东北振兴、西部大开发、黄河流域发展等战略区域的大协作，全力配合北京高精尖产业顺利完成"首都做强首脑经济，异地做大手脚经济"的分工协作任务，开创出"企业首脚互联，产业区域协作，经济共赢发展"的跨区域产业协作新局面。

2018 年，北京市非首都功能疏解的中心任务，开始逐渐由"剥掉白菜帮"疏解中低端产业，让位于"做好白菜心"实现高质量发展。全年共退出一般制造业企业 656 家，疏解市场和物流中心 204 个，清理"散乱污"中小企业 951 家，腾退产业用地 6828 公顷，城乡建设用地减量 34 平方公里，建设面积减少 1200 多万平方米。本年度，北京市常住人口同比下降 0.8%，减少 16.5 万人，首次开始实质性下降。

2018 年，全市实际关停、退出、清理各类企业 1978 家，其中在承接地完成工商登记变迁的外溢企业数量合计 780 户，包括内资企业 766 户，外资企业 14 户，注册资本共计 894.90 亿元，户均注册资本 1.15 亿元。

据不完全统计，从产业门类来看，这些外迁企业之中，一般制造业占比 23.8%；批发零售业占比 25%；投资与资产管理类占比 8.2%；科技推广和应用服务业企业占比 31%。

从迁移区域来看，河北省承接比例 21.8%，主要是低端制造业与批发零售业的企业居多；浙江省承接比例 14.9%，广东省承接比例 10.6%，两省承接了大部分投资与资产管理类、科技推广和应用服务业的企业；山东省承接比例 6.8%，主要是低端制造业和高新产业的一般配套企业；湖北省承接比例 6.3%，主要是武汉对北京科技成果的承接和对丹江口库区的对口支援；江苏省承接比例 6.3%，苏北地区主要承接一般制造业，苏南地区主要承接北京的科技成果转化；天津市承接比例 5.5%，主要是物流企业和中小型科技企业。上述各省份的承接数量合计占到外迁企业总量的 72.2%，剩余27.8%的外迁企业则广泛分布于湖南、贵州、四川、重庆、山西、陕西、宁夏、内蒙古、河南、东北三省等区域。这些省区中尤其是长沙、贵阳、成都、两江新区、太原、西安、郑州、银川、呼和浩特、沈阳、长春、哈尔滨等城市无疑成为北京外迁企业的主要承接地，同时也成为北京科技成果转化，高新产业配套的协作地，是实现京地跨区域产业协作的重要载体。

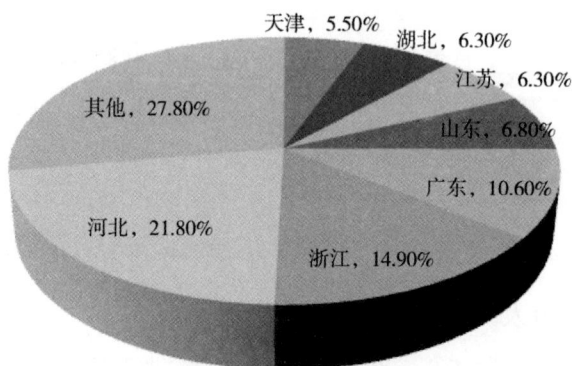

2018年北京外迁企业分布图

2019年，北京的非首都功能疏解已经完全驶入2.0时代，一般制造业规模企业的疏解数量已超过2500多家，退出"散乱污"中小企业已经接近12000家，低端产业的外迁已经逐渐进入尾声，而中高端产业的外溢协作正如火如荼般展开，剥掉白菜帮，甩出"手脚经济"，做好白菜心，做强"首脑经济"，通过产业链的跨区域协作，实现高精尖产业研发环节与生产环节的"身首异处"，全力发展高端的产业和迈向产业的高端。从2019年开始除了外迁企业疏解到外地，外溢企业跨区域布局比例开始增加。

2019年，"大疏非"工作整整开展五年之后，北京的传统产业日渐式微，新经济模式和高技术产业开始迅猛发展。这一年，北京市新经济实现增加值12765.8亿元，占全市地区生产总值的比重为36.1%。同时，全市高技术产业实现增加值8630亿元，比上年增长7.9%，占地区生产总值的比重为 24.4%。尤其是科技创新与文化创新对全国各地的辐射力和带动力成倍增长。该年，全国实行技术合同成交额 2.23 万亿元，北京技术合同成交额达 5695.3 亿元，同比增长 14.9%，占全国总量的 25.4%，这些先进技术近六成辐射到京外地区，其中珠三角和长三角承接了近六成。

2019 年，北京全市共退出一般制造业规模企业 399 家；疏解提升市场和物流中心 66 个，清理"散乱污"中小企业 389 家，涉及建筑面积约 97.7 万平方米，本年度合计腾退各类产业用地 5706 公顷。这一年，北京市跨区域产业协作中心共为全国 15 座城市，合计对接外溢企业 1115 家，其中包括协助 669 家北京新经济与高技术企业顺利实现了向外拓展布局的需求。

2014~2020 年，北京市跨区域产业协作中心共为全国 76 座城市对接外溢企业 4315 家，签约落地项目 1062 个，与国内外 138 处大中院校、科研院所建立了广泛联系，先后引导 1023 个科技转化项目实现了全国布局。

该中心的产业协作数据显示，非首都功能疏解 2.0 时代，北京外溢企业从产业类型来看，已经发生了很大的变化，其中涵盖装备制造、商贸物流、生物制药、教育培训、航空航天、健康养老、金融后台、文化创意、信息技术、体育休闲等十几大门类。这一阶段，外溢企业的质量已经明显高于此前五年间疏解的那些"傻大黑粗、散乱小污"的低端制造业。同时，这些外溢企业对承接地的要求也随之相应提高。

从迁移区域来看，河北省承接比例开始急剧下降到 11.2%，天津市承接比例也降为 3.5%，北京中高端外溢企业的"蛙跳效应"已经开始显现；山东省承接比例有所提高，升至 12.3%，原因是该省虽然传统产业比重很大，但是对北京高新产业发展的配套能力却较强；东北三省的沈阳、长春、哈尔滨的承接比例开始回升，合计达到 8.1%，这得益于三大省会城市雄厚的制造业基础；西部五省区的山西、陕西、宁夏、甘肃、内蒙古的太原、西安、银川、兰州、呼和浩特，依靠各自的特色产业也吸引了一批北京企业落户，承接比例达到 6.9%。这些长江以北地区对于北京外溢企业的承接比例合计 42%，不及一半而且多是中端偏低的产业项目。

相反，长江以南地区对于中高端北京外溢企业的吸引力无疑要大得多。该年，浙江省承接比例上升到 13.9%，尤其是杭州、宁波等地市凭借营商环境和产业基础等优势对北京高新技术转移的吸引力非常大；广东省承接比例上升到 13.7%，主要是深圳、广州、佛山、东莞、清远等粤港澳大湾区核心城市及周边城市优先承接了一批资产管理类与科技转化类企业；江苏省承接比例上升到 11.1%，主要是长三角的核心区苏、锡、常对北京科技成果转化的强力吸引，相反苏北地区的承接数量下降明显；中部地区的河南省、安徽省、湖北省、湖南省的产业竞争力不断提升，承接比例达到 10.3%，主要是郑州、合肥、武汉、长沙对北京的资金、技术、人才的吸引力上升；西南地区的重庆、四川、贵州一直在努力吸引北京的产业资源，承接比例达到 5.5%，尤其是两江新区、天府新区、贵安新区等重点园区对北京科技、教育、医疗等资源的招引力度非常大；福建省、海南省、广西壮族自治区承接比例合计 1.5%，主要是福州、厦门、海口、南宁等重要城市对北京特定产业项目和重点协作园区项目的有效承接。

由此可见，非首都功能疏解 2.0 时代，受到北京中高端企业及科技成果转化环节青睐的地区，既不是"近水楼台"的河北与天津，也不是山东、河南、苏北、山西、内蒙古、黑吉辽等北方省区，反而是相距甚远的长江以南地区，尤其是长三角与珠三角，更是成为北京科技型企业转移的首选之地。

近年来，北方城市也越来越认识到，中高端产业项目不是单纯依靠一时的政府补贴和政策优惠生拉硬拽而来，优秀的企业、优秀的团队更看重稳定、开放、可预期的营商环境和良好、完备、配套齐的产业基础，正在逐步成为全球资源配置和高端产业布局的决定性因素。多个北方城市不断转变发展思路，满足企业发展的新需求，并取得了成效。

2020 年，由于新冠肺炎疫情影响，中国的生产链、供应链、服务链及产业集群会发生很大变化，反应在社会经济层面那就是，很多产业或将重构，诸多行业即将洗牌，大量企业正面临迁移再造的生死抉择。此时，在中国的南、北两方，你会同时看到极富戏剧性的一幕。

在北方，北京的非首都功能疏解已经驶入 2.0 时代，一般制造企业的疏解数量已超过 3000 家，六年间低端产业的外迁逐渐进入尾声，而中高端产业的协作正如火如荼般展开，甩出"手脚经济"，做强"首脑经济"，通过产业链的跨区域协作，实现高新企业研发环节与生产环节的"身首异处"，全力迈向高端的产业和产业的高端。

在南方，作为国家经济中心的大上海，为了招商引资早已磨刀霍霍，心情急迫。3 月 31 日，上海代市长龚正为上海市投资促进服务中心揭牌并正式启动上海市投资促进平台。此次，上海市不仅高调成立市级投资促进机构，统筹全市招商引资，而且现场重磅推出 26 个特色产业园区，瞄准集成电路、人工智能、生物医药、航空航天、新材料、智能制造等六大核心产业领域，全力打造产业发展新高地。上海一系列招商引资的大动作力度空前，史无前例，立刻引发强烈社会反响。

与此同时，作为国家创新中心的深圳市，正在拼命"抢人"，抓紧复工复产。同时，按照今年《政府工作报告》的既定方针，"围绕产业链关键环节、薄弱环节，着力招大商、招优商、招好商。集聚更多高端要素、高端资源、高端企业、高端人才，加快迈向全球价值链中高端，不断壮大新动能、提升新势能，打造粤港澳大湾区强大核心引擎。"

知己知彼，百战不殆。这是一场借机重塑产业链的世纪大战，又是一轮全力争夺企业资源的市场搏杀，还是一次各地实现产业转型升级的生死考验。因此，全面准确地掌握产业发展方向、行业变化动向、企业迁移意向，便成为本次大战成败的关键。

首先，目前北京非首都功能疏解中产业转移协作的形式主要有如下四大类型：

一、整体搬迁：主要是一般性制造业企业——高耗水企业、高耗能企业、高耗人企业、高耗材企业、高耗地企业，包括水泥、建材、钢铁、家具、食品、原料药、石化、铸锻造、金属制品、包装印刷等产业门类。这类项目将逐步被整体搬迁直至全部撤出，腾退空间将代之以高附加值、高技术含量、绿色环保类产业。

二、异地扩能：通过北京总部—生产基地的形式，成为北京制造业的"飞地工厂"。由于土地、劳力等要素成本的持续上升，北京电子信息、生物制药、装备制造等产业均出现了异地扩张产能的趋势，例如京东方集团在全国布局了 14 个半导体显示生产基地，北汽集团在各地设立的 9 个自主品牌乘用车整车基地、11 个自主品牌商用车整车基地、5 个合资品牌乘用车基地和 3 个新能源整车基地。

三、产业链合作：北京产业链的创新能力、积聚能力、辐射能力，全国首屈一指。北京市紧紧抓住全球经济一体化与区域经济一体化的历史机遇，将跨区域产业协作作为战略途径，通过北京的技术、资金、人才、市场等优质资源与全国各地乃至全球各国的产业合作，充分利用国内与国际两种资源、两个市场，全力构建高端的产业链、经济链、生态链。2019年，北京技术合同成交额达 5695.3 亿元，同比增长 14.9%，超过全国总量的 1/4；2020 年，技术合同成交额达 6316.2 亿元，同比增长 10.9%，近六成辐射到京外地区，珠三角和长三角承接近六成。目前，中关村已与全国 26 个省区 72 个地市建立战略合作关系，已合作共建 23 个科技成果产业化基地，极大地带动了当地传统产业的转型升级。

四、"身首异处"：积极引导北京的高端产业，放弃"大而全"，聚焦"高精尖"，甩出作为"手脚经济"的制造环节，做强作为"首脑经济"的研发环节，实现产业链条的全国乃至全球的大协作。

其次，按照北京市跨区域产业协作中心在长期实践工作中的经验总结，吸引北京外溢企业落户的因素主要有三大层面，被称为"三三制"外溢考量原则，并广泛受到外溢企业与落地城市的高度认可：

一、宏观层面——"三个向好"的发展态势：经济实力、文化魅力、城市活力。

当前，"人口规模＋产业基础＋交通状况"三大维度是综合研判一座城市的经济实力、文化魅力、城市活力的外在指标，同时也是考量一座城市发展态势的核心内容。城市经济总量和人口规模大、产业基础好且转型持续，市场容量巨大且需求旺盛，这些是外溢企业关注的基本标准。

第一，人口规模是判断城市价值的基点，人口向哪里迁移是人们对城市选择的结果，城市吸引力强则人口聚集，吸引力弱则人口流失。

第二，产业基础是区域发展的底层驱动力，我国多数城市的制造业仍是促进经济发展的核心推手，且制造业发展及转型升级空间较大。在此新旧动能的转换之中，经济增长的动力由以往的要素驱动逐渐向创新驱动转变，创新实力强的城市，有更大的机会发展高端产业，取得产业竞争优势。

第三，交通网络重塑了城市空间格局，使生产要素可以更自由、更高效的在区域间交互与流动，很大程度上来说，通过交通规划就可以大致判断出未来哪些城市更具发展前景。

二、中观层面——"三个便于"的经济环境：延伸产业链（一维）、完善经济链（二维）、构建生态链（三维）。

2019 年 8 月，浙江省为推动区域块状特色产业做大做强，并考虑到复杂国际经贸形势对国内产业链的冲击，"链长制"应运而生。产业链链长的职责是：调研梳理产业链发展现状，全面掌握产业链重点企业、重点项目、重点平台、关键共性技术、制约瓶颈等情况；研究制定产业链图、技术路线图、应用领域图、区域分布图，实施"挂图"作业；制定完善做大做强做优产业链工作计划，统筹推进产业链企业发展、招商引资、项目建设、人才引进、技术创新等重大事项；精准帮扶产业链协同发展，协调解决发展中的重大困难问题等。

2020 年 4 月，习近平总书记在陕西视察时提出了新的要求："要围绕产业链部署创新链、围绕创新链布局产业链。"多链融合已经成为当前的一个价值导向。经济链的打造正呼应了这一时代发展趋向。完善经济链就是要积极推动以人才链引领创新链，以创新链提升产业链，以产业链集聚人才链，实现产业链、创新链、人才链"三链"闭环融合发展。

目前，改革已进入深水区，只有打造互动融合的产业创新生态链，才能增强区域间官、产、学、研的协同合作水平，调动各种产业要素，降低各类制度成本，推动跨企业、跨行业、跨区域、跨行政部门进行集体效率的优化，促进市场经济运行的交易成本最小化。

三、微观层面——"三个到位"的产业配套：个性厂房订制、产业基金引导、熟练技工配备。

目前，全国各地招商都逐渐从"拼政策"转向"拼服务"，这种从厂房开始就高度定制化、个性化的企业全生命流程服务，无疑会有效提高招商的竞争力。此外，伴随"新基建"如火如荼般展开，"定制厂房"这种"一步到位"，不仅省去了企业对厂房二次改造的麻烦，而且非常契合智慧城市建设的"数字孪生"思路—数字化所需基础设施与实体建筑一次搞定，园区管理的数字化直接完成。

时下，在融资约束的背景下，政府出资设立产业引导基金，对推动本地经济发展，促进招商引资，无疑具有极大作用。对外溢企业来说，如果政府给予的环境配套和投资机构给予的资金支持足够有吸引力，即使当地产业基础薄弱或产业链不完善，也可通过自身力量招揽上下游企业入驻，形成产业闭环。如果政府产业引导基金运营得好，将是政府、投资方、企业三方共赢的结果。

无论是从技术成熟度来看，还是从生产流程来看，机器人在短期内难以大规模取代产业工人，尤其是那些需要技术与经验积累的岗位。大量熟练产业工人的存在，依然是决定企业发展壮大的关键因素之一。利用职业教育优势，凭借充足的实用型和技能型人才，仍然是吸引北京外溢企业落户的有利条件。

非首都功能疏解 2.0 时代，北京产业的转移协作，已经不再是简单的平移式搬迁，而是以转移为契机，提升创新能力，通过优势互补在当地逐步形成合理的产业链分工。北京外溢企业为确保产业转移的同时得以维持竞争力，必然要将产业转移和产业升级密切结合起来。

党的十八大以来，党中央高度重视区域协调发展，先后推动实施了京津冀协同发展、长江经济带发展、粤港澳大湾区建设、长三角一体化发展、黄河流域生态保护和高质量发展等区域重大战略，推动各地区走上了合理分工、优化发展的路子，区域协调发展的态势日趋向好。"十四五"时期，在新型城镇化战略推动下，中心城市和城市群将成为承载经济发展的主要形式，产业要素的流动将更自由，产城融合的步伐将更快速，北京外溢企业选择的空间将更宽广。

迄今为止，中国形成了长三角城市群、珠三角城市群、京津冀城市群、中原城市群、长江中游城市群、成渝城市群、哈长城市群、辽中南城市群、山东半岛城市群、海峡西岸城市群、北部湾城市群、关中城市群、呼包鄂城市群13个大型城市群。这些城市群内三、四线城市产业结构优化潜力较大，人口吸引力也较为突出，现在已经开始成为北京外溢企业落户的优选之地。中西部地区核心城市，受益于创新带动下的产业转型升级、交通枢纽构建等因素，城市价值快速提升，人口回流持续增长，伴随西部大开发战略的加快实施，其对北京中高端企业的吸引力也正在强劲显现。长期来看，这些大型城市群及其周边城市作为中国经济发展的优势区域，经济转型和人口增长将不断催生城市发展红利的持续释放，这对北京外溢企业必将产生难以抗拒的魅力。

第七章　京津冀产业协同

京津冀协同发展，产业转移协作是"当头炮"。

2015 年 4 月，中共中央政治局审议通过《京津冀协同发展规划纲要》指出，推动京津冀协同发展是一个重大国家战略，核心是有序疏解北京非首都功能，要在京津冀交通一体化、生态环境保护、产业升级转移三大重点领域率先取得突破。

北京非首都功能的产业疏解既是破解产业过度集聚的重要手段，也是促进京津冀经济结构优化升级的重大举措。无数经验证明，产业转移协作是全国跨区域合作的最现实之选，最关键之处，最明智之举，如果不能实现产业链、经济链、生态链的互动、互联、互利，那么无论城市群与都市圈的构建，还是区域协调发展战略的实现，统统都是纸上谈兵。而对于京津冀协同发展而言，产业升级转移无疑是协同发展之肯綮。

2014 年以前，京津冀三地政府，促进协同发展的各种尝试虽多，但很多领域的融合仍然是事倍功半，主要原因就是没有实现高水平的产业对接协作。经过多年的艰苦探索，三地政府终于开始重新回归协同本源，从产业转移承接入手，构建区域间产业合理分工的联动机制，促进要素资源高效配置，将产业互补优势、集聚优势和协同优势转化为区域竞争优势，全面提升中国经济"第三极"的战略地位。

七年多来，京津冀三地在产业疏解与产业承接之间，打破小格局，掀起大循环，落子有声，共绘"一张图"，共下"一盘棋"，给华北平原这片辽阔的区域带来深刻改变。在此期间，北京市跨区域产业协作中心作为"促进跨区域产业协作，推动非首都功能疏解，助力高精尖京企发展"的重要平台，积极引导非首都功能有序转移、精准承接、集聚发展，先后采取产业协同创新、产业梯度转移、产业帮扶协作等全新模式，全力协助一批重大产业合作项目相继落户津冀，为京津冀产业协同发展注入了新活力，开辟了新天地，做出了新贡献。

第一节　京·雄产业协同创新

京津冀产业对接协作的重点是理顺三地经济发展链条，坚持产业转移与产业转型相统一，按照打通创新链，连接产业链，延伸园区链的方向，实现区域经济的提质、增效、升级。

这其中，打通创新链，实施产业协同创新，则成为京津冀围绕北京科技创新中心实现高质量协同发展的重要目标，旨在带动京津冀加速形成具有较强创新能力和核心竞争力的产业集群。

目前，京津冀已成功开展区域协同创新的重要探索，这成为进一步推进产业协同发展的重要突破口。京津冀正在努力创新产业协作模式，促进产业协同向创新驱动转变。近年来，产业链整合模式、科技成果产业化模式、产业联盟合作模式已经成为推进京津冀产业协同创新的重要模式。

产业链整合模式是京津冀三地分工合作打造完整的产业链，北京以产业链为纽带向区域延伸产业创新能力，带动天津、河北以产业链环节为切入点联动发展，形成具有竞争优势的区域主导产业集群。

科技成果产业化模式是北京的科技成果在天津、河北进行中试、孵化和产业化，整合北京科技创新优势、天津研发转化优势和河北制造生产优势，促进区域创新链与产业链有效耦合与对接，实现区域新兴产业发展与优势产业升级。

产业联盟合作模式是通过建设区域产业联盟整合产、学、研各类创新主体，以产、学、研合作为主导贯通区域创新链，加强京津冀重点领域的产业协同创新。

近年来，北京市积极引导北京的中高端外溢企业和科技研发成果前往河北省雄安新区落地生根，壮大发展，积极推动北京与雄安新区之间的产业协同创新，不断取得丰硕成果。

京津冀产业转移系列对接活动

2017 年 4 月 1 日，中共中央、国务院决定设立河北雄安新区的消息一出，犹如平地春雷，响彻大江南北。

雄安新区成为继深圳经济特区和上海浦东新区之后又一具有全国意义的新区。设立河北雄安新区，是以习近平同志为核心的党中央深入推进京津冀协同发展作出的一项重大决策部署，是重大的历史性战略选择，是千年大计、国家大事。设立雄安新区，对于集中疏解北京非首都功能，探索人口经济密集地区优化开发新模式，调整优化京津冀城市布局和空间结构，培育创新驱动发展新引擎，具有重大现实意义和深远历史意义。

四年来，雄安新区保持历史耐心，坚持先谋后动、规划引领，高质量发展。

2018 年，国务院批复了《河北雄安新区总体规划（2018 年—2035 年）》，对雄安新区战略定位提出了高质量发展的要求，推动雄安新区与北京城市副中心形成北京新的两翼，促进京津冀协同发展。按照分阶段建设目标，有序推进雄安新区开发建设，实现更高水平、更有效率、更加公平、更可持续发展，建设成为绿色生态宜居新城区、创新驱动发展引领区、协调发展示范区、开放发展先行区，努力打造贯彻落实新发展理念的创新发展示范区。

要紧紧抓住疏解北京非首都功能这个"牛鼻子"，改革创新体制机制，建设完善基础设施，提供优质公共服务，进一步优化营商环境，积极主动对接疏解需求，科学规划功能布局，重点承接高校、科研院所、医疗机构、企业总部、金融机构、事业单位等非首都功能，促进生产要素合理有序流动，增强雄安新区内生发展动力。

雄安新区按照"千年大计"，建设国际一流的创新型城市。要实施创新驱动发展战略，高起点布局高端高新产业，改革创新人才发展机制，集聚国内外高端创新要素，优化雄安新区创新创业生态，建设实体经济、科技创新、现代金融、人力资源协同发展的现代产业体系。建设国际一流的科技创新平台和科技教育基础设施，引进和培育创新型企业，推动形成以企业为主体、市场为导向、产学研深度融合的技术创新体系，推进京津冀协同创新，促进军民融合创新，主动融入全球创新。强化知识产权保护及综合运用，促进科技成果转移转化。

四年时间里，雄安新区依托北京不断集聚创新要素资源、高起点布局高端高新产业。据统计，截至 2019 年 8 月，雄安新区新成立 3000 余家企业，其中多数来自北京，先后有 20 余家央企、40 余家金融机构、100 余家知名企业落户。这其中既包括中国电信、中国人保、中国电科、中国电子、国家电网等中央企业，还包括阿里巴巴、百度、腾讯、搜狐、千方科技、立思辰等一批科技类公司先后进驻雄安。

与此同时，北京不断深化北京优质教育医疗资源与雄安新区的合作，截至 2018 年 4 月已有 54 所京津冀优质学校与新区 56 所学校开展多种形式帮扶合作，其中包括清华附中在内的 15 所在新区建立了合作校区或协作校区。北京市六一幼儿园、北京市海淀区中关村第三小学、北京市朝阳区实验小学、北京市第八十中学分别与雄县幼儿园、雄县第二小学、容城小学、安新二中开展教育援助办学。北京援建的"三校一院"，即北海幼儿园、史家胡同小学、北京四中、宣武医院，正加快推进建设。

2020 年底，京雄城际铁路开通，北京西站至雄安新区的最快旅行时间缩短至 50 分钟。京·雄产业协同创新，迎来了更好的发展机遇。"十四五"时期，北京要继续加强政策引导，全力支持雄安新区发展，支持部分在京机构和企事业单位向雄安新区等地疏解转移，围绕教育、医疗等领域稳妥有序推进疏解项目。

雄安新区雄安科创产业园

下一步北京市跨区域产业协作平台将继续紧抓非首都功能疏解的战略契机，引导北京外溢企业在雄安新区布局。借助科创产业对接作为突破口，以点带面，以外促内，以高拉低，全面引领北京外溢产业对接雄安新区，对于雄安大力发展的创新经济、服务经济、绿色经济，发挥推动作用。

第二节　京·沧产业梯度转移

近年来，北京市向津冀地区转移的产业主要包括食品加工、纺织服装、原料药制造、石油化工、汽车零配件、家具建材等门类。这些产业向京外转移的形式主要有四种：一是企业整体搬迁，二是产业异地扩能，三是产业链就近转移，四是制造环节外迁。

按照产业梯度转移理论，发达地区应当首先加快发展，然后通过产业和要素向欠发达地区转移，以带动整体经济的快速发展。发达地区凭借先发优势，通过产业升级，结构调整，加速转移低端的产业和产业的低端环节；后发地区发挥比较优势，承接产业转移，提升资源利用效率，产生规模效益，降低生产成本。同时，产业梯度转移使打通国内大循环有了一个实实在在的支点，有利于区域经济更加均衡的发展，推动区域经济结构互动、优化产业布局、引导要素流动。

近水楼台先得月。河北省依托便利的区位优势和较强的工业基础，对于北京"摆不下、离不开、走不远"的产业，具有强大的吸附能力。这其中，沧州作为环北京一小时经济圈的重要交通枢纽和港口城市，通过调整发展思路，创新体制机制，大力承接北京产业转移，使自己的区位优势正在变为巨大的经济优势。七年来，全市共引进北京产业项目1000多个，协议总投资6000亿元。同时，按照"在搬迁中实现升级，在引进中塑造产业"的思路，一批从北京转移出来的附加值低、就业量大、能耗偏高的产业，经过升级改造，已经重新焕发活力，极大地带动了当地经济快速发展。

■ 京企转移 沧州惊现三大千亿集群

近年来，一般制造业和商贸物流中心成为北京产业疏解的重点任务，这些产业的特点是占地面积大、劳动密集型、资源能耗高，而沧州市正是较为理想的落脚之地。七年间，乘着京津冀协同发展的东风，沧州市承接北京产业转移的力度越来越大，效果越来越好，伴随汽车制造、生物医药、服装服饰三大千亿级产业集群的日趋成型，承接北京产业的梯度转移正在为沧州市经济发展注入强有力的"新动能"。

● 机遇：多重优势叠加于此

产业转移协作作为京津冀协同发展的重要内容之一。在产业转移过程中，北京与其他地方首先是一对多的关系，北京面向的是全国；对河北而言，北京面向的是河北11个设区市。由于"一对多"的关系，北京相关产业与河北各地形成了选择与被选择的关系。在落户目的地选择上，北京企业是选择方。基于此，河北各地市又形成竞争关系。为了取得北京外迁企业的"芳心"，各地都使出浑身解数，招揽北京转移产业。

在承接方面，沧州市有自身的比较优势。沧州有近距离的区位优势，较完备的产业基础；沧州还是古代名医扁鹊、刘完素、张锡纯的故乡，有丰厚的医药文化积淀；沧州沿海还有广阔的滩涂用地。同时，沧州市处在多个机遇叠加的时期。首先，沧州临近京津，地缘相接，处在京津冀协同发展的核心区域中；其次，由于临港特点，沧州处于陆上和海上丝绸之路的交汇处，铁路运输和海陆运输都很便捷；再者，沧州还处在沿海经济发展区。多重叠加，这些都为沧州市有针对性地承接北京产业转移提供了可能。

● 成效：再获三个主导产业

沧州市在产业承接过程中，充分利用自身的土地资源和劳动力优势，积极谋划整体承接方案，推动形成集群式发展。正是得益于京津冀协同发展过程中，北京一般产业的加速外迁，沧州市乘机获得了三个主导产业。

第一，黄骅以北京现代沧州工厂为龙头的汽车产业集群。这座占地191万平方米的现代化工厂在2015年4月3日破土动工开建，18个月后便建成投产。目前，北京现代沧州工厂已经带动包括北汽岱摩斯、北汽韩一、现代摩比斯沧州公司等汽车零部件项目200余个落户沧州。2019年，该工厂生产整车16.3万台，全年产值163亿元，纳税9.3亿元。围绕北京现代沧州工厂整车制造产业核心，零部件、物流、服务贸易、金融、对外出口等产业日益繁荣，研发中心、汽车人才基地建设也在规划中，千亿元级汽车产业链正在形成。

第二，渤海新区生物医药产业集群。渤海新区按照"共建、共管、共享"模式，建设了北京·沧州渤海新区生物医药产业园。目前，作为河北承接北京医药产业转移唯一园区，渤海新区生物医药产业园已签约140个入园项目、总投资443亿元，已有48家开工建设或竣工投产，完成投资近百亿。沧州承接北京药企"组团式"搬迁，在国内首开"企业在河北、监管属北京"的跨区域管理体制先河，至少可节省两年的审批时间。

第三，服装服饰产业集群。沧州市积极抢抓北京"动批""大红门""八里桥"等批发市场整体外迁的难得机遇。2017 年打造了服装商贸承接平台—明珠商贸城和生产承接平台—明珠国际服装生态新城，以及明珠物流、电商产业园、明珠仓储中心等，整体承接北京服装全产业链疏解。目前，已有 10000 余家北京服装商户和 3000 多家生产厂家、加工企业落户沧州，从服装服饰研发设计、生产、批发零售，再到包装物流，北京服装产业所集聚的要素都出现在了沧州，在当地形成了相当规模的服装产业。

● 展望：拓展协同发展模式

十几年来，沧州市 GDP 排名一直处在河北省的中游位置。2017 年，超过 3800 亿元，位列全省第三位，可以说经济的高速发展与北京产业转移项目的落地、投产有很大关系。此前，沧州主要以重化工、管道装备制造、港口物流为主，现在增加了汽车制造、生物医药、服装服饰三大主导产业，全市产业结构得到进一步壮大提升。

尤其是，沧州市政府十分注重在产业承接中发挥企业的主体作用，明珠商贸城与大红门商户合作便是绝好的例子。实际上，借助本地企业对当地政策环境和经济环境的掌控优势，基于对经济效益的共同追求，北京企业与沧州企业更容易达成一致，企业间的合作更有利于项目转移落地。在这一过程中，政府以政策引导推动，通过"放、管、服"优化了营商环境，使企业没有"水土不服"的感觉，安心在沧州发展，在沧州创业，在转移中实现提档升级，不断壮大。今后，沧州市还将鼓励更多的本地企业与北京企业展开合作，进一步拓展协同发展的新模式、新方法、新路径。

近年来，沧州市牢牢抓住承接北京非首都功能疏解这个"牛鼻子"，坚持在项目引进中注重塑造产业、在承接转移中注重升级、在服务中跟上管理、在政府推动中注重发挥市场的作用，推进协同发展向深度广度拓展。特别是整体承接北京"大红门""动批""八里桥"等服装批发市场，1 万多家商户落户沧州且无一回流，带动 500 多家服装生产加工企业落地明珠服饰产业特色小镇。在京津冀协同发展工作评估中，沧州市因项目承接北京市非首都功能疏解成果显著，获专家组高度肯定，被称为"沧州现象"。

■ **沧州高新区：承接产业转移，迸发创新活力**

2019年，在承接北京大量中低端产业疏解转移的基础上，沧州市又一次走进北京，开始瞄准北京中高端产业，寻求对接协作。沧州市高新区，作为河北省高新技术产业发展的重要平台，这次作为项目承接的主要载体与北京产业展开广泛合作。

6月，沧州市高新区和北京市跨区域产业协作中心联合举办了"抢抓京津冀协同机遇，共享沧州高速发展红利"——沧州高新区协同发展产业对接大会。

2019年6月，京津冀（沧州高新区）协同发展产业对接会在北京举行

北京市跨区域产业协作中心精心组织北京66座园区75家外溢企业全面对接沧州市高新区。本次对接大会上共有26个产业项目针对沧州高新区落户意愿进行了项目介绍，涵盖生物制药、智能制造、文化旅游、大数据、新材料、新能源汽车、新一代信息技术等产业门类。

此次产业对接大会旨在加快推进中关村科技园丰台园沧州协同示范园、中关村互联网产业园沧州园建设，充分发挥沧州市高新区在区位交通、基础配置、营商环境等方面的优势，面向北京高新技术企业重点推介中关村科技园丰台园沧州协同示范园，吸引一批北京有实力、大品牌企业落户沧州市高新区。

近年来，沧州市高新区围绕打造成为沧州环京津、环渤海的高新技术产业聚集区和高质量发展先行区的目标，紧紧抓住京津冀协同发展战略机遇，与北京中关村丰台科技园合作共建沧州协同示范园，按照"北京研发、沧州制造"模式，扎实做好承接北京产业转移文章，高标准打造协同发展标杆。

目前，通过承接北京产业转移，加强京冀产业协作，沧州市高新区已经成功建设了中国国际机器人产业园、北京航空航天大学科技园、京津现代服务业产业转移基地等"创新创业平台"。引进了中关村天合科技成果转化促进中心、清华启迪之星孵化基地等科研单位和科技孵化机构。设立了院士专家服务中心、博士后科研工作站、科技大市场，组建了以国家专家为首的科技服务团队，拥有国家级小微企业创业辅导示范基地、省级院士工作站、省级科技孵化器，被省政府确定为区域性"双创"示范基地，成为沧州创新驱动的引领区和拉动区域产业转型升级的新引擎。

第三节　京·承产业帮扶协作

北京一杯水，半杯源承德。密云水库是集合京津冀三地的力量修建而成，迄今已有60年的历史。为了保护水源地环境，近年来承德市关停并转了许多矿企和制造业企业，为北京的饮水安全做出了巨大贡献。因此，北京与承德的扶贫支援、帮扶协作，便有着饮水思源的特殊情感。

2016年12月，北京与承德正式结成扶贫协作关系，由怀柔、密云两区对口帮扶丰宁、滦平两县。京承两地始终把东西部扶贫协作作为打赢脱贫攻坚战、实现全面小康的重大举措，制定了"以产业发展为抓手，聚要素、攻难点、促脱贫"的总体帮扶思路，精准带动贫困群众脱贫奔小康，京承扶贫协作取得了明显成效。

三年多以来[①]，北京市共投入财政帮扶资超 4 亿元，实施对口帮扶项目 140 个，直接带动贫困人口 1.9 万人，受益人口 12 万人。自京承开展扶贫协作工作以来，北京方面先后累计安排 17 名党政干部和 76 名专业技术人员到承德市挂职交流，承德市累计选派 28 名党政干部和 151 名专业技术人才赴北京交流学习。另外，北京还积极开拓销售渠道，利用各类销售平台大力推进承德地区消费扶贫工作，北京市共销售承德地区农特产品 4.55 亿元，直接带动 1.6 万余贫困群众增收。该市贫困人口已经由 2014 年初的 75.17 万人减少到 2019 年底的 4726 人，贫困发生率由 28.41% 下降到 0.18%。2020 年 6 月底，该市所有剩余贫困人口已全部达到脱贫条件。

尤其是近两年来，北京市结合承德地处水源涵养功能区，作为京津重要生态屏障的区域特点，按照"绿色发展、循环发展、低碳发展"的理念，全面加强跨区域产业协作力度，助推承德产业发展取得了重大突破。

■ 金色宽城，对接首都，借力腾飞

2019 年 11 月，河北 20 强、承德首富、山水名城——承德市宽城满族自治县进京揽才、引业、招产，山水相连，京承协作，共赢发展，京冀（宽城）协同发展产业对接大会圆满成功。

北京市跨区域产业协作中心精准筛选北京十六区 66 座园区 70 家外溢企业参会对接，20 个产业项目进行了现场路演，6 大外溢项目签约成功，涵盖文化旅游、教育医疗、新型建材、现代农业、食品加工、节能环保等六大产业门类。

承德市宽城县在对接北京产业具有几方面的优势。（1）区位独特，交通便捷，地处承德市、秦皇岛市、唐山市、辽宁省朝阳市四市交界，位于环渤海、环京津经济圈腹地；（2）物华天宝，资源丰饶。宽城素有"中国板栗之乡"之称。矿产富集，蕴藏金、铁等 20 多种矿产资源，其中钒钛磁铁矿储量超过 27 亿吨，黄金储量超过 30 吨，有"塞外金都"之称；（3）转型加速，势头强劲。宽城产业体系根深叶茂，矿山采选、钒钛制品、新

---

① 截止 2020 年 10 月.

型材料等产业竞相发展，板栗和水产品深加工、设施菌菜等现代农业健康发展，红色教育、山水风光、生态休闲等融于一体的文化旅游产业蓬勃发展。

天上不会掉馅饼，撸起袖子加油干。宽城对招商引资的态度鲜明，措施果敢。紧紧围绕习总书记对承德作为京津冀水源涵养功能区的定位，以河北省经济运行推进会为动力，全力推动跨区域产业协作，积极融入首都经济圈，敢干、实干、巧干，做大发展平台、创新招商方式、破解制约瓶颈，加大产业和人才对接力度，运用以与企业"主动相亲"方式择优"联姻"，最终达到与北京企业同兴共赢发展。

近年来，尤其是自京津冀协同发展上升为国家战略以来，宽城将"对接首都产业，助推协同发展"作为培育和扩大县域竞争力、推动跨越式发展的主要抓手，探索出"四对接"融入京津冀协同发展，促进县域经济腾飞的独特模式。

首先，坚持以技术对接促工业转型。该县立足"京津冀水源涵养功能区"的定位，瞄准北京的科研院所，引进先进技术，促进成果转化，加快转型升级。其次，坚持以产业对接提层级。宽城产业结构相对单一、产业层级较低，单靠自身难以迅速转型升级，因此宽城积极加强与北京的跨区域产业协作力度，加大对接频率、不断引进能够提升县域经济发展层级的新兴产业项目。第三，坚持以交通对接助融合。推动京津冀协同发展的首要任务是建设一体化综合交通体系，即将全线贯通的京沈客专启用后，宽城将大大缩短与京津的时空距离。第四，坚持以公共服务对接强保障。宽城将提升教育、医疗水平和优化生态环境作为提升县域实力、吸引人口聚集的主要抓手，积极推进与北京大中院校的合作，不断提升教育水平。积极推进与北京三甲医院的技术协作，提升医疗水平。同时，积极与环保部对接引滦流域跨界水环境补偿机制用于扶持生态环境建设治理。

■ **扶贫协作，精准对接，共赢发展**

2020年5月17日，"京承精准扶贫产业协作对接推进会"在承德召开，北京市国资委率企业家们集团赴承德进行产业对接，共同助力承德精准扶贫、产业转型发展。此次对接推进会，北京市国资委根据承德市政府发布的 193 个项目需求，共提出了 90 项合作意向。

首钢集团、北控集团、北辰集团、北投集团等 19 家北京市国有企业参与对接，涵盖文化旅游、医药康养、冰雪运动、矿产资源、能源发电、农产品深加工等领域。现场，承德市人民政府与首开集团、华夏银行、首农食品集团签署了三个战略合作协议。

此次产业对接会旨在通过利用北京国资大集团、大公司、大企业的金融资源、产业资源、市场资源来对接承德丰富的矿产、文旅、农业资源，以此促进双方的深度合作，跑出产业扶贫"加速度"，助力承德市巩固脱贫成果。

2016—2019 年，北京市管国企在承德市开展产业协作合作项目 27 个，设立扶贫车间 4 个，完成投资 60.67 亿元，吸纳当地 6574 人就业，带动 3000 余名建档立卡贫困人口实现脱贫，涉及光伏发电、畜牧养殖、生物医药、工业原材料生产等诸多领域。2019 年，北京市管国企在承德新增投资 6.18 亿元，2020 年一季度新增投资 2104 万元。

七年来，北京市积极推动北京市与河北省多个地市进行产业协作，一方面完成有序疏解非首都功能的任务，另一方面助力河北各地市产业做大做强，并协助北京企业在当地抱团发展、发芽生根、开花结果。这其中，京承产业帮扶协作便是成功的典范，尤其是在以下四个方面的操作经验更成为北京跨区域产业协作的杰作。

深化农业合作。北京市着眼于差异化发展和要素互补，长期与承德开展农业合作，每年举办京承农业项目洽谈暨农产品推介会、农业战略合作论坛或座谈会等对接活动。开展农业合作以来的三年间，总投资已达到 292 亿元，投资千万元以上项目 136 个，涉及农业科技合作、农产品基地建设、农产品深加工、一二三产业融合、产销对接等各个方面；首农、顺鑫、汇源、冀康等一批京企落户承德，北京农林科学院等一批科研院站在承德建立；承德在京开设社区鲜活农产品体验店 400 家、商超对接农副产品 270 种，每年为北京供应优质绿色农产品 500 多万吨，既丰富了北京人民的"菜篮子",也鼓起了承德人民的"钱袋子"。对接引领与项目合作的互促互动,在拉动农业结构调整、农业增效、农民增收方面发挥了显著作用。

扶持特色产业。依托承德地理、气候、环境等资源禀赋,北京市在扶持承德特色产业发展上不断加大力度,促进扶贫产业进一步提质增效。北京市协助滦平县连续举办三届中药材产业发展大会,达成产销合作意向40多个品种、37余万吨,收购额达到66亿元,在促进扶贫对接的同时,成功搭建展示、招商和交流平台,有力推动了承德乃至全省中药材三产融合发展和产业富民增收。北京中农春雨公司投资5000万元,在丰宁建设种养结合的有机农业示范园;北京二商集团投资2亿元,依托缘天然牧场实施万头肉牛育肥项目,年出栏6万头;一系列特色项目的实施,推动了丰宁坝上及接坝地区农业产业的规模化、集约化发展。北京向承德兴春和农业股份有限公司提供资金1459.92万元,用于发展兴春和现代生态循环农业扶贫示范园区,通过这种扶持扶贫龙头企业的方式,发挥对口帮扶资金的最大效益。

推动产业升级。北京市发挥在资金、人才、技术等方面的优势,积极推动制造型产业转移,促进承德产业转型升级,进一步增强区域发展活力。借助当地区位、土地资源和劳动力优势,在丰宁建设怀丰产业园,打造京北最大汽车配件产销中心。通过为企业发展和项目建设营造效率更高、成本最低、政策最优的发展环境,吸引优质企业入园。截至目前,怀丰产业园成功引进了北京宏亭、鑫益华、瑞宝全、雁阳、大地海通等8家汽配企业,总投资超过16亿元。贫困农户通过跟企业签订长期固定合同,并接受企业提供的专业培训和指导,不但在收入上有了保证,技能素质也得到了提高,逐步转变为产业工人。同时,园区的建成和发展,疏解了非首都功能,更带动当地装备制造业实现"从无到有、从小到大"的跨越式突破,双方获得双赢。

强化科技驱动。瞄准承德摆脱贫困和绿色发展的双重目标,北京供销大数据集团在承德县投资建设德鸣大数据产业园,打造京津冀区域等级最高、规模最大的集技术研发、产业集聚和市场应用于一体的大数据产业区块，被列为"京津冀大数据走廊"核心区河北省重点示范项目、河北省加快发展"大智移云"重点支持产业项目，被工信部批准为国家新型工业化产业（大数据）示范基地。携手承德县进一步盘活资产资源，规划了占地16平方公里、启动资金200亿元的全国首个大数据特色小镇及生态智慧新城项目——德云大数据小镇，建成后将拉动社会投资上千亿元，形成大数据全产业链价值增量。大数据项目的建设，搭建了创新创业平台，有利于产业和人才集聚，将在带动区域性脱贫上发挥重要作用，也为承德打造了"大数据、云计算、物联网"的城市新名片。

第八章　跨区域产业协作

2004年，中国正式提出实施区域协调发展战略，这不仅是实现国民经济平稳、健康、高效运行的前提，而且对于保持政治和社会稳定，促进民族团结与维护国家安全都具有重大意义。

2015年10月，习近平总书记在党的十八届五中全会上提出了"创新、协调、绿色、开放、共享"五大发展理念，其中把协调发展放在我国发展全局的重要位置，坚持统筹兼顾、综合平衡，正确处理发展中的重大关系，补齐短板、缩小差距，努力推动形成各区域、各领域欣欣向荣、全面发展的景象。

2019年12月，习近平总书记发表雄文《推动形成优势互补高质量发展的区域经济布局》强调指出：我国幅员辽阔、人口众多，各地区自然资源禀赋差别之大在世界上是少有的，统筹区域发展从来都是一个重大问题。我们必须适应新形势，谋划区域协调发展新思路。要健全市场一体化发展机制，深化区域合作机制，加强区域间基础设施、环保、产业等方面的合作。

坚冰已经打破，航向已经指明。这篇雄文深刻揭示了"京津冀协同发展—跨区域产业协作—全国各区域协调"的联动关系，全国一盘棋，充分利用产业协作推动区域协调，最终实现协同发展。

北京，不仅是京津冀的"绝对中心"，更是全中国的"首善之区"。作为"都"的功能，她还要践行"四个中心"——政治中心、文化中心、科技创新中心、国际交往中心的职责，把中国送出去，将世界请进来，依托自身文化实力与科技实力的绝对优势，播撒全球最先进的创新成果，通过推动首都经济与各地经济的跨区域协作，实现"一花引来万花开"的效应，引领中国区域协调发展。

自2014年2月以来的七年时间里，北京市跨区域产业协作中心按照北京市"促进跨区域产业协作，推动非首都功能疏解，助力高精尖京企发展"的指示精神，秉承产业链互补，平台化运营的全新理念，坚持抱团发展，资源共享的宗旨，联合北京市 66 家园区，先后组织 5015 家外溢企业成功实现与全国 15 个省区 76 座城市的跨区域产业协作。北京市跨区域产业协作中心按照产业互补，共赢发展的原则，严格筛选产业基础强、交通区位优、营商环境好的城市全面对接北京外溢企业，积极引导北京过剩的资金、技术、人才等产业资源前往全国落地发展，极大促进了京地产业协作，增强了北京的经济辐射能力，有力带动了各地产业的转型升级，实现了首都经济与各地经济的共赢发展。

2020 年 5 月，中国面对新冠肺炎疫情所导致的外需大幅下降，中美贸易摩擦加剧，西方国家"去中国化""硬脱钩"的严峻复杂形势，习近平总书记首次提出，要加快形成以国内大循环为主体、国内国际双循环相互促进的新发展格局。这是我国面对世界百年未有之大变局、面对新形势、新挑战、新机遇而提出的发展新战略。

2020 年 10 月，党的十九届五中全会在北京举行，为中国未来 5 年经济和社会发展擘画出了宏伟蓝图，同时也提出了 2035 年远景发展目标。会议主基调就是，要加快构建以国内大循环为主体、国内国际双循环相互促进的新发展格局。这其中的重要内容，就是要通过产业协作与区域协作，在国民经济各部门间，形成核心技术创新、新基建、乡村振兴与原先出口产业之间互为市场的良性循环；在国内地理空间上，统筹西部大开发、中部崛起和东北老工业基地振兴，形成沿海地区与广阔的国内腹地之间互为市场的良性循环。

世界经济大变局，中国经济大转弯，首都经济大协作，各地经济大循环。这是党中央根据我国发展阶段、环境、条件变化作出的战略决策，是事关全局的系统性深层次变革。一个伟大的时代也即将由此开启。

面对新发展阶段、新发展理念、新发展格局，北京市跨区域产业协作中心将始终坚持以产业协作为战略抓手，推动北京的资本、技术和产业资源走出去，实现首都经济与各地经济的共赢发展，打造跨区域产业协作示范工程，全面开创"京地产业协作，联合共赢发展"的新局面，助力国内大循环体系建设。

第一节　京粤协作：南北互动，强强联合

京粤协作，科技为先，南北互动，产业互联。

这是一个区域协作，抱团发展的年代，科技创新、金融投资、产业竞争，为中国经济带来巨大活力的同时，也正日益呈现出抱团协作、互补、错位发展之势。

广东与北京作为中国南北经济的两个重要板块，各有特点，各具优势，互补性很强。双方按照优势互补、互惠互利、共同发展的原则，展开跨区域产业合作，促进两地在产业、人才、资金、技术等发展要素之间充分交流，对于积极服务国内、国际双循环相互促进的新发展格局，以及推动北京和广东两地的产业转型升级、高质量快速发展、加快新旧动能转换都具有重要的举措。

广东是中国经济的第一大省，2020年，广东省地区生产总值超越11万亿元，经济实力雄厚，工业产品门类品种齐全，产业配套完善，产品质量优异，新产品开发活跃，生产、出口、竞争力持续占全国领先地位；同时广东省也是中国人口的第一大省，2019年，广东常住人口达到1.152亿人，拥有全国最具潜力的消费市场。尤其以粤港澳大湾区作为中国改革开放的前沿阵地，经济活力足、发展速度快、产业基础好。

然而，广东与北京相比，科技创新能力偏弱，科技创新资源不足，这表现在当地企业多处于新兴产业链的中下游，特别是在集成电路、医药生物等产业上，依旧比拼的是中下游的制造优势。同时，在新增上市公司、独角兽企业数量上也处于下风，创新动能明显趋缓。

因此，最具备打造国际一流湾区和世界级城市群潜力的粤港澳大湾区，亟须吸纳全国科技创新力量与优质产业要素的集聚，不断加强区域内的协同合作，在补足科创短板、激发内生动力上再下一番苦功夫。

近年来，北京市与广东省的技术交流与产业协作正如火如荼般展开，尤其是在广东省科技厅的全力推动下，京粤协作充分依托北京的高技术优势与广东的制造业基础，瞄准创新链与产业链间的"篱笆墙"，定位于重大科技创新平台、重大科技成果转化落地的关键环节，着力把科技创新平台、科技创新成果与广东省各地的经济发展紧密联系起来。广东省凭借高效务实的对接举措，积极配合北京科技企业深度参与粤港澳大湾区国际科技创新中心及珠三角国家科技成果转移转化示范区建设，全面实现京粤跨区域产业协作的共赢发展。

目前，北京市依托"三城一区"建设，广东省围绕粤港澳大湾区建设，都提出要全力打造"具有全球影响力的国际科技创新中心"的战略目标。近年来，北京通过狠抓非首都功能疏解，剥掉"白菜帮"，做好"白菜心"，很好地实现了全市产业的腾笼换鸟，凤凰涅槃，无论是"大而强"还是"小而精"的高端产业，较之以前则更聚焦、更强大、更具备绝对优势，更领先于全国水平。

现在，广东省正加快建设全球科技创新高地和新兴产业重要策源地，努力实现由拼资源、拼汗水向拼知识、拼智慧转变。广东市场经济发达、产业基础良好、科技成果转化能力较强，只要将北京在科技、教育、人才等方面的综合优势与广东在产业、市场、资源等方面的专业优势结合起来，充分发挥市场配置资源基础性作用的优势，既为广东加快转型升级提供新的动力，也为北京建设国际科创中心做出积极贡献，完美实现京粤两地的"互利共赢"。

2019年2月18日，中共中央、国务院印发《粤港澳大湾区发展规划纲要》，明确提出粤港澳大湾区五大战略定位：充满活力的世界级城市群；具有全球影响力的国际科技创新中心；"一带一路"建设的重要支撑；内地与港澳深度合作示范区；宜居、宜业、宜游的优质生活圈。

7月5日，广东发布《关于贯彻落实〈粤港澳大湾区发展规划纲要〉的实施意见》以及《广东省推进粤港澳大湾区建设三年行动计划（2018—2020年）》，明确提出分"三步走"推进粤港澳大湾区建设，到2035年，形成以创新为主要支撑的经济体系和发展模式。粤港澳大湾区要建设"具有全球影响力的国际科技创新中心"。瞄准世界科技和产业发展前沿，加强创新平台建设，大力发展新技术、新产业、新业态、新模式，加快形成以创新为主要动力和支撑的经济体系；扎实推进全面创新改革试验，充分发挥粤港澳科技研发与产业创新优势，破除影响创新要素自由流动的瓶颈和制约，进一步激发各类创新主体活力，建成全球科技创新高地和新兴产业重要策源地。

在此期间，广东省各地市积极谋划，立即行动，采取"走出去，请进来"的方式，全面对接北京的技术、人才、资本等要素资源，不断推进京粤产业协作的深度与广度。

2019 年 9 月 27 日，广东省科技厅副厅长杨军率队前往北京市跨区域产业协作中心进行产业对接，洽商京粤跨区域协作，双方一致认为促进广东省各地市与北京各大园区科技型外溢企业的对接，共同携手推进京粤跨区域产业协作，实现两地互利共赢等是当前及今后一段时间的重点任务之一。

目前，广东省正依托粤港澳大湾区打造世界级科技创新中心，北京市也正聚焦"三城一区"建设全球科技创新中心，京粤两地未来追求的战略目标一致，资源优势互补，合作潜力无限。京粤产业协作，有优良的传统，坚实的基础，丰富的经验。双方将共同推动紧密南北产业协作，全面服务京粤两地企业家，深入开展科技交流与合作，利用好北京作为全国科技创新中心的资源优势，结合好广东作为世界工厂的产业链优势，发挥好互利互惠的市场机制，吸引更多的北京企业家来粤发展。

京粤跨区域产业协作是南北经济的强强联手，合作基础雄厚，经济结构互补，发展前景广阔。中国科技创新，北京优势在于从 0 到 1，广东优势在于从 1 到 N。

近年来，北京跨区域产业协作中心的工作重点之一就是全力推进京粤跨区域产业协作，精心筛选北京各大园区的外溢产业项目，精准对接广东各地市，做好京粤产业协作的桥梁与纽带，更好地服务于北京企业走出去，引首都先进科技成果直面市场，助北京外溢企业粤做粤强。同时，利用好北京作为全国科技创新中心的资源优势，结合好广东作为世界工厂的产业链优势，既带动广东的高质量发展，又助力北京打造国际科技创新中心，真正全面实现京粤两地的合作共赢。

■ 京粤协作，高新领衔

弄潮儿当向潮头立。

2018 年，开风气之先的广东，率先在科技计划上推出重大创举。

2018 年 10 月，广东省科技厅联合科技日报社在北京召开"广东省重点领域研发计划及创新政策推介会"。广东省打破了以往项目只接受省内单位申报的单一局面，首次面向全国开放项目申报。此次征集的领域涉及宽带通信、新一代人工智能、新能源汽车、智能机器人与装备制造、激光制造与增材制造、第三代半导体材料与器件、精准医学与干细胞、脑科学与类脑研究、现代种业、量子科学与工程等重大领域。采用揭榜制向全国征集优秀研发团队、最佳解决方案，鼓励广东本地企业结合自身需求倍增揭榜奖励资金，解决广东产业面临瓶颈问题的重要举措。

2019 年 8 月，在第 28 届北京国际广播电影电视展览会暨广东省 4K 产业发展论坛期间，广东省超高清视频产业 10 项合作项目在北京成功签约。广东广播电视台分别与华为技术有限公司、中山大学国家超级计算广州中心、北京超凡视觉科技有限公司、8KRAW 公司签署战略合作协议；广东省广播电视网络股份有限公司分别与海思公司签署"全面战略合作协议"，与创维集团签署"家庭智能网关项目战略合作"，与华栖云科技公司签署"新时代文明实践中心 + 南粤全媒体智慧云项目"，与小米公司签署"全面战略合作协议"，与北京信邦安达公司签署"物联网及智慧家庭云管理平台建设与业务集成项目"。

2020 年 1 月，广东省科技厅与中国生物技术发展中心在北京签署《关于推动广东省生物医药创新发展战略合作框架协议》。此次签订的协议是经过双方反复沟通研究形成的，充分发挥双方的优势，聚焦广东省生物医药创新与产业发展，合作内容全面而具有前瞻性，奠定了未来全面战略合作的基础。此次协议签订后，中国生物技术发展中心将大力支持广东的科技创新工作，在战略研究、项目管理、项目承接、成果转化等方面与广东省进一步加强协作，共赢发展。

中国科技创新，北京优势在于从 0 到 1，广东优势在于从 1 到 N，将京粤产业协作进行到底，引先进科技成果直面市场，助北京外溢企业粤做粤强。广东携手北京，共同打造全球科技创新中心，合作基础雄厚，经济结构互补，发展前景广阔。

■ **佛山南海对接高精尖，京企抢占大湾区**

一百多年前，两位广东南海人（康有为、詹天佑）进京搞事情，震惊中外，名垂青史；2018 年，戊戌之春，一个广东四小虎（南海）北上谋伟业，对接高精尖，引领大湾区。

2018 年 3 月，北京市跨区域产业协作中心精心组织北京 66 家园区的100 多位高新企业老总全面对接广东省佛山市南海区，抢占粤港澳大湾区核心地带。

2018 年 3 月，京粤（佛山·南海）高端产业对接大会在北京举行

"想不到北京企业到南海区投资、发展的热情如此踊跃，还有近 20 家企业希望获得投资项目的路演机会，可惜时间已到，大家可以拿着项目计划书到南海区驻北京的招商办公室进行接洽。"在京粤（佛山·南海）高

端产业对接大会的现场，北京高端产业项目追逐粤港澳大湾区的热情空前高涨，南海区的魅力让路演机会"一席难求"。

短短一个下午，广东省佛山市南海区顾耀辉区长就收到 50 多家高新企业集团的考察盛邀，随身携带的两盒名片全部发完，北京企业家们对南海的青睐程度超乎地方政府的想象。"很感动也很感谢，从企业家的路演材料来看，他们都对南海充满感情和热情，路演材料做了充分准备，了解南海基本情况。"顾耀辉表示，接下来南海将把全部路演企业项目详细了解后深入跟进。

南海区产业基础雄厚、区位优势突出、生态环境较好，拥有一线城市的商务配套又可享受二三线城市的低成本；南海制造业转型升级对现代服务业需求巨大，是北京产业、人才、项目外溢的理想之地，也是北京大型企业、研发机构布局珠三角，抢占大湾区的重要节点。

在此背景下，佛山市南海区希望通过引入北京高端产业项目，加快建设实体经济、科技创新、现代金融、人力资源协同发展的产业体系，从而加速推动南海经济高质量发展。

北京市跨区域产业协作中心的任务，不单要帮助疏解"中低端"企业，更要全面联动"高精尖"产业，全力为北京高新企业寻找更广阔的发展平台，为地方政府对接首都产业。

"我们公司之前主要在京津冀发展，这两年开始在华南地区发力，相比于广州、深圳，佛山在信息产业方面反而是洼地。"一家知名软件公司负责人在会上表示。

"佛山南海邻近广州，也是粤港澳大湾区的核心区域所在，有着综合的成本优势。"北京众多高新企业家纷纷表示，正准备在华南地区拓展业务，佛山南海正是上佳之选。

2014—2018 四年间，随着北京市剥掉"白菜帮"，去做"白菜心"，北京产业、教育、医疗、科技、人才、资金等优质资源迅速向外辐射。广东省佛山市作为粤港澳大湾区的重要组成部分，全国重要的制造业生产基地，加工业发达，装备制造业实力雄厚，电子制造业发展迅速，信息与工业设计支撑能力强劲。南海区位于佛山市"人"字地图的中心区域，地处珠江三角洲腹地，与广州无缝接壤的优势，使得企业在南海就可以共享广州的各类优质配套，可以说是大城配套、小城成本。

正如南海区投资促进局驻京代表所言，"南海的商业环境就如同热带雨林，既有传统产业，也有新兴领域，既大中型企业，也有小微企业，具有足够的内部多样性，不同的企业都能在这里找到适宜的生存空间。"

此次，北京市跨区域产业协作中心精心组织来自中关村创新区、亦庄经开区、临空经济区、亚奥文体区、未来科技城、总部基地、金融街、CBD等北京高端产业功能区的多家企业集团参会对接南海区，既有财力雄厚的中央企业，也有资源丰富的北京国企，还有大量技术先进的大型民企集团，涉及旅游休闲、文化创意、养生养老、现代农业、商贸物流、信息技术、高端医疗设备、军民融合、节能环保、新能源开发等众多领域。京粤双方试图通过北京与佛山的跨区域产业协作，为北京外溢企业找到合适的发展空间，同时为广东高质量创新发展注入新动能，为促进南北强强联合，带动区域协调发展探索出一条新路径。

北京市与广东省及佛山市均有很强的产业互补性，合作潜力巨大，发展前景广阔。南海区借助粤港澳大湾区的发展机遇，通过承接首都科技成果与产业转移，正在构筑起战略性新兴产业体系，成为京粤产业协作共赢的生动实践。

■ 韶关协作：对接首都融入湾区共赢发展

大江大河，蹚过！大起大落，挺住！大灾大难，奋起！

新春伊始，疫情凶猛。2020年一场突如其来的灾难，完全打乱了所有人的生活节奏与工作安排，人们一度陷入极度恐慌。然而，"战疫"定有胜时，发展永不止步。因此，我们必须要时刻保持清醒的头脑，认识到再大的灾难也不过是中国发展历程中的一朵浪花而已。非常之时必赖非常之举，我们既要保持"越是艰险越向前"的奋进姿态，又要坚定"乱云飞渡仍从容"的战略定力，始终坚持以经济建设为中心，推动全面实现小康目标，在发展中解决一切困难，不犹豫，不动摇，不懈怠。

疫情，改变不了中国经济持续向好的趋势，阻挡不住北京产业跨区域协作发展的步伐，泯灭不了广东很多城市和北京产业对接协作的工作热情。

疫情就是一次大考，不断倒逼跨区域产业协作创新工作方式，探索新的协作路径，开辟新的工作局面。老革命遇到新问题，大协作用上新手段。2020 年 2 月开始，北京市跨区域产业协作中心全力配合全市各大园区抗击疫情、复工复产，积极协助外溢企业选址、考察、洽谈。

京粤协作，韶关领先，南北互动，产业互联。

2020 年 4 月，京粤（韶关）跨区域产业协作项目"云上"对接视频会胜利召开，本次"云上"对接大会是在广东省科技厅的关心支持指导下，由韶关市人民政府与北京市跨区域产业协作中心联合主办、韶关市科技局承办。

韶关，粤北门户、岭南名郡、大湾区休闲花园、广东省工业基地。

唐代名宰相兼大诗人 – 张九龄、北伐名将 – 张发奎、抗日第一战将 – 薛岳，皆诞生于此，这是一个人杰地灵，物华天宝的地方。

韶关属于粤港澳大湾区"圈层结构"近圈层，是粤港澳大湾区辐射内陆的桥头堡，产业基础雄厚，自然生态优美，营商环境良好，具有无限的开掘价值与发展潜力。韶关不仅仅要承接大湾区的产业转移，而且要紧密对接全国各地的产业、技术以及各类创新资源和产业资源，形成优势互补的区域产业分工格局。

韶关主动承接北京外溢企业、产业项目，全面对接北京产业资源，助力韶关市高质量发展。北京市十六区 66 座产业园区 51 家外溢企业踊跃报名参加本次跨区域产业对接活动。北京市跨区域产业协作中心联合韶关市政府，在韶关市科技局的通力协助下，共同精心筛选了第一批 10 家高新企业精准对接韶关市，项目涵盖电子信息、生物医药、现代农业、文化旅游、大数据等产业门类。无论从项目质量上还是产业方向上，都与韶关的产业发展方向高度契合，关联性强、互补性好。

本次对接会，北京外溢企业通过线上路演、线上对接的形式，"屏对屏""线连线"地介绍了企业基本情况及在韶关投资的意向项目情况。韶关市政府很高效地当场对项目情况进行了梳理和工作分解，实现了企业与政府的高效对接。

接下来，北京市跨区域产业协作中心将全力协助韶关市政府制定针对性优惠政策，利用好当地资源禀赋，嫁接产业链上下游企业，做好外溢企业的服务保障工作，实现北京企业对韶关的无忧投资、发展，确保产业项目早日落地。

2020 年 8 月 19 日—21 日，在前期近四个月的政企对接基础上，北京市跨区域产业协作中心精心筛选北京第一批 10 大外溢产业项目前往广东省韶关市考察选址，协助政策落实，推进落地工作。

整个考察过程务实高效，北京外溢企业首先在韶关市城市规划馆详细了解城市与产业总体规划，先后前往韶关高新区、芙蓉新区、东莞－韶关对口协作产业区等重点产业基地考察选址，并结合自身项目的特点和要求，先后与韶关市各大园区及各委、办、局负责人进行了深入沟通协调，为产业项目的落地奠定了坚实的基础。

随后，韶关市领导，在韶关新区主持召开了京粤（韶关）跨区域协作产业项目推进调度会，与北京外溢企业进行了面对面的交流，亲自聆听外溢企业的需求，并当场协调各相关部门立刻安排落实，体现出韶关高效务实的工作作风。

会上，北京外溢企业纷纷表示，接下来将加快产业项目落地的进度，在韶关市各委、办、局的全力配合下，尽快开工、达产见效，以实际行动回馈各方对企业的大力支持。

2020 年 10 月 15 日，经过半年的努力，北京与韶关的产业对接终于喜结硕果，京粤（韶关）跨区域协作产业对接大会暨签约仪式在北京成功举办。

本次大会由广东省科学技术厅指导，韶关市人民政府、北京市跨区域产业协作中心、东莞－韶关对口帮扶指挥部主办，韶关市商务局、韶关市科技局、韶关市工信局承办，以"对接首都，融入湾区，共赢发展"为主题，致力以创新引领产业升级，赋能营商环境提档升级，巩固前期产业对接成果，打造京粤两地紧密协同发展新格局。

韶关市委书记王瑞军，中国科学院院士、松山湖材料实验室理事长王恩哥，中国工程院院士、国家农业信息化工程技术研究中心主任、首席专家赵春江，北京市跨区域产业协作中心主任房晓，中国科学院微电子研究所党委副书记赵志刚、广东省科技厅二级巡视员周木堂出席会议。韶关市委常委、副市长罗晓勤主持会议。

这是韶关市贯彻落实广东省委"1+1+9"工作部署和"一核一带一区"区域发展新格局要求，按照韶关市委十二届十二次全会部署，抢抓"南北强强联合，京粤共赢协作"重大战略机遇，积极服务国内国际双循环相互促进的新发展格局、推动韶关产业高质量发展、加快新旧动能转换的重要举措。

本次大会得到了中国科学院、广东省科技厅、北京市66家产业园区的鼎力支持，115家北京外溢企业全面对接韶关市10大区县（市）、8大产业转移园区、6大省级开发区，一举成就京粤产业对接协作的巅峰巨作。

京粤（韶关）跨区域协作产业对接大会暨签约仪式在北京成功举办

经过半年多的政企有效对接和务实合作，京粤（韶关）跨区域产业协作第一阶段工作已圆满收官，一批北京外溢企业率先在韶关市落户。这些项目的成功签约，必将对深化京粤产业交流合作，促进韶关产业转型升级、加快高质量发展起到重要作用。

广东省科技厅二级巡视员周木堂表示，此次对接大会将带动更多产业要素在北京与广东之间深度交流，对助力京粤两地产业转型升级、促进高质量发展都具有积极战略意义，对打造京粤跨区域合作典范、拓宽科技招商模式具有重要的推动作用。下一步，广东省科技厅将与北京市跨区域产业协作中心、韶关市政府一起全力推进京粤跨区域产业协作，争取更多的产业资源、科技成果和金融资本、研发基地落户韶关，扎根广东，打造粤北高质量发展样板。

北京与韶关的产业对接，为京粤跨区域协作开启了成功的范本，南北经济双雄的强强联手，由此掀开崭新的历史篇章。

会后，韶关市政府安排专职人员在京走访洽谈北京外溢企业，并从中筛选出一批意向企业，涵盖医药健康、装备制造、航空航天、电子信息、商贸物流、文化旅游、现代农业、大数据云计算等产业门类。北京市跨区域产业协作中心在此基础之上，广泛征求意向企业的建议，主动谋划落地推进工作，积极联系韶关市各主管部门，毅然决定再次精心组织北京意向企业奔赴韶关对接市领导，落实各项政策。

2020 年 12 月 15 日—17 日，中心再次精心组织第二批 8 家北京外溢产业项目前往广东省韶关市考察选址，协助政策落实，推进落地工作，为本年度京粤（韶关）跨区域产业协作画上了一个圆满的句号。

12 月 16 日，京粤（韶关）跨区域产业协作项目落地推进会在韶关市召开。北京 8 家外溢企业与韶关各相关部门负责人"面对面"进行沟通，"点对点"解决问题，"心连心"洽商合作。韶关市委书记王瑞军，韶关市政府副市长陈磊，韶关新区、市工信局、市科技局、市市场监管局、市卫生健康局负责同志参加对接。

本次项目推进会上，来自北京 8 家外溢企业代表分别介绍了企业基本需求、以及在韶关的发展意向，韶关市有关职能部门均予以现场答复，并承诺立刻着手推进实施。

此次考察及项目推进期间，韶关市委书记王瑞军、市长陈少荣、副市长罗晓勤、副市长陈磊、副秘书长林欣等市领导分别与北京企业负责人进行了深入交流，表达了对北京企业项目的高度重视，并积极协助解决项目推进过程中遇到的难题等，促进项目尽快落地，实现合作共赢。

2020年以来，韶关市委、市政府与北京市跨区域产业协作中心共同推动的京粤跨区域产业协作工作首次开创了"四轮驱动，全面对接"新模式，引领京粤产业协作探索出新道路，开辟出新天地，喜结出新成果——

①技术对接促转型：引进先进技术，承接成果转化，加快工业转型。

②项目对接增动能：招引新兴产业，增强发展动能，提升经济质量。

③资本对接提层级：携手产业基金、风险投资、股权纽带助推高端产业加快发展。

④要素对接强保障：联合导入教育、医疗、研发等服务配套，破解企业发展难题。

今后，北京市跨区域产业协作中心将依托北京的技术、人才、资金、市场优势，帮助更多的外溢企业对接广东，促进京粤跨区域协作共赢更上一层楼。

■ 清远协作：迎来北京"合伙人"

清远，广东省陆域面积最大的地级市，超越北京总面积近3000平方公里；广州"后花园"城市，广（州）清（远）一体化城市，珠三角"一小时生活圈"的旅游胜地，休闲天堂。

2020年7月，在广东省科技厅的指导下，北京市与广东省的第二场线上跨区域产业协作对接会——京粤（清远）跨区域协作产业项目对接会，腾"云"启幕，圆满成功。

本次京粤产业对接大会由广东省科技厅指导，清远市人民政府与北京市跨区域产业协作中心联合主办，清远市高新区管委会承办。本次活动采取"云上"的方式，相距近2000公里的清远与北京通过网络连线，打破了空间的限制，为北京的外溢企业和清远的产业平台搭建起沟通的桥梁，成为疏解北京外溢企业到清远落地，助推京粤产业协作共赢发展的重要举措。

本次大会，北京市跨区域产业协作中心精选第一批 20 家外溢企业"云"上对接"广州后花园，湾区桥头堡"——清远市。11 个产业门类的代表性项目进行了线上路演，涵盖电子信息、生物科技、医疗健康、装备制造、人工智能、文化教育、大数据、云计算、物联网、新能源、新材料、新一代信息技术等。这些产业项目无论是产业门类，还是项目质量，都与清远市的经济发展方向高度契合，关联性强、互补性好。

北京外溢企业详细阐述了将在清远的投资计划、发展规划和对当地的政策需求，李丰副市长和北京外溢企业做屏对屏交流，清远市有关部门认真聆听和记录下外溢企业的落地需求，并当场分别给予了积极回应，实现了企业与政府的务实高效对接。

李丰副市长表示，清远市以培育支持北京外溢企业发展壮大、提升本地产业价值链水平为目标，为北京外溢企业落户清远提供优质高效的精准服务，在政策、资金、技术、市场资源、产业链上下游等各方面给予全方位支持，整合资源、全力促进北京企业尽早落地开工、达产见效，以实际行动回馈北京企业家们的选择。

清远市高新区党工委副书记、管委会主任周岐贤表示，通过本次京粤跨区域协作"云对接"，清远与北京的产业协作将全速进入快车道，为清远高新区主动对接北京外溢企业、吸引北京产业资源，助力清远市高质量发展开启了崭新通道。清远高新区将抢抓机遇，进一步优化园区环境，积极引导北京外溢企业加速落地。目前，高新区已组成专职工作组，主动对接北京市跨区域产业协作中心，形成了常态化的两地区域合作工作机制，将全力推进清远与北京的产业对接工作。同时，清远高新区已经规划了专门承接北京外溢产业园，并正在向广东省有关部门申请重点建设项目，旨在为北京及其他一线城市外溢产业落户清远市提供有力载体。

金秋九月，丰硕收获。广东再次携手北京，共同打造全球科技创新中心，京粤第二轮（线下）大型产业对接活动震撼启幕。

2020 年 9 月，京粤（清远）第二轮产业对接大会成功举办。前期，经过两个多月接洽，清远市第一轮（线上）对接的 20 家外溢企业中，现场有 5 家企业签约落地。他们将在清远市落户，成为清远城市合伙人。本次，新一批 15 家外溢企业对拟落户清远的产业项目进行了现场路演，向清远市相关部门及各大园区介绍了项目情况和发展规划，并对自身项目落户清远提出了政策配套和资源匹配的具体要求。

2020 年 9 月，京粤（清远）跨区域产业协作项目对接大会在北京成功举办

2020 年 12 月 17 日—19 日，经过两个多月的对接洽谈，新一批北京外溢企业对落户清远市意向强烈。北京市跨区域产业协作中心顺势而为，精心组织北京外溢产业项目前往广东省清远市考察选址，协助政策落实，推进落地工作。

此次，在清远市政府的精心安排下，北京企业家们分别前往清远高新区、天安智谷科技园、腾讯华南云计算基地、广东省职教城等园区进行了考察选址和深入交流，清远高新区党工委副书记、管委会主任周岐贤，清远高新区党工委委员、管委会副主任陈建文陪同考察洽谈。

12 月 18 日，京粤（清远）跨区域产业协作项目推进会在清远市天安智谷科技园成功举行。本次项目推进会是北京、清远两地持续深入对接，推动产业协作共建取得实效的重要举措。经过充分沟通及实地考察，来自北京的 8 个项目意向落户清远高新区。

清远市副市长李丰强调,清远将始终坚持以真诚态度对接、服务企业,为项目的落户提供全程跟踪服务,在政策、技术、产业链上下游、市场资源等方面予以支持,积极为企业解决困难和问题,推动项目尽早落地开工、达产见效。

清远高新区党工委副书记、管委会主任周岐贤在会上向企业家介绍了清远高新区的相关情况,并表示清远高新区将坚持"一切为了企业,为了企业的一切"的宗旨,提升依法行政和服务能力,努力为企业提供"保姆式"服务,让北京企业落地实现全程无忧。

北京市跨区域产业协作中心主任房晓表示,清远是北京企业家们投资兴业、干事创业的好地方。明年,北京还将有涵盖生物医药、装备制造、文化旅游、医疗健康、呼叫中心、数据中心等产业逾 900 家外溢企业需要通过我中心进行对外协作。届时,我中心将继续加强与清远市的合作,促进更多优质项目扎根清远,发展壮大。

现场,北京外溢企业认真讲述了拟在清远落户的项目情况及相关诉求。清远相关政府部门负责人对项目落地条件进行了现场针对性解答与部署,并帮助企业梳理实施细节,提出了切实可行的实施方案。

另外,清远职业学院、当地企业、金融投资机构等均表现出浓厚的合作兴趣,迅速对接了北京企业提出的需求,各方就资金、技术、人才等方面的合作达成了广泛的意向。新一批项目的落地为清远市迎来更多的北京"合伙人",扩大清远的"朋友圈"。

■ **京广深协作,跨区域共赢**

2020 年,北京,白露节气,天高云淡,气爽风凉,秋日的收获亦随风而至。

9 月 9 日,广州市白云区委、区政府一行来到北京大学物理学院,在国家科技部、广东省科学技术厅、广州市科学技术局的见证下,与北京大学签署合作协议,双方将共同支持广东省激光等离子体技术研究院的建设。北京大学方面指出,此次合作双方或将催生出一个千亿级的新产业。

　　该研究院将按省级高水平创新研究院、新型研发机构标准建设，围绕飞秒拍瓦激光技术、激光加速器技术等方面展开应用研究与成果转化，促进激光加速器与医学、工业、电子以及材料等学科的交叉融合，提升产业化速度，提供孵化平台。

　　为加快科研成果从样品到产品再到商品的转化，培育激光等离子体产业链，该研究院将以"1+1+3"的模式进行总体规划建设，即建立1个研究院、1个人才中心、3个产业转化平台。3个产业转化平台分别为：1家为科技创新提供服务支撑，促进研发成果市场化运营的公司；1支在全球范围内寻找技术、项目、人才，为相关企业发展提供资金支持的基金；1个将建设成激光等离子体核心技术源头区和产业发展集聚区的产业园。

　　一年以来，为推动"拍瓦激光质子加速装置研究与应用示范项目"成果转化及产业化落户白云区，广东省科技厅副厅长杨军两次带队到北京大学对接；广州市委、市政府同样关注研究院落地的进展。正是省、市的襄助，使研究院"花落"白云从构想迅速成为现实。

　　该研究院的落地，将是白云区以科技创新驱动经济社会发展的浓墨重彩之笔。众所周知，白云区过去存在大量低端低质低效的传统产业，随着时代的改变，白云的发展若想更进一步，产业的转型是必行之路。但是一直以来，科技创新驱动力的不足，成为限制白云区真正实现华丽转身的最大障碍。未来，借助北京丰富的科技资源，结合自身雄厚的工业基础，白云区的产业转型步伐将大大加快，谱写京粤跨区域产业协作的生动篇章。

　　2020年10月23日，广州人工智能与数字经济、生物医药产业投资合作交流会在北京成功举行。近十年来，这是广州首次在北京集中进行重点片区招商和应用场景发布。本次大会以"湾区机遇·广州能量"为主题，集中推介人工智能与数字经济、生物医药重点产业，向北京头部企业发布应用场景，分享新发展格局下广州的投资机遇。

　　现场，世界500强、跨国公司、领军企业、独角兽企业等北京企业高层共聚一堂，共同分享了广州人工智能与数字经济试验区总体情况和生物医药产业的最新发展和未来投资商机。百度、日立、京东、华为、联想、快手、新华三、中关村、旷视科技、富士电机、商汤科技、京东方、拜耳、赛诺菲、SK、通用电气、贝达药业、高瓴创投、波士顿咨询等来自人工智能与数字经济、生物医药等多个行业的北京企业代表对广州优越的营商环境表示高度肯定，对在穗投资、发展、创新、创业表现出浓厚兴趣，意向强烈。

互联网时代，人工智能与数字经济、生物医药产业等新兴产业已成为商业发展与城市规划的重要选项。本次大会上还发布了《广州市数字经济领域优质应用场景（第一批）》，涉及交通、政务服务、城市管理、医疗、教育、文化服务、数字创意、新零售等多个行业领域。

广州市政府副秘书长高裕跃在致辞中表示，广州是人工智能与数字经济、生物医药产业发展的一片热土，一片试验田，前景十分广阔。广州正举全市之力推进广州人工智能与数字经济试验区高质量发展，着力将其打造成"双循环"格局下的重要平台和载体，欢迎北京企业积极参与，共襄盛举。

北京企业家们纷纷表示，广州先进的商业理念、雄厚的经济实力与开放的营商环境为企业发展提供了绝佳机遇，未来将寻求最佳时机，参与试验区建设，实现企业项目与广州城市的共赢发展。

2020年10月30日，京·深（龙岗）产业协作对接大会在北京国际会议中心成功举办。这是深圳市在特区建立40周年之际，积极贯彻习近平总书记"改革再出发"指示的重要举措。深圳市商务局、深圳市龙岗区政府、深圳市龙岗区投资推广署、深圳市服务贸易协会等单位率团来京推介。北京市各大园区、高等院校、科研机构、企业协会以及龙岗区重点园区负责人等300多人参加了本次对接大会。

本次京·深对接大会以"新时代、新优势、新机遇"为主题，旨在向北京企业及科研机构全面展示龙岗城区品牌形象，大力宣传推介龙岗综合营商环境，推动北京外溢企业及科研机构与龙岗区深入交流合作，促进龙岗区产业向高端、高质、高精尖方面发展。

深圳市龙岗区委副书记、区长代金涛用"机遇空前，利好频出""链条完备，门类齐全""氛围浓厚，制度健全""物超所值，服务周到""环境优美，配套完善"五句话概括性地介绍了龙岗区的政策优势、产业优势、创新优势、投资优势和竞争优势等五大优势，并诚挚邀请北京企业家们到深圳、到龙岗考察参观，实地领略这座年轻城市的开放与活力，抢抓重大机遇，实现互利共赢，共同续写更多"春天的故事"。

另外，现场还有深圳大运软件小镇、星河 World、天安云谷、康利城、神州智园、中海信创新产业园、启迪协信科技园、龙岗创投、东久创新园、恒明–ONE 科技园等龙岗区现代化产业园区代表与北京企业进行了对接交流。

深圳，改革开放最前沿；北京，科技创新制高点。深圳"十四五"期间的目标要建成具有全球影响力的科技和产业创新高地；北京"十四五"期间的目标则是建设全球科技创新中心。南北双雄，强强联手，并肩战斗，走向全球，京深协作共同引领中国第三波的开放创新浪潮，这将具有划时代的历史意义。

2020 年 10 月，习近平总书记赴广东考察调研，这也是党的十八大以来总书记第 3 次考察广东。总书记指出，广东，改革开放的排头兵，历史绵长、人文荟萃。在全面建设社会主义现代化国家新征程中走在全国前列、创造新的辉煌。以更大魄力、在更高起点上推进改革开放。我们要走一条更高水平的自力更生之路，实施更高水平的改革开放，加快构建以国内大循环为主体、国内国际双循环相互促进的新发展格局。要坚决贯彻党中央战略部署，坚持新发展理念，坚持高质量发展，进一步解放思想、大胆创新、真抓实干、奋发进取，以更大魄力、在更高起点上推进改革开放，努力在全面建设社会主义现代化国家新征程中走在全国前列、创造新的辉煌。

京粤携手，共赢发展，是构建国内大循环体系的扛鼎之举，只有北、上、广、深率先联合起来，全面协作起来，真正链接起来，从而塑造头羊效应，带动全国城市的产业大协作，国内国际双循环的崭新发展格局才能尽快形成。今后，北京市跨区域产业协作中心还将继续助推京粤共赢协作，坚持"政府搭台、企业唱戏、社会参与"的区域协作原则，全面引导北京的资金、技术、人才等外溢产业要素前往广东落地生根，发展壮大，助力广东更高质量发展，实现京粤两地产业互利共赢，协作发展。

第二节　京鲁协作：科技赋能，新旧转换

北京，北方经济龙头，全国科技创新中心；山东，北方工业重镇，全国经济实力第三强。

千年以降，山东厚重，但却沉重。新经济时代，山东该如何实现"由黑变绿、由重变轻、由硬变软"的历史跨越，继续引领北方经济的快速发展，成为绕不过去的时代课题。

京鲁协作，对于北京的资金、技术、人才提供了更为广阔的发展空间；对于山东的发展可以借势借力，借助首都的科技力量赋能传统产业，加速新旧动能转换；对于北方经济的行稳致远，南北经济的协调发展至关重要。

2017年3月，全国两会期间，李克强总理参加山东代表团审议时指出，山东发展得益于动能转换，希望山东在国家发展中继续挑大梁，在新旧动能转换中继续打头阵。

2017年4月，山东省召开新旧动能转换重大工程启动大会，提出"要把加快新旧动能转换作为统领全省经济发展的重大工程做实做好。坚持世界眼光、国际标准、山东优势，积极创建国家新旧动能转换综合试验区。"

2018年1月，国务院正式批复《山东新旧动能转换综合试验区建设总体方案》，同意设立山东新旧动能转换综合试验区。这是党的十九大后获批的首个区域性国家发展战略综合试验区，也是中国第一个以新旧动能转换为主题的区域发展战略综合试验区。中央要求山东坚持以供给侧结构性改革为主线，以新技术、新产业、新业态、新模式为核心，以知识、技术、信息、数据等新生产要素为支撑，促进产业智慧化、智慧产业化、跨界融合化、品牌高端化。

2019年7月，山东省委书记刘家义、省长龚正率领山东党政代表团来京考察学习，并与北京市委书记蔡奇、市长陈吉宁共同参加北京市·山东

省工作交流座谈会，京鲁两地签署战略合作框架协议，成功开启跨区域协作新纪元。

蔡奇书记要求，京鲁要开展各层级互动交流，发挥市场作用，推动两地合作。

①欢迎山东融入参与京津冀协同发展这一重大国家战略，合力推动区域协同发展。

②加强中关村与山东有关产业园区合作，以创新为引领推动产业协作，实现互利共赢。

③加强营商环境等方面交流合作与政策联动，为两地企业合作发展提供良好条件。

④加强文化旅游合作。在弘扬优秀传统文化、传承红色基因、保护历史文化遗产等方面相互借鉴，打造优秀文化品牌；加强大运河保护合作交流，促进旅游产业发展。

加强京鲁跨区域协作，融入京津冀协同发展，是山东全面对接国家战略、借力提升产业层次、加快新旧动能转换的重大机遇。山东产业门类齐全、工业品供给丰富、制造业发展层次较高、项目承载能力强、优质企业多，具备融入京津冀协同发展战略，差异化承接优势产业转移的基础支撑。山东将率先从制造业开始，开拓渠道，创新模式，精准承接京津两地高端要素、高端产业和优质资源，同时积极推动本地产品进入京津冀市场。在此过程中，山东鼓励各地积极探索更大范围、更深层次的"产业飞地"分享政策、监管审批事项异地互认政策等，制定具有区域竞争力的政策，最大调动京津产业向山东转移的积极性。

■ **京·青协作启航，北方双雄发力**

北京，北方经济的第一引擎；青岛，山东经济的龙头老大。

2019年，我国GDP总量首次接近100万亿元大关。北京GDP总量超过3.5万亿元，常住人口2100万；青岛GDP总量接近1.2万亿元，常住人口超过1000万。

北京，人均GDP全国第一，全员劳动生产率全国第一，科技成果输出率全国第一，新兴经济实现增加值全国第一，新产业、新业态、新商业模式增加值接近 1.3 万亿元，占全市 GDP 的比重为 36.1%。

青岛，北方第一大海港，中国最具幸福感城市之一，中国北方四大万亿城市之一。

北京与青岛两座城市的 GDP 之和，超过全国第六名四川全省 GDP 总量近 500 亿元，超越第七名湖北全省 GDP 总量 1300 亿元，比台湾地区 GDP 总量高出 5000 亿元，接近香港 GDP 总量的两倍。

目前，中国区域经济差距，正在从"东西差距"变成"南北差距"，这将深刻影响未来几十年全国的省域经济格局。

全国统计数据显示，2009 年，通常意义上的"北方"（华北大区 + 东北大区 + 西北大区 + 山东 + 河南）经济总量占全国 43%；2012 年，北方经济总量占全国 45.8%，达到最高点；此后便开始调头向下，2019 年已经下降到 35%，快要沦落到"南方"的一半。

2019 年底，《求是》杂志发表重磅文章指出："长三角、珠三角等地区已经初步走上高质量发展轨道，一些北方省份增长放缓，全国经济重心进一步南移。"

2019 年，我国共有 17 个城市 GDP 破万亿，其中 13 个城市主要集中于南方，而北方仅有 4 个城市入围：北京、天津、青岛、郑州。

此时，北京、青岛两座大城市，作为北方经济的稳定器和压舱石，加强产业协作，共谋跨越发展，无论对自身的动能转换，还是对全国的引领示范，都具有非凡的现实意义和巨大的战略价值。

2020 年 3 月 4 日，青岛市级机关会议中心，北京·青岛跨区域产业协作启动仪式暨 2020 年第一期项目对接洽谈会，隆重举行，圆满成功。

老革命遇到新问题，大协作用上新手段。这不仅是 2020 年北京第一场跨区域协作产业对接大会；还是非首都功能疏解六周年以来，第一次线上产业对接大会；更是青岛市委、市政府为应对疫情防控，全力推进在线"双招双引"总体安排的重要组成部分，意义重大，实效卓著，影响深远。

北京市十六区 66 座产业园区 87 家外溢企业踊跃报名参加本次京·青

产业对接活动，现场 10 家北京外溢企业对拟落地青岛的产业项目进行了投资计划路演。此次，青岛市人民政府携手北京市跨区域产业协作中心，在青岛市发改委、青岛市驻京办的全力协助下，共同精心筛选了 50 家北京高新企业精准对接青岛市 6 个区县、15 家重点园区。企业门类涵盖航空航天、装备制造、生物制药、信息科技、人工智能、现代金融、文化旅游、商贸物流、现代农业、新能源、新材料等产业领域，无论从项目质量上还是产业方向上，都与青岛市的产业发展方向高度契合。

北京·青岛跨区域协作产业对接，既是贯彻落实山东省和青岛市对特殊时期"防疫情不松懈，抓发展不动摇"的工作部署，也是青岛市全面落实"双招双引"攻势，推进投资便利化改革的一次大胆尝试，更是进一步塑造青岛开放发展强势、推动实现更高水平对外开放的实际行动。下一步，青岛将深入研究并探索京·青跨区域产业协作的市场化、专业化、社会化合作长效机制，建立与北京的产业链、资本链、人才链和技术链等方面的全方位合作，实现京·青两地产业的优势互补与合作共赢。

自进入 2020 年以来，青岛市的吸引力、感召力、凝聚力越来越强，企业家投资青岛的步伐并没有因为疫情的影响而变慢。2020 年，首场京地跨区域协作产业对接大会为什么选择青岛？

北京市跨区域产业协作中心主任房晓指出，"国家战略叠加的青岛站在了开放发展的新风口，经济社会发展取得的成绩有目共睹，青岛的魅力、活力、实力，对北京外溢企业的吸引力在众多北方城市中遥遥领先，鲜有匹敌。北京与青岛的跨区域产业协作，有优良的传统、雄厚的基础和广阔的前景。疫情阻止不了企业家们到青岛发展的愿望。这次活动，他们报名很积极，渴望到青岛去投资兴业、干事创业、安居乐业。下一步，我们还将组织更多北京企业与青岛进行全方位的对接，积极促成两地的务实合作。"

北京市跨区域产业协作中心坚信，北京的资金、技术、人才、产业等高端要素，一旦与青岛的雄厚产业基础、丰富资源禀赋、优越交通区位、美丽生态环境实现全面嫁接，其爆发出来的经济能量将是几何级增长，对北方经济的引领带动作用不可估量。

2019年初，青岛全面掀起"学深圳、赶深圳"的热潮，从项目签约、考察学习、干部实训等多个方面向深圳看齐。青岛市的各级政府、部门也深入学习深圳的营商环境、制度创新、政务服务，结合各自发展特点和实际与深圳全面对标。新时期，青岛的面貌开始焕然一新。

近年来，青岛市正全力打造新一代信息技术、生命健康、新能源汽车、高端装备等核心产业；加快发展金融、物流、文旅、商贸等重点产业；全面聚焦集成电路、新型显示、智能家电、人工智能、医药及医疗器械、电动汽车、轨道交通装备、海洋工程装备、机器人、健康养老、金融、物流、文化创意、旅游、批发、零售16条重点产业链，形成62类重点产业招商参考目录，开展产业链、专业化和社会化招商。

青岛，对于加快高质量发展的责任感和紧迫性，有目共睹，史无前例。新时期，青岛引领发展新时代的信心与决心举世瞩目，青岛开创发展新局面的能力与举措令人钦佩，青岛协作北京共享发展新成果的思路与行动务实高效，京·青跨区域产业协作的广阔前景与无限潜力，亟待两地共同携手挖掘，北方双雄的精诚协作必将开启中国北方经济的崭新画卷。

2019年以来，青岛运用市场的逻辑、资本的力量，发挥产业配套全的优势，顺势而为、乘势而上、聚势而强，努力承载北京非首都功能疏解。青岛的诚意与努力赢得了北京企业的积极回应，大批企业来到青岛，走走看看，找机遇，谈合作，一大批项目正在青岛生根发芽。

当"北京红利"碰上"青岛努力"，两城正在碰撞出灿烂的火花。自2020年，疫情防控进入常态化以来，青岛市委主要领导走访的第一个省外城市就是北京。

2020年5月，青岛第二届全球创投风投大会刚刚落下帷幕，时任青岛市委书记王清宪便马不停蹄赶往首都。两天时间里，率队先后走访北京大学、中国石油化工集团和中国融通集团，签约、洽谈，促成北京大学（青岛）计算社会科学研究院落户青岛，为青岛发力工业互联网网罗技术、人才。

6月份，王清宪书记在北京走访了全国社会保障基金理事会。社保基金理事会作为全国社会保障基金的投资运营机构，受托管理基本养老保险基金投资运营，希望在确保安全的前提下，加大双方优质项目合作，共享青岛发展机遇，实现基金保值增值。

7月份，王清宪书记在北京走访中国诚通控股集团有限公司。中国诚通集团党委书记、董事长朱碧新表示，青岛开放发展成绩令人振奋，将充分发挥自身资产经营、股权运作、基金管理等方面优势，借力上合示范区、山东自贸试验区青岛片区等开放平台，深度布局青岛，共享发展机遇。

2020年7月6日，青岛首个整车全资质总部企业——北京汽车制造厂（青岛）有限公司整车制造总部基地在莱西姜山镇的新能源产业集聚区开工，填补了青岛整车总部企业的空白。此项目计划总投资150亿元，包含整车制造总部基地，北汽五菱柳机70万套发动机生产项目，零部件产业园项目。

2020年8月，北京·青岛跨区域产业协作项目对接会在北京举行，成果丰硕

2020年8月17日，北京·青岛跨区域协作产业对接大会圆满功成。这是今年北京市跨区域协作中心组织的首场线下对接大会，青岛市10大区县全面对接北京66家园区近百个产业项目，现场9家北京高新企业与青岛相关区市以及青岛日报报业集团签订合作协议，产业项目正式落地，成为青岛城市"合伙人"。本次，北京跨区域产业协作中心再次组织新一批76家北京外溢企业与青岛各区县、产业功能区以及市级引导基金管理中心进行全面了对接。青岛市委常委、副市长薛庆国出席会议并致辞。

北京企业针对意向在青岛市落地项目做详细介绍

这是 2020 年首场京地产业协作现场对接大会，也是疫情防控进行常态化之后，青岛在北京举办的首场"双招双引"现场会，开创了京地产业协作新模式。本次 9 家与青岛新晋"牵手"的北京外溢企业，涵盖工业互联网、装备制造、生物制药、信息科技、新材料、文化创意等产业，无论从质量上还是产业方向上，都与青岛市重点发展产业高度吻合。

疫情没有阻挡京·青产业协作的脚步。2020 年，青岛"顶格推进"京青协作，青岛市主要领导三次赴京拜访企业，向北京外溢企业释放了岛城人民的最大诚意。本次是在京·青前期深入对接的基础上，形成了 9 家北京外溢企业签约青岛的阶段性成果。

本次线下对接大会，现场又有 25 家北京外溢企业上台路演，针对"企业将在青岛落地什么项目，企业需要青岛配套什么政策"等主题与青岛市相关部门负责人进行了深入交流，又达成了一批合作意向。

2019 年以来，青岛运用市场的逻辑、资本的力量，发挥产业配套全的优势，顺势而为、乘势而上、聚势而强，努力承载北京非首都功能疏解。青岛的诚意与努力赢得了北京企业的积极回应，华夏基石、黑马科技、达闼科技、商汤科技、旷视科技等大批企业来到青岛，找机遇，谈合作，一大批项目正在青岛生根发芽。

国家战略的叠加，"顶格推进"的落实，越来越专业化、常态化、市场化的运作理念，青岛对北京外溢企业的吸引力正在不断增强，北京－青岛跨区域产业协作的"双城记"正在激情上演。

■ **泉城对接京城，"三心"招引"六高"**

2019 年 7 月 21 日，山东省委书记刘家义、省长龚正率领山东党政代表团一行从济南启程，赴北京学习考察，开启首都"取经"之旅。

7 月 22 日，龚正省长与陈吉宁市长分布代表两地政府签署《北京 – 山东战略合作框架协议》，开启京鲁跨区域协作新征程。

7 月 24 日，迅速反应，立刻行动，山东首府"之心"率先全面对接首都"六高"园区，京鲁（济南·市中）高端产业对接大会在京成功举办，开创了全省双招双引的"济南速度"。

"牵手济南·选择市中"，济南·市中区，山东省委驻地，千亿级城区，山东首府之"国际都心、生态绿心、产业慧心"；济南的政治、经济、文化、金融中心。北京市跨区域产业协作中心精选北京市十六区 66 座园区 85 家企业集团全面对接济南核心城区——市中区。

大会之上，来自北京六大高端产业功能区的众多高新企业，尤其对市中区优越的区位条件、雄厚的经济实力、先进的发展理念，产生了浓厚的兴趣。现场，20 家北京外溢企业针对在市中区意向落地项目进行了投资路演，12 个产业项目率先签约抢占山东新旧动能转换先行区——市中区。

2019 年 7 月，京鲁（济南·市中）高端产业对接大会在北京成功举办

北京市跨区域产业协作中心根据德勤公司为市中区撰写的《产业发展报告》，结合北京市 66 家园区的外溢产业门类，为市中区量身定制了一整套精准对接方案，并提炼出市中区在山东首府中"三心合一的战略定位。

国际都心：作为济南的政治、经济、文化、金融中心，区内驻有中共山东省委等党政机关，壳牌、微软等世界 500 强企业区域总部，济南大学、山东大学兴隆校区等高等院校，汇丰银行等济南全部四家外资银行。

生态绿心：山、水、林、泉、城，一体化发展，在红尘之中，离自然不远。南部有兴隆山、桃花山、大寨山；东部有佛峪沟、青铜山；北部有登州泉、望水泉、东高泉、杜康泉、双桃泉、西密脂泉、石湾泉等七大名泉。

产业慧心：2018 年 GDP1042.58 亿元，三次产业比例上升为 0.3：19.3：80.4。一是主导产业加快发展。金融业扩规提效，预计完成增加值 258 亿元。信息通信业蓬勃发展，实现区级税收 3.48 亿元。商务商贸业势头强劲。工业经济质效并进。二是新兴产业加快培育。新金融产业加速崛起，山东新金融产业园累计入驻金融、类金融机构 140 余家，管理基金规模超过 1300 亿元。现代物流产业日益壮大，新一代信息技术产业快速发展，文化创意产业集聚发展，济南国际创新设计产业园被评为省内唯一的省级工业设计基地。三是总部经济加快集聚。狠抓载体建设，建成儒商总部大厦、证券大厦等 15 万平方米高端总部经济载体，辖区 5000 平方米以上的商务楼宇达到 78 座，其中亿元楼 27 座；大型总部及区域型总部企业达到 179 家。四是科创平台加快构筑。山东大学国家大学科技园开工建设，国家科技领军人才创新创业（济南）基地正式启用，新增省级工程技术研究中心 4 家，新认定国家高新技术企业 39 家，全区高新技术产业产值占规模以上工业总产值的比重达 88.9%，居全市首位，科技强区战略迈出新步伐。

市中区的发展有目共睹，也赢得各方赞誉。"投资济南是个正确的决定，我们对在市中区发展的前景充满信心""这是一片投资热土和创业宝地"……在对接会现场，市中区主动的姿态、包容的环境、务实的举措，博得现场人员阵阵掌声。

此次北京产业与市中区牵手，主要瞄准高端、智慧、前沿企业，科技含量高、产业门槛高、附加值高的项目。市中区的发展方向与北京企业的融合度较强。

目前，济南市正处于跨越赶超的机遇期、关键期、黄金期，正积极为外溢企业提供崭新的发展平台，帮助外溢企业挖掘全新的市场潜力。接下来市中区将加快产业项目落地投产的速度，充分发挥各自优势，促进资源优化配置，实现政企携手互补互惠互利、共建共享共赢。

■ 国山对接国都，泰安精准发力

北京，首善国都；泰山，中华国山。

自古，夺取天下要进北京，而昭告天下则要登泰山。

胜利者进北京，是要登基做皇帝；成功者登泰山，则要封禅成明君。

所以，泰山素有"五岳之首""天下第一山"的美誉，所谓"泰山安则四海皆安"，寓国泰民安之意。

今天，泰山是世界自然与文化双重遗产，世界地质公园，全国重点文物保护单位，国家重点风景名胜区，国家 AAAAA 级旅游景区。

山东省泰安市，因泰山而得名，依山而建，山水城一体，中国优秀旅游城市，国家历史文化名城，京沪之间的中心节点城市。

近年来，泰安市积极抢抓京津冀协同发展和首都非核心功能疏解这一国家战略，主动承接北京的产业转移，为京鲁两地合作奠定了良好的基础。泰安市紧紧围绕"加快新旧动能转换 打开泰安发展新通道"这一战略部署，解放思想，强化措施，凝心聚力，狠抓落实，全市招商引资和项目建设工作取得了重大成就，正努力走在全省新旧动能转换的前列。

这其中，泰山区作为泰安市的中心城区，则是新旧动能转换工作的核心战场，其引领表率作用举足轻重。

泰山区，泰安市委、市政府的驻地，处于山东省"一山、一水、一圣人"旅游圈中心节点，京沪高铁中心枢纽，下辖国家农业科技园区 - 泰安农高区、山东省级经济开发区 - 泰山经济开发区、山东省级旅游度假区 -

泰山碧霞湖旅游度假区，连续多年被评为全国科学发展、科技进步、投资潜力和综合实力百强区。

泰安市是山东省三大高等教育中心之一，而泰山区则云集了山东农业大学、山东科技大学、泰山医学院等十几所高校，在校生达15万余人，储备了大量的高素质人才资源。

近年来，泰山区坚定不移地走新型工业化发展之路，优化产业结构，加大招商力度，改善投资环境，招商引资项目越来越多，规模越来越大，质量越来越高，已经成为广大客商投资兴业的沃土、建功立业的热土、安居乐业的乐土。

新时期，北京市跨区域产业协作中心在京鲁跨区域产业协作方面的重点任务是：围绕首都非核心功能的疏解和北京高精尖经济结构的打造，积极引导北京的资本、技术、人才和市场等优质资源，全面参与山东新旧动能转换试验区的建设。

2017年8月19—21日，应山东省泰安市委、市政府的邀请，北京市跨区域产业协作中心精心组织北京66座园区的66家大型企业集团企业代表集团奔赴泰安市泰山区进行京鲁产业对接。

8月20日，京鲁（泰山）新旧动能转换跨区域协作项目对接大会暨签约仪式在泰安市泰山区举行。泰安市人民政府市长李希信、常务副市长展宝卫出席对接大会和签约仪式，泰山区委书记赵斌主持仪式，泰安市及泰山区各委、办、局负责人出席大会。

此次来自中关村核心区、亦庄经开区、临空经济区、亚奥文体区、未来科技城、总部基地、金融街、CBD等北京高端产业功能区的66家企业集团，既有财力雄厚的中央企业，也有资源丰富的北京国企，还有大量技术先进的大型民企集团，涉及旅游休闲、文化创意、养生养老、现代农业、商贸物流、信息技术、高端医疗设备、军民融合、节能环保、新能源开发等众多领域，对于泰安市暨泰山区发展新技术、新产业、新业态、新模式，推进新旧动能转换，突破园区转型发展，以"四新"促"四化"，打开泰安发展新通道具有重要意义。

对接大会上，北京企业家们紧密结合泰山的资源状况和自身企业的发展方向，详细介绍了拟落户泰山区的投资、发展计划。中心协助各方进行了深入对接，一致表示，将按照新旧动能转换的要求，进一步加强沟通交流，全面深化合作，争取北京外溢产业项目尽快落户泰山区。

2017年11月26日，经过3个月的项目持续跟进，北京14个高新产业项目，纷纷签约落户泰安市泰山区。

此后四年来，北京产业与泰山多次牵手，目标更精准、工作更务实、对接更高效。泰安市的产业布局已经清晰：人工智能、生命健康、信息技术等未来产业，壮大高端装备制造、文化旅游体育、新能源等新兴产业，改造建材、化工、纺织等传统产业，打造彰显泰山魅力的国际著名旅游目的地城市和智能绿色低碳发展示范区。

2019京鲁（泰山）先进技术项目精准对接会重点项目签约仪式

通过多年来京鲁（泰山）产业协作对接工作的开展，泰山区着力引进了一批北京高新技术企业和高层次人才，为泰山区、泰安市的新旧动能转换增添了新的活力。

2019 年 10 月，山东省对接京津冀协同发展联席会议办公室挂牌成立

山东经济正在转大弯，谋大变，上大道。

由黑变绿、由重变轻、由硬变软，山东在国内要率先实现新旧动能转换，虽任重道远，然其心可鉴。

山东该如何借助国家战略，实现新旧动能转换？山东十六地市该如何设计，实现新旧动能转换的战略抓手？山东各地该如何通过跨区域产业协作，对接北上广深与欧美日韩的高端要素，推动城市更新、产业转型和技术升级？

中国实现新旧动能转换的"北京经验"表明：一个国家、区域乃至城市，只有从"世界加工厂"走向"世界办公室"，从"手脚经济"转变为"首脑经济"，抢占产业的高端和引入高端的产业，才能实现凤凰涅槃，华丽转身。历史已经无数次证明，区域协作，抱团发展才是王道，而产业转移协作又是全国跨区域合作的最现实之选，最关键之处，最明智之举，如果不能实现产业链、经济链、生态链的互动、互联、互利，那么无论城市群、都市圈的构建，还是区域协调发展战略的实现，乃至新旧动能的成功转换，统统都是纸上谈兵。

京鲁两地跨区域产业协作工作正在如火如荼地展开，山东省全面利用北京首脑部门、首脑产业和首脑人群的高端经济要素，强力助推山东"手脚经济"走向产业的高端，迈入高端的产业，踊跃参与新旧动能转换综合试验区的建设。

近年来，北京市跨区域产业协作中心不断将京鲁跨区域产业协作引向深入，与山东省 16 个地市中的 10 个建立了产业协作关系，已经形成优良的传统、雄厚的基础和广阔的前景，借助首都的四大优势——资本、技术、人才、市场，引导北京的四股势力——科技创新、文化创新、金融创新、模式创新，助力山东经济的三大转型——由黑变绿、由重变轻、由硬变软，打造国家级新旧动能转换试验区。今后，北京市跨区域产业协作中心将继续精心组织更多北京外溢企业和中高端产业项目精准对接山东省各地市，全面开创京鲁协作，政企共赢的新局面。

第三节　京湘协作："湘"聚京企，开放崛起

吃得苦、霸得蛮，敢教日月换新天。

湖南，正是凭借这股敢为天下先的精神，近年来坚持"创新引领、开放崛起"的战略，不断推动高质量发展，努力建设富饶、美丽、幸福新湖南。

新时期，湖南已经充分认识到，加快高质量发展时不我待，面对世界新一轮科技革命和产业变革，全省经济已由高速增长转向高质量发展，必须加快转变发展方式、优化经济结构、转换增长动力，认真实施科教兴国、人才强国、创新驱动发展、乡村振兴、区域协调发展、可持续发展、军民融合发展战略，总之湖南必须要在新一轮发展中抢占先机。

有鉴于此，党的十八大以来湖南出台了强有力的两大举措。一方面，加快构筑以长株潭国家自主创新示范区为核心的科技创新基地，让创新为全省经济发展注入强劲动力，形成了竞相争先、活力迸发的良好局面。

另一方面，大力推进湘南、湘西承接产业转移示范区建设。发挥"一带一部"区位优势，着力打造中西部地区承接产业转移领头雁、内陆地区开放合作示范区。坚持区域联动，探索建立示范区与转出地无缝对接的合作机制，加强与东部沿海地区、"一带一路"沿线国家和地区的产能合作。

这其中，京湘跨区域产业协作成为湖南实施"创新引领、开放崛起"战略中浓墨重彩的一笔。

京湘一家亲，合作空间大。近五年来，京湘跨区域产业协作日益紧密，尤其是长株潭一体化与京津冀协同发展作为两大国家战略，在资金、技术、人才和市场等高端要素方面开展了更深层次、更多领域的广泛合作交流，真正实现了京湘两地的优势互补、互利共赢。

京湘产业大协作，招大引强结硕果。新时期，京湘跨区域产业协作渐入佳境，高潮迭起，硕果累累。

2017年3月，湖南省政府与北京汽车集团有限公司在京签署战略合作框架协议，北汽集团将积极扩大在湘生产规模，加快相关运营总部、生产基地落户湖南，大力发展通用航空业务，共同推进新能源汽车产业发展和推广应用。"十三五"期间，北汽集团将进一步加大在湘投资力度，2020年预计实现产值660亿元，税收40亿元。

2017年6月，湖南与央企对接大会在北京成功举办。中国核工业集团、中国航天科技、中国航空工业集团、中国兵器、中国五矿、中国建筑、中国中车、中铁建、中交建等30多家一级央企、20多家央企子公司，中国进出口银行、国家开发银行、中国银行、中国工商银行等10余家金融机构负责人参加此次对接活动。

2018年4月，湖南省商务厅全力助推京湘产业大协作，组织各市州大型园区积极对接北京外溢产业。湖南省商务厅应全省各大园区的强烈请求，在省会长沙特别组织了"京湘园区及产业对接合作"座谈会。长沙、株洲、湘潭、衡阳、郴州、娄底、常德、邵阳、永州等9个地市商务部门，40个园区管委会负责人参加北京与湖南产业协作相关性探讨。

2018年5月，借助北京科博会，湖南（北京）军民融合产业推介洽谈会与湖南军民融合领域高科技成果展两大主题活动成功举办，东华软件、神舟智汇科技、紫光集团、京东方集团、北斗星通、佳讯飞鸿等近100家北京企业代表，10余所高校和科研机构专家参加推介会。湖南园区和高校共展示了109个招商项目，在项目对接洽谈环节，有近50个项目获得了投资意向。

2018 年 6 月，北京市卫生计生委与湖南省卫生计生委签订医疗卫生合作框架协议；北京市教育委员会与湖南省教育厅签署战略合作协议；北京市朝阳区政府与湘潭市政府签署友好合作协议。

2018 年 7 月，京湘（娄底）高端产业合作对接会在北京举行。本次大会成功签约重点项目 17 个，涵盖军民融合、新材料、装备制造、新能源、人工智能、电子信息、文化旅游等领域。

2018 年 12 月，受湖南省商务厅和长沙市人民政府之邀，北京市跨区域产业协作中心率北京外溢企业赴长沙参加"2018 长沙园区招商展"，并主持京湘（长沙）产业对接大会。现场，北京市跨区域产业协作中心精选来自北京外溢企业与长沙九大县市区 14 家产业园的负责人进行了务实对接并签订落户协议。本次对接大会以京津冀优势产业南下投资项目为核心，组织意向到长沙发展企业 57 家，其中包括 10 家世界 500 强企业、12 家央企国企上市公司，另有来自北京中关村、亦庄经开区、临空经济区、生物医药基地、总部基地、金融街、CBD 等高端产业区的实力民企几十家。北京外溢企业经过与长沙 14 家园区的深度洽谈，达成了广泛的合作意向，签署了一系列合作协议，拟投资项目达 63 个。

2019 年 3 月，湖南省委书记杜家毫，省长许达哲率领省委财经办主任、省发改委主任、省工信厅厅长、省财政厅厅长、省农业农村厅厅长、省商务厅厅长、省政府研究室主任等主管部门负责同志来京进行产业对接，并与在京湘籍民营企业家座谈，进一步推动京湘跨区域产业协作迈上新台阶，谋划新作为，实现新突破。

同月底，"中国 V 谷"马栏山视频文创产业园招引推介会在北京成功举办。北京作为中国的文化中心，"电视湘军"作为全国的文化标杆，文化产业协作优势无可比拟。本次京湘视频文创产业对接会，强烈吸引了爱奇艺、腾讯、优酷等近 200 家国内领先视频文创企业参加，其中观众网华南总部基地、梅兰芳艺术基金会马栏山国艺复兴项目、国家广播电视总局发展研究中心战略合作项目、中国联通网络技术研究院（国家工程实验室）

马栏山大数据应用项目、北京中技国达文化"中青视界"短视频项目等五个项目签约落户马栏山。

2019 年 4 月，湖南（北京）第三届数控机床、3D 打印及机器人产业链对接大会在北京成功举办。湖南省各市州工信局及部分园区全面对接北京的资金、技术、人才和市场等高端产业资源，本次对接会共有 130 多名京湘企业家代表参加，12 家企业成功签约。本次对接会，对于京湘进一步深化产业链上下游交流合作，凝聚双方力量，围绕技术攻关、平台搭建、开放合作等方面，支持数控机床、3D 打印及机器人产业实现高质量发展，推动京湘构建更加广泛密切的合作关系，都具有十分重要意义。

2019 年 9 月，京湘（长沙临空区）高端产业对接大会，京湘携手，共舞临空。北京市跨区域产业协作中心精心组织北京十六区 66 座园区 95 家高新企业集团全面对接长沙临空区、长沙经开区、长沙综保区、长沙县，10 大产业项目签约成功，涵盖航空航天、装备智造、军民融合、现代金融、文化旅游、医疗康养、商贸物流、现代农业、生物科技、新能源、新材料、新一代信息技术等先进领域，汇聚北京的产业资源、金融资源、科技资源、人才资源等高端要素，囊括大型央企、北京国企、实力民企、新锐私企等众多企业集团。

2019 年 9 月，长沙临空区京企对接会

本次产业对接大会以"京湘携手，共舞临空"为主题，旨在促进北京与湖南两地合作发展，尤其是在涉及临空经济的资金、技术、人才和市场

等高端产业要素方面，展开更深层次、更多领域、更高规格的广泛合作交流，真正实现了两地的优势互补、互利共赢、协作发展，共同推动更加广泛的扩大开放，更高质量的绿色发展。

此次大会，北京市跨区域产业协作中心与长沙临空经济示范区携手合作，正是基于长沙临空经济示范区作为长江经济带重要空铁联运枢纽、创新发展内陆开放型经济高地、高端临空产业聚集发展区、绿色生态智慧航空城，是湖南省乃至中部地区对外开放的重大平台，完全能够承接北京的溢出效益。近三年来，正是在交通区位、产业基础、自然禀赋与营商环境等方面的独特优势，湖南强力吸引了一大批北京外溢企业纷纷前来落户发展。

近年来，湖南深入实施"创新引领，开放崛起"战略，全力打好三大攻坚战，初步走出了一条以供给侧结构性改革推动高质量发展的新路子。特别是，随着湖南区位优势不断放大、产业项目建设加快推进、营商环境日益优化，湖南正在成为全国的创新高地、价值洼地、投资福地，成为强烈吸引北京外溢企业的必选之地。

2020年9月，习近平总书记在湖南考察时强调，要落实党中央决策部署，坚持稳中求进工作总基调，着力打造国家重要先进制造业、具有核心竞争力的科技创新、内陆地区改革开放的高地，在推动高质量发展上闯出新路子，在构建新发展格局中展现新作为，在推动中部地区崛起和长江经济带发展中彰显新担当，奋力谱写新时代坚持和发展中国特色社会主义的湖南新篇章。

近五年来，北京市跨区域产业协作中心全力助推京湘跨区域产业协作，积极引导北京外溢企业前往湖南投资兴业，干事创业，安居乐业。自2016年以来，先后为湖南省20多家重点产业园区，对接北京外溢企业526家，签约产业项目183个，初步形成了京湘跨区域产业协作的良好局面，受到京湘两地领导的高度认可。

成绩永远属于过去，未来还需拼搏进取。湖南省已经站在了新的历史起点上，京湘跨区域产业协作将迎来新机遇。今后，北京市跨区域产业协作中心还将继续瞄准长株潭国家自主创新示范区与湘南、湘西承接产业转移示范区，坚持"政府搭台、企业唱戏、社会参与"的区域协作原则，全面引导北京的资金、技术、人才等外溢产业要素前往湖南落地生根，发展壮大，助力湖南打造科技创新，内陆开放的新高地，实现京湘两地的互利共赢，协作发展。

第四节　京晋协作：东进序曲，转型"晋"行时

山西，攻坚克难，负重前行，全省转型发展的压力之巨大，任务之繁重，时间之紧迫，前所未有，举世罕见。

新时期，建设资源型经济转型发展示范区、打造能源革命排头兵、构建内陆地区对外开放新高地，已经成为党中央对山西省在全国发展格局中的战略定位和赋予的全新使命。近年来，山西省正以"三大目标"为引领，以坚忍不拔的精神苦苦探索高质量发展的新途径、新办法、新举措。

雄关漫道真如铁，而今迈步从头越。山西已经开始认识到，封闭发展，自我循环，注定没有出路。资源型经济转型之艰难，在很大程度上是因为开放不足，面对全球经济与区域经济一体化的发展态势，山西与省外的经济联系不宽广、不紧密、不联动，进一步深化转型发展必须要坚持全面开放理念，时下最可行的突破口就是全面对接京津冀协同发展战略，精准承接非首都功能疏解，全方位借势借力加快转型发展。

山西向东，产业向上。曾几何时，山西省在区域经济中长期面临"不东不西，左顾右盼，上气不接下气"的尴尬境况。现在，坚冰已经打破，航向已经指明，山西自身正在努力向东，寻求深度融入京津冀协同发展战略，全面承接北京的非首都功能疏解，全力助推山西资源型经济实现华丽转身。

2015年发布的《京津冀协同规划纲要》《环渤海地区合作发展纲要》均写入了山西，这使山西进一步坚定了"东进"的发展定位。此后连续三年的全国两会上，山西代表团都建议支持山西深度融入京津冀协同发展战略。

2016 年底国家出台《促进中部地区崛起"十三五"规划》，明确提出"对接京津冀协同发展战略，支持山西在产业转移承接、能源生产供应、生态环境联合保护治理、创新合作、基础设施连通等重点领域取得实质性突破"，这为"京津冀＋晋"区域合作、变"3J"为"4J"协同发展提供了契机。

2017 年 9 月 4 日，李克强总理到山西考察，希望山西加大改革创新力度，加快新旧动能转换。当月，国务院印发了《关于支持山西省进一步深化改革促进资源型经济转型发展的意见》，其中明确提出支持山西省与京津冀地区建立合作机制，实现联动发展，其中涉及生态保护、能源供应、园区建设、基础设施联通等内容，将进一步推动山西省资源型经济转型。

资料来源：山西新闻联播

2018 年 10 月，国家发改委出台《关于支持山西省与京津冀地区加强协作实现联动发展的意见》，全力推动山西省与京津冀深度融合，形成协同联动发展、互惠互利共赢新格局。山西省发改委表示，对山西而言，加强与京津冀地区的协作联动发展，是加快创新驱动转型升级，提高整体发展水平、综合竞争力和可持续发展能力最直接、最有效、最现实的重大战略机遇。

与此同时，京津冀协同发展任务的落实也离不开山西的全方位参与。

一是能源供应。京津冀三地能源消费总量占全国比重超过 10%，与内蒙古、新疆以及进口煤相比，山西具有地理区位临近、铁路运输成熟、输电线路完备、合作基础良好等优势。

二是环境共治。山西作为京津冀上风向的煤炭大省，其雾霾污染的空间溢出也是京津冀重污染的成因之一。山西是京津冀重要的水源地，成为京津冀协同发展的一道绿色生态屏障。近年来，山西经由桑干河为北京永定河生态补水 1.5 亿立方米，超过了永定河年径流量的一半多。

三是"承东启西"。对接丝绸之路经济带、打开西部地区市场是京津冀开放发展的内在要求，山西刚好具有贯通东西的区位优势，山西要在铁路、公路基础设施建设，发挥太原、大同等地的枢纽地位等方面提供便利。

由此可见，山西向东与京津冀经济圈进行深度对接，是迄今最为现实的战略抉择，而这其中需要全力做好三方面的工作：

一是承接产业转移。全面推进承接北京非首都功能，山西需要通过承接北京的产业转移，实现产业结构的多元化、专业化、高级化。

二是吸引科技人才。山西资源型经济对科技、人才产生了挤出效应。目前，山西省研发投入强度仅为全国水平的一半，高新技术产业化落后全国十个百分点，专业技术人才流失带来的人才短板也十分突出。而北京的科研资源、人才资源丰富，其科技、教育功能的疏解为山西利用北京人才提供了机遇。

三是共享资金支持。财力困乏是制约山西产业转型、基础设施建设、生态环境治理的重大障碍，而中央财政、地方财政、各类金融机构都对京津冀协同发展给予了大规模财力支持，山西需要融入京津冀，共享协同发展的资金支持。

2017 年 11 月，党的十九大刚结束，新一轮京晋跨区域产业协作轰然开启。

新时代，新征程，新举措。本轮京晋跨区域协作区别于以往合作的最大特点是，市场力量与企业主体的作用开始凸显，循序渐进，务实合作，政府不越位，市场不缺位，北京的产业园区和高新企业开始深度参与京晋跨区域产业协作，逐渐形成了"政府经营环境，企业经营市场"的良性发展模式。

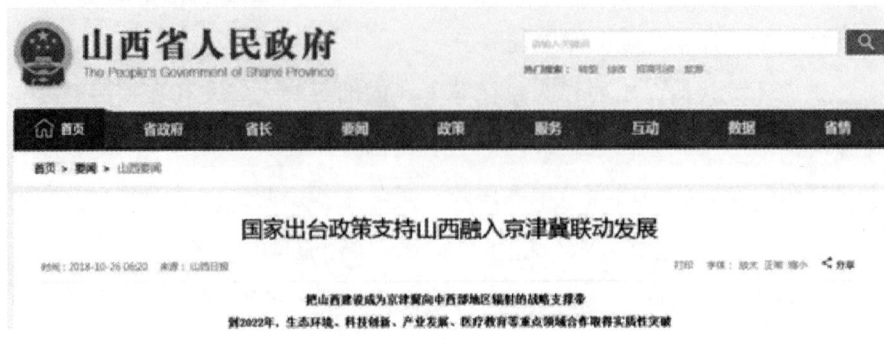

2018 年 10 月，国家出台政策支持山西融入京津冀联动发展

中共十九大之后，山西各地市纷纷主动牵手北京，京晋跨区域产业协作按照"精准对接、务实合作、优势互补、共赢发展"的市场发展规律，正在走向范围更广、层次更高、合作更深的京晋大协作时代。

目前，山西正在努力构建开放型经济体系，深度融入京津冀协同发展，全面对接北京产业协作，尽快实现资源型经济突围。山西省 11 个地市在这轮的京晋跨区域产业协作中，以产业转移承接为重点，积极对接北京外溢产业，加快产业园区改革与创新发展，多地还积极谋划打造承接北京产业转移合作示范区，加大土地保障、电力直供、税收共享等方面体制机制创新，优化产业发展环境，不断提升山西承接北京产业转移的竞争力。

尤其值得称道的是，山西东进战略全面发力后，在新一轮京晋协作中，位于北京"十环路"的朔州市后来居上，精确瞄准"非首都功能疏解助力资源型城市突围"这一目标，全面对接北京 66 家产业园区，引入各类优势要素资源，实现互利共赢，携手发展，走在了山西挺进北京的前列，其诸多招引举措得到了北京市各大园区和高新技术企业的普遍认可。

2018 年 8 月，朔州市率先推动"对接北京高端产业协作机遇，共享朔州转型综改发展红利"，启动与北京的产业对接协作工作。京晋（朔州）高端产业对接大会现场，企业路演踊跃，对接成果丰硕。

山西省朔州市，带着拳拳诚意而来；北京企业怀揣满满信心而归。政企对接时间长达 6 小时之久，朔州市政府和北京外溢企业激情互动，昂扬澎湃之势贯穿会议始终。北京 66 座产业园区鼎力支持，85 家高新企业参会对接，现场 12 个外溢产业项目签约落户朔州。

此次，北京市跨区域产业协作中心精选来自中关村创新区、亦庄经开区、临空经济区、亚奥文体区、未来科技城、总部基地、金融街、CBD 等北京高端产业功能区的近百家企业集团对接朔州市，既有财力雄厚的中央企业，也有资源丰富的北京国企，还有大量技术先进的大型民企集团，涉及旅游休闲、文化创意、养生养老、现代农业、商贸物流、信息技术、高端医疗设备、军民融合、节能环保、新能源开发等众多领域，对于朔州市立足高质量发展要求，紧扣山西省"三大目标"定位，加快构建"2+7+N"产业体系，充分发挥自身工业经济基础好、总量大，传统产业具有比较优势的特点，促进存量提升与增量优化，推进新旧动能转换，实现产业转型升级发展，全力打造国家级资源城市转型示范区具有重要意义。

此次对接大会，近百家北京企业有备而来，荷载而归。会场不断传来捷报，除了签约的 12 个产业项目，众多京企还在会议现场与朔州市各区县达成广泛合作意向。

今天，朔州正在已有的传统领域"提质""输出"，而且正进一步解放思想，以"无中生有"的思维来"创意""引入"，以"只争朝夕"的劲头来谋招商、抓落地，推动朔州尽快融入环渤海、对接京津冀、牵手雄安新区，再造发展新优势。

北有朔州领衔，南有长治奋起。京晋跨区域产业协作，正如火如荼般在三晋大地上全面展开。

2018 年 9 月，京晋（长治）高端产业对接会

2018 年 9 月，长治市人民政府与北京市跨区域产业协作中心共同推动了京晋（长治）高端产业对接工作。

长治，中国十大魅力城市，山西工业经济第一强，全面招引北京外溢企业，共谋大业，共赢未来。北京市 66 座园区 95 家外溢企业参会，41 家意向企业投资路演，12 家实力企业签约落户，京企抱团挺进太行山，抢占上党郡，逐鹿晋冀豫。

长治，正是凭借非凡的城市实力、经济活力与生态魅力，在北京市跨区域产业协作中心的精心组织下，北京的大型央企、北京国企、实力民企、新锐私企与长治市各大园区全面对接，当面洽谈，现场签约。此次协作大会，对接产业门类涵盖金融、文创、医养、教育、旅游、休闲、大数据、航空航天、高端装备、生物制药、军民融合、商贸物流、现代农业等高新产业，汇聚首都的资本、技术、人才和市场等高端要素。

2018 下半年，长治市先后与 24 所驻京科研院所、5 家产业协会及企业联盟、34 家央企及 760 余户北京企业进行了全面对接，还与 98 家北京企业和科研院所签署了战略合作协议，达成合作意向 106 项，相继有 22 个项目开工建设，66 个项目已完成前期可研论证。

2019 年元旦前夕，长治国家级高新技术开发区年产 3000 万颗紫外

LED芯片项目工程顺利完成设备调试并带电试运行生产首片，4月已经全面投产。该项目全部建成后，将成为全球第一条规模化生产线，带动长治市形成紫外光电战略产业集群。这是"京企入长"的重大项目，也是长治市加速融入京津冀联动发展的务实之举。

长治市在全面承接北京非首都功能疏解中，还专门制定出台了引进人才的优惠政策和奖励办法，先后与中国科学院、清华大学、中国军事医学院、中国中医药大学等北京知名高等院校和科研院所加强联系与合作，建立研发基地，引进研发团队，先后组建了6个院士工作站和20多个博士工作站，在生物制药、中医药、光电、大数据、航空等领域开展合作，并建设了国家级重点工程中心和国家级检测中心。

京晋（长治）高端产业对接大会的成功举办，成为京晋跨区域产业协作的辉煌篇章，在这个收获的季节被永久载入中国资源型城市产业转型发展的史册。这是长治创建国家首批"资源型城市产业转型升级示范区"的有力举措和巨大战果。

榜样的力量是无穷的，长治的成功实践，爆发出强烈的感召力，山西省各地市已经迅速行动起来，全面对接京津冀协同发展，积极承接非首都功能疏解，全力加速当地产业的转型升级。

2019年5月，山西省招商引资暨"一带一路"晋商国际合作推介会在北京举办。山西面向中外客商推介了186个重点产业招商引资项目，发力推动晋商国际合作。山西省政府副省长贺天才作特别推介，山西已形成高效便捷的综合交通运输体系，具有便利的交通优势；矿产和文化旅游资源丰富，几大"国宝级"的煤种都在山西，铝矾土、煤层气储量均居全国之首；山西国家级重点文物数量也位居全国首位，被誉为中国古建筑艺术博物馆；作为全国重要的新型能源和工业基地，山西工业体系比较完整，具有明显的产业优势。

目前，山西正在打造"审批最少、流程最优、体制最顺、机制最活、效率最高、服务最好"的"六最"营商环境，推行的企业投资项目承诺制改革试点等工作被国务院通报推广，政务"13710"信息化督办系统成为全国政府系统抓落实抓督办的典型，具有良好的营商环境。热忱欢迎全国乃至全球高新企业前来山西投资兴业，干事创业。

2019 年 11 月，山西省与京津冀地区联动发展工作座谈会在太原举行。国家发改委与京津冀蒙四省区代表与山西省 11 个地市代表展开研讨交流，就发挥山西在资源、地缘、生态、文化等方面的优势展开通力合作、联动发展、互利共赢提出建议。

会上，山西省与京津冀地区就地能发电及地热综合利用、大数据产业、雄安新区产业转移承接园、生态旅游度假小镇、非晶、纳米晶带材等一批合作项目签约，涉及能源革命、战略性新兴产业和文旅康养等领域，项目投资总金额近 200 亿元。

资料来源：山西新闻联播

2020 年 1 月 3 日，山西省承接京津冀产业转移对接洽谈会在北京举行。来自京津冀地区的 100 余家企业负责人参会，山西省商务厅、工信、文旅、国防科工局及 11 市招商部门、23 个开发区负责人参加。会议由山西省投资促进局局长艾凌宇主持，11 市招商部门及忻州经济技术开发区、长治高新区等 5 个省级以上开发区分别围绕各自主导发展产业、重点发展方向及营商环境等内容进行了推介。

2020年3月，为推动晋京两地产业全面高质量发展，山西省发改委与北京市发改委签署产业发展合作框架协议。本《框架协议》以山西转型综改示范区、晋陕豫黄河金三角承接产业转移示范区、蒙晋冀（乌大张）长城金三角合作区等功能平台为重点，积极对接北京市产业发展，重点在能源产业、先进制造业、高新技术产业、节能环保产业、现代服务业、信息产业、文化旅游业、医疗卫生等领域加强合作，形成山西省与京津冀协同发展、互惠互利共赢新格局，支持山西省建设成为京津冀向中西部地区辐射的战略支撑带。

自党的十九大后，新一轮京晋跨区域产业协作启动以来，两年间北京市跨区域产业协作中心已经为山西省5个地市对接北京外溢企业312家，签约产业项目65个。

2020年5月，习近平总书记时隔三年之后再次视察山西。他对山西这些年来在脱贫攻坚、转型发展、综合改革、生态保护、民生事业、管党治党等方面取得的成绩给予肯定，勉励山西百尺竿头更进一步，在高质量转型发展上迈出更大步伐，努力蹚出一条转型发展的新路子，乘势而上书写山西践行新时代中国特色社会主义的新篇章。此次，习总书记对山西寄予厚望，"路子对了，就要坚持走下去，久久为功，不要反复、不要折腾。希望山西在转型发展上率先蹚出一条新路来。"

近几年来，在中央政策支持下，山西战略性新兴产业、高技术产业增加值的增速已快于规模以上工业，非煤工业、制造业的增速已快于煤炭工业，产业结构、能源结构逐步优化，山西实施能源革命综合改革试点和建设国家资源型经济转型综合配套改革试验区的巨大效应正逐步显现。

山西向东，产业向上，发展向新。山西正以"三大目标"为指引，高亢吹响东进序曲，主动融入京津冀协同发展、精准对接北京非首都功能疏解。充分利用北京的资金、技术、人才与市场等高端要素，以外促内、以高拉低、以点带面，用非常之力、下恒久之功、走创新之路，全面实现"由黑变绿、由重变轻、由硬变软"的发展目标，闯出一条具有鲜明山西特色的高质量发展之路。

未来，北京市跨区域产业协作中心还将继续全力推进京晋跨区域产业协作，积极引导北京的产业资源向山西省辐射和扩散，助力山西省新兴产业发展扩大，传统产业转型升级。中心将结合北京的资金外溢、技术输出与人才流动，重点支持山西省发展新一代信息技术、智能制造、增材制造、轨道交通、新能源汽车、新材料、航空航天、生物医药、节能环保等新兴产业。

第五节　京黔协作：市场发力，继往向新

新时期，北京—贵州跨区域协作已经成为中国东、西部地区协作的成功样板，效果卓著、意义重大、影响深远，无出其右。

2013 年 6 月，时任北京市委常委 – 陈刚同志调任贵州省委常委、贵阳市委书记，贵州省大数据产业自贵阳市磅礴启航，四年间借助北京的技术、人才、资本、市场等高端要素，贵州"中国数谷"在全国异军突起，震惊中外，成为后发地区实现跨越式发展的全球典范。

目前，京黔跨区域协作已经历两大战略阶段：①"市长之手"开创的第一阶段；②"市场之手"开启的第二阶段。

第一阶段：政府主导，行政推动。此阶段，以中关村贵阳科技园揭牌为标志，京筑两地拉开了高位对接的序幕。此后四年间，贵阳市政府先后与北京市科委、经信委、卫健委等委办局签署合作共建协议，并安排两地大量干部相互挂职，借助北京力量，贵阳大数据产业迅速崛起。

2013 年 9 月，贵阳市人民政府与中关村科技园区管理委员会签订战略合作框架协议，并举行中关村贵阳科技园揭牌仪式，拉开国家自主创新示范区与全国生态文明示范城市高位对接的序幕。

此后，两地开展了多方面、多领域、多层次的合作。仅仅一年时间，立足中关村贵阳科技园这个大平台，通过三次面向北京的大型招商活动，成功签约项目 205 个，投资总额 1331 亿元，开工率达 78.54%。

2014年3月，贵州·北京大数据产业发展推介会在北京中关村国家自主创新示范区展示中心隆重举行。科技部部长万钢、工业和信息化部部长苗圩、北京市人民政府市长王安顺、贵州省省委书记赵克志等领导出席大会并致辞，贵州省人民政府省长陈敏尔作营商环境推介，贵州省委常委、贵阳市委书记陈刚主持本次大会。

中国科学院院士、北京大学校长王恩哥，中国工程院院士邬贺铨，中国电信集团公司董事长王晓初，中国移动通信集团公司董事长奚国华，中国联通集团公司董事长常小兵，富士康科技集团总裁郭台铭，阿里巴巴集团主席马云，微软全球资深副总裁、大中华区董事长兼首席执行官贺乐赋，中国宽带资本基金董事长田溯宁，浪潮集团有限公司董事长孙丕恕，华为技术有限公司副总裁任树录，百度在线网络技术（北京）有限公司副总裁朱光参加大会签约仪式，现场共集中签约基础设施及数据中心类、云应用与服务类、端产品制造类及关联带动类等项目35个，投资总额为560余亿元。

2014年9月，贵州省委常委、贵阳市委书记陈刚出席京筑合作周年回顾暨"9·8"签约项目推进工作座谈会，强调要坚定不移实施开放带动、创新驱动，深化京筑区域合作，奋力打造贵阳发展升级版。

2015年5月，地处西南一隅的贵阳市再次吸引了世界的目光：贵阳国际大数据产业博览会暨全球大数据时代贵阳峰会（简称"数博会"）在此举行，国内外嘉宾对异军突起的贵阳大数据产业赞不绝口。"贵州可谓'无中生有'，让'无生了有'。"数博会开幕前参观的贵州大数据成果展给全球嘉宾们留下深刻印象。北京和贵阳携手探索、大胆实践，不断拓宽和深化京筑合作的内涵，走出了一条创新发展、互惠共赢的路径，也孕育出丰硕的果实。

2018年8月13日，"贵洽会"京津冀产业扶贫招商大会在北京举行。此次活动旨在抢抓新一轮产业转移和产业扶贫政策机遇，深入挖掘释放贵州产业发展潜力，进一步对外宣传展示贵州开放形象，强化与京津冀地区的经济交流与合作。贵阳市、六盘水市、安顺市分别从产业优势、优惠政策、营商环境等方面进行了推介。

彼时，贵州省作为中国首个大数据综合试验区，大数据产业发展优势明显，大数据企业数量达 8548 家，大数据从业人员近 12 万人，苹果、高通、微软、阿里巴巴、华为、腾讯等一批世界和国内知名企业扎根贵州，大数据已成为贵州走向世界的新名片。

2019 年 8 月，京黔合作招商引资推介会在北京举行。中国贸易促进会、全国工商联旅游商会、贵州省投资促进局、贵州省农业农村厅、贵州省林业局、贵州省工商联、贵州省政府驻京办、贵阳市人民政府、遵义市人民政府、毕节市人民政府、黔东南州人民政府等部门及企业的近 200 名代表参加。

会上，贵州省相关部门围绕中药材、大健康、文化旅游等项重点产业进行推介，详细介绍了贵州产业的发展优势、发展前景、发展商机以及贵州的政策优惠措施等，以进一步强化京黔经济交流与合作，进一步宣传和展示贵州的开放形象，汇聚多方力量，推动资源共享，实现互利共赢。

现场，贵阳市围绕健康医药，生态特色食品健康、文化旅游、现代服务、都市现代农业等产业进行了推介。遵义市围绕遵义的茶叶、辣椒、竹、中药材等产业进行了重点推介。毕节市围绕大方天麻产业、赫章半夏产业、织金皂角产业、七星关区刺梨产业进行了重点推介。黔东南州重点推介了黎平县茯苓系列产品开发项目、天柱县油茶文化休闲小区建设项目、从江县年产 5000 吨竹纤维项目。

第二阶段：企业主体，市场机制。2019 年 12 月，北京贵州大厦，京黔跨区域产业协作 2.0 时代轰然开启，贵阳市 10 个区县 5 大国家级园区全面对接北京市 66 家产业园区的外溢企业，产业涵盖生物制药、装备制造、文化旅游、医疗健康、金融保险、现代农业、航空航天、商贸物流、新能源、新材料、新技术、大数据、物联网、区块链等门类，以贵阳为代表的京黔产业对接成功实现"由点到面，变散为聚"的历史转折。

2019 年 12 月，北京·贵阳·贵安跨区域产业协作对接会在北京举行

这个时代，真正的智慧来自市场，真正的英雄属于企业家。行政的力量毕竟不可持续，要想永续发展必须依靠市场的力量。

六年来，京黔双方在合作中日益增强的互补性、互动性、互利性才是真正吸引北京企业走出去的原动力，而这需要尊重市场规律，才能实现北京产业的三个走出去。

北京技术走出去，需要拓展大舞台。目前，北京产生的技术 60% 多输出到国内其他省市，覆盖国内全部省份的 330 多个地级城市。贵州省发展大数据产业的政策环境为企业创新提供了土壤，拓展了科技成果的应用市场；北京通过技术走出去，掌握了经济社会发展对技术创新的需求，扩展了技术创新的视野，扩大了技术成果的应用舞台。

北京企业走出去，拥有了大市场。通过企业走出去，北京不仅拥有了更大的市场和更丰富的创新资源，而且正加快成为全球创新网络中的重要节点和关键枢纽，对首都经济增长的贡献进一步增强。统计数据显示[①]，2011 年以来贵州省吸纳北京技术由 2.2 亿元增长到 2018 年的 225.9 亿元；按照各省市吸纳北京技术合同成交额排名，贵州省排名由 2011 年的第 28 名跃升到 2018 年第 3 名。

北京文化走出去，建设了大品牌。京黔合作将北京鼓励创新、宽容失

---

① 数据来源：北京市科学技术委员会.

败、自身创业成功并持续支持他人创业的企业家精神带到了贵阳，首都创新大联盟、北京市众创空间联盟等一批创新创业服务机构走出去，成为贵阳自主创新与产业发展的组织者和创新创业环境的营造者。京筑合作也为中关村文化注入了新的内涵，通过创新、创新、再创新，使全国科技创新中心的品牌在海内外的影响力越来越大，成为国际创新舞台上的中国名片。

贵阳作为全省经济社会发展的"火车头"，黔中经济区崛起的"发动机"，正是完全尊重市场规律，紧紧依靠市场机制，充分发挥市场力量，很好地实现了京黔产业协作的可持续发展，不断加大全方位开放力度，从一个信息闭塞、贫穷落后的西部欠发达城市，一跃成为一个海纳百川、包容并蓄的内陆开放型城市。

2019 年 12 月 5 日，北京·贵阳·贵安跨区域产业协作对接会在北京胜利召开。贵阳市以崭新的姿态，创新的机制，图新的精神，一改过去"点状对接"的传统做法，毅然选择与北京市跨区域产业协作中心携手合作，全面对接北京市 66 家园区外溢企业，首次实现"由点到面，变散为聚"、以"对接首都高端资源，打造内陆开放高地"的历史转变，全面开创京黔跨区域协作新篇章。

北京企业针对意向在贵阳市落地、发展项目做详细介绍

北京市跨区域产业协作中心精选 8 大产业门类 70 多家企业集团参会对接，北京 24 个意向落户贵阳的产业项目进行了精彩路演，现场 6 大高新项目签约成功，北京外溢企业集体挺进"多彩贵州，爽爽贵阳"。

贵州省政府驻北京办事处主任代兵、副主任王心一，贵阳市副市长唐兴伦、贵安新区管委会副主任、综保区管委会主任耿贵刚出席了对接会。贵阳市乌当区、白云区、清镇市、修文县、息烽县、开阳县政府，高新区、经开区、贵阳综合保税区、贵州双龙航空港经济区管委会负责人及投促部门主要负责人、工业园区主要负责人等十大区县、五大国家级园区参加了对接会。

贵阳，中国数谷、森林之城、避暑之都，国家级大数据产业集聚区。本次，北京·贵阳·贵安跨区域产业协作对接会的成功举办，标志着京黔产业协作进入崭新发展阶段。"市场之手"开启的京黔协作第二阶段，两地合作空间更广阔、潜力更巨大、机遇更丰富。在战略布局上，贵阳可以成为首都企业立足大西南、辐射东南亚的桥头堡；在功能转移上，贵阳可利用与北京的产业梯度差，发展配套行业和项目，形成"总部、研发在北京、基地在贵阳"的互动发展格局；在新兴业务上，贵阳将成为国内乃至全球最大的数据聚集地之一，为京黔合作提供更大的空间。

2020 年 7 月 30 日，贵州省委、省政府再次放出区域协调发展大招《关于建立更加有效的区域协调发展新机制的实施意见》正式发布，提出要主动对接京津冀协同发展。依托全国一体化在线政务服务平台和国家数据共享交换平台，推动与京津冀数据资源交换共享和协同应用，合作推进产业协同创新，在大数据等新兴产业和关键领域联合攻关。深化北京、贵阳、贵安跨区域产业协作，深化贵阳与北京中关村科技合作。推动贵安新区与雄安新区在产业发展、科技创新、城市治理等方面交流合作。建立旅游合作机制，协作开拓康养旅游市场。

12 月 9 日，贵州省委第十二届委员会第八次全体会议提出，"十四五"时期，贵州要大力推进新型城镇化，实施"强省会"五年行动，加快构建以黔中城市群为主体，贵阳、贵安为龙头，贵阳－贵安－安顺都市圈和遵义都市圈为核心增长极的新型城镇化空间格局。与此同时，贵州省还将大力实施产业发展提升行动，推动产业向高端化、绿色化、集约化发展，抓集群夯实产业基础，抓链条提升产业竞争力，抓培育构建产业发展新引擎，抓融合拓展产业发展空间，着力优化产业布局，培育壮大企业主体。

2021年2月3日，立春节气，习近平总书记视察贵州并召开座谈会强调，贵州要着眼于形成新发展格局，推动大数据和实体经济深度融合，培育壮大战略性新兴产业，加快发展现代产业体系。多彩贵州，中国科学发展观策源地再次迎来春天。

与此同时，京黔跨区域产业协作迎春启航，全面助力贵阳·贵安实施"强省会"战略。

贵安，中国第8个国家级新区，贵州经济发展的战略引擎，全面协作北京高精尖产业，精准对接首都中高端要素。

2月3日下午，京黔（贵安）跨区域协作产业对接活动正式启航，震撼开局。北京市跨区域产业协作中心从北京市66座园区951家外溢企业中遴选第一批中高端产业项目，"云"上对接贵安，春天奔向贵阳。

2021年2月3日下午，北京·贵安跨区域协作线上项目洽谈会举行

会上，北京13家外溢企业对意向落地贵安新区的产业项目进行了项

目路演，历时三个半小时。贵安新区产业控股集团针对外溢企业的各类落地配套需求，进行了现场答复，接下来将组织专班来京实行一对一的跟踪落实。本轮京黔跨区域产业协作，贵安新区作为报春花正全新引领两地产业对接，遵循市场规律的要求，以前所未有的高效务实姿态，向着高质量发展的目标奋进。

向"阳"花木早逢春，腾"云"拓展新"黔"途。京企向"黔"冲，"黔"景广阔，"黔"程远大，"黔"力无穷。

坚冰已经打破，航向已经指明，万事已经具备，胜利就在前方。

今天，伴随铁路、公路、航路、水路交通条件的改善和区域交通枢纽地位的形成，贵州已经从"偏居一隅"变成"六省通衢"；贵州产业结构调整正处于转型升级期，拥有巨大的产业转移承接优势。这一切正在对北京外溢企业形成强大的吸引力，我们坚信只要按照"政府搭台，市场主导，企业主体"的合作之路走下去，京黔跨区域产业协作的未来蓝图必将无比辉煌。

第六节　京蒙协作："帮扶输血"变"产业造血"

1996 年，党中央、国务院做出开展东西扶贫协作的重大决策，决定北京对口帮扶内蒙古的贫困旗县，京蒙两地建立了对口帮扶关系。京蒙对口帮扶合作是中央东西部扶贫协作重大战略部署，是支持民族地区、西部地区发展的重大决策，也是贯彻民族区域自治法、促进各民族共同繁荣发展的重大举措。

20 多年间，北京从最初帮扶内蒙古分属 8 个盟市的 18 个贫困旗县，到重点帮扶赤峰市和乌兰察布市 16 个国贫旗县，再到目前帮扶呼和浩特、呼伦贝尔、兴安、通辽、赤峰、锡林郭勒、乌兰察布 7 个盟市 31 个国贫旗县，北京市先后投入大量的人力、财力和物力，实施了上千个扶贫开发项目。积极鼓励支持北京企业到内蒙古投资，在产业发展、基础设施建设、生态环保、市场开拓、干部人才、教育科技、文化卫生、体育等方面，给予了内蒙古全方位的支持，使内蒙古脱贫攻坚取得了明显成效。

2017 年，内蒙古自治区迎来 70 周年华诞，回顾京蒙合作成就斐然，硕果累累——北京成为内蒙古最大的投资来源地；北京向内蒙古转移 200 多项科技专利；2010 年以来，近 200 名北京挂职干部为建设内蒙古奔波在大草原上……内蒙古在对口帮扶中也对北京给予"回报"：内蒙古目前是北京最大的电力供应基地，保障北京 40% 以上的电力需求；内蒙古是北京重要的冷凉蔬菜供应基地，北京餐桌 75% 以上的马铃薯来自内蒙古；内蒙古是北京重要的绿色屏障和生态水源涵养地……

当前，随着我国建设现代化经济体系步伐的不断加快，区域协调发展将成为拉动经济增长的新动力。中央提出实施京津冀协同发展战略，要求北京构建"四个中心"新优势，加快疏解非首都功能，优化发展环境和空间布局。内蒙古毗邻北京，资源丰富、空间广阔，可以承接北京产业转移和功能疏解，为缓解北京发展瓶颈提供重要支撑，增强两地发展活力和创新驱动新动力，提高整体竞争力，推动经济社会持续健康发展。

百尺竿头，更进一步。京蒙协作亟须向更高标准，更深层次，更广领域全方位迈进，亟须打破瓶颈制约，创新协作模式，开创广阔空间。

2016 年 9 月，内蒙古自治区党委副书记、自治区主席布小林率团来京，与北京市政府签署了《关于进一步加强京蒙对口帮扶和全面合作的框架协议》，揭开了京蒙两地区域合作和对口帮扶工作的全新篇章。同时，北京市调整了"一对一"结对帮扶关系，实现对内蒙国贫旗县的全覆盖，进一步加大了人才培养、教育和科技合作、干部交流等方面的支持力度，非首都功能的疏解更为两地产业协作提供了难得的历史机遇，京蒙合作开始迈入务实新阶段。

中共十九大之后，为进一步深化京蒙务实合作，搭建京蒙产业协作全新平台，促进内蒙古产业结构转型升级，推动区域经济加快发展，呼和浩特作为内蒙古首府率先垂范，集中发力，全面对接。

■ **战略破局：一个成功的实践，胜过一千打纲领**

京蒙协作，从"输血式帮扶"到"造血式协作"，其间道路曲折漫长，充满探索的艰辛，必须要有敢为天下先的坚韧勇气。这其中，呼和浩特市作为内蒙古的首府，又是全自治区的首善之地，在京蒙产业协作中率先发力，勇于探索，为京蒙两地趟出了一条崭新的产业协作之路，我们谓之"首都带首府，共奔富裕路"。

呼和浩特，蒙语意为"青色之城"，是内蒙古自治区首府，全区政治、经济、文化、科教和金融中心，我国北方沿边地区重要的中心城市。

这是一座美丽的草原青城，夏无酷暑，冬无严寒，生态优美，民风淳朴，是投资兴业，安居乐业的理想之地。呼和浩特在京蒙跨区域产业协作中具有无可比拟的独特优势。

首先，距离近。呼和浩特是距离北京最近的省会城市之一，陆路只有400公里，空中航程45分钟，京呼高铁只需2小时即可抵达。

其次，区位优。呼和浩特是连接华北、西北和东北的区域中心城市，是贯通蒙古、俄罗斯和欧洲大陆的重要节点城市，是进行"一带一路"建设的特色城市。

第三，成本低。呼和浩特位列中国十大幸福感城市之一，房价、地价、电价华北地区最低，水资源、天然气、电力资源充足。

第四，人才足。呼市已经形成和正在形成的优势和支柱产业，汇聚和培育了大量专业技术人才。同时，作为首府，40多所高校和大量科研院所聚集，使呼市相对拥有的各方面科技人才比较丰富。

第五，政策好。呼和浩特市借内蒙古自治区成立70周年之际，国家将给予最优惠的政策支持和最强大的资金支持，为城市的未来发展插上了腾飞的翅膀。

因此，呼和浩特正处于机遇叠加、蓄势奋发的重要时期，正面临"三新四大"的全新战略挑战。"三新"：中国进入沿边开放新时代；京蒙协作开启务实新阶段；呼市面临国家新区建设新起点。"四大"：构建大城市、培育大产业、完善大交通、融入大战略。

2017年，伴随国家"一带一路"倡议向纵深推进，内蒙古自治区成立70周年大庆助推首府各项建设，以大数据为代表的新产业新经济时代已到来，以国家级新区建设为代表的新动能新机遇已到来，以地铁、机场、高铁、高速公路、快速路网为标志的快捷、立体、综合交通时代已到来，全智慧、全过程、全员化的新城市管理时代已到来，呼和浩特正迎来一个前所未有战略时代。

2017 年 12 月，京蒙（呼和浩特）高端产业对接大会在北京隆重举行，规模空前，史无前例。

京蒙（呼和浩特）高端产业对接大会

北京市跨区域产业协作中心组织北京市十六区 66 座园区 105 家外溢企业报名，218 名董事长和总经理参会，既有财力雄厚的中央企业，也有资源丰富的北京国企，还有大量技术先进的大型民企集团，涉及旅游休闲、文化创意、养生养老、现代农业、商贸物流、信息技术、大数据云计算、高端医疗设备、军民融合、节能环保、新能源开发等众多领域。

时任呼和浩特市委副书记、代市长、内蒙古和林格尔新区党工委书记冯玉臻致辞并进行呼和浩特市投资环境推介。他介绍，目前呼和浩特正按照工业集中、集聚发展的思路，依托 1 个国家级经济技术开发区，1 个国家级高新技术产业开发区和 11 个自治区级开发区科学布局产业项目。呼市经过近年来的快速发展，已经打造形成了绿色食品加工、电力能源、石油化工、新材料、生物医药、电子信息等六大支柱产业，大数据云计算、新能源、装备制造等战略性新兴产业蓬勃发展，全市高新技术企业达到199家，战略性新兴产业占工业比重超过28%。

呼市还以打造我国北方大数据中心为目标，引进中国移动、中国电信、中国联通三大运营商均已在呼和浩特建立数据中心，服务器装机能力达到70万台，吸引了百度、腾讯、搜狗、京东、浪潮等一批知名企业入驻，大数据产业已经成为呼和浩特未来发展的新引擎。

2016年以来，内蒙古自治区举全区之力、汇全区之智规划建设和林格尔新区，目前正在申报国家级新区。伴随着各项工作的快速推进，为项目引进落地提供了广阔的发展空间。呼和浩特在承接北京非首都功能方面存在着独特优势和良好条件。凭借"距离近、区位优、人才足、成本低、政策实"的优势，呼和浩特积极融入京津冀一体化发展战略中，诚邀更多的企业家朋友来呼考察，发现双方合作的契合点和利益点。

此次，京蒙高端产业对接大会，呼和浩特开创京蒙务实协作新纪元：市场成主导，企业唱主角，政府服务好，项目落地高。近5小时的精准对接会，4.2小时留给了企业家，政府服务意识好，企业投资热情高。

面对疏解非首都功能新形势新机遇，呼和浩特市努力寻找双方共同的契合点。呼和浩特市委、市政府郑重承诺，真诚对待来呼和浩特投资的每一家企业、每一个项目。充分尊重企业的市场主体地位，切实把主要着力点放在为企业提供服务上来，保护好企业权益。坚持信守诺言，做不到的不向企业随意承诺，凡是承诺给企业的优惠政策，会不折不扣地兑现，绝不含糊，绝不推诿。同时，进一步完善"一站式审批""一条龙服务"的体制机制，全力为企业提供高效快捷的行政服务，切实做到报批无梗阻、建设无障碍、经营无干扰、服务无止境。

现场，来自中关村创新区、亦庄经开区、临空经济区、亚奥文体区、未来科技城、总部基地、金融街、CBD等北京高端产业功能区的17家高新企业集团与呼和浩特签署战略合作协议，准备深耕内蒙古市场，辐射俄蒙市场，走向全球市场。

此次，京蒙（呼和浩特）高端产业对接大会圆满成功，意义非凡，开创了京蒙务实合作的新篇章。

近三年来，呼和浩特市除了在京成功举办京蒙（呼和浩特）高端产业对接大会之外，还陆续召开了呼和浩特市现代服务业（北京）推介会、中国·内蒙古（和林格尔新区）智慧产业北京论坛，呼和浩特市与北京市66家产业园区的100多家外溢企业分别进行了深入洽谈，并与17家企业签署了合作意向书；先后多次赴京对接世界500强、中国500强、行业500强企业及各大知名科研院所、高校50多家。已经有22家北京企业落地呼和浩特市，累计到位资金40.5亿元。

北京·呼和浩特高端产业合作签约仪式

一个成功的实践，超过一千打纲领。这就是此次京蒙（呼和浩特）高端产业对接大会的重大意义所在。京蒙协作，坚持"政府搭台、企业唱戏、社会参与"的协作原则，确立了企业的主导地位，严格遵照市场规律行事，两地协作共赢的新时代才能真正到来。

■ **大都连上都，协作起宏图**

今天，京蒙产业协作比以往任何时候都要紧密。京东方、京能、北控、首创、首农、中关村等一大批国内知名的北京企业项目相继落户内蒙古。今后一个时期，内蒙古将立足现有的产业基础和发展优势，积极承接资源节约型、环境友好型项目，坚持立足区域特色与提升产业优势相结合，坚持扩大加工贸易规模与推进转型升级并重，在积极引进劳动密集型与资本密集型项目的同时，着力从提高创新能力、促进生产与服务融合、提高产业素质等方面，推动两地合作不断向深层次迈进。

2018年5月，京蒙产业扶贫合作项目对接座谈会在呼和浩特市胜利召开。北京市组织的42家企业集团与内蒙古31个国贫旗县进行了产业项目对接，进一步推动京蒙协作向产业造血新阶段发展。通过本次对接，北京市将在产业协作方面聚焦发力，为内蒙古脱贫攻坚做出应有贡献。

本次对接会推介的产业项目共90个，总投资达266亿元，产业类型主要涉及农畜产品加工、文化旅游、生物科技和制药、物流产业、电子商务、能源产业、现代服务业等行业。下一步，京蒙协作将全面聚焦产业这个根本之策，继续在项目精选、项目建设、项目拓展等环节狠下功夫；双方将坚持因地制宜，在精准选择项目上下功夫，会同盟市、旗县进一步扩大选择范围，加大项目论证力度，搞好项目储备对接；内蒙古将更加注重协调配合，在高效率建设项目上下功夫，切实加强与北京市有关部门的沟通对接，搞好项目实施过程中的跟踪服务和协调，为产业项目落地和建设创造最好的条件；京蒙双方将始终坚持市场化导向，在推动产业扶贫项目拓展壮大上下功夫，按照高质量发展的根本要求，将内蒙古的环境资源、绿色产品优势与北京的资金、技术、人才和市场优势结合起来，引入一批有竞争力的龙头骨干企业。

2019年6月，京蒙扶贫文化和旅游推介大会在北京内蒙古大厦隆重举办。内蒙古与北京两地企业进行了深入对接交流，共商合作事宜，内蒙古文旅厅专门编印了《京蒙文旅产业项目招商引资手册》，共推出126个项目，内容丰富，潜力巨大，包括文化旅游历史街区、产业园小镇、自驾车营地、实景演出、冰雪旅游、研学基地、主题公园、旅游大数据、体育休闲基地、非遗文化中心等众多文旅产业项目，共涉及950.1亿资金。

推介大会上，兴安盟、通辽市、赤峰市、乌兰察布市文旅部门代表依次进行招商引资项目推介，呼和浩特市、包头市、兴安盟、赤峰市、乌兰察布市、鄂尔多斯市6个盟市与北京20家企业进行了现场签约，签约内容包含产业园区建设、文旅会展、旅游大数据、非遗刺绣、品牌打造、景区建设等众多领域，签约投资金额 63 亿元。

2018—2020 年，北京市先后选派 1520 人次教育、医疗、科技、文化等领域专业技术人才深入贫困地区一线服务。内蒙古 31 个国贫旗县先后对接了 142 家企业落地，实现投资 35.14 亿元，共建产业园区 33 个，援建扶贫车间 165 个。内蒙古 31 个国贫旗县共认定 190 家企业和合作社的 846 项扶贫产品，产品产值达 198 亿元。内蒙古累计实施京蒙扶贫协作项目 2000 余个，超过 30 万人次贫困人口在项目中受益。

八百多年前，蒙古人建立的元朝实行两都制，大都是首都，上都是陪都、夏都。一座历史名城大都（今北京）和一颗草原明珠上都（今内蒙古锡林郭勒盟正蓝旗，此处泛指内蒙古地区），两都均是元代的政治中心，由一条辇路相连，皇帝每年来往于两都之间。

这条路尘封了八百年，当年元朝皇帝仪仗浩浩荡荡、溪流清澈、青草茂美、骏马奔腾。如今已是沧海桑田，八百年前的辉煌，正在被京蒙之间的跨区域协作所续写，扶贫帮扶，产业协作，首都带首府，大都连上都，一篇篇惊天动地，翻天覆地的时代凯歌正在强劲奏响。

未来，北京市跨区域产业协作中心还将继续全力推进京蒙跨区域产业协作工作，积极引导北京的产业资源向内蒙古自治区辐射和扩散，助力内蒙古新兴产业发展扩大，传统产业转型升级；不断以产业协作为主线将引资、引技、引智相结合积极承接北京的高新技术、先进制造、节能环保、新能源、新材料、文化旅游、现代农牧业等产业，突出互动互惠互补和共谋共享共赢，将单向承接与双向流动相结合、"引进来"与"走出去"相结合，提高产业承接实效性。

第七节　京渝协作：重庆领衔，西部雄起

2019 年，陪都携手帝都，磅礴开启京渝跨区域产业大对接的新世纪工程。1 月 20 日，重庆（北京）产业合作推介交流会在北京成功召开。北京

市 88 家高新企业、科研院所、投资机构等 200 多人参加了本次大会。

会前，重庆市委副书记、市长唐良智在国家会议中心会见了出席本次产业合作大会的北京企业代表。他代表重庆市委、市政府，向各位企业家出席本次大会表示欢迎。希望双方以此为契机，在高新技术、智慧城市、生态环保、教育文化旅游、创新创业和人才培养等多个领域深入开展合作，加快推动签约项目落地见效，建立完善长效合作机制，共享机遇、共谋发展。重庆相关部门和区县将主动对接服务，为企业在渝投资发展营造良好环境。

会上，重庆市人民政府副市长李殿勋在致辞盛邀北京企业家，走进重庆、了解重庆，积极参与到重庆的建设发展中来。希望通过北京这个资源平台，把重庆这座魅力山水之城推荐给全国乃至全球，把重庆这个展现着巨大发展潜力和商机的城市介绍给大家。欢迎各界人士前来投资兴业，干事创业，安居乐业。

重庆市投资促进局在会上做了重庆市招引项目与营商环境推介。当前重庆正在着力发展大数据、人工智能、集成电路、智能网联汽车等 14 个战略性新兴产业，10 个战略性新型服务业。未来三年，重庆市将加大招商引资力度，重点布局大数据智能化产业、城市建设、军民融合、国际贸易物流等，将释放出巨大的投资机遇，产业发展投资前景广阔。另外，重庆市政府还可按照北京外溢企业，特别中高端企业在重庆落户的需求，提供定制化、个性化的政策支持与金融支持。

北京企业家们纷纷表示，重庆高科技制造业基础雄厚、人才聚集、政策优惠、营商环境良好，对企业战略拓展非常有吸引力。通过本次对接交流，切身感受到重庆投资环境不断优化、招商引资势头强劲、创新创业氛围浓厚，大家都很看好重庆未来的发展。今后将重点关注重庆的发展潜力和市场机遇，进一步深化与重庆在各个领域的合作，加大在渝投资和项目布局力度，助推重庆高质量发展。

现场共有 12 个重点合作项目集中签约，涵盖人工智能、智能制造、军民融合、新材料、文旅商融合、商贸物流等多个行业领域，总投资逾 50 亿元。

4 月 15 日—17 日，习近平总书记视察重庆，再次为重庆定调，确定重庆未来发展新格局。他要求，重庆要更加注重从全局谋划一域、以一域服务全局，努力在推进新时代西部大开发中发挥支撑作用，在推进共建"一带一路"中发挥带动作用，在推进长江经济带绿色发展中发挥示范作用。重庆要在推进西部大开发中形成新格局、展现新作为、实现新突破。要坚定不移推动高质量发展，扭住深化供给侧结构性改革这条主线，把制造业高质量发展放到更加突出的位置，加快构建市场竞争力强、可持续的现代产业体系。要加大创新支持力度，坚定不移推进改革开放，努力在西部地区带头开放、带动开放。

这一切表明，重庆在西部的重要性、唯一性、权威性无可争辩。一带一路，西部大开发，长江经济带作为国家重大战略，让重庆在其中发挥支撑和带动作用，这既是"大礼包"，也是重庆的重任。坚冰已经打破，航向已经指明，一个崭新的时代已然开启，接下来便是要"唤起工农千百万，撸起袖子加油干"。

二十多年来，北京市与重庆市，中国东、西两大直辖市的产业合作稳步推进，成就斐然。尤其是近年来，重庆瞄准北京非首都功能疏解的外溢效应，结合自身的高质量发展要求，积极推进京渝两地在资金、技术、人才和市场等高端产业要素方面的全面对接，初步实现了区域合作日益紧密，产业协作共赢发展的战略目标。

2019年，面对一个崭新的时代，乘着习总书记视察重庆的强劲东风，抢抓西部直辖市大发展的绝佳良机，重庆全市38个区县积极行动起来，全力推动高质量发展，不断深化供给侧结构性改革，全面强化"双招双引"工作，加快构建市场竞争力强、可持续的现代产业体系。

5月9日，京渝（潼南）跨区域协作产业对接大会隆重举行，北京市跨区域产业协作中心组织北京市十六区66座园区111家企业集团全面对接重庆市潼南区，30家外溢企业参加路演。北京100多位企业家与潼南区四大班子共聚一堂，面对面交流，手拉手对接，心连心合作，为疏解非首都功能，促进潼南高质量发展共谋合作良机。

潼南，成渝枢纽，六养胜地。重庆与成都两座国家级中心城市中间点，川渝合作门户之城、成渝经济区枢纽之城、山水田园智慧之城。

近年来，潼南始终把招商引资与招才引智工作作为"一号工程""一把手工程"，尤其是在抢抓北京非首都功能疏解这一重大战略机遇方面，更是走在了全市前列，在市内率先出击，率先联系、率先举办大型产业对接活动，率先对接北京66家园区高赋能产业，率先搭建产业跨区域协作平台，帮助有意愿、有条件的京企到潼南投资兴业、干事创业、安居乐业。

正如重庆市潼南区委书记曾菁华在本次大会上所言，当前重庆正全力建设内陆开放高地和山清水秀美丽之地，推动高质量发展，创造高品质生活，努力发挥好"三个作用"。北京正在着力疏解非首都功能，一大批企业正在找出路、谋发展。我们热切期盼企业家们到西部去，到重庆去，到潼南去，共谋发展、共同成长，共创未来。为此，我们潼南将为企业提供最完善的基础设施，谋划建设"京渝（潼南）跨区域产业协作示范区"，制定最优惠的政策措施，提供最优质的政务服务，树立最亲清的政商关系，创造最美好的营商环境，组建工作专班，为企业提供要素保障、提供金融服务、协调各方关系、协助开拓市场，像对待亲人一样服务企业。

会上，30家企业集团负责人陆续上台，结合企业发展方向与发展重点，针对拟落户重庆的产业项目，从"我要在重庆做什么""我需要重庆做什么""我的项目对重庆的价值"三个层面，详细介绍了企业情况和投资计划。

2019年5月，京渝（潼南）跨区域协作产业对接大会在北京举行

2019 年，通过潼南区持之以恒的跟进项目及大力度的政策支持共招引了播思通讯、恒准精密机械、清英电子等 120 个项目签约落户，实际到位资金 265.6 亿元。

2019 年 5 月 24 日，重庆市渝北区软件产业招商推介会在北京中关村成功举行。渝北区政府与用友网络、华为云中国区、IBM、百度、今日头条、中软国际、文思海辉、北京易华录等知名软件企业代表，北京科研机构代表 200 多人参加对接，携手合力共建软件产业生态圈。

此次招商推介会旨在加强渝北区和北京各大园区在软件产业等领域的合作交流，推进一批项目合作共建，一批人才创新创业，一批企业落地发展，推动渝北区软件产业加速集聚，为重庆市大数据智能化创新发展增添新动力。

会上，重庆市经信委负责人介绍了重庆软件产业发展的基本情况。重庆将采取五个措施，来促进软件产业高质量发展。一是做好产业发展顶层设计，将编制《重庆市软件和信息服务业发展三年行动计划》，出台《加快软件和信息化服务发展的实施意见》等政策文件；二是打造 3~5 个全国有影响力的百亿级软件产业园区，建设一批软件产业中心和信息服务产业示范基地；三是建设软件产业公共服务平台和协同创新平台；四是加大招商引资力度，抓重点项目落地；五是开展软件人才培养工程，形成年培养 10 万软件人员规模，为产业发展提供人才支撑。

本次招商推介活动，渝北区收获满满，其软件产业的"朋友圈"又新增多个"新朋友"——在项目签约环节，渝北区政府与中国软件行业协会签约，将在软件产业名园规划、人才输送、科研合作、资源共享方面开展合作。同时，中国软件网、用友网络、本邦科技、神州光大、九章信息、一铭软件、盛世光明、易华录、纸贵科技、掌中经纬等国内知名软件企业与渝北区签订合作协议，将落户渝北开展云服务、软件开发、智慧城市、数字营销、平台搭建等业务，携手合力共建软件产业生态圈。本次大会签约项目总投资额 20 亿元，将带动软件及相关产业产值达 100 亿元。

11 月 28 日，重庆（北京）乡村振兴开放合作商务推介会在北京重庆饭店盛大召开。本次推荐会在推动农业农村经济快速发展、促进京渝农产品贸易、推动区域交流合作等方面发挥了重要作用。旨在聚焦国家"一带一路"倡议推进，打好脱贫攻坚战、实施乡村振兴，致力于实现京渝跨区域交流学习、合作发展等重大突破。本次推荐会的召开，将促成更多北京优质产业汇聚重庆共谋发展的兴旺局面，助推重庆乡村振兴战略的持续落实。

12 月 31 日，重庆市与知名院校开展技术创新合作专项行动项目签约仪式成功举行。北京工业大学、北京交通大学分别与重庆市人民政府签署战略合作协议。重庆市与北京工业大学合作，将围绕先进材料、智能制造、智慧建造、环境保护、信息技术等领域，在共建研发机构、促进科技成果转移转化、人才培养、建设高端智库等方面展开全面合作。北京交通大学与重庆市涪陵区、长江师范学院已有项目及成果转移转化方面的合作基础，进一步深化合作，将共建重庆现代交通联合研发中心，为重庆建设绿色智慧交通提供智力支持、科技支撑。

经过各方努力，2019 年，京渝跨区域产业协作取得了新突破，呈现出一派新面貌。伴随紫光国芯、京东方柔性屏、中关村信息谷等一大批重大高新产业项目的落户，重庆的城市魅力与经济活力正强烈吸引着北京的资金、技术、人才等高端产业要素。

2020 年，重庆市政府全面克服疫情带来的不利影响，通过线上与线下等多种方式积极对接北京外溢产业，尤其是在招才引智方面，取得了骄人的成绩。

6 月 3 日，重庆市人民政府与清华大学签署战略合作协议。重庆市委书记陈敏尔，市长唐良智与清华大学校长邱勇一行见证签约。

按照协议，双方将立足清华大学科教资源优势和重庆市发展实际，开展战略决策咨询；共同开展以智能化和生态文明为引领的科技创新，联合开展重大科学研究，推动高水平科技成果转化；加强教育领域合作，助力重庆"双一流"建设，促进人才交流以及推动产学研合作等。重庆两江产业集团还与清华控股、健坤投资、紫光集团签署合作框架协议，促进产学研融通创新。

8月18日，重庆市人民政府与北京大学签署战略合作协议。重庆市委书记陈敏尔，市长唐良智与北京大学校长郝平一行举行座谈并见证签约。

按照协议，双方将在西部（重庆）科学城共建北京大学重庆大数据研究院、科学中心以及一批具有重要学术影响力的重大科技基础设施，并在战略决策咨询、助力重庆市高校"双一流"建设、推动科技成果转化和医疗领域合作、人才交流培养等方面开展深度合作。

近年来，重庆市正在通过不断引入北京知名高校，一方面是"练内功"——加快推进本地高校"双一流"建设；另一方面是"借外力"——加快引进全国知名高校推动助力重庆高质量发展，更好服务国家战略。

北京作为国内高校资源和人才资源最富集的区域，通过跨区域协作牵手重庆，这既是重庆科教兴市的又一个高光时刻，又是重庆高质量发展的一个个强大伙伴。北京大学、清华大学进入重庆的背后，还有一串长长的北京知名高校名单。这些高校都被吸引到了重庆，而且与重庆建立了战略合作，带来了实实在在的产业合作项目。

今天，京渝跨区域产业协作，正在向更高阶段、更深层次、更广领域迈进。重庆从招商引资到招才引智，从打造硬实力到注重软实力，从促进产业链到构筑生态链，城市发展可谓日新月异。未来，北京市跨区域产业协作中心将继续携手重庆市各区县共同推动京渝协作工作，助推重庆在"以国内大循环为主体、国内国际双循环相互促进的新发展格局"中大展宏图。

第八节　北京产业外溢 助力东北振兴

东北三省，共和国的长子，我国重要的工业基地和农业粮仓，对于维护国防安全、粮食安全、生态安全、能源安全、产业安全的战略地位十分重要，关乎整个国家发展大局。

2018年9月28日，习近平总书记在东北三省考察并主持召开深入推进东北振兴座谈会，强调要以新气象、新担当、新作为推进东北振兴，明确提出新时代东北振兴，是全面振兴、全方位振兴。

习总书记特别指出："要以东北地区与东部地区对口合作为依托，深入推进东北振兴与京津冀协同发展、长江经济带发展、粤港澳大湾区建设等国家重大战略的对接和交流合作，使南北互动起来。"本次会议为东北三省与国家重大战略对接、通过跨区域协作推动经济快速增长，构建区域协调发展新格局指明了方向。

近年来，京津冀协同发展与东北三省全面振兴两大国家战略的跨区域产业协作日益紧密，日趋壮大，日臻完善。尤其是，京吉、京辽、京龙之间的产业协作更是成绩斐然，硕果累累。

2018—2020 年，北京市跨区域产业协作平台积极支持东北振兴战略，三年间先后为东北三省四大中心城市及三大国家级新区对接北京外溢企业 523 家，签约产业项目 197 个，非首都功能疏解协同华北，助力东北，辐射西北，受益"三北"。

■ 京吉协作，全面推进

2017 年 12 月，北京市委副书记景俊海调任吉林省委副书记；2018 年 1 月，被任命为吉林省人民政府省长。京吉跨区域协作开始进入一个崭新阶段。

2018 年 3 月，吉林省党政代表团来京，与北京市共商合作发展大计。北京市政府市长陈吉宁与吉林市政府省长景俊海分别代表两省市签署《北京市·吉林省合作框架协议》，京吉跨区域协作由此揭开新的历史画卷。

现场，北京市委书记蔡奇、吉林省委书记巴音朝鲁分别发表致辞。蔡奇书记指出，振兴东北是重大国家战略，长期以来京吉两地合作基础良好。未来，两地可以紧抓北京冬奥筹办机遇共同推进冰雪产业发展，加强深化科技创新协同合作，拓展文化旅游合作，深化绿色有机农产品产销等领域合作，加强地铁建管、污水处理等基础设施领域合作。北京市要主动加强京吉多层次合作，在政策协调、项目统筹、对口推进等方面完善工作衔接机制，抓好合作项目落地见效，谱写京吉共同发展新篇章。

2018 年 4 月，"北京市国企走进吉林"投资合作洽谈会在长春市成功举办，旨在推动两地深入合作，实现共赢发展，在基础设施建设、生态旅游、绿色食品、新能源、新材料以及参与国资国企改革等方面充分发挥作用，推动京吉两地产业转型和经济发展。

此次投资对接活动，共有 54 家北京市企业参加合作洽谈，其中既包括北控集团、首农食品集团、首旅集团、北京银行等 37 家市属国企，还有 3 家区属国企、9 家中关村高新企业和 5 家大型民营企业，多家北京市属国企表达了对吉林的投资意愿，有意于四平轻轨运营、吉林省新能源公司混合所有制改革、国际水产品加工集散中心等 66 个项目。同时，北京市属国企结合自身主业优势，提出了长春高新区污水处理厂 BOT 项目、长春鸳鸯奥特莱斯项目、松原市海绵城市 PPP 项目等 42 个意向合作项目。

会上，16 家北京企业代表结合自身情况以及在吉林省投资经营成果和投资计划进行了路演。新时期，京吉跨区域产业协作取得重大历史性突破。

2018 年 7 月，吉林与中关村企业家座谈会在长春市胜利召开。吉林省委副书记、省长景俊海，长春市人民政府市长刘长龙，中关村管委会主任翟立新出席会议。半年内，吉林省与北京市迅速落实两地战略合作协议要求，积极对接洽谈，深入推进各领域合作，短时间内就取得了丰硕成果。

长春新区与中关村的对接合作，即是京吉战略合作的重要一环。京吉双方合力打造长春·中关村创新中心，就是要充分发挥中关村"高精尖"科技资源优势，与吉林省丰富的人才优势和特色产业优势相融合，同时整合全球智力及创新资源，激发长春的内生发展动力，将中关村创新基因移植到长春市和吉林省，构建起更高效的区域协同创新共同体。

会上，景俊海省长、刘长龙市长、翟立新主任，共同为长春新区·中关村科技产业园揭牌。未来，中关村将加强与长春新区的对接合作，双方将发挥各自优势，加大技术研发和人员交流力度，促进创新链、产业链、资金链深度融合。高起点、高标准建设长春新区·中关村科技产业园，加快资源共享和产业对接。加强政策机制交流共建，激发人才创新潜力，引导社会资本加大对创新投入，形成完善体系。现场，润方（北京）生物、北京慧聪云信、北京盛世光明等首批 12 家企业签约落户长春·中关村创新中心。

2019 年 2 月底，京吉协作创新发展座谈会暨项目签约仪式在北京成功举办。时任吉林省委副书记、省长景俊海，北京市政府副市长隋振江出席会议。

本次会议旨在落实习近平总书记关于东北全面振兴、区域协调发展的重要讲话指示精神，对接京津冀协同发展战略，推动京吉互动合作迈向纵深。近一年来，吉林省与北京市两地全面实施战略合作，在两地各级政府部门的大力推动下，双方在打造合作硬件载体、产业资源导入、建立高效工作体系等方面取得初步成效。当前，吉林省正在全力推动传统优势产业转型升级，培育生物医药、生态旅游、现代服务业等新兴产业，以数字政府建设为先导发展数字经济，加快冰雪装备、通用航空等未来新的增长点发展。"变"和"增"既带来机遇，也亟须创新驱动、注入新动能。

在项目签约仪式上，本年度首批入驻长春·中关村创新中心的 24 个企业合作项目签约；长春高新区、长春·中关村创新中心与 30 家战略合作机构签约。

2019 年 3 月，北京吉商参与家乡建设推进大会在北京胜利召开，共叙乡情、共话友谊、共谋发展，共同推动新时代吉林省全面振兴、全方位振兴。吉林省委书记巴音朝鲁出席并讲话，省委副书记、省长景俊海主持会议。

近年来，广大在京吉商真担当、真作为、真奉献，在发展自身事业的同时，始终不忘回报家乡，以不同方式积极支持和参与家乡建设发展，用实际行动诠释了新时代吉商精神，为吉林振兴发展作出了重要贡献。吉林省委、省政府热切期盼吉商能加大"回归"的力度，把资金、项目、技术更多投放在吉林，在项目建设、产业升级、动能培育等方面发挥更大作用；当好吉林宣传者、代言人，促进更多发展要素汇聚吉林；积极履行社会责任，当好义利并重、富而思报的践行者；紧紧地拧成一股绳，共同弘扬吉商精神、共同唱响吉商品牌，推动吉商在新时代实现更大发展。

此次，在京吉商全面聚焦吉林发展商机，积极投身全省振兴事业，把浓浓思乡情，变为投资家乡行。带领全国吉商回归家乡，聚人聚力聚业，转换新动能，培育新产业，落地新项目，在服务家乡建设上作出了新贡献。

2019年10月27日，吉林省党政代表团再次来京考察交流，北京市·吉林省合作交流座谈会召开。北京市委书记蔡奇、市长陈吉宁与吉林省委书记巴音朝鲁、省长景俊海座谈。

蔡奇书记强调，双方要以冬奥合作为契机深化京吉合作，加强冰雪运动和冰雪产业合作，共同推动冰雪运动普及发展；在科技成果应用、产业优化升级、文化旅游等方面挖掘潜力，促进共赢发展。

座谈会上，陈吉宁、景俊海分别介绍了两地经济社会发展及相关合作情况。会后，北京冬奥组委与吉林省政府签署合作框架协议。双方表示将共同努力，推动京吉合作进一步深化，让冬奥精神在京吉合作中永续传承、发扬光大，继续在合作的深度、广度、热度上下功夫，推动京吉合作迈上新台阶、实现新跨越、开创新局面。

自2018年3月，北京市与吉林省签署合作框架协议以来，双方围绕八大重点领域，坚持"政府搭台、企业唱戏、社会参与"的协作原则，两年间京吉合作活动丰富、氛围浓厚、机制紧密，合作领域不断扩大、成果丰硕，共引导290个北京项目落地吉林，初步形成了跨区域协作的大格局。

2020年7月，吉林·北京数字产业创新中心·优客工场正式签约落地北京国家新媒体产业基地。这个吉林省数字产业的飞地新社区，将为5G、智慧城市、智慧家庭、智慧能源、工业互联网、GIS、无人机等方向的创新创业团队提供工作、生活、休闲、文化、娱乐一站式服务。

该中心作为吉林省数字产业的北京飞地，北京人才、技术、成果参与数字吉林建设的窗口，已完成了吉林数字产业领域政、产、学、研、金、介全方位的关键基础资源的整合；参与制定了吉林整体数字产业发展战略的全方位数字化解决方案；申请了多个大型新基建专项债，成立了5G、新能源、智慧城市等多只基金，以充足的项目资源、市场渠道和资金，为入驻企业提供全方位的创新创业支持。

2020年9月，京吉再续"粮"缘，吉林大米北京"云推介"活动隆重启幕。近年来，吉林与北京两地粮食部门密切合作，携手充盈首都"米袋子"，切实保障北京粮食供应，双方在粮食贸易、异地储备、设施建设、技术交流等方面取得很大进展。尤其是在推进吉林大米品牌建设方面，从品牌推介的组织到商超渠道的搭建，从高端社区的宣传到大型国企的展售，都取得明显成效，逐步完成了"全渠道"深耕北京的战略布局。

未来，京吉两地的产销合作空间将持续加深，合作方式将持续拓新，两地充分整合双方资源优势、加强粮企产销合作的具体行动，继续创新粮食营销模式，实现吉林粮食产业兴旺、农业增收、企业增效，满足首都消费者对优质大米产品的需求。

新时期，京吉两地开展战略合作，是贯彻落实习近平总书记在深入推进东北振兴座谈会上的重要讲话精神、对接京津冀协同发展国家战略的有力举措。吉林省雄厚的产业基础、丰富的自然资源和良好的营商环境，正强烈吸引着北京外溢企业纷至沓来，为推动区域经济发展和新旧动能转换，为东北振兴、吉林振兴贡献更多、更好的力量。

■ 京辽协作，前景广阔

北京，共和国的首都，科技、产业资源丰富；辽宁，共和国的长子，工业基础雄厚。京辽跨区域产业协作，有悠久的传统，现实的基础，广阔的前景，迫切需要百尺竿头，更进一步，再接再厉，再创佳绩。

2017年3月，国务院印发《东北地区与东部地区部分省市对口合作工作方案》，其中明确了沈阳市与北京市建立对口合作关系，要求充分发挥北京的资金、技术、人才、市场等优势，结合辽宁的产业基础、区位交通、资源禀赋等优势，开展务实合作，探索共赢发展的新路，带动辽宁省的整体快速发展。自此，辽宁省以沈阳为龙头，正式全面对接京津冀国家战略，京津冀辽区域一体化进程明显加快。

北京，北方经济发展的"核心引擎"，作为"城"的功能，她要打破"一亩三分地"，跳出自我小循环，通过交通、产业、服务配套一体化，解决"大树底下不长草"的问题，实现京津冀协同发展，从而带动辽东半岛与山东半岛的"两翼"齐飞，打造中国经济第三极。因此，辽东半岛作为环渤海区域"一心两翼"（京津冀＋山东半岛＋辽东半岛）的北翼，对于打造中国经济第三极具有至关重要的作用。

2017 年"深化京沈合作，促进东北振兴"对口合作交流会

与此同时，辽宁省委、省政府还提出，要依托锦州、朝阳、阜新、葫芦岛、盘锦，全力打造辽西融入京津冀协同发展战略先导区，就是要充分发挥辽西毗邻京津冀的区位优势，抓住京沈高铁全线贯通契机，将"对接"升华为"融入"，把辽西地区打造成为辽宁省开放合作的新增长极。

京辽协作正面临新的历史机遇，京津冀辽的一体化发展正在进入快车道，一个京辽协作，共赢发展的新蓝图正在徐徐展开。

2020 年 9 月 24 日，沈阳市大东区与北京市人力资源服务产业园签署战略合作协议，两地将积极搭建京沈合作对接交流平台，深化科技和人才领域"京沈合作"项目。

11 月 28 日，"2020 京沈对口合作科创产业生态共同体峰会"在沈阳成功举行，6 个项目签约、1 个中心揭牌、1 个平台启动，京沈对口合作再结硕果。

本次大会，中关村科技园区朝阳园管理委员会、北京科学技术开发交流中心、中国技术交易所、北京市朝阳区高新技术企业协会等部门负责人及京沈两地企业代表齐聚沈阳，共同见证了京沈对口合作的新篇章。

会上，京沈两地的政府和企业代表以"软产业"价值共享为核心，达成了 6 项签约合作，同时还为"京沈合作科技创新中心"进行揭牌，并共同启动了"自贸区沈阳片区—京沈高精尖产业智库服务平台"项目。

当天签约的 6 个项目，代表着沈阳当前新兴产业发展过程中的新需求和经济增长点，"软产业"的聚集和发展将有效助推和提升沈阳区域高质量发展的"硬实力"，为沈阳的产业升级提供前沿、创新的智慧资源和服务资源。

2020 年，在京沈两地各界的共同努力下，京沈对口合作克服疫情影响、聚焦重点领域，取得一系列重大成果。三年半以来，沈阳已推进落实了中科院机器人与智能制造创新研究院、北京艺创阀门东北总部基地等 300 余个京沈对口合作项目，新签约北京特斯联新科技智能产业生态园、大唐 5G 产业学院、中化环境科学园等 70 余个项目。

12 月 10 日，新时代、新格局、新要求，京辽（东戴河新区）产业对接大会在北京辽宁大厦成功举行。来自北京各大产业园区的 45 家外溢企业全方位对接"辽宁海岸中关村，渤海生态新城区"，7 家企业签约成功，又有一批北京优质项目落户东戴河新区，自此揭开辽宁省对接京津冀国家战略的崭新历史篇章。

东戴河新区与北京产业项目对接会

如今，出了山海关，第一站便是东戴河新区。经过十年的建设，东戴河新区已经实现了从小渔村到现代化城市的华丽转身，随着一大批京津冀转移过去的中小企业在这里健康成长，一系列京津冀产业项目的落户，"投资不过山海关"的魔咒在这里被打破。现在的东戴河新区，海景房、生态水、大通道，为新城市发展划定了最优标准。新区实现了高起点规划，高标准建设，高质量发展。目前，新区累计投资 90 多亿元进行基础及配套设施建设，完成了 23 平方公里"七通一平"建设；4 家星级酒店正在运营，动车站、中央海滩景观栈道、辽宁省实验中学东戴河校区等基础设施提高了新区承载能力。

近年来，东戴河新区牢牢抓住国家京津冀协同发展战略机遇，以重点产业、重点区域合作为突破口，加速带动新区更大范围、更广领域对接合作，努力把新区建设成为辽宁省接轨京津冀协同发展战略的桥头堡，塑造"海岸中关村、生态新城区"的城市名片。

东戴河新区在承接产业方面，大力发展电子信息业、高端装备制造业，做大做强船舶与海洋工程业，同时深化以医疗康养、文化旅游为主的现代服务业对接合作，发展医疗康养产业。发展文化旅游业，打造滨海旅游休闲目的地城市；推动商贸物流业，建设区域性商贸物流集散地；推动教育承接，促进科教人才交流共享和成果转化；构建杂粮、水果、蔬菜、肉蛋奶和各类水产品等五大类特色农副产品供应基地。

东戴河新区作为国家级数字技术产业基地，已有 89 个项目列入辽宁省科技计划，4 个项目列入国家科技型中小企业创新基金项目，8 家企业被认定为国家级高新技术企业，3 家企业成功上市。成功盘活 9 家停产、半停产企业，32 家中小企业快速发展，18 家重点企业产值不断做大，四方核电新产品达到国内领先水平。随着高新技术产业集群的逐步成长，东戴河将充分发挥区位、交通、产业及资源优势，全力打造成承接京津冀产业、科技、人才转移的先导区、示范区。

2020 年，辽宁省在承接京津冀地区产业转移方面，各地市依托自身资源禀赋、功能定位、产业特点，有针对性地打造平台、对接项目，取得了丰硕成果。

目前，辽宁省正加快推进全面参与京津冀协同发展相关工作，全省各地市和省直各部门凝心聚力、主动作为，在交通运输、人才交流、产业转移等工作上都取得了重大成果。

2020年12月17日，京沈对口合作座谈会暨项目签约仪式在沈阳举行。北京市委常委、常务副市长崔述强率团赴沈阳对接京沈合作工作，并考察京沈合作园区和企业。项目签约仪式上，17个对口合作产业项目进行了集中签约，签约协议金额超过180亿元。

2017年3月—2020年12月，京辽产业协作成就斐然，硕果累累。尤其是京沈对口协作已有320个产业合作项目顺利实施，实际完成投资280亿元。京沈客专、沈阳中关村科创中心等一批重大项目稳步推进，京沈高层保持经常性互访，干部人才挂职交流成果丰硕，推动合作不断拓展深化。

"十四五"期间，沈阳市将继续积极承接北京"高精尖"产业转移，务实推动一批新基建、"互联网+"、云计算、大数据、人工智能等领域重点合作项目；围绕北京产业外溢，共建京沈合作示范园区，打造一批重大合作平台；对标先进经验做法，相互学习借鉴"放管服"改革、国资国企改革等领域体制机制创新方面的经验、做法和政策，复制一批改革创新举措。

2021年2月，辽宁省政府正式印发《关于对接国家重大区域发展战略的实施意见》，明确从体制机制、产业对接、科技创新、金融创新、对外开放、生态建设、文旅康养等7方面加强与国家重大区域对接，目标是到2025年，初步建立对接国家重大区域发展战略的体制机制，建成一批示范引领作用大、辐射牵动能力强的合作平台与承接载体。

诚挚合作共谋发展，产业提升加快转型。近年来，辽宁省各大地市积极承接北京产业外溢，通过强化市场对接，很好实现了资源共享、产业共进、合作共赢。尤其是，北京与沈阳，北京与辽西五市的产业合作项目中，中高端装备制造业、新一代信息技术、新材料、新能源等战略性新兴产业项目以及软件服务、现代物流、大数据、电子商务领域等产业项目占比达

40%，依托北京强大的科技资源优势，有力推动了辽宁各地的经济转型和新旧动能转换。

我们已经欣喜地看到，京辽跨区域产业协作的潜力巨大，成果丰硕，前景广阔。京辽产业协作将是辽宁省所面临"双循环"发展格局下的一次重大历史机遇，对于促进双方的共赢发展，共同打造中国经济第三极，引领北方经济的腾飞都至关重要。

■ 京龙协作，引领东北

2018 年，党的十九大后，北国之春，紫气东来，日暖花开。"中国东极"——佳木斯率先引领北京 – 黑龙江跨区域产业协作，探索新模式，实现新突破，迈入新时代。

3 月 30 日，北京市跨区域产业协作中心精心组织北京外溢企业千里跃进东北三江平原，奔向共和国第一缕阳光升起的地方，热情拥抱这方生态净土、安居乐土、投资沃土。

31 日，北京产业走进佳木斯高端产业合作对接大会在佳木斯市会展中心隆重开幕。此次对接行动是贯彻十九大确定的"实施区域协调发展战略、疏解北京非首都功能"战略部署的具体举措，更是落实习近平总书记要求，实现黑龙江省"五个要发展"重要指示的有效载体。此次京佳产业对接，将为首都企业与地方协作发展、融合发展、共赢发展开辟出新道路、拓展出新空间，进一步推动佳木斯产业集聚发展、转型升级，全面振兴。

时任佳木斯市委书记徐建国在致辞中指出，佳木斯经过多年的发展，交通便利，产业基础相对扎实，产业门类比较齐全，产业要素供给充足，具备了承接较大规模、较高水平产业转移的必要条件和现实基础，与北京外溢企业具有很强的互补性和广阔的合作发展空间。希望借助本次京佳对接活动，双方开展宽领域、深层次、多形式的务实合作，在助力佳木斯全面振兴的进程中实现合作发展、互利共赢。佳木斯将以此次活动为新的起点，进一步密切与北京外溢企业的互信关系，建立健全互动机制，一如既往地全力打造优质高效的营商环境，让大家在佳木斯舒心生活、放心创业、安心发展。

时任佳木斯市委副书记、市长邵国强从农业资源丰富、工业基础扎实、城市功能完善、对俄开放优势突出、生态环境优美等诸多方面对佳木斯市营商环境进行了推介。

现场，佳木斯市各县区主要领导与50家北京外溢企业进行了分组对接，就重点合作方向进行了深入沟通洽谈，北京企业家们纷纷表示非常看好佳木斯，愿意扎根佳木斯，加大投资力度，实现政企共赢。

新时期，面对东北老工业基地振兴和北京非首都功能疏解两大国家战略，京龙跨区域产业协作正如火如荼般展开。下一步，继续全力推动和深化北京企业与黑龙江的战略合作，将成为北京市跨区域产业协作中心的重点任务之一。

2018年6月，黑龙江省·北京市合作交流座谈会在京举行，双方承诺将以冬奥为媒，进一步加强多领域的合作交流。北京市委书记蔡奇、市长陈吉宁与黑龙江省委书记张庆伟、黑龙江省省长王文涛进行了座谈。未来，双方将在科技、文化、旅游、对外开放等领域深度对接，打造更多合作互利典范，为两地群众带来更多获得感。会上，北京市副市长、北京冬奥会和冬残奥会组委会执行副主席张建东与副省长孙东生签署《关于促进北京2022年冬奥会和冬残奥会人才发展合作框架协议》。

自此，北京·黑龙江跨区域协作开始进入一个崭新境界，尤其是在承接北京非首都功能疏解方面，成为两地跨区域协作的重点领域。目前，北京正在疏解的四大类非首都功能中，无论是区域性物流商贸基地，还是一般性制造业，均可成为双方的产业合作点。另外，部分教育医疗等公共服务功能与行政性、事业性服务机构的外迁，黑龙江都具备承接条件。

这其中，哈尔滨作为黑龙江的首府城市，率先垂范，引领发展，成就斐然。哈尔滨市一方面不断加强与粤港澳大湾区的合作，另一方面积极对接京津冀协同发展国家战略。近两年来，哈尔滨市从打造立足区域、服务全国、辐射全球的优势产业集群角度出发，持续加强产业扶持力度，加快产业承接平台建设，积极引导产业合理布局，推进产业集群发展，正在形成产业高质量发展的良好局面。

2018 年 12 月，哈尔滨市委、市政府为贯彻落实中央深入推进东北振兴座谈会的重要指示精神，按照黑龙江省委、省政府的工作部署，围绕补短板、强弱项和促进产业高质量发展，毅然决定抢抓冬季招商引资和争取项目的"黄金期"，在全市开展"招商之冬"活动，集中精力，聚焦重点，推动全市招商引资工作实现新突破。

哈尔滨市"招商之冬"活动将利用 100 天左右的时间，由全市 13 个产业发展推进小组牵头各大部门、各区县（市）主要领导亲自带队，赴目标地区和相关企业开展"点对点、面对面"招商。通过"招商之冬"活动的开展，谋划储备一批、洽谈跟踪一批、签约落地一批科技含量高、核心竞争力强、带动作用强的大项目、好项目。开创哈尔滨招商引资和产业项目建设新局面，为全市经济发展注入新动能。

2019 年伊始，北京·黑龙江跨区域产业协作大型对接活动正式启幕，新时期首次产业对接大会在北京成功举办，收获满满，硕果累累。

京哈产业大对接，香坊勇担领航者、报春花，花开冰城，香飘京城。

1 月 16 日，京哈（香坊）跨区域协作产业对接大会在北京成功举行，由此揭开了北京·黑龙江跨区域协作的崭新篇章。北京市 66 座园区 92 家外溢企业 218 名企业家参加现场"点对点、面对面"的产业对接活动。

会上，经过近 5 个小时的务实对接，北京 28 个产业项目进行了投资路演，现场 12 个产业项目成功签约落户香坊区，包括国家级设施农业示范园、"一带一路"总部基地、海润影视城、远洋医养中心、保险小镇、循环经济产业基地、机器人制造等中高端产业项目，签约总额达 59 亿元。

香坊区作为汇聚哈尔滨市三大动力大厂的中心城区，曾是黑龙江首府发祥地和最早开埠区，迄今已有 100 余年的历史，既承载着哈尔滨悠久的文化发展史，又肩负着哈尔滨工业强市的重大责任使命。

新时期，香坊区创造性落实哈尔滨市委、市政府开展"招商之冬"的号召，抓住国家推进京津冀协同发展战略的历史机遇，主动承接北京非首都功能的产业有序转移，在全市率先举办京哈跨区域产业协作对接大会，勇当北京·黑龙江跨区域产业协作的领航者与报春花。

此次产业对接大会，旨在为哈尔滨搭建一个京津冀协同发展战略的承接平台，精准对接北京各大园区，引导北京优势产业进军黑龙江、落户哈尔滨、带动香坊区，实现区域经济的转型升级。京哈两地建立了战略合作机制，拉开了新一轮依托国家战略、借势借力、协作互融、共赢发展的跨区域产业协作大幕。

同时，京哈双方也十分注重区域资源互补招商。此次对接活动，京哈双方从构建产业链需求出发，组织邀请哈电集团、哈轴集团、新哈精密轴承、冰城牧业、秋林格瓦斯公司、黑龙江农垦集团、哈尔滨保税区等一批哈尔滨本地存量企业来京开展以商招商，与北京同行业优质企业开展合资合作，拓展业务范围，延伸产业链。本次对接大会以"精准""互动"为主要特点，彻底改变政府唱独角戏的传统招商模式，完美实现了企业为主、政企互动、现场路演、当即答复的创新做法。北京外溢企业纷纷表达了走进哈尔滨、投资哈尔滨、扎根哈尔滨的强烈意愿，项目路演异常踊跃，90多家企业做好了路演准备，但由于时间关系只有28家企业争取到了投资哈尔滨的路演机会，本次对接大会路演时间超过3小时，北京企业的积极性空前高涨。

一个良好的开端，就是成功的一半。京哈产业大对接，香坊区勇担领航者、报春花，花开冰城，香飘京城。序幕已经成功开启，高潮即将接连到来，世界正拭目以待。

2019年12月16日，习近平总书记发表雄文《推动形成优势互补高质量发展的区域经济布局》指出："我们必须适应新形势，谋划区域协调发展新思路。要健全市场一体化发展机制，深化区域合作机制，加强区域间基础设施、环保、产业等方面的合作。"

此次，习总书记罕见地连续用六个"新"字为东北全面振兴支着：发展新技术、新业态、新模式，培育健康养老、旅游休闲、文化娱乐等新增长点，形成新的均衡发展的产业结构，为产业多元化发展提供新动力。并且要求"十四五"时期，要有新战略性举措，推动东北地区实现全面振兴。

近三年来，北京市跨区域产业协作中心重点加强北京外溢企业与沈阳、长春、哈尔滨、大连、通辽（蒙东）等东北重点区域的产业协作，积极引导首都的资金、技术、人才等高端要素全面参与东北振兴，通过跨区域产业协作，全面助力实现形成优势互补、高质量发展的区域经济新格局。

2019 年 12 月，北京国谊会议中心，京哈跨区域协作产业对接大会隆重举办。哈尔滨市政府孙喆市长亲率九区九县（市）的政府一把手，全面对接北京十六区 66 座园区，哈尔滨市委常委、常务副市长郑大泉主持对接大会。

2019 京哈跨区域产业协作对接大会在北京举行

此次产业对接大会，北京市跨区域产业协作中心精选北京市 66 家园区 110 家外溢企业，150 个产业项目现场对接冰城，18 家高新企业现场进行了投资、发展、合作路演，39 个产业项目签约成功，涵盖生物制药、装备制造、文化旅游、医疗健康、现代农业、食品加工、航空航天、商贸物流、工作设计、新能源、新材料、新技术、大数据、物联网、区块链等十几大产业门类。

"对接首都高端产业协作机遇，共享东北亚中心城市发展红利"，2019·京哈跨区域协作产业对接大会，短短一年间，京哈两次牵手，连续推陈出新，不断取得丰硕成果，堪称国内跨区域产业协作的经典范例。

哈尔滨市委副书记、市长孙喆，国家发改委地区经济司副司长安利民出席本次大会并致辞。哈尔滨市委常委、副市长郑大泉主持会议，时任副市长黄伟介绍哈尔滨市概况及构建"4+4"现代产业体系情况，深圳（哈尔滨）产业园区负责人做推介，北京市跨区域产业协作中心主任房晓主持北京外溢企业投资路演环节。

哈尔滨市委副书记、市长孙喆在致辞中指出，本次京哈跨区域产业对接，是深入贯彻落实习近平总书记关于促进区域协调发展、深入推进东北振兴、京津冀协同发展等重要战略部署的一项具体举措，是哈尔滨学习北京先进经验，进一步加深京哈两地在资源、文化、产业等方面合作的一次有益实践，必将推动两地产业实现优势互补、合作共赢。真诚邀请北京企业家、投资者多到哈尔滨观光旅游、考察洽商，深入了解哈尔滨、推介哈尔滨、创业哈尔滨，与我们共享振兴发展新机遇，携手共创美好新明天。

国家发改委地区司副司长安利民在致辞中表示，国家发改委地区经济司将遵照习总书记关于深化区域合作，推动东北全面振兴的指示精神，全力支持哈尔滨承接北京非首都功能产业转移工作。希望哈尔滨牢牢抓住合作机遇，以培育支持北京外溢企业发展壮大、提升本地产业价值链水平为目标，发挥产业基础、科研实力、人才资源等方面优势，为北京外溢企业提供优质高效服务和要素保障，举全市之力促进北京外溢企业尽早落地开工、达产见效，以实际行动回馈企业家的无悔选择。

"我们企业将在哈尔滨做什么？我需要哈尔滨为企业做些什么？"为了提高对接的务实性和实效性，北京市跨区域产业协作中心专门安排了北京外溢企业针对哈尔滨发展的路演环节，18家北京企业代表不同的产业门类，分别针对在哈尔滨市合作和发展项目做了详细的介绍，并现场说明投资需求，纷纷表达了对接合作的真诚意愿。

"我们相信，哈尔滨独特的资源禀赋、产业基础、市场条件和日益优化的营商环境必将为我们企业带来巨大的发展前景"。在会后举办的餐叙酒会上，北京企业家们频频为哈尔滨点赞，同时也描绘出到哈尔滨投资发展的蓝图计划。

哈尔滨，中国北疆的生态净土、投资热土，宜居乐土，作为黑龙江省的首府（龙头）正以其独特的资源禀赋、产业基础、市场条件和日益优化的营商环境，在东北三省中异军突起，不断领跑，强力吸引着四面八方的企业家和投资者纷至沓来，投资兴业，干事创业，安居乐业。

2019 年 12 月，京哈跨区域产业协作对接会在京举行，一批成熟项目签约

2020 年，金秋时节，硕果满枝。"东方巴黎"——哈尔滨，黑龙变黑马，魅力迸发，近悦远来，共赢天下。

9 月 15 日—17 日，北京市跨区域产业协作中心精选 21 家北京外溢企业前往哈尔滨市考察选址，协助产业项目落实政策，推进产业项目落地工作。

北京市跨区域产业协作中心率北京企业考察团先后前往哈尔滨新区、中国北方药谷（利民生物医药园）、哈尔滨国家级经开区、哈尔滨临空经济区、深圳（哈尔滨）产业园、哈工大机器人集团、哈尔滨啤酒博物馆等重点园区进行考察选址，现场洽商落地事宜。

2020 年 9 月，为了推动项目更好落地，京哈跨区域产业协作项目协调推进会在哈尔滨召开

9 月 17 日上午，京哈跨区域产业协作项目协调推进会在哈尔滨友谊宫宾馆召开。哈尔滨市委常委、常务副市长郑大泉率市发改委、市卫健委、市工信局、市科技局、市投促局、市教育局、市体育局、市人社局等各委、办、局负责人与北京外溢企业进行了面对面交流，点对点对接，亲自聆听北京外溢企业的需求和心声，并当场协调各相关部门立刻安排落实，体现出哈尔滨高效务实的工作风格。哈尔滨市、区政府承诺，针对北京企业家提出的需求，将以最快的速度落实政策，解决困难，确保项目按时落地。

北京外溢企业纷纷表示，接下来将加快产业项目落地的进度，在哈尔滨市各委、办、局的全力配合下，尽快开工、达产见效，以实际行动回馈各方对企业的大力支持。

目前，哈尔滨市坚持重塑传统产业新优势与培育新兴产业新动能并重，绿色食品、装备制造、化工医药等传统产业在经历结构调整阵痛期后，正在向中高端发展。新材料、生物技术、信息产业等战略性新兴产业和高技术产业快速发展，成为驱动工业增长的重要引擎，促进哈尔滨市工业发展由量的扩张向质的提升加速转变。2020 年前八个月，哈尔滨已经成功签约落地万科中俄产业园、华夏幸福深哈金融科技城、保利文化艺术城、正威哈尔滨新一代材料技术产业园等一批超百亿元产业项目，充分显示出哈尔滨的城市魅力与市场活力。

京哈＋深哈，黑龙变黑马，协作赢天下。

深哈对口合作

2020 年 9 月 12 日，广东省政府常务副省长林克庆带队赴哈尔滨推动龙粤、深哈对口合作。此时，深圳（哈尔滨）产业园雏形已具，气势恢宏，腾飞在即。一年前，深圳（哈尔滨）产业园在松北区正式开工建设，标志着深哈对口合作又结出新硕果。

深圳（哈尔滨）产业园总规划面积 26 平方公里，核心启动区 1.53 平方公里，由深哈两市国资平台共同成立合资公司，负责规划设计、开发建设和运营管理。该园区作为深圳市的"政策飞地"，率先创新了体制机制，按照"能复制皆复制"的原则"带土移植"深圳的政策经验，完成了黑龙江历史上第一例招投标评定分离、第一例新型产业用地等首创性工作。另外，还在体制机制创新、营商环境优化、科技成果转化、高端人才引进、产业集群发展、现代金融服务、智慧园区建设、市场运营服务等 8 大方面走在了整个东北三省的创新前列。

9月17日，正威哈尔滨新一代材料技术产业园项目签约暨启动仪式在哈尔滨新区举行。据了解，正威哈尔滨新一代材料技术产业园项目总投资约150亿元，总占地面积约为81.7万平方米，包括新一代材料技术产业园和正威集团东北亚总部及配套项目。

近年来，哈尔滨市委、市政府遵照习总书记关于深化区域合作，推动东北全面振兴的指示精神，除了不断深化深哈对口合作，还持续大力推进京哈产业协作，全面承接北京产业转移工作。

哈尔滨市牢牢抓住北京产业外溢的历史机遇，以培育支持北京外溢企业发展壮大、提升本地产业价值链水平为目标，发挥自身产业基础、科研实力、人才资源等方面优势，不断为北京外溢企业提供优质服务和要素保障，举全市之力消除北京外溢企业的后顾之忧，完全以实际行动回馈北京企业家的无悔选择。

如今，哈尔滨正面临难得的历史机遇，深哈合作＋京哈协作，深圳的机制创新、服务创新，北京的文化创新、科技创新，哈尔滨的雄厚产业基础、独特资源禀赋、众多人才优势，再加上哈尔滨从市级到区县越来越高效、务实的工作作风，三者融合，喜结硕果，哈尔滨的未来正孕育着无限的发展潜力。

近三年来，北京市与东北三省的跨区域产业协作已经如火如荼般展开，京沈、京吉（长春）、京哈产业协作，硕果累累，成绩斐然。而京哈产业协作后来居上，不断谱写崭新篇章。

未来，北京市跨区域协作中心还将积极推进北京外溢企业与东北三大省会城市的产业协作，全面引导首都的资金、人才、技术与经验，全方位参与东北地区的全面振兴，加速构建国内与国际"双循环"的发展新模式，助推产业协作共赢未来。

第九章　全球化产业合作

2014 年 2 月，习近平总书记视察北京时提出，要坚持和强化首都"四个中心"——政治中心、文化中心、国际交往中心、科技创新中心的战略定位与核心功能，努力建设国际一流的和谐宜居之都。

北京建设国际交往中心既是推进更高水平对外开放的重要支撑，也是加速聚集国际高端要素的必然选择。北京加快开放发展步伐，关键一招是打通对外交往渠道。北京正全力深挖友好城市、国际组织、跨国企业、社会组织等资源，做实高访、双边、多边等交往渠道，打造国际会议、国际展览、国际文化节庆和体育赛事等高能级平台，形成多元立体、畅通高效的对外开放格局。通过国际产业合作，积极吸引集聚更多资金、技术、人才等国际高端要素，转化为首都开放发展的现实生产力。深度对接国际国内资源，全面推进重要产业对外合作，加快优势产能海外布局，提升北京在全球市场上统筹配置资源的能力。

《北京推进国际交往中心功能建设专项规划》中已经明确：2035 年，北京将建设成为承担我国重大外交外事活动的首要舞台、引领全球科技创新和交流合作的中心枢纽、展现中国文化自信与多元包容魅力的重要窗口、彰显我国参与全球治理能力的国家交往之都。

2015 年 4 月，中共中央政治局审议通过《京津冀协同发展规划纲要》指出，推动京津冀协同发展，建设以首都为核心的世界级城市群，促进区域协调发展，形成新增长极。

世界城市具有为全球经济服务的本质特性。但这种特性，不是指工业经济或制造产业，而是指服务业特别是现代服务业。也就是说，世界城市对全球经济的影响力，集中体现在现代服务业方面。世界城市通过高度发达的现代服务业，可以成为世界金融中心，世界大宗商品和金属交易中心，世界商务服务中心，世界科技创新中心，世界文化中心，世界信息服务中心，使之最终可以成为世界经济管理的控制中心。有鉴于此，北京将全力打造全球服务贸易中心和国际消费中心城市，引领京津冀构筑世界级都市圈。

2020年初，面对百年未有之大变局，中央提出要加快构建以国内大循环为主体、国内国际双循环相互促进的新发展格局，这是基于当前和今后一个时期国内外环境变化作出的重大战略抉择。但是，它绝不是关起门来封闭运行，而是对开放水平和开放质量的更高要求。特别是要推动从商品和要素流动型开放向制度型开放升级，打通制约国内国际双循环相互促进的制度壁垒。因此，新发展格局的核心要义是"开放"，同时，能否更好形成国内国际双循环相互促进的机制，也成为衡量我国新时期对外开放水平和成效的重要标准。

目前，北京抢占"国内大循环的中心节点，国内国际双循环的战略链接"制高点，已经成为角逐全球第六大世界城市的入场券。北京正在充分发挥"四个中心"的优势，以京津冀协同发展为支撑，带动更广阔的全国大循环。与此同时，也正在实行高质量开放策略，增强资源配置的能力，吸引全球优质的信息技术、金融资本、人才资源等流入北京，构建更高标准的国际经贸规则，不断优化营商环境，持续引进标志性外资项目，推动更高水平的"走出去"，加速形成国际服务贸易的新业态、新模式、新技术，促进更高水平的对外开放。

第一节　中国服贸会的雄心

萧瑟秋风今又是，换了人间。

2020年，面对百年未有之大变局，中国开启双循环模式——"国际循环倒逼国内循环，贸易转型带动产业转型"，一场伟大的博弈开始了，一个全新的时代降临了。

■ 服贸会——中国经济转向的战略大棋

2020，故都之秋，中央依托首都经济开始布局一盘石破天惊的战略大棋。

9月4日，2020年中国国际服务贸易交易会盛大开幕。当晚，国家主席习近平在全球服务贸易峰会上致辞并郑重宣布：中央将支持北京设立自由贸易试验区，以科技创新、服务业开放、数字经济为主要特征，构建京津冀协同发展的高水平开放平台，带动形成更高层次改革开放新格局。

2020 中国国际服务贸易交易会

中国国际服务贸易交易会作为全球服务贸易领域规模最大的综合性展会和中国对外开放的三大展会之一，本次盛会向国际社会传递出中国扩大开放的坚定立场，也必将为疫情蔓延背景下的全球经济寻找加速复苏的路径。

北京服贸会、上海进博会、广州广交会三大展会，已经形成中国贸易发展"三足鼎立"新格局。

①广交会：看得见（中国产品）＋摸得着（中国技术）；由内到外的产品贸易。

②进博会：看得见（外国产品）＋摸不着（外国技术）；由外到内的有

形贸易。

③服贸会：看不见、摸不着，却无处不在的无形贸易，对世界经济的影响无远弗届。

雄关漫道真如铁，而今迈步从头越。

2013 年，第一个自贸区在上海诞生，中国的自贸区试验迄今已经推进了 7 年，其间取得了很多成绩但也遭遇了巨大的发展瓶颈。

2014 年，非首都功能疏解正式启动，北京成为中国第一个践行减量发展的超大城市，剥掉"白菜帮"，做强"白菜心"，经过 7 年艰苦卓绝的努力，北京成功实现了城市发展的凤凰涅槃，华丽转身。

沧海横流，方显英雄本色。

今天，面对全球疫情持续蔓延，国际形势波诡云谲，北京凭借自身独特的优势，开始承担起一个绝无仅有的历史使命。

历史经验表明，世界城市不是以物资产品生产为主导的城市，而是以消费特别是服务消费为主导的城市。2015 年以来，北京作为全国唯一的服务业扩大开放综合试点城市，在科技、文化、金融、商务、教育、医疗、旅游、体育等服务业领域遥遥领先于全国，已累计推出 403 项试点举措，形成 122 项全国首创的突破性政策和创新制度安排，累计向全国推广 6 批创新经验。2019 年，全市服务业利用外资占比达到 95%，服务贸易进出口超过 1.1 万亿元，占全国的 1/5，居于国内首位。

2020 年，服贸会共有 148 个国家和地区的 300 多个国际组织、驻华大使馆、境外商协会及贸易机构和跨国企业参展参会。包含 1 场全球服务贸易峰会、4 场高峰论坛、116 场行业大会和专业论坛……外国政要、国际组织负责人、世界 500 强和行业领军企业负责人等如约而至，相聚北京共话合作，推动经济全球化朝着更加开放、包容、普惠、平衡、共赢的方向发展。

透过 2020 年中国国际服务贸易交易会，世界经验再次证明，全球经济一体化和区域经济一体化都是不可阻挡的历史潮流，经济全球化背景下，各国经济彼此依存，利益交融前所未有。中国克服重重困难，举办这样一场重大国际经贸活动，就是要同世界携手努力、共克时艰，共同促进全球服务贸易发展繁荣，推动世界经济尽快复苏。

服务贸易已成为当今国际贸易的重要组成部分和各国经贸合作的重要领域，是世界经济增长潜力所在。中国服务贸易前景广阔，存在巨大潜力，随着开放加大，服务贸易已成为我国外贸增长新引擎，中国的服务贸易在未来十年将会全面对接全球服务贸易发展。而北京作为全国最顶尖的服务业高地，下一步要引领推动全国服务贸易向前迈出一大步。

■ "两区"建设，北京改革开放新高地

2020 年 9 月 24 日，中国（北京）自由贸易试验区揭牌。北京自贸区的实施范围 119.68 平方公里，涵盖 3 个片区，其中，科技创新片区 31.85 平方公里，国际商务服务片区 48.34 平方公里（含北京天竺综合保税区 5.466 平方公里），高端产业片区 39.49 平方公里。北京自贸区的建设有几个特色：助力北京打造全球影响力的科技创新中心，建设国家服务业扩大开放综合示范区，打造数字经济试验区，服务京津冀协同发展国家战略。

10 月 9 日，北京市召开建设国家服务业扩大开放综合示范区和中国（北京）自由贸易试验区（以下简称"两区"建设）动员部署大会。"两区"建设标志着北京成为国家对外开放重要平台。北京将进一步健全机制、创新方式、扩大领域，更好地发挥"四个中心"的功能定位。

北京市委书记蔡奇强调，"两区"的设立是北京改革开放进程中的一件大事，也是重大战略机遇，是北京当前及今后一段时间发展的强心剂。要深入贯彻习近平总书记在中国国际服务贸易交易会全球服务贸易峰会上的重要致辞精神，增强"四个意识"、坚定"四个自信"、做到"两个维护"，紧抓机遇、主动作为，以首善标准推进"两区"建设，努力打造改革开放的"北京样板"，为构建新发展格局作出首都新贡献。

"两区"建设是党中央、国务院着眼于构建以国内大循环为主体、国内国际双循环相互促进的新发展格局，着眼于建设迈向中华民族伟大复兴的社会主义大国首都，做出的重大战略决策，彰显了新形势下我国坚定不移扩大开放的信心决心，体现了对首都工作的高度重视和巨大关怀，为新

时代推动首都新发展注入了强大动力。抓好"两区"建设，有利于深入落实首都城市战略定位，更好服务党和国家工作大局；有利于更好发挥首都资源优势，推动经济高质量发展；有利于发挥北京作为"一核"的辐射带动作用，推进区域协同发展。

"两区"建设为新阶段北京高质量发展注入了强大动力。我们要全力以赴把"两区"建设好，打造北京改革开放新高地。"两区"建设，就是园区开放和产业开放，都属自主开放，核心任务是制度创新，推动贸易、投资和人才流动自由化便利化，营造国际一流营商环境；特色是科技创新、服务业开放、数字经济、区域协同开放；目的是以开放促改革、促发展，形成可视化成果。

北京全力以赴推进的"两区"建设工作，一方面促进北京产业向价值链高端跃升，另一方面推动北京园区开放和产业开放，依托北京的优势充分促进国内国际双循环相促进，构建新发展格局，打造改革开放的"北京样板"。下一步，北京市将继续打通首都经济与各地经济的国内大循环，快速融入全球产业协作大格局，构建国内国际"双循环"模式，全面助力产业协作共赢的局面。

路在脚下，未来已来。自改革开放以来，伴随我国整体实力和国际地位的大幅提升，国际社会更加希望了解中国、走进中国，很多国外的企业家更是看到了中国广阔的市场空间、稳定的社会政治环境、齐全的产业链基础，想要在中国布局。2018 年以来，北京跨区域产业协作平台除了协助北京产业跨区域布局外，还不断推进跨国界产业合作，先后与韩国、日本、德国、瑞士等众多跨国机构建立了紧密的协作关系，并将这些国家有意向来中国发展的企业、机构、科技等要素向全国合适的区域推荐并协助落地。

第二节　中瑞合作，国际典范

目前，瑞士是欧盟经济体中率先也是唯一承认中国完全市场经济地位的发达国家。同时，瑞士已经成为中国第一个也是唯一以创新为标志的战略伙伴。

2017 年元月,国家主席习近平在访问瑞士并出席世界经济论坛时强调:"瑞士在欧洲国家对华合作中创造了多项第一,在中欧关系中发挥着示范作用。"

早在 1980 年,中瑞合资迅达电梯有限公司是中国批准成立的第一家工业合资企业。具有知名度的雀巢、诺华、罗氏等瑞士大型跨国企业相继来华投资布点。直到今天,瑞士中小企业对中国市场的投资意愿依然强烈。

中国与瑞士在多个产业方面合作都拥有无限潜力。世界知识产权组织等机构发布的全球创新指数显示,中国首次跻身世界最具创新力的经济体前 25 名,而瑞士则连续八年稳居榜首,瑞士人均拥有专利数量在世界上位居前列,在瑞士,每千人中就有 11.2 人是科研人员;瑞士的全球经济竞争力连续八年蝉联世界第一,是国际公认的金融强国;瑞士在高端精密制造、化工生物医药、大健康、食品加工、旅游业、服务业等多个产业领域处于世界前列。

笔者在中国国际服务贸易交易会——瑞士主题日上做主旨发言

2019 年 5 月,中国国际服务贸易交易会专门举行了"瑞士主题日"活动。其间,瑞士驻华大使馆、欧中企业联合会、瑞士联邦中小企业联合会、北京市跨区域产业协作中心、北京市商务局等机构负责人出席会议并就中瑞产业合作进行了深入交流沟通。

今后，中瑞双方将继续加强在数字经济、智能制造、技术输出等方面合作。同时，双方还将加强"中国制造2025"同瑞士"工业4.0"对接，通过两国企业和研究机构的合作，积极拓展双方在节能环保、气候变化、知识产权、现代金融、生态农业、社会保障等领域的投资合作。

近几年来，瑞士对中国的投资持续增长，中国 – 瑞士产业合作园区相继落户镇江、重庆、成都、贵阳。2017年3月，贵州省与瑞士在瑞士首都伯尔尼共同签署《共建瑞士（贵州）产业示范园协议》，这是贵州省启动的第一个外资国别园区。按照协议，该园区总规划面积7.4平方公里，总投资规模约50亿美元，2022年建成后年总产值达到150亿美元左右。园区主要布局高端精密制造、大数据电子信息、医疗检测、生物制药、金融等产业。

同年6月，瑞士（贵州）产业示范园建设工作交流推介会在贵阳召开，会上签署了《瑞士（贵州）产业示范园项目投资代理框架协议书》《投资咨询项目合作协议书》和《贵州国际医院联合建设协议》。时任贵州省副省长卢雍政对瑞士（贵州）产业示范园的建设规划作出要求，要加大瑞士（贵州）产业示范园的支持力度，在政策优惠、资金扶持、项目用地等方面予以倾斜，在项目审批、项目落地、人才引进、通关便利等方面开通绿色通道。

瑞士Raiffeisen银行董事、瑞士中国商务集团股份公司总监马泰奥·科特西在发言中提到，要做到传统与创新结合，比如贵州的茅台酒就是一个很好的名片，可以用"茅台酒＋巧克力"这样的创新方式，搭建桥梁，同舟共济取得良好的效果。

多年来，中瑞双方都在抢抓两国元首关于推进和构建创新战略伙伴关系的重大机遇，加快集聚国际产业要素，引进国际优质资源，打造国际合作新高地。

中国 – 瑞士产业合作园区作为中瑞产业合作的创新平台，将在现有合作基础上，充分利用中国各地的区位优势、资源优势和政策优势，助力瑞士相关产业开拓中国市场，帮助瑞士中小企业发展壮大，搭建中瑞双方经贸产业合作平台，实现共同发展，互利共赢。

中瑞关系发展良好，国际产业合作虽已硕果累累，但仍有很大发展潜力。

今后，北京市跨区域产业协作中心与瑞士中小企业联合会将共同携手推进瑞士产业、资本、技术、人才在全国各大城市的落地发展工作，进一步密切中欧之间的产业合作，助力中国各地的产业转型与经济发展。

第三节　全球协作，产业先行

近年来，中国安全稳定、高效开放的国际形象牢固树立，为吸引国际资源要素营造了良好的氛围。很多国外的企业家更是看到了中国广阔的市场空间、完备的产业链基础，想要在中国布局。北京作为大国首都，国际资源聚集效应强力显现，迈向世界城市的步伐正日益铿锵有力，行稳致远。近年来，北京作为国际交往中心的影响力持续提升，不断有欧美日韩、以色列、俄罗斯等全球高精尖产业引进来，且辐射全国。

全球协作，产业先行。北京市围绕国际交往中心和全球科技创新中心建设，正在全力加速国际高端要素的集聚。尤其是"十三五"期间，北京市全面统筹国际国内资源，大力吸引国际组织、跨国公司等落户，为北京高水平开放高质量发展提供动力支撑。积极争取中央政策支持，加快推动一批符合北京市高质量发展需要的国际组织落户。持续优化国际化营商环境，完善政策配套，一批跨国公司总部在北京设立研发中心、结算中心等。放宽外商设立投资性公司门槛，宝马中国投资、戴姆勒商用车投资、丰田氢燃料电池研发中心等272个项目在京落地。北京奔驰新基地、SMC（中国）有限公司全球性技术中心相继建成。穆迪、标普、惠誉三大国际知名评级机构先后在北京设立法人主体。大和证券、丰田金融等机构加速落户。

众多国际产业、科技、人才等资源在进入北京落户发展的同时，也有走出北京、布局全国的意愿，北京市跨区域产业协作中心将继续服务于打通首都国际化经济元素与各地经济的流动，快速融入全球产业大协作中，构建国内国际"双循环"模式，全面助力形成国际－北京－外埠城市之间，跨国界、跨区域协作共赢的大格局。

（1）中德产业合作

2019年9月，首届中德投资合作与智能制造产业对接会在顺义区胜利召开。本次对接会以智能制造为主题，务实合作为主旨，旨在打造促进中德两国智能制造交流和合作的新平台。现场，来自德国的地方政府官员、智能制造专家和知名企业代表，其中包括黑森州前司长博喜文博士、奥迪汽车总部所在城市英格施泰特市市长米斯贝格和德国科学院院士、工业4.0研究专家萨克森迈尔等知名人士进行了专题发言。另外，还有来自巴伐利亚州、北威州、萨克森州和萨安州等德国各地约200名中德智能制造职能机构和企业代表参加会议，并就加强中德智能制造产业合作进行了交流对接。

2019年12月，中德隐形冠军创新发展高峰论坛在顺义区成功举办。本次论坛以"深化产业合作、共谋创新发展"为主题，对标德国，共话合作，促进产业协作发展，助力中德隐形冠军企业创新发展，引领中德合作开创新模式，取得新成就。现场，发布了中德合作知识产权保护政策和顺义区支持外资金融机构发展政策。随后，顺义区与中德总商会、中德科技园控股有限公司、德国易途咨询有限公司等9家企业进行了项目合作签约。

2020年9月，顺义区政府在中国国际服务贸易交易会期间宣布：顺义将打造北京中德国际合作产业园。园区将聚焦新能源智能汽车、智能装备、科技服务等产业体系，打造成为北京"两区"建设的重点承载区和国际交往中心的重要窗口。

北京中德国际合作产业园涵盖20平方公里的产业发展空间，其中，起步区8平方公里。产业方面，对标德国三大具有世界性竞争力支柱产业，即汽车和汽车配件工业、电子电气工业和机械设备制造工业，围绕北京市十大高精尖产业，重点在新能源智能汽车、航空航天、智能装备等产业体系，广泛开展知识产权保护、标准制定、系统管理、人才培养等多领域合作。同时，园区打造承接集聚一批德国隐形冠军企业及研发设计、中试、小试、测试验证、系统集成等科技服务平台。目前，产业园已聚集德资企业 60 余家。

当前，中德两国一直致力于实现合作共赢。经贸合作是中德关系的稳定基石和强劲动力。德国已连续 43 年成为中国在欧洲的最大贸易伙伴，中国也连续 3 年保持了德国最大贸易伙伴的地位，双边贸易相互依存的深度和广度前所未有、难以替代。今后，北京市跨区域产业协作中心将推进更多德国产业、资本、技术、人才在全国各大城市的落地发展工作，进一步密切中德之间的产业合作，助力中国各地的产业转型与经济发展。

（2）中日产业合作

2019 年 12 月，国家发改委批复北京中日国际合作产业园正式落户北京市大兴区。12 月 7 日，伴随"广岛 – 北京大兴交流联络处""日本未来科学技术创造新产业联合会驻京办事处"等第一批 22 个国家产业项目在大兴区的揭牌落地，北京中日国际合作产业园建设胜利启航。

北京中日国际合作产业园定位为国际科技协同创新与产业合作发展示范区，结合日本高端产业和制造优势，发挥我国庞大市场、完整工业体系和营商环境优势，推动中日双方产业和创新优势互补。具体来讲，将发展以生命健康、前沿智造和未来出行为先导"三核"，以生化工程、材料科学、现代工艺、人工智能、能源应用为拓展"五链"，并以现代服务业为"支撑"的产业体系。

一位日本企业家说，中日国际合作产业园的建设，能帮助日本企业与北京市，乃至全国深度融合、合作共赢，共同建设北京对外开放的前沿阵地。

2020 年 8 月，北京中日国际合作产业园暨大兴国际氢能示范区建设正式启动。大兴区将抓住中日国际合作产业园的建设契机，利用日本全球领先的氢能产业优势和大兴区空间资源优势，建设北京第一个集研发、测试、生产、生活等功能于一体的"氢之泉"主题科技园区。

（3）中韩产业合作

中韩经济上，两国互利合作不断深化，互为重要贸易伙伴，在产业、文化、教育、科技等领域的交流与合作日益活跃。目前，中国是韩国最大贸易伙伴、最大出口市场和最大进口来源，韩国是中国第三大贸易伙伴国。截至 2018 年底，韩国对华实际投资累计 770.4 亿美元。其中 2018 年韩国对华实际投资 46.7 亿美元，较上年增长 27.1%，韩国是中国第二大外商直接投资来源国，中国是韩国第二大海外投资对象国。

2017 年中国国务院正式对外发布《国务院关于同意设立中韩产业园的批复》，同意在江苏省盐城市、山东省烟台市、广东省惠州市分别设立中韩产业园，并对产业园建设提出了明确的目标和要求，探索对外经济合作新模式、新路径、新制度。在产业方向上，中韩产业园将立足于本地的资源条件和产业基础，在高端装备制造、新能源与节能环保、电子信息、海洋工程及海洋技术等新兴产业，物流、商贸、检验检测认证、金融保险、电子商务、文化创意、健康服务、养生养老、医疗美容等现代服务业方面与韩国企业开展务实合作。

（4）京港产业合作

1997 年开始举办的京港洽谈会，是两地重要的年度活动之一，在拓展北京和香港深化双方经贸合作方面发挥了重要作用。北京和香港两地各具优势、互补性强，多年来香港一直是北京重要的外商投资来源地和对外直接投资目的地。

近年来京港两地经济合作成效显著。截至 2020 年 9 月[1]，香港在北京累计设立外商投资企业 17077 个，占北京市全部外商投资企业的 36%；累计实际投资 1022.3 亿美元，占北京市全部实际使用外资的 52%。北京在香港累计直接投资额 364.43 亿美元，占北京市全部境外直接投资的 47.32%。

2020 年，第二十三届京港洽谈会以线上方式举办，围绕落实高质量项目，精心组织好重点区域推介、政策宣传、商机发布、洽谈对接和项目签

---

[1] 第二十三届京港洽谈会开幕深化京港两地高质量合作，新华社.

约，促进香港投资人和企业投资符合首都城市战略定位的高质量项目。会议期间，选取了金融、生物医药、生产性服务业等领域的 12 个京港合作项目进行现场签约，签约总金额 38.86 亿美元；签署了卫生健康、金融创新、共建"一带一路"等两地政府、协会与企业之间的 14 项合作备忘录；发布了新能源、科技服务、人工智能、新一代信息技术等产业领域的 179 个双向投资项目。

未来，北京的跨区域产业协作还将依托"一带一路"、京津冀协同发展、长江经济带发展、长江三角洲区域一体化发展、粤港澳大湾区建设、黄河流域生态保护和高质量发展、推进海南全面深化改革开放等七大国家级区域战略，全力推动跨区域贸易融通与产业协作，积极引导北京外溢企业走出北京、布局全国、走向全球，携手打通首都经济与各地经济的国内大循环；并充分利用北京"两区"建设的契机，将国际项目引入中国、协助其做大做强，快速融入全球服务贸易大格局，构建国内国际"双循环"模式。

专题篇

专题一：国际盛会助力京城蝶变

办好一次会，搞活一座城。

一座城市真正吸引人的并非高楼大厦，而是内在的发展活力。盛会接踵而至，不仅考验城市接待能力，也成为完善城市功能、提升城市形象的有效途径。

新中国成立以来，北京经历了亚运会、奥运会几个城市重大事件，并借机迅速加快城市建设和城市发展。但是，非首都功能疏解工作推进以来，北京则更多地考虑依托城市重大事件（冬奥会）来联动北京与外埠区域协同发展，可谓"吸星大法"变"疏散神功"一大典型案例。

城市重大事件导向型城市发展

城市事件可以在世界范围内成倍地放大城市的知名度以及加快城市发展速度，例如，法国小城市戛纳通过电影节全齐闻名；达沃斯论坛使世界记住了瑞士小镇达沃斯；音乐节成为奥地利的萨尔斯堡的城市名片；博鳌亚洲论坛使在海南都默默无闻的博鳌一夜成为世界的焦点。

（一）举国之力办好北京亚运会，北京城市建设迅速发展

对于中国人来说，1990年北京亚运会是永远抹不去的记忆，这场赛事是中国1978年改革开放之后第一次举办国际性体育赛事，是中国对外开放、北京走向国际化的重要时间点，全民参与亚运的热情空前高涨。

可谓"举国同庆"，当时为了能够办好亚运会，中国几乎是以举全国之力来支援北京的城市建设。彼时，资金和经验上的困难比较大，举国上下"有钱出钱，有力出力"，全国人民慷慨解囊捐款，中国第一套"体育彩票"也在那时诞生。在亚运会那几年，一批现代化的基础设施拔地而起，北京的基础设施和城市规模得到迅速发展。人们普遍认为借助筹办亚运会，北京至少超前发展了 10 到 15 年。

位于北四环原为北郊垃圾集散地的大屯村，在 1988 年之前，人烟稀少，农田、荒地、垃圾场构成了这里的主要景观。而到了 1990 年，这里有了一个新的名字——亚运村，在这里新建、改扩建 33 个比赛场馆及运动员村，这里由一个萧条的城市边缘区发展为一个集高档物业经营、会展旅游、房地产开发、高新技术产业、商业贸易为一体的大型金融商贸会展社区，成为北京最繁华之处。同时，北京的四环借此应运而生，四环上的中关村板块、亚奥板块、望京板块也随之大放异彩，各自独领风骚。

如果说亚运会的举办使北京一跃成为区域性的亚洲国际大都市，而2008 年奥运会的成功举办则将北京送入世界特大型城市之列。

（二）2008 年奥运会，北京坐上"火箭"，一跃而成世界特大型城市

奥运会在北京城市发展史上，是一个非常重要的历史事件。不仅提升当年中国的国际政治经济地位，奥运会还极大地促进了北京城市基础设施建设，带动了高新技术、旅游、建筑业、房地产业等相关产业的发展，创造了众多新的就业岗位。同时作为世界级的项目，奥运会通过投资和消费两种"乘数效应"，对北京经济增长的拉动效应非常明显和强大。相应的，这个时期也吸引了大量的外来人口进京，成为北京市房地产市场爆发的一个很重要的分水岭。

为了成功迎接和筹办奥运会，北京市先后投入近 3000 亿元资金建设了奥运场馆、奥林匹克森林公园、多条地铁线（13 号线、八通线、5 号线、8 号线一期、10 号线一期）、首都机场 T 3 航站楼等重大项目，城市环境与交通设施得到了显著提升。2008 年之后，为保持经济增长，北京继续投

入资金进行基础设施建设。2010 年，地铁昌平线、房山线、大兴线、亦庄线开通，地铁加速延伸至远郊区县。

根据凯恩斯的投资乘数理论，固定资产投资对经济和就业的作用具有乘数效应，换句话说，一定的固定资产投资，将会产生数倍的经济产出量和就业岗位。

在奥运会筹办期间，奥运会像催化剂一样加速了北京各个行业的发展，同时各个行业之间也发生着各式物理化学反应，北京经济的雪球越滚越大。尤其以建筑业、制造业、各类服务业发展最为迅猛显著。同时，建筑业和制造业的发展又极大地带动了与其相关的设计行业、材料行业、批发零售业等业态的发展，且这些行业之间相互联系，相互促进。此外，与筹办奥运会有直接或者间接关联的行业还有很多，如金融业、保险业、环保业、商业、通讯业、娱乐业和高科技行业等，借着奥运会的筹备、举办等在很大程度上起到了促进作用。有研究显示，在 2005—2008 年这 4 年间，奥运投资使北京的经济总量增长速度每年平均加快 0.8 个百分点[①]。

奥运会的举办对北京市的人口增长也产生了巨大影响，北京人口在 2004—2011 年这个时间段增长最快，无论是总人口还是外来人口在这个时期都迅速增加。这个时期，北京市常住人口基本上年均增长 75 万人以上，并于 2011 年突破 2000 万人（2018.6 万人）。全国各行各业的优秀人才，以及从国外招聘一些人员、专家，都开始在北京济济一堂。北京因此成为全国创业者的摇篮和福地。随着大量人群涌入了北京，北京的房价迅猛攀升。

奥运会前后几年间，北京经济、城市发展、国际影响力各方面取得了历史上最快的进步，从而真正确立了自己国际一线大都市的地位。

"后奥运时代"同样对北京经济、社会带来了持续性的影响，"奥运经济"并没有随奥运会的终止而立马结束。即使现在的北京依然在享受着奥运带来的红利，奥运会极大地刺激了北京各项事业的飞速发展。与此同时

---

① 北京市统计局"奥运投入与北京经济发展——投入产出分析"课题组.

北京也接受着"后奥运效应"下"大城市病"的困扰，并积极想办法做出化解。

（三）2022年冬奥会，京津冀协同发展的重要抓手之一

一切过往，皆成序章。

如今，"奥运"的东风又吹向了北京，第24届冬季奥林匹克运动会，将于2022年在北京举行。北京也将因此成为历史上首座既举办过夏季奥运会，也办过冬奥会的城市。

从"夏奥"到"冬奥"，时光变迁，以史为鉴，北京发生了180度的变化。曾经的奥运会追求的"招"与"聚"已成为过去式，现在的北京更加从容，也更加懂得取舍，在发展冬奥经济的同时大力推动京津冀区域协同发展。北京没有自己关起门来自己搞，而是联合河北张家口等地共同举办的冬奥会，并与吉林、黑龙江等地共享"奥运经济"带来的红利。

习近平总书记高度重视此次冬奥会，亲自谋划、亲自推动北京联合张家口获得2022年第24届冬奥会举办权。其中北京主办冰上运动，张家口主办雪上运动。

习总书记反复强调，北京冬奥会既是我们对国际奥林匹克大家庭的庄严承诺，也是实施京津冀协同发展战略的重要举措，并指出要把筹办冬奥会作为推动京津冀协同发展的抓手，推动政策、机制、产业、交通、环境、文化的协同发展。

回望5年多的筹办历程，按照习总书记提出的"绿色、共享、开放、廉洁"的办奥理念为引领，冬奥筹办走出了一条高起点、高标准、可持续的不凡之路。在两地（北京、张家口）三赛区（北京、延庆、张家口），北京在冬奥筹办与促进京津冀协同发展的两份答卷同步书写、同样精彩……

借着"奥运东风"的契机，北京与京津冀区域在人流、资金流、信息流、技术流等方面深度融合对接，充分推进京津冀一体化进程。城市重大事件"北京冬奥会"遇上国家重大区域战略——京津冀协同发展，正迸发

出强劲动能，北京与河北加速实现跨区域公共基础设施、公共服务均衡、生态环保合作和产业协作。

在交通方面，借着冬奥契机，北京全力打造"一小时交通圈"。2019年12月30号，京张高铁开通，全面替代老京张铁路，北京至张家口最快运行时间由3小时7分钟压缩至47分钟，既推动了奥运项目建设的开展，促进了冰雪产业的协调发展和冰雪文化的进一步传播，同时也为沿线地区群众出行提供了便利的服务，更是推动了京津冀三地实现一体化发展。

在产业协作方面，借着冬奥会的契机，北京与张家口市深度对接，产业融合，从共享冬奥机遇、共谋区域发展，到同步带动两地产业发展。两地充分利用了北京的市场、产业优势和张家口的自然资源优势，推动北京非首都功能疏解、北京经济效益外溢，以及带动京津冀地区协同发展的目的。如今，崇礼滑雪场已经成为很多北京滑雪爱好者的首选。北京的一些产业也有序的疏解到了张家口。

医疗、教育资源的倾斜。为了服务和保障2022冬奥会，北京多家知名医院、教育机构进驻张家口，两地医疗、教育融合，服务北京冬奥会、服务京津冀。截至2019年1月，张家口全市48所医疗机构与60所北京及省内医疗机构开展合作项目62个，与北京共同建成6+6远程会诊转诊平台；在优质教育的对接方面，北京师范大学、北京理工大学、北京海淀外国语学校、北京101中学等优质教育资源相继落户张家口，加强对张家口教育资源的支持，开展全方位深度交流，进一步提升张家口市基础教育教学质量。

北京天坛医院、积水潭医院、中医医院、同仁医院、回龙观医院、口腔医院、北京大学人民医院、北京大学第三医院分别以建立分院、科室共建、建立医联体等形式在张家口落地医疗项目[①]。京张医疗合作打造了可复制推广的"积水潭模式"；打造出北京同仁医院与张家口市第四医院开展

---

① 张家口48所医疗机构与北京及省内医疗机构开展合作项目62个，河北新闻网，2019年1月9日.

利益共享的"同仁模式";探索北医三院人财物全面托管崇礼区人民医院,设立北医三院崇礼院区,等等。

目前,2022 年北京冬奥会进入了最后冲刺时刻。北京参与京津冀协同发展,构建共建、共享、共赢发展的大格局已形成。"冬梦"正近,京冀协同发展再接再厉、善作善成,乘势"飞跃"。

专题二：北京产业变迁史：从高接远迎到礼送出境

——以顺义区为案例研究

有人辞官归故里，有人漏夜赶科场。

这就是北京产业发展的不断革命论与革命发展阶段论。曾几何时，疯狂招商引资，不计代价加速发展，也曾是北京的主旋律。可如今，产业疏解，功能提升，城市更新已经成为北京的主要任务。

在 2016 年经济考核指标全面取消前，招商引资的热潮在北京也是发挥得淋漓尽致，尤其从 20 世纪 90 年代开始至 2010 年这二十多年时间里。北京各区县、园区招商异常火热、且互为竞争，各区不甘示弱，纷纷加速开发求政绩。不同的区县，提出了不同发展定位，吸引项目、吸引资金、吸引资源、吸引人才。

1994 年，汇源果汁从山东淄博把总部迁到北京顺义区，朱新礼带着 20 个员工，进军北京顺义，成立了北京汇源食品饮料有限公司；

2000 年，福田汽车总部从山东潍坊诸城市，迁至北京市昌平区，联姻北京汽车，现在已是北汽旗下最具实力的板块之一；

2007 年，新疆金风科技股份有限公司在北京经济技术开发区设立子公司——北京金风科创风电设备有限公司，现在是我国最大的风电制造企业；

2012 年，三一集团总部从长沙迁到北京昌平，涉及 30 多名副总裁及以上的高管及职能总部 1000 多名员工；

…………

如上所述，还有很多外埠企业发展壮大后，将总部迁往北京，或者在北京设立分支机构。

除了从国内招商引商以外，彼时，北京从全球招引的外资、合资合作企业也不断给北京产业注入新的活力。

在 1993 年，首都多家报刊都对北京市第 5000 家中外合资企业——英国和路雪公司落户北京做了报道①。时任公司董事长李云龙先生表示企业十分珍惜"第 5000 家"这样一个崇高的荣誉，要把企业办得好上加好，为发展中国食品工业，为丰富北京乃至全国的冷冻食品市场作出更大的贡献。

北京组建大型涂料专业市场

由北京博航防护工程技术有限公司主办，中国涂料工业协会指导组建的北京朝阳大帝涂料市场，是专业经营涂料、颜辅料及涂料相关产品的大型涂料专业市场。市场面向全国招商近期正式开业。

市场组建旨在通过展示推广全国名优特新产品，将企业的产品优势转化为市场优势，树立大中型涂料企业在市场中的主导地位和产品的品牌形象。通过优秀的产品培育市场；通过行业的指导引导市场，从而起到规范涂料市场，保护消费者利益的作用。

如上② 是 1999 年发表在《化工统计与信息》市场行情板块刊登的一则招商启事。北京在 2000 年前后的纸媒时代，为了扩大招商影响力先后在众多专业报纸、杂志上登过园区或者市场的招商广告。

我们在总结北京市各区县发展历程中，发现顺义区的产业发展史最具典型的代表意义，因此笔者重点选取了顺义区的案例进行研究。顺义区一度是北京经济增长最快的行政区，GDP 在北京郊区县中第一个突破千亿。2006 年，顺义区工业总产值突破 1000 亿元，占北京市工业总量的 1/8；2011 年突破 2000 亿元，占北京市工业总量的 1/7；2016 年突破 3000 亿元，占北京市工业总产值的 1/6 强。2012—2016 年，顺义区工业总产值稳居全市第一。

顺义区原来是个北京市东北郊的农业大县，幅员辽阔，占地广大，耕地资源丰富，1000 多平方公里的区域内，平原面积占 95.7%。时至 20 世纪 50 年代，区内沃野平畴，土地肥沃，境内河流纵横，水资源丰富，区

---

① 一个现代化大型中外合资冰淇淋生产企业——和路雪（北京）有限公司，魏明，中国对外贸易，1994（12）.

② 化工统计与信息，1999（14）.

域内有大小河流 20 余条，农业用水旱涝无虞。顺义盛产稻、麦、粟、稷、黍、糜、棉等农作物，以及鱼、枣、栗、梨、核桃等，物产丰饶，生产的粮食及其他农副产品行销北京市场，可谓"山环水绕，萦回千里"，因此顺义区当时又被誉为"京郊粮仓"。

由于粮多好酿酒，畜牧业发达，改革开放后的顺义，开始大力发展食品产业，90 年代初，顺义区在北京市有了"两瓶酒和一块肉"的称号。"两瓶酒"即顺义区国企顺鑫农业旗下的牛栏山二锅头，以及顺义区国企燕京啤酒，"一块肉"指顺鑫农业旗下的鹏程肉食。除了国资的食品工业外，顺义区也在依托自身在农牧业优势地位，引进了马大姐食品、汇源果汁等食品企业。彼时的顺义区，食品工业和农业蓬勃发展，用"北京的乌克兰"称号来称呼顺义，一点都不夸张。

顺义区从 90 年代开始大力招商引资，通过各种途径引进项目[①]。尤其是 2000 年以后，顺义区先后引进了北京汽车基地、新国际展览中心、国航货运分公司、京城重工、四环药业、韩国现代汽车基地等一批项目落户。统计数据显示，截至 2001 年，坐落在顺义的国家级天竺出口加工区，空港、林河两市级工业区相继引进松下、索尼、摩托罗拉、空中客车、爱立信等 28 家世界知名跨国公司纷纷来这里落户，国内项目的话分别引进了有研硅股、北京一机床、安泰科技、曲美家具、光明乳业等投资亿元以上的项目 18 个。

时间流转到 2002 年，顺义开始将目光投向首都机场，规划发展临空经济。顺义区领导深刻的意识到，顺义区与别的区县相比最大的优势是，首都机场就在家口，顺义区和世界零距离的接轨。如何利用好首都机场发展经济，即发展以首都机场为核心的高新技术产业发展模式（如今也把这种产业业态的集合成为临空经济），成为顺义区逐步摸索出的战略方向和招引项目方向。顺义区成了全国最早探索和实践临空经济的区域，是全国临空经济区的开先河者。

---

① 顺义招商引资全攻略，陈思彤，投资与合作，2002（Z1）.

2006 年，顺义临空经济区被列为北京市"十一五"规划，成为重点建设的高端产业功能区之一。中国国航、中航工业、中航材、巴航工业、联邦快递、空客、荷兰 TNT 等国际航空类企业，纷纷扎堆入驻顺义。截至目前，已经有 400 余家航空类企业和 4000 余家航材制造企业相继落户顺义，如今的顺义已成为全球重要的临空产业集聚区。

与此同时，顺义区也发展了一批当时北京全市都在重点支持的产业项目，截至 2012 年，顺义已经形成汽车与交通设备、电子信息、装备制造、基础与新材料、都市工业、生物医药 6 大主导产业，培育出航空和汽车两个千亿元级产业集群。

2014 年以来，随着北京市非首都功能疏解工作的推进，一方面顺义区积极响应中央和北京市政府的响应；另一方面顺义区也意识到自身发展过程中面临着土地紧张、发展空间受限，中低端产业占据了空间，而发展高精尖产业空间不足等一系列问题的考验。

为了在有限的空间里促进新兴产业、先进产能发展，顺义用"腾笼换鸟"、区域协同发展的方式解决，集聚资金、人才、创新能力谋求新突破。近几年，顺义区充分发挥奖励政策的引导和带动作用，扎扎实实腾出土地资源、用能空间和环境容量，淘汰落后和过剩产能、疏解中低端产业。

截至 2017 年，顺义区先后关停涉及电镀、铸造、化工等多个行业的 136 家污染企业，节约用煤 8 万余吨，污染物排放减少 400 余吨，废水排放减少 430 万吨，腾出产业用地 3500 余亩。截至 2019 年已累计完成疏解退出企业 462 家，包括食品、服装、家具等传统产业。其中光是 2018 年疏解退出企业 130 家，任务完成量和完成率均位居全市第一，超过全市疏解总量的 1/5。

2015 年，北京市顺义区在《顺义区—威县京津冀经济一体化协同发展的战略框架协议》的基础上，决定合作建立"威县·顺义产业园"。顺义选择与河北威县共建产业园，通过政府引导和市场机制相结合的方式，总占地面积约 1 万亩，主要承接顺义区外迁的一般性装备制造、农产品深加工和商贸物流等产业项目。同时，顺义区还将利用技术、人才、信息等方面的优势，鼓励和引导企业赴威县投资发展特色农业，建设籽种产业基地、花卉苗木基地和农产品加工生产基地，提高两地现代农业管理和科技服务水平。威县借助劳动力、土地、能源及河北省综合改革试点县等优势为入园企业提供支持。截至 2018 年，顺义有 16 家企业的生产制造环节疏解到河北，利用腾出的厂房转型新业态或入装新项目。

在疏解的同时，顺义区也在积极谋划再发展。2015 年，北京现代汽车从顺义区分别外迁落户河北沧州、重庆两江新区，两个厂规划年产能整车30 万辆。在传统车型迁出顺义、腾出空间的同时，顺义借势发展了智能新能源汽车，并将其作为顺义制造业升级的突破口之一。北京首个"智能汽车园"——北京智能新能源汽车生态产业示范区落户顺义，将打造从研发设计到成果转化为一体的产业集群。

2020 年 12 月，顺义区通过"腾笼换鸟"，成功引入北京德云社影视文化有限公司和麒麟剧社总部。项目选址于北京空港国际仓储有限公司闲置老旧厂房，总占地面积 66621 平方米，建筑面积 23313 平方米，计划将国际仓储仓库改扩建为摄影棚。

"这从来不是一个命定的事物，当你转过身去，后方就是前方。"顺义人常常用这句诗形容自己的转身。

当时的顺义创设临空经济区，让远离市中心、不沿海、不沿边的顺义，一下子成了北京市改革开放的前沿阵地，顺义的发展也从此进入快车道。如今的顺义在快速发展的时候懂得刹车，用减量发展来促进顺义更高质量的发展，并借势而为，打造充满生机和活力的经济发展模式。

2019 年顺义全区人均 GDP 达到 2.35 万美元，第三产业增加值占 GDP比重达到 65% 以上，现代服务业"压舱石"作用进一步凸显；新经济产业中金融业增加值比重保持在 10% 以上，成为全区第三大支柱产业基础。创新动能不断积蓄，累计认定登记技术合同 485 项、同比增长 105%，技术合同成交额 41.8 亿元、同比增长 84%，国家级高新技术企业超过 900 家。

如上便是顺义的几次华丽丽的就地"转身"——从北京市的农业大县－工业大区－服务大区、高精尖大区。

专题三："工业大院"时代的落幕

昔日风光无限，今朝清理重点。

工业大院是特定历史时期的产物，曾为北京的经济发展做出过贡献。然而，如今工业大院已经成为国际大都市的安全隐患，清理重点。

北京市为了发展经济，曾经在一段时间里，除了鼓励各区县招商外，乡镇也加入到了招商的大军中，并且势头更猛。"工业大院"的出现，便是那个年代北京市各乡镇努力发展经济、招商的产物。

"工业大院"出现于20世纪80年代，刚出现时，成为备受推崇的农村经济发展方式。当时的城市规划中，为乡镇经济预留的产业空间，为当地的乡镇企业、乡镇经济发展提供一些空间载体。大兴区政府官网刊发的文章，曾记述工业大院的启动模式：20世纪80年代初，村集体拿出土地，由本地村民或外地来的企业投资建厂，本地村民进厂打工或参与分红。

2000年左右，北京市村级"工业大院"进入了快速发展期，北京市发布了一系列政策支持乡镇经济的发展。比如，为推进郊区村级"工业大院"的建设与发展，加快农村剩余劳动力向二、三产业转移，北京市农委就于2000年专门制定了关于"村级工业大院工程"的实施意见，对有确定区域、合理规划和必要基础设施，并经所在乡镇政府批准，以及农民成为投资和经营主体的"工业大院"，依据年度新进入院企业个数、当年新增到位投资总额等标准，择优给予不超过30万元的奖励。

"工业大院"，这个"村村点火，户户冒烟"的农村经济发展方式，曾经一度为北京各个郊区县推崇备至，引来全国各地不少的中小企业。2001年时，大兴区政府官网发表了《青云店镇东赵村工业大院红红火火》的文章，"据统计，东赵村工业大院目前固定资产投资已达4600多万元，解决就业劳动力600多名，职工人均年收入9000多元。"另据《大兴报》报道，在 2013 年时，位于星光社区位置的一个村，工业大院贡献的纯税收达 9000 万元，有的"大院"企业的年利润可以达到六七百万元。位于大兴区西红门镇的寿保庄村"工业大院"最高峰时的注册企业达到了 480 户左右，其中服装企业就占到了一半以上。

由于工业大院的聚集北京还出现了一种特殊的村落名称，至今留在老北京人的回忆里。比如由特定省份的企业群体聚集的村落，"浙江村""新疆村""河南村"以及"安徽村"等。

专栏：北京"浙江村"

"浙江村"位于北京丰台区大红门、木樨园地区，主要起源于 20 世纪八九十年代。当时，在"浙江村"生活的人主要是温州人，其中乐清人占了大部分。"浙江村"主要从事的是服装生产批发、五金电器、小商品市场、窗帘布艺。其中，著名的商场有大红门服装商贸城、百荣世贸商城、京温服装市场等等都是依托"浙江村"发展起来的。

渐渐地，这个群落越来越大，并依托工业大院形成了"前店后厂"生产生活方式。据南苑乡负责宣传的工作人员介绍，90 年代来此经商的浙江人以每年 50% 的速度递增。1994 年 10 月的统计显示，该地有外地常住及流动人口 11 万人，而当地农民仅有 1.4 万余人。这些人主要来自浙江省温州市，其中乐清人约占 70%，永嘉人约 25%，其余来自其他县。

资料来源：《跨越边界的社区——北京"浙江村"的生活史》

工业大院的不断壮大，大量的务工者随之而来。曾经"村村点火，户户冒烟"的经济为北京全市及农村地区经济带来不错收益的同时，也导致了周边人口急剧膨胀，引发了复杂的群居生态。

时过境迁，工业大院注定成为北京的过去时和淘汰式。

2017 年 6 月，北京市经信委发布的数据显示，全市工业大院共 315 个，其中，通州 97 个、大兴 144 个、昌平 50 个、怀柔 16 个、密云 7 个、房山 1 个。这些工业大院中有服装、物流、印刷、家具建材等低端的、一般性的产业。如今这些产业已不再适合北京的城市发展，且存在环境脏乱、安全隐患等问题。在非首都功能疏解工作中，这些工业大院是首当其冲的，成为重点疏解的对象。

随着非首都功能疏解工作的推进，"工业大院"这个在特定时期政府鼓励发展起来的产物，已于 2018 年彻底成为过去，退出了北京历史舞台。

专题四：中国城市化 2.0 时代的产业角逐

改革开放 40 年来，中国已经成为国际产业转移协作的最大承接地和受益者。如今，伴随中国沿海三大世界级城市群的强势崛起，新一轮的国内产业转移协作正方兴未艾。

21 世纪，影响世界历史进程最为深远的事件之一，就是中国的高速城市化。

中国城市化 1.0 时代，世界走进中国，借助全球产业转移而带来的高速工业化，改革开放 40 年，中国城市化率从 20% 跃升至 60%，堪称"世界奇迹"。

中国城市化 2.0 时代，中国走向世界，面对全球新一轮科技产业革命的严峻挑战，建设世界级的城市群、都市圈和经济区，便成为中国城市化亟须补上的"第二课"。

百舸争流奋楫者先，千帆竞发勇进者胜。

这是一个区域协作，抱团发展的年代，科技创新、金融投资、产业竞争，为中国经济带来巨大活力的同时，也正日益呈现出抱团对垒、相互争夺之势。

时下，伴随产业链、经济链、生态链的竞争升级，一线城市对人口、企业的巨大吸引力遭遇土地、人力、资源等高成本的约束，溢出效应开始显现，北京的非首都功能疏解就是最明显的例证。此时，城市与城市的单体竞争时代已经过去，中国的城市化开始进入了城市群、都市圈、经济区为主导的 2.0 时代，区域协作、产业互联、要素互通开始成为必选项。

无论是京津冀协同发展、长三角一体化、粤港澳大湾区建设，还是呼之欲出的成渝"第四极"、长江中游城市群，在产业升级、科技创新、金融支持等层面均呈现出区域协同发展的新格局，具有集约效应的都市圈和城市群正成为中国经济增长最大的战略引擎。

"十三五"时期，国务院公开批复了 11 个城市群规划，其中京津冀、长三角、粤港澳大湾区的经济发展最为活跃。这三大城市群占全国土地面积的 5%，却吸纳了超过 23% 的人口；A 股上市公司数量占比超过 60%，总市值占比更超过 65%；这三大城市群的生产总值占全国 GDP 的比重达到 45%，很快将超过一半。

新时期，京津冀、长三角、粤港澳大湾区作为中国经济最具活力的三大世界级城市群，承载着带动科技创新、产业转型、城市更新的国家重任。

三大城市群的主要经济实力对比

指标	京津冀	长三角	粤港澳
地级城市数量（个）	13	27	9+2
面积（万平方公里）	21.5	35.8	5.6
2019 年 GDP（万亿元）	8.5	23.7	11.4
A 股上市公司数量（家）	498	1495	612
A 股上市公司市值（万亿元）	20.1	22.9	15.8
"金融竞争力 50 强"上榜城市数量	4	14	6
"新锐城市 30 强"上榜城市数量	3	12	4

资料来源：Wind，新财富整理（截至 2021 年 2 月 25 日，粤港澳地区面积和 GDP 数据为粤港澳三地，A 股上市公司则主要为珠三角九市数据）。

这其中，京津冀作为中国经济第三极，北京是唯一的超级战略引擎城市，经济实力雄厚，科创动能强劲，无论是从科技创新、文化创新、金融资本、服务贸易方面，还是从创投活跃度、上市公司规模、跨国公司数量和独角兽数量为代表的产业活力来看，均处于全国城市首位。

然而，京津冀区域内除了北京之外，其他城市实力较弱，尤其是近年来天津发展趋缓，GDP 跌出全国城市 TOP10 榜单，在产业实力和创业活力上亦乏善可陈，其余城市更是表现平平，成为最大的短板。

2020 年，北京是中国 GDP 十强中唯一的北方城市。近年来，中国经济重心大幅南移，南北分化加剧，新崛起的明星之城，无一不在南方，市场的投资意愿也从"投资不过山海关"，退到"投资不过胡焕庸线"，甚至还呈现出"投资不过长江淮河"的迹象。此时，北京"一枝独秀"的格局，如何引领北方经济再度崛起，推动北方城市间的产业联动、要素互通、协同发展，打造具有全球竞争力和影响力的重要区域便成为最大挑战。

同时，我们也欣喜地看到，粤港澳大湾区作为中国改革开放的前沿阵地，经济活力足、发展速度快、产业基础好，拥有香港、澳门、深圳、广州四大龙头城市，特别是深圳的经济实力、金融资本、上市公司规模表现优秀，A股上市公司总市值甚至超越上海。

然而，粤港澳与北京、上海相比，科技创新能力偏弱，科技创新资源不足，这表现在当地企业多处于新兴产业链的中下游，特别是在集成电路、医药生物等产业上，依旧比拼的是中下游的制造优势。同时，在新增上市公司、独角兽企业数量上也处于下风，创新动能明显趋缓。

更为严峻的挑战，还来自粤港澳区域内的龙头城市，广州近来缺乏亮点，表现平庸，不仅经济实力有险被重庆、苏州赶超之忧，在产业活力上也呈现创新动能不足之势，A股上市公司数量和总市值被杭州赶超，新增上市公司落后于杭州、苏州、合肥、无锡等长三角城市，独角兽企业的数量也落后于杭州、南京，在金融实力上更被杭州赶超。与此类似，另一龙头城市——香港在国内外复杂形势及疫情的双重影响下，与内地的互联互通受限，国际竞争力下降。

因此，最具备打造国际一流湾区和世界级城市群潜力的粤港澳大湾区，亟须吸纳全国科技创新力量与优质产业要素的集聚，不断加强区域内的协同合作，在补足科创短板、激发内生动力上再下一番苦功夫。

黄河、珠江、长江，中国大河文明的三大代表。千年以降，长江三角洲的发展优势确实略胜一筹。无论从龙头城市竞争力，还是城市间的梯队分布、协同带动，以及资本活跃度、产业活力、科创实力方面来看，长三角都已经走在前列。上海已经坐稳龙头位置，杭州、苏州、南京、宁波、无锡、合肥等城市亦在融入长三角一体化的进程中获得长足发展。

近期，美国科尔尼管理咨询公司（A.T.Kearney）发布的《2020年全球城市指数报告》显示，本次入选的全球151个城市中有27个来自中国，中国也成为全球城市入选最多的国家。这其中，北京排名第5位，香港排名第6位，上海排名第12位，广州排名第63位，深圳排名第75位，杭州排名第82位，苏州排名第98位。全球城市综合排名包括了商业活动、人力资本、信息交流、文化体验和政治参与五个维度；全球城市潜力排名则包括居民幸福感、经济状况、创新和制度四个维度。

整体而言，这三个超大型城市群均具备进军全球第六大世界城市的实力。未来，城市竞争将更为激烈，发展任务将更为繁重，国际挑战将更为严峻。接下来，三大城市群的关键任务在于该如何保持龙头城市持续引领，中心城市奋力争先，区域发展协作共进？

中国城市化的发展经验已经表明，产业转移协作才是全国跨区域合作的最现实之选，最关键之处，最明智之举，如果不能实现产业链、经济链、生态链的互动、互联、互利，那么无论城市群与都市圈的构建，还是城市与区域协调发展战略的实现，统统都是纸上谈兵。

如今，放眼全球，清晰表明，产业引领未来，协作改变世界。城市作为躯体，产业作为血脉，彼此之间的大联合、大协作、大循环至关重要。有鉴于此，我们必须要深入研究和准确掌握三大世界级城市群的产业优势所在，产业升级所向，产业转移所需，这对于打好产业基础高级化、产业链条现代化、产业创新集约化的攻坚战，支撑现代化经济体系建设和经济高质量发展都具有重大意义。

（一）从经济细胞（企业）看产业活力

第一，从新增上市公司和独角兽企业的数量及实力来分析，三大城市群的产业活力、创业环境、企业前景和行业潜力。

2020年，全国A股新增396家上市公司，总市值达5.87万亿元。其中，北京新增42家上市公司，总市值达1.34万亿元；上海新增39家上市公司，总市值达1.49万亿元，二者遥遥领先其他省市。

浙江新增 62 家，江苏新增 61 家，两省新增上市公司的总市值排名仅次于北京、上海，总市值均超过 5700 亿元。广东新增上市公司 60 家，总市值为 4949 亿元，整体呈现市值偏小的特征。

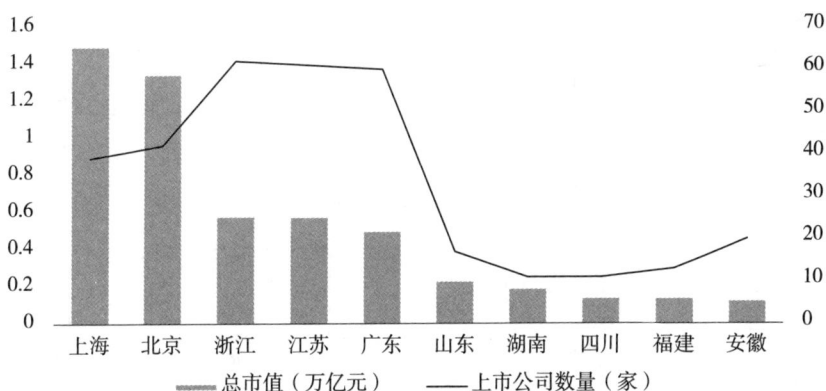

2020 年新增 A 股上市公司总市值 TOP10 省份

数据来源：Wind，新财富。

从独角兽的维度来看，《2020 年胡润全球独角兽榜》显示，全球 586 家独角兽企业中，美国和中国占八成，美国有 233 家，略微领先中国的 227 家。

从中国独角兽的地区分布来看，北京数量最多，总共有 93 家，估值总额达 2.65 万亿元，估值占比达到 44.4%；上海和杭州分列第二和第三，分别有 47 家和 20 家，估值合计占比达到 38.8%。值得关注的是深圳独角兽数量与杭州持平，且估值大幅低于杭州，而广州（8 家）更令人意外，其独角兽数量和估值均低于南京（11 家）。

中国独角兽数量 TOP10 城市

排序	城市	独角兽家数	估值总额（亿元）	估值占比（%）
1	北京	93	26490	44.4
2	上海	47	9170	15.4
3	杭州	20	13980	23.4
4	深圳	20	4740	7.9
5	南京	11	1530	2.6
6	广州	8	1020	1.7
7	香港	5	480	0.8
8	成都	4	420	0.7
9	青岛	3	240	0.4
10	重庆	3	270	0.5

数据来源：胡润研究院。

从区域来看，北京高达 93 家，绝对领先，长三角独角兽数量达到 83 家，两地的独角兽估值占比超过 80%。粤港澳大湾区与这两个区域存在较大差距，总共 33 家暂且处于下风。从独角兽企业的成长轨迹看，其发展具有集群效应，需要城市有较雄厚的科技、人才、金融资源。在金融实力进一步增强的同时，粤港澳大湾区亟须提升科技创新综合实力和新兴产业的孵化能力。

（二）从经济血脉（金融）看产业实力

第二，从金融竞争力和经济实力来看，今年在全国 141 个城市中评选出的"中国内地城市金融竞争力 50 强"榜单上，北京、上海、深圳更位居三甲，坐稳金融中心地位，杭州则超过广州，跻身金融实力"第四城"。南京、苏州也均进入 TOP10 榜单，苏州还位列"新锐城市 30 强"榜单第一。"新锐城市 30 强"中，来自三大城市群的城市数量超过了 60%。

北京、上海、深圳三大城市在经济竞争力、资本市场规模、金融机构实力、资本活跃度四大考核维度上均位于前三，是中国的三大金融中心。

不过在座次上，北京超越上海，跃居榜首。

2020 年，北京市金融业实现增加值 7188 亿元，占 GDP 的比重达 20%，与纽约、伦敦等世界一流的国际金融中心基本相当。上海金融业增加值 7166 亿元，占 GDP 的比重达 18.52%，较上年度增加 1.22 个百分点。深圳金融业增加值达到 4189.63 亿元，占 GDP 的比重达到了 15.1%，在疫情之下亦实现了快速发展，显示出金融业的活力。

北京作为国家金融监管部门和众多大型金融机构所在地，拥有的持牌法人金融机构超过 700 家。2020 年前三季度，北京金融业资产规模 159.9 万亿元，占全国一半。截至 2020 年底，北京拥有 17 家法人券商、26 家公募基金公司，商业银行的数量和资产总额更是称冠全国。

另外，北京作为全国科技创新中心，在金融科技创新上也极具优势，金融科技是未来全球金融竞争的制高点。据《2020 全球金融科技中心城市报告》显示，北京的金融科技指数排名全球第一，旧金山、纽约、上海、伦敦分别排名第二到第五。目前，在金融科技领域，北京集聚了 13 家上市企业，60 家融资未上市企业，数量分居全球第一和第二。

北京在整体经济基础、金融产业基础、科技产业基础、城市科研生态等核心指标上均表现抢眼。尤其是名校云集，综合实力强劲，汇集了 8 所正在创建世界一流大学的知名高校、26 所世界一流学科建设高校，而且"政、产、学、研、创、投"的融合发展与完整链条，更是大幅提升了其研究成果的转化能力。

同时，北京还提出要建设"具有全球影响力的金融科技创新中心"的发展目标，从 7 大方面统筹协调资源，建立涵盖各个关键环节的综合政策支持服务体系，包括支持金融科技研发、产业化和重大示范应用，基础设施和服务平台建设，高端人才引进和培养，建立完善的融资服务体系，强化消费者教育与保护机制，建立重点企业协调服务机制，大力宣传北京金融科技品牌等；并明确将全面推动人工智能、大数据、移动互联、物联网、云计算、区块链、生物识别等先进技术的创新在金融领域的应用。

近年来，上海作为国际金融中心的地位和实力也在稳步提升。据英国智库发布的第 28 期全球金融中心指数报告（GFCI 28）显示，今年上海首次跻身全球金融中心前三强，仅次于纽约和伦敦，排名高于东京、中国香港和新加坡。

尤其是，上海在经济竞争力和资本市场活跃度方面均位列第一。上海是我国金融市场门类最为完备的城市，涵盖股票、债券、期货、货币、票据、外汇、黄金、保险、信托等各类金融要素。2019 年 7 月 25 日，自上交所科创板开板以来，表现十分抢眼。2020 年科创板 IPO 企业数量达 145家，融资规模高达 2226 亿元，在各板块中排名第一。A 股 IPO 融资规模前十大个股中，科创板占 7 家，成为较为火热的上市板块。

深圳金融实力全国第三的地位稳固，在经济竞争力、资本市场规模、金融机构实力和资本活跃度方面均仅次于北京和上海。2020 年是深圳经济特区建立 40 周年，40 年来深圳金融业发展亦令人瞩目，金融业增加值年均增长 20.4%，与年均 20.7% 的 GDP 增速基本持平。

还有，从创投基金所投资项目的总部所在地来看，三地对资本的吸引力与创业活跃度各有千秋。从城市来看，创投基金在北京投资的项目数量和金额均远超其他城市，投资金额是上海的近 2 倍、深圳的 4 倍；排名第二的是上海，投资案例达 637 例，投资金额超过 1000 亿元；深圳与北京、上海存在一定差距，投资案例数为 397，投资金额为 477 亿元。在获融资项目案例数排名前十的城市中，长三角有上海、杭州、苏州、南京四市，京津冀主要是北京承包了投资并购案例，粤港澳大湾区主要有深圳和广州两地。

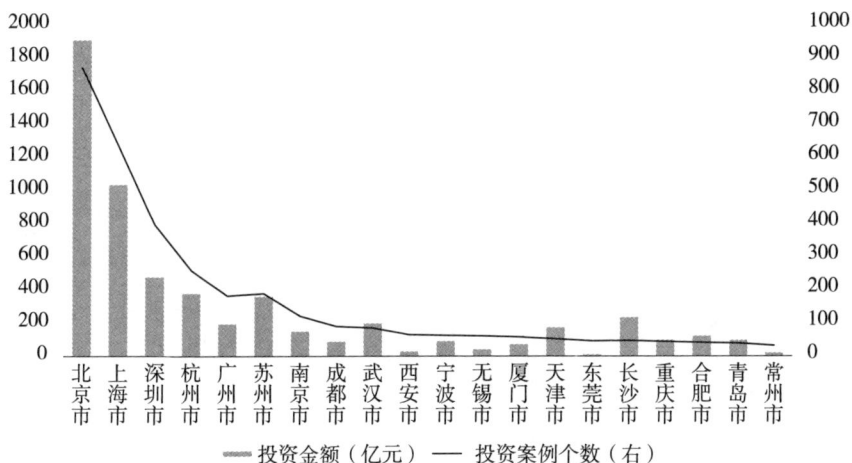

2020 年创投基金投资的项目数量排名前 20 的城市

数据来源：Wind，新财富。

根据亿欧智库发布的《2020 全球创业者城市 TOP50》，比较 2019 年全年融资金额 1000 万美元以上企业数目，北京排名全球第三，上海排名全球第五；从全年创业企业融资总金额的规模来看，北京为 234.18 亿美元，上海为 82.44 亿美元，约为北京的三分之一；从全球融资规模 TOP100 企业所在地看，前 100 名中，有 12 家企业位于北京，3 家位于上海，其次是杭州与深圳。

另外，从上市公司的数量和质量来看，可以直接反映一座城市的产业实力，也可衡量借助资本市场助力产业发展的能力。2021 年 1 月 15 日，A股共有 4150 家上市公司，总市值达 87.2 万亿元。北京 381 家上市公司，总市值达 18.3 万亿元，位列全国第一。广东 676 家上市公司数量最多，总市值达 16.8 万亿元。浙江 519 家上市公司，总市值达 6.85 万亿元；江苏485 家上市公司，总市值达 6.22 万亿元，上海 339 家上市公司，总市值达7.87 万亿元。

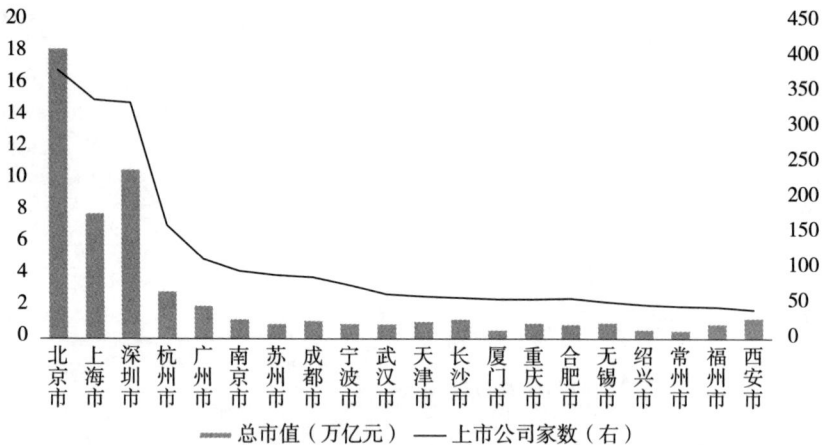

A 股上市公司数量 TOP20 城市

数据来源：新财富。

北京作为众多大型国企、跨国公司的总部，不仅上市公司的数量多，总市值也远高于其他城市。而值得关注的是，虽然上海 339 家 A 股上市公司的数量略高于深圳，但是深圳上市公司总市值突破 10 万亿元，是上海的 1.35 倍；同时，杭州上市公司的数量和总市值也超过广州。

2020 年《财富》世界 500 强排行榜显示，中国大陆（含香港）公司数量达到 124 家，历史上第一次超过美国（121 家）。如果加上台湾地区企业，中国共有 133 家公司上榜。这其中，北京最多，为 55 家；广州排名第二，为 14 家；上海排名第三，为 9 家。

（三）从经济灵魂（创新）看产业潜力

第三，从新经济的增加值来看，新动能加快形成，包括新产业、新技术、新业态、新模式在内的新经济增加值成为衡量一个地区，新旧动能转换的重要指标。

2020 年，北京市新经济实现增加值超过 1.36 万亿元，占地区生产总值的比重达 37.8%，位列全国各大城市之首。上海市的新产业、新技术、新业态、新模式在内的新经济增加值占全市 GDP 比重已经超过 31%，新经济实现增加值超过 1.1 万亿元。深圳市战略性新兴产业增加值突破 1.02 万亿元,同比增长 3.1%,占地区生产总值比重为 37.1%。杭州市数字经济核心产业实现增加值 4290 亿元,同比增长 13.3%,占 GDP 的比重为 26.6%。苏州市提出到 2023 年,全市数字经济核心产业增加值要达到 6000 亿元,年均增长率要达到 16% 以上。去年,广东省以数字经济、新一代信息技术等为代表的新经济不断发展壮大,全年新经济增加值突破 2.77 万亿元,同比增长 3%,占地区生产总值比重达到 25.2%,居于全国各省区之首。

《2020 全球数字经济竞争力发展报告》显示,全球数字经济城市竞争力方面,纽约、波士顿、伦敦、新加坡和东京位居前五,中国的两个城市——北京和上海的竞争力排名较上年均有所上升,北京跻身全球前十,最终排名第 8 位,上海位居第 12 位。

据《新财富》杂志最新公布的《2020 年 500 富人榜》数据显示,广东富豪上榜人数最多,为 114 人;其次为北京,83 人,上海排名第三,共 64 人。从城市排名来看,前 500 名的富人,北京占据了 83 个名额,上海为 64 个,深圳为 57 个,广州为 28 个,杭州为 24 个。2010 年前,北京与上海上榜富人数难分高下,但迄今上海已连续 11 年低于北京。

从《新财富》杂志榜单来看,由于在产业结构更新,尤其是 TMT(数字新媒体)行业发展上的优势,相较于上海,北京拥有的富人数量更多。2019 年,北京共有 36 位来自 TMT 行业的富人上榜,深圳有 18 位,而上海只有 9 位。该现象反映出,北京的产业结构,尤其在数字媒体行业上更具优势。各大城市均应重视以数字新媒体行业为代表的新经济的迅速崛起对城市功能的塑造。

2020 年,战略性新兴产业、高技术制造业、高技术服务业、人工智能、线上消费、在线教育、在线娱乐、在线游戏、在线体育、在线医疗,新经济成为中国经济逆风前行中的一抹亮色,以数字经济、信息经济为特点的新产业、新业态、新模式加速涌现成长,成为对冲疫情打击、推动经济复苏、引领转型发展的战略力量。

　　改革开放 40 年来，中国已经成为国际产业转移协作的最大承接地和受益者。如今，伴随中国沿海三大世界级城市群的强势崛起，新一轮的国内产业转移协作正方兴未艾。目前，北京正在积极推进的园区开放与产业开放，正在大力实施的产业转移协作便是建立全国区域间产业合作共赢的绝佳契机。这场纵横数千里，遍布各领域的大转移、大协作、大循环，正在成为考验各地产业转型与城市更新的必答题，谁将先知先觉赚得盆满钵溢？谁将后知后觉捡些残羹冷炙？谁又将不知不觉最终颗粒无收？这将迫使每个城市必须迅速作出回应，而要求各位决策者们则必须站得更高、看得更远、想得更多。